Stefanie Averbeck-Lietz
Soziologie der Kommunikation

Stefanie Averbeck-Lietz

Soziologie der Kommunikation

Die Mediatisierung der Gesellschaft und
die Theoriebildung der Klassiker

DE GRUYTER
OLDENBOURG

ISBN 978-3-486-58851-4
e-ISBN (PDF) 978-3-486-84902-8
e-ISBN (EPUB) 978-3-11-039815-1

Library of Congress Cataloging-in-Publication Data
A CIP catalogue record for this book has been applied for at the Library of Congress.

Bibliografische Information der Deutschen Nationalbibliothek
Die Deutsche Nationalbibliothek verzeichnet diese Publikation in der Deutschen National-
bibliografie; detaillierte bibliografische Daten sind im Internet über http://dnb.dnb.de abrufbar.

© 2015 Walter de Gruyter GmbH, Berlin/Boston
Coverabbildung: Izaokas Sapiro/Hemera/Thinkstock
Satz: Triltsch Print und digitale Medien GmbH, Ochsenfurt-Hohestadt
Druck und Bindung: CPI books GmbH, Leck
♾ Gedruckt auf säurefreiem Papier
Printed in Germany

www.degruyter.com

Für meine Eltern
Marie-Luise Averbeck, geb. Runge
und Antonius Johannes Averbeck (23. Januar 1944 – 19. März 2013)

Vorwort

Dieses Buch ist über den langen Zeitraum von acht Jahren entstanden. Der größte Teil, als ich 2008 und 2009 als Gastprofessorin in Zürich war und entsprechend relativ frei von Zwängen der akademischen Administration und mit einer Semesterwochenstundenzahl von nur sechs viel Zeit für Forschung hatte. Dafür möchte ich dem Institut für Publizistikwissenschaft und Medienforschung in Zürich, insbesondere Otfried Jarren und Heinz Bonfadelli, und den großartigen Bedingungen im „Gastprofessorenbüro" nochmals danken. Außerdem danke ich meinen Studierenden dort, in Leipzig, in Münster und in Bremen, die sich immer wieder mit mir an die Klassikerlektüre herangewagt haben, was für mich eine große Bereicherung war. Eine dieser Studierenden ist die Koautorin des Kapitels zu Thomas Luckmann, Marijana Tomin, die über Luckmanns Werk ihre Leipziger Magisterarbeit verfasst hat.

Zentral für die Entwicklung dieses Buches ist meine langjährige Arbeit in der „HSK", der Historisch-Systematischen Abteilung am Institut für Kommunikations- und Medienwissenschaft in Leipzig zwischen 1999 und 2011 gemeinsam mit Arnulf Kutsch. Die meines Erachtens glückliche Verbindung von „historisch und systematisch" möchte ich auch in dieses Buch hineintragen (eine ähnliche Denomination wie die damalige Professur von Arnulf Kutsch hat meiner Kenntnis nach nur diejenige von Philomen Schönhagen in Fribourg in der Schweiz, die „systematisch-historisch" lautet). Die Kombination von historisch und systematisch scheint mir heute, in einer Zeit, in der historische Kommunikationsforschung in der deutschen Kommunikationswissenschaft einen massiven Abbau erlebt, umso wichtiger (auf eine Re-Institutionalisierung wird man wohl noch länger hoffen müssen). Es bedeutet dies: nach der Gewordenheit unserer Theorien und Methoden in einem interdisziplinären Umfeld zu fragen, was die Frage nach der Passung und Angemessenheit für unsere Forschungsgegenstände und -fragen einschließt.

Ganz besonders danken möchte ich meinem Mann und meiner Tochter für ihre Geduld mit mir und einem Buch, das uns alle ständig begleitet hat. Ein Buch, das während des Abschlusses meiner Habilitationsschrift eine ganze Weile zwangspausieren musste, das mehrfach mit uns umgezogen ist und den Wechsel auf diverse Rechner- und Software-Systeme dann doch überstanden hat. Danke auch für das Verständnis, das mir der Verlag und seine LektorInnen, zuletzt Annette Huppertz, sowie der Reihenherausgeber Arno Mohr immer wieder entgegengebracht haben, wenn ich wieder eine neue Verzögerung angekündigt habe.

Es sind zahlreiche Fachgespräche mit KollegInnen in Zürich, in Fribourg, in Münster, in Leipzig und Bremen auf die eine oder andere Weise in das Buch eingeflossen. Wissenschaft ist immer (auch) ein „Kommunikationszusammenhang" (Weingart 1976: 51). So habe ich in den letzten zwei Jahren sehr von der Zusammenarbeit u. a. mit Andreas Hepp, Friedrich Krotz und Inge Marszolek in der Bremer „Creative Unit Kommunikative Figurationen", einem Programm der Exzellenzinitiative, profitiert.

Für Korrekturlektüre und konstruktive Kritik danke ich Rebecca Venema, Christina Sanko, Erik Koenen, Gabriele Gerber, Sabrina Steinbrink und Thomas Lietz. Für das ganz hervorragende, intensive Lektorat danke ich Annette Huppertz, De Gruyter Oldenbourg.

Bremen im Juni 2015   Stefanie Averbeck-Lietz

Inhalt

1 Einleitung: Menschliche Kommunikation ist soziale Interaktion

Ob wir den Begriff der Kommunikation eng oder weit fassen, sozial ist sie auf jeden Fall.
(Luckmann 1984a: 77)

Dieses Zitat von Thomas Luckmann mag banal erscheinen. Bedenkt man aber, dass die Kommunikationswissenschaft seit ihrer zeitungswissenschaftlichen Gründung 1916 darum ringt, sich in permanent wandelnden Medienumgebungen einen immer wieder angemessenen Kommunikationsbegriff zu geben, ist diese Aussage schon nicht mehr so selbstverständlich. Dann eröffnet sich vielmehr die Frage, ob „das Soziale an der Kommunikation" auch unter sich wandelnden Medienumgebungen unverändert oder doch mindestens ähnlich bleibt?[1] Wandeln sich Kommunikation und Medien miteinander und wenn ja, wie? Erfüllen je neue oder andere Medien vergleichbar bleibende kommunikative Leistungen oder Bedürfnisse, kommen andere hinzu? Wie wird Gesellschaft durch Kommunikation möglich?

Zwar geht die Fachgeschichte der Kommunikationswissenschaft seit Wolfgang Riepl (1913) davon aus, dass kein Medium das andere ersetzt, sondern Medien sich komplementär entwickeln (vgl. Peiser 2008). Das muss allerdings nicht heißen, dass soziale Kommunikation (auf individueller oder gesellschaftlicher Ebene) sich nicht ändert oder ändern kann. Mit Friedrich Krotz darf man annehmen, dass der Medienwandel kommunikatives Handeln verändert, ebenso wie kommunikatives Handeln auf den Medienwandel zurückwirkt (vgl. Krotz 2012: 45).

Die komplexe Grundfrage nach den gegenseitigen Bedingtheiten und Wechselseitigkeiten von Medien- und Kommunikationswandel wird (auch) in diesem Buch nicht hinreichend beantwortet werden können (weiterführend zu den diesbezüglichen Problemen Kinnebrock/Birkner/Schwarzenegger 2015). Vielmehr geht es im Folgenden um die Frage, wie ‚die' Klassiker der Sozialwissenschaften Kommunikation im Medienwandel beschrieben haben und inwiefern dies für das Verständnis des aktuellen Medienwandels relevant sein kann. Mit anderen Worten: Können wir mit den kommunikationssoziologischen Darlegungen und Auseinandersetzungen der Klassiker heute noch arbeiten? Was erklären sie uns und inwiefern sind sie für uns hilfreich? Lässt sich vermittelt über die Klassikerliteratur der Prozess der Mediatisierung, einschließlich des Kommunikationswandels in den letzten 100 Jahren besser verstehen? Lässt sich auch die Ideengeschichte unserer Wissenschaft – *gerade im Zusammenhang mit dem Medienwandel* – besser nachvollziehen, wenn man die *longue durée* des Nachdenkens über gesellschaftliche Kommunikation und Medien einbezieht?

---

[1] Dies impliziert auch einen Begriffswandel, in der Weimarer Zeitungswissenschaft etwa wurde der Kommunikationsbegriff bis auf Ausnahmen nicht verwendet, wohl aber der Begriff der „Mitteilung" (vgl. Averbeck 1999; Averbeck/Kutsch 2000).

Spätestens seit Beginn des 20. Jahrhunderts machen sich Wissenschaftler sowohl innerhalb der Soziologie aber auch der Zeitungs- und Publizistikwissenschaft, den Vorläuferwissenschaften der Kommunikationswissenschaft, Gedanken über die Beschaffenheit öffentlicher Kommunikation (dazu ideengeschichtlich Rühl 1999; Hardt 2001; vom Bruch/Roegele 1986; Averbeck 1999; Meyen/Löblich 2006; Weischenberg 2012a, b). ‚Die' Kommunikationssoziologie oder -theorie gibt es gleichwohl nicht (vgl. Faßler 1997: 47–51). Fragen nach der Soziologie der Kommunikation zielen insgesamt auf die Grundfrage, was Gesellschaften zusammenhält und als dieser ‚Kitt' wird „Kommunikation" ausgemacht (vgl. Aranguren 1967; Pross 1976; Saxer 2012). Der kommunikative Konstruktivismus in der Nachfolge von Thomas Luckmann (2006), so in der Lesart von Hubert Knoblauch (2013), geht noch etwas weiter und betont, dass sich soziale Prozesse nur über den Nachvollzug ihrer kommunikativen Verfasstheit verstehen lassen (vgl. Kap. 6 dieses Buches).

Blickt man in die Theoriegeschichte der Kommunikationswissenschaft, die nicht nur durch Überschneidungen zur Soziologie, sondern auch zu anderen Disziplinen gekennzeichnet ist, fallen international zwei Richtungen besonders ins Auge: jene Forschungsrichtung, die eher *öffentliche (massen-)medial vermittelte Kommunikation, vor allem politische Kommunikation* in den Mittelpunkt stellt, was insbesondere für die Tradition der deutschen Publizistik- und Kommunikationswissenschaft lange prägend war und ist (vgl. Löblich 2010). Weiterhin diejenige Richtung, die – weit genereller – *soziale, also Humankommunikation im weiten Sinne*, insbesondere Sprache und Symbolizität, in den Mittelpunkt stellt, wie es u. a. die französische Tradition in enger Anlehnung an die Linguistik und die Semiotik, auch die Anthropologie und die Kulturwissenschaften tut (vgl. Averbeck-Lietz 2010). In den Werken auch der deutschsprachigen Klassiker (andere werden in diesem Buch nicht betrachtet)[2] finden sich nachweisbar noch *beide* Richtungen. Deren Werke sind daher in gewisser Weise ‚offener' als es die oft engen disziplinären Fachgrenzen uns heute nahelegen (vgl. etwa zu kulturwissenschaftlichen Einflüssen in der frühen deutschen Zeitungswissenschaft, die später ‚verloren'gingen, Gentzel/Koenen 2012).

Die Problematisierung eines Zusammenhangs zwischen Medien- und Gesellschaftswandel (weiterführend Kinnebrock/Schwarzenegger/Birkner 2015) findet sich bereits in den Gesellschaftstheorien von Max Weber und Ferdinand Tönnies, etwas später ganz dezidiert in der Kommunikationssoziologie von Ernst Manheim zu Beginn der 1930er-Jahre. Zwar hatten sie alle es noch nicht mit dem Ko-Prozess der Mediatisierung, dem „Metaprozess" Globalisierung (vgl. Krotz 2005b) zu tun – versteht man darunter eine *verschärfte Globalisierung* seit der Deregulierung der Weltmärkte in den

---

2 Insbesondere Thomas Luckmann und Ernest Manheim können genauso gut als „englischsprachige" Klassiker gelten, haben aber beide lange Perioden ihres jeweiligen Schaffens in Deutschland zugebracht. Auf einer Reihe internationaler Klassiker, angefangen bei dem Franzosen Emile Durkheim, bauen Jäckel und Grund (2005) ihre Überlegungen zu einer „Mediensoziologie aus Sicht der Klassiker" auf. Sie richten ihren Fokus auf Theorien zu Massenmedien und „Verbreitungsmedien". Zur Kommunikationswissenschaft im internationalen Vergleich weiterführend Averbeck-Lietz 2015a.

1990er-Jahren des 20. Jahrhunderts. Globalisierung im Sinne transnationaler Verschränkung und kulturellen Austausches gab es allerdings immer, das beschrieb nicht zuletzt Max Weber (vgl. Kap. 2 dieses Buches). Auch reflektierten bereits die Klassiker die noch heute (global) fortlaufenden Metaprozesse wie Urbanisierung, Alphabetisierung, Technisierung, Individualisierung und Ökonomisierung (vgl. auch Hardt/ Splichal 2000; Hardt 2001). Die beiden zuletzt genannten Prozesse werden von Friedrich Krotz als die aktuelle Mediatisierung begleitende und mit ihr verschränkte, langfristige Prozesse begriffen. Krotz verweist überdies darauf, dass zu den „historischen Mediatisierungsprozessen" als eine der längsten Entwicklungen, die bis heute nicht beendet sei, die „Entwicklung der Printkultur" gehöre (Krotz 2015: 133).

Den Begriff „Mediatisierung" verwendete wohl als erster Wissenschaftler im deutschen Sprachraum um die Jahre 1932/33 der junge Soziologe Ernst Manheim (vgl. Manheim 1979 [1933]: 24). Er beschrieb Mediatisierung als einen doppelten Prozess:

1. den des Gesellschaftswandels durch und mit Presse (die Gesellschaft der Bürger bemächtigt sich der Medien Zeitschrift und Zeitung, ökonomisiert sie und transformiert damit langfristig die bestehenden Gesellschaften kulturell und politisch).
2. den Wandel der politischen Öffentlichkeit, insofern ihre grundlegende Legitimation fortan primär *Kommunikation* war, bzw. durch Kommunikation erzeugte und legitimierte Macht − und nicht mehr feudal strukturierte (vgl. ausführlich Kap. 4 dieses Buches).

Eine zentrale Kategorie des vorliegenden Buches ist „Öffentlichkeit" − und zwar sowohl als historische wie als systematische Kategorie. Dies hat den Hintergrund, dass Öffentlichkeit *die* zentrale Denkfigur der Klassiker war (vgl. Pöttker 2001a–c; Imhof 2011: 45). Dieses Buch will zeigen, dass es sich dabei schon bei jenen *nicht* um eine statische Kategorie handelte, sondern vielfältige Aspekte gesellschaftlicher Kommunikation und ihres Wandels bereits im frühen 20. Jahrhundert in diese Kategorie miteinbezogen wurden.

Das vorliegende Buch begreift sich zugleich als systematischen Beitrag zu einer Theorie der sozialen, im Sinne der gesellschaftlichen Kommunikation *und* als Beitrag zu ihrer Theoriegeschichte. Es versteht sich daher nicht als Ersatz zur Einführungs- und Lehrbuchliteratur der Kommunikationswissenschaft (vgl. etwa Badura/Gloy 1972; Faßler 1997; Jäckel 1999; Jarren/Bonfadelli 2001; Krallmann/Ziemann 2001; Kunczik/ Zipfel 2001; Burkart 2002; Pürer 2003; McQuail 2005; Schenk 2007; Beck 2007; Stöber 2008; Rau 2013), sondern als Ergänzung und Vertiefung dazu.

In diesem Buch wird keine Kommunikations- und oder Mediengeschichte, respektive Pressegeschichte im engeren Sinne geschrieben (stattdessen u. a. Wilke 2000a; Bösch 2011; Dussel 2011; Stöber 2013). Die Kommunikationsgeschichte ist gleichwohl ein zentraler Bezugspunkt zum Verständnis der Gewordenheit (aktueller) Medien- und Kommunikationsgesellschaften (insbesondere in Kap. 4 und 5 zu Manheim und Habermas sowie in Kap. 7 zur Mediatisierungsforschung).

Die Darstellung erfolgt im Verlauf des Buches autorenorientiert,[3] beginnend mit Max Weber, dann Ferdinand Tönnies, auf ihn folgend dessen Schüler Ernst Manheim, hin zu Jürgen Habermas und schließlich Thomas Luckmann. Sie sind die ausgewählten Referenzautoren dieses Buches, da:

1. sie ein zentrales gemeinsames Thema haben: die Öffentlichkeit moderner Großgesellschaften und die Rolle, die (Massen-)Medien oder gesellschaftliche (auch interpersonale Kommunikation) darin spielen.
2. die von ihnen entwickelten Basistheorien vornehmlich *handlungs- und wissenssoziologischer* Provenienz sind und teilweise aufeinander aufbauen (auf solche Bezüge zwischen den Theorien und Theoretikern wird in den jeweiligen Kapiteln eingegangen).

Von da aus lässt sich epistemologisch der Schulterschluss zur handlungstheoretisch begründeten Mediatisierungsforschung suchen, die nach kommunikativer Aneignung im Alltag der Menschen und deren Interdependenz zu sozialem und medialem Wandel fragt (vgl. übergreifend Lundby 2014 sowie Kap. 7 dieses Buches).

Wir können aber auch bis zu Habermas zurückgehen, der ebenfalls einen handlungstheoretischen Forschungsansatz reklamiert:

> Aus Phänomenologie, Hermeneutik und symbolischem Interaktionismus hat sich schließlich ein handlungstheoretischer Forschungsansatz entwickelt. Die verschiedenen Richtungen einer verstehenden Soziologie kommen, soweit sie überhaupt generalisierend sind, in ihrem Interesse an einer Aufklärung der Strukturen von Weltbildern und Lebensformen überein. Das Kernstück bildet eine Theorie des Alltagslebens [...]. (Habermas 1988 [1981]: 552)

Hochrelevant ist der Bezug auf Mead bzw. den auf der Basis seines Werkes von Herbert Blumler formulierten „Symbolischen Interaktionismus". Dies gilt für Habermas' (1988 [1981]) „Theorie des kommunikativen Handelns", es gilt für Berger und Luckmanns „Social Construction of Reality" (vgl. Berger/Luckmann 2004 [1966]), für Alfred Schütz' „Problem der Relevanz" (1971), für Hubert Knoblauchs kommunikativen Konstruktivismus (2005b: 174, 2013: 298), der seinerseits auf Schütz und Luckmann aufbaut, und auch für Friedrich Krotz' (2007, 2012) Ansatz der Mediatisierungsfor-

---

3 Ähnlich dem Aufbau der kommunikationswissenschaftlichen Einführung von Krallmann/Ziemann (2001), die ebenfalls von Handlungstheoretikern bzw. deren Darstellung „mikrologischer Sozialformen" ausgehen, sowie bei Meyen und Löblich, die Klassiker der Theoriebildung „öffentlicher Kommunikation" präsentieren. Beide Lehrbücher gehen auch auf Max Weber ein, aber aus völlig anderen Perspektiven: Krallmann/Ziemann ausschließlich auf dessen Handlungstheorie, dagegen Meyen/ Löblich auf seine Pressesoziologie. Das vorliegende Buch versucht, anders als Meyen/Löblich, Mikro-, Meso- und Makroperspektiven zu vernetzen – in Bezug auf Weber heißt das, sowohl dessen Presse- und Öffentlichkeitssoziologie zu berücksichtigen (Meso-, Makrophänomene) als auch dessen Handlungstheorie (Mikrophänomene), denn beide Perspektiven hängen bei Weber elementar zusammen (ausführlich Kap. 2 dieses Buches).

schung. Patrick O'Mahony fasst die herausragende Bedeutung des Symbolischen Interaktionismus für den Sozialkonstruktivismus wie folgt zusammen:

> [...] meaning is conceived as a fundamentally social accomplishment. One can only judge what is meaningful and communicatively significant by learning the cultural codes and the linguistic and interactive rules of a real communication community. Such a communication community in this sense temporally precedes individual actions, whose horizons can only be formed in the light of its existence. (O'Mahony 2013: 169)

Das vorliegende Buch argumentiert entsprechend, ausgehend von einem anthropologischen Kommunikationsverständnis (vgl. auch Burkart 2002: 25–30), dem deshalb die Handlungstheorie mit ihrer Ambition subjektiven und/oder intersubjektiven Sinn verstehen und erklären zu wollen, näherliegt als die Systemtheorie mit ihrer Abstraktion von der Mikroebene des Handelns. Das bedeutet aber keinesfalls eine ‚Verbannung' der Systemtheorie, die in der Kommunikationswissenschaft der letzten Jahrzehnte in Deutschland prägend war (vgl. Meyen/Löblich 2006: 278; Imhof 2006a: 194), sondern die Entscheidung für eine bestimmte Theorieperspektive. Ist die Systemtheorie vor allem fähig, Makroprozesse gesellschaftlicher Kommunikation abzubilden (klug gezeigt von Saxer 2012, gut dargestellt im Verhältnis zum Habermas'schen Konzept von Lebenswelt und System von Jäger/Baltes-Schmitt 2003: 141–150), so geht es im Folgenden – in Anlehnung an die „verstehende Soziologie" in der Nachfolge Max Webers (vgl. Bonß/Dimbath/Maurer et al. 2013: 69) – *um Kommunikation als äußeres und als inneres Handeln*. Systemtheorie spielt also in diesem Buch vor allem in Bezug auf die Abgrenzung von handlungstheoretischen Positionen eine Rolle. Die Problematik, dass das Verstehen des sogenannten „subjektiven Sinns" einer Handlung, auch einer Handlung mit oder über Medien, empirisch nur schwer nachvollziehbar, geschweige denn messbar in einem quantitativen Sinne sein kann, wird in Kauf genommen (vgl. weiterführend zur Problematik empirischer Umsetzbarkeit symbolisch-interaktionistisch und/oder aus der verstehenden Soziologie heraus argumentierender Sozialforschung Krotz 2005a sowie umfassend zu nicht-standardisierten Methoden in der Kommunikationsforschung Wagner 2009; Averbeck-Lietz/Meyen 2015).

Schon bei Vorläufern der Systemtheorie wie Leopold von Wieses formaler Soziologie ist der Akteur *nicht* der zentrale Anknüpfungspunkt, um das Mitteilungsgeschehen zu verstehen, sondern *die Beziehung zwischen den Akteuren*. Es ist nicht die (subjektive) Situationsdefinition durch den einzelnen Akteur wichtig, sondern die Beobachterposition des Soziologen. So beschrieb von Wiese sowohl Kampf als auch Liebe als soziale Nahbeziehungen mit spezifischen Handlungs- und auch Mitteilungsmustern (vgl. Averbeck 1999: 183–190). Bei Luhmann fällt der Akteur geradezu aus dem Kommunikationsprozess sozialer Systeme heraus, da Luhmann zwar Bewusstsein an Kommunikation „beteiligt" sieht, nicht aber Sprache und Sprechen (vgl. Weinbach 2009) – die im Übrigen schon von Wiese nicht maßgeblich interessiert haben. Sprache als Forschungsgegenstand allerdings ist für einen symbolisch-interaktionistischen Begriff verständigungsorientierter Humankommunikation elementar (vgl. Burkart 2002; Averbeck-Lietz 2010). Gleichwohl hat die Systemtheorie für die

Meso- und Makroebene der Kommunikation erklärende Kraft, aber eben keine allumfassende, wenn es um menschliche Kommunikation bis ‚hinunter' zur Face-to-Face-Kommunikation geht. Umgekehrt lassen sich nicht alle Kommunikationsphänomene handlungstheoretisch oder verstehend erklären. Einen wichtigen Hinweis zur Relevanz gerade von Luhmann finden wir interessanterweise bei Thomas Luckmann, der betont, dass Handelnde immer zugleich auch „Beobachter" eigener und anderer Handlungen seien. Für diese Perspektivwechsel von der individuellen Handlung zur Beobachtung (dann als Funktion eigener und anderer Operationen durch soziale Systeme) steht das Werk von Niklas Luhmann, der letztlich auf einer Kritik der Handlungstheorie aufbaut (weiterführend zu Luhmann etwa Schneider 2005).

Das inzwischen paradigmatisch gewordene Denkmotiv *Vergesellschaftung durch Kommunikation*, ausdifferenzierbar auf der Mikro-, Meso- und/oder Makroebene (die sich allenfalls heuristisch oder operationell, nicht aber realiter voneinander trennen lassen, vgl. weiterführend Quandt/Scheufele 2011), hat schon die Klassiker beschäftigt – und genau deshalb beschäftigen uns die sogenannten Klassiker bis heute. Dabei ist heute die Klassikerlektüre, die einer Epistemologie der Kommunikationssoziologie äußerst dienlich ist, oft in der grundständigen Lehre und auch in den Lehrbüchern nicht mehr enthalten. Meist lesen wir sehr reduziert Passagen in Lehr- und Handbüchern *über* Klassiker. Im besseren Falle weisen solche Abhandlungen die Qualität auf, diese Klassiker nicht nur zu exegieren, sondern auch mit Blick auf den Transfer auf unsere zeitgenössischen Probleme hin zu lesen (so Pöttker 2001a–c; Hardt 2001; Meyen/Löblich 2006; Katz/Orloff/Liebes 2003).

Klassikerlektüre kann weiterhin der Vergewisserung (und auch der Irritation) darüber dienen, was *derzeit* als Status quo einer Wissenschaft gilt:

> Klassiker lesen wir nicht, weil sie alt und berühmt sind. Auch nicht unbedingt wegen der Problemlösungen, die sie uns hinterlassen haben – sie erweisen sich häufig als veraltet. Wir studieren sie wegen ihres Paradigmas – also ihr vorbildliches und zum Teil heute noch verbindliches Beispiel für soziologische Analyse. Das Zusammenspiel von Theorie, Methode, Analyse und Kritik ist es, was uns interessiert. (Müller 2007: 13)

Die Interessen, die mit der Klassikerlektüre verbunden werden, sind unterschiedlich: Ging es Michael Meyen und Maria Löblich in ihren „Klassikern der Kommunikationswissenschaft" um die Darstellung der Ideengestalt von Theorien der Presse- und der Massenkommunikation, so geht es in dem vorliegenden Buch breiter um „soziale" oder „gesellschaftliche Kommunikation" (weiterführend Averbeck-Lietz 2010 zu diesem Aspekt in französischen Kommunikationstheorien). Dies ist die Lektüreperspektive, der die Klassiker in diesem Buch unterzogen werden. Es wird deutlich werden, dass dies durchaus ergiebig ist, denn die zentralen Denkmotive einer Theorie der Sozialkommunikation als *spezifisch* humane Kommunikation lassen sich seit Beginn des 20. Jahrhunderts nachzeichnen. Die Betrachtung der Klassiker erfolgt daher aus einem doppelten Grund: erstens, um deren Großkonzepte herunterzubrechen auf kognitive und normative „Orientierungskomplexe" (Weingart 1976) oder solche *Denkmotive*, die uns heute noch beschäftigen (z. B. statt Pressethik nun Medienethik, seit einigen Jahren auch als Online-Ethik), zweitens aufgrund ihrer Zeitzeugenperspektive, und damit der historischen Rückschau, die sie *uns* ermöglichen. Wissenschaft ist in diesem Falle historisch-systematisch zweifach gebrochen: einmal durch die (differenten) Perspektiven der Klassiker selbst, einmal durch unsere (ebenso differenten) Perspektiven auf sie.

Wissenschaft ist (auch) ein sozialer Streit, über Paradigmen und um Macht (vgl. Weingart 1976: 61–73; Löblich/Scheu 2011). Darauf kann in dieser Arbeit, die Wissenschaftler und ihre Werke aus darstellungspragmatischen Gründen relativ isoliert betrachtet, nicht eingegangen werden. Verwiesen sei exemplarisch für die Strukturierung von Wissenschaft durch persönliche und institutionelle Macht auf die weitgehende Ausblendung der Kritischen Theorie aus der deutschsprachigen Kommunikationswissenschaft über Jahrzehnte (vgl. Scheu 2012). Auf solche Verdrängungsmechanismen in der Wissenschaft wird in diesem Buch nur am Rande eingegangen (etwa in Bezug auf Ernst Manheims erzwungene Emigration, die auch sein Werk traf). Auf Gender-Perspektiven kann nur verwiesen werden (vgl. für die US-amerikanische Kommunikationsforschung und deren ‚Ausschluss' der Frauen aus der Wissenschaft in der Lazarsfeld-Ära Rowland/Simonson 2014). SozialwissenschaftlerInnen kommen in diesem Buch als „Klassikerinnen" nicht vor, was aber nicht heißt, dass es keine gibt (zur US-amerikanischen Klassikerin Herta Herzog Klaus 2008, zu den „Founding Mothers" der Kommunikationsforschung in den USA Rowland/Simonson 2014).

Zugrunde gelegt wird eine sozialkonstruktivistische Wissenschaftsauffassung: Wissenschaft ist Teil der sie umgebenden Gesellschaft (vgl. Knorr-Cetina 1984; Weingart 2003). Wissenschaft ‚entdeckt' nicht einfach nur Zusammenhänge, sie ist auch selbst Teil dieses Entdeckungszusammenhangs. Dann liegt der blinde Fleck eines Buches über die Klassiker zwangsläufig darin, sich eben *nicht* mit marginal gebliebenen WissenschaftlerInnen zu befassen (die aber inhaltlich heute mitunter genauso wichtig sein könnten).

Max Weber und seine Nachfahren begleiteten den Auftakt dessen, was wir heute als moderne Kommunikationsgesellschaft untersuchen, eine Gesellschaft, die einer zunehmenden Durchdringung mit technisch-medialer Kommunikation unterliegt. Der Prozess, der dazu geführt hat und der weiter voranschreitet, ist als „Mediatisierung" (vgl. Lundby 2009, 2014; Krotz/Hepp 2012) beschrieben worden. Er ist unabgeschlossen, aber er hatte seine „Take-off-Phase" in einem modernen Sinne seit Mitte bis Ende des 19. Jahrhunderts mit der Industrialisierung, der Urbanisierung und der sogenannten „Entfesselung der Massenpresse" (Wilke 2000a: 78 ff., 155 ff.).

Auch ohne „öffentliche Medienkommunikation"[4] waren und sind menschliche Gesellschaften immer Kommunikationsgesellschaften. Unter sozialer Kommunikation

---

4 Den Begriff „öffentliche Medienkommunikation" übernehme ich von Klaus Beck, der ihn einführt, um Einseitigkeiten eines überkommenen, auf Massenkommunikation fokussierten Kommunikations-

sei daher Humankommunikation als basaler Prozess menschlichen Seins (so auch bei Berger/Luckmann 2004 [1966] oder Tomasello 2009) verstanden. Daher geht allen Fragen nach der öffentlichen Kommunikation zunächst die Frage danach voraus, wie menschliche Kommunikation beschaffen ist:

> Menschliche Kommunikation ist [...] weder ein Reiz-Reaktionsprozess, noch eine Informations-übertragung, sondern die wechselseitige, absichtsvolle (intentionale) Verständigung über Sinn mithilfe symbolischer Zeichen, an der mindestens zwei Menschen mit ihrer artspezifischen kognitiven Autonomie, aber auch in ihrer sozialen und kulturellen Bedingtheit beteiligt sind. (Beck 2007: 51)

Beck führt mit dieser sehr dichten Definition Perspektiven Max Webers (soziales Handeln, soziale Beziehung), George H. Meads (symbolische Interaktion), der Zeichentheorie (Semiotik nach Peirce), verständigungsorientierter Kommunikation (Burkart, Habermas), des Sozialkonstruktivismus (Berger/Luckmann), des soziokulturellen Konstruktivismus (Siegfried J. Schmidt) und der Neurophysiologie und Kognitionsbiologie (Humberto Maturana, Heinz von Förster) zusammen.

Auch wenn „kognitive Autonomie" kein Schwerpunkt des vorliegenden Buches ist, sondern die Basisorientierung handlungstheoretisch ist, wird doch im Sinne von Beck von der Möglichkeit, Kognitions- und Kommunikationstheorien gemeinsam zu denken, ausgegangen. Zumeist werden diese beiden systemtheoretisch zusammengebracht, entsprechend bei Luhmann, der Kommunikation ausschließlich als Prozess sozialer Systeme sieht, während das Denken, die Kognition, derjenige der psychischen Systeme sei, gipfelnd in der Schlussfolgerung: „Nur die Kommunikation kann kommunizieren" (Luhmann 1995: 884). Im vorliegenden Buch wird der Kommunikationsbegriff hingegen ausschließlich für *das Kommunizieren von und zwischen Akteuren* verwendet. Die Mikroebene des sozialen Handelns und deren Ursprungssituation, die nonverbal/verbal strukturierte Face-to-Face-Situation, ist in diesem Buch der Ausgangspunkt, das Soziale der Kommunikation zu zeigen, und zwar gerade in Bezug auf *sozialen Wandel durch kommunikatives Handeln unter spezifischen Medienbedingungen*.

Mit Schützeichels „soziologischem Grundmodell der Kommunikation" stimme ich daher darin überein – man kann hier auch Berger und Luckmann (1994: 31), Aranguren (1967: 104) oder Giddens (1997: 80) als ältere Referenzen anführen – dass *interpersonale Encounter eine prototypische Situation für alle (humanen) Kommunikationssituationen darstellen* (vgl. Schützeichel 2004: 56–60).[5] Zugleich ist die fluktuierende Si-

---

begriffs zu vermeiden und Online-Kommunikation in diesen Begriff einzuschließen (vgl. Beck 2007: 119).

5 „Unter einem Kommunikationsakt wird ein elementares, in sozialer Hinsicht nicht weiter auflösbares Grundelement verstanden. Dabei handelt es sich um einzelne abgeschlossene Kommunikationseinheiten, an denen mindestens zwei Kommunikatoren beteiligt sind. Sie können als abgeschlossen bezeichnet werden, weil sie die Aktivitäten von mindestens zwei Kommunikatoren miteinander verschränken und im Kommunikationsprozess selbst als eine Grundeinheit behandelt werden können"

tuation des „Gesprächs" (Lerg 1970) um Meso- und Makroperspektiven, zumal das, was bei Berger und Luckmann als „Objektivation" verstanden wird, also die Einbettung des Einzelnen in Sprache und Normen, respektive Institutionen, zu erweitern.[6] Gesellschaft reproduziert sich über Kommunikation und wandelt sich zugleich durch diese.

Der Definition von Klaus Beck (siehe Zitat oben) vergleichbare Positionen einer Vermittlung von Handlungstheorie und Symbolischem Interaktionismus finden wir in der Kommunikationswissenschaft auch bei Friedrich Krotz, Roland Burkart, Dieter Krallmann und Andreas Ziemann sowie Rudolf Stöber (vgl. Krotz 2007; Burkart 2002; Krallmann und Ziemann 2001; Stöber 2008). Sie alle ziehen jeweils in der kommunikationssoziologischen Konsequenz aus den genannten Klassikern ähnliche Schlüsse, gewichten aber unterschiedlich: So richtet Burkart seinen Blick auf *Verständigungskommunikation*, Krotz auf *Mediatisierung*, Krallmann/Ziemann auf *Interaktion* und Stöber auf *Öffentlichkeit*. Diese Autoren lassen sich indes gewinnbringend mit Bezug aufeinander lesen. Auch dienen die Klassiker den genannten Kommunikationswissenschaftlern nicht nur als singuläre Bezüge, sondern als Resonanzboden für die basale Erklärung von Kommunikationsprozessen auch für die Welt und ihre Medienkommunikation, in der wir *heute* leben.

Ergänzend zu Beck sei die Definition von Kommunikation durch Krallmann und Ziemann benannt, die stärker noch als Beck die soziologische Komponente der Orientierung und Strukturierung, die Kommunikation in der Gesellschaft leistet, betonen:

> Kommunikation ist die menschliche und im weitesten Sinne technisch fundierte Tätigkeit des wechselseitigen Zeichengebrauchs und der wechselseitig adäquaten Zeichendeutung zum Zwecke der erfolgreichen Verständigung, Handlungskoordinierung und Wirklichkeitsgestaltung. (Krallmann/Ziemann 2001: 13)

Dass diese „Handlungskoordinierung" nicht nur rational, sondern weitgehend unbewusst stattfindet (vgl. auch Reichertz 2010), diese Erkenntnisperspektive hat uns auch Alfred Schütz hinterlassen. Peter Berger und Thomas Luckmann haben sie in ihre Soziologie des Alltagswissens und -handelns übernommen und Giddens in seine Strukturationstheorie (vgl. Averbeck-Lietz/Künzler/Tomin 2010). Spätestens bei Luckmann und bei Giddens wird überdies der Begriff der „Institution" zentral (vgl. Kap. 6 dieses Buches). Institutionen sind Normen und Regelleitungen für menschli-

---

(Schützeichel 2004: 57). Sinngemäß finden wir die Annahme, dass bei aufeinander gerichtetem, aneinander orientiertem kommunikativen Handeln ein abgeschlossener Prozess vorliegt, auch bei Klaus Beck (2007) und bei Roland Burkart (2002). Ein solches Kommunikationsverständnis (das sich an Max Webers Diktum der wechselseitigen Sozialbeziehung orientiert) steht einem rein *verhaltensorientierten* Kommunikationsbegriff *entgegen*, wie ihn etwa Paul Watzlawick vertritt (vgl. zur kommunikationswissenschaftlichen Kritik an Watzlawick Beck 2006: 133 f.; 2007: 37; Stöber 2008: 22–24).

6 Schützeichel fasst das unter den Begriff der „Kommunikationsstruktur". Auch bei Schützeichel wirken „Kommunikationsstrukturen" (z. B. als „normative Strukturen" oder „grammatikalische Strukturen") nicht determinierend, sondern „regulierend" (vgl. Schützeichel 2004: 59 f.).

ches Handeln, die dauerhaft handlungsanleitend sind, meist nur latent bewusst sind und Kommunikationssituationen mitbestimmen.

Ernst Manheim verwendete statt des Institutionsbegriffs 1932 noch den des „sozialen Gebildes" (einen Begriff, den er wahrscheinlich von Leopold von Wiese übernahm), auch den der „Träger der öffentlichen Meinung" (im Sinne von Presse als Institution und Organisation). Für Manheim sind dies organisierte Körperschaften, die Regeln und Verfahren aufweisen und diese dynamisch (neu) entfalten können –, wodurch sich dann die organisierten Körperschaften oder Organisationen wiederum selbst transformieren. Als deren Besonderheit entdeckte er ihre *Ausdifferenzierung über Kommunikationsregeln und -verfahren,* und zwar solche, die *nach innen* gerichtet sind (interpersonale und medial vermittelte Binnenkommunikation z. B. in den Sprachgesellschaften des 18. Jahrhunderts) und – demgegenüber – solche, deren Expansion *nach außen* im Mittelpunkt steht und die strategisch kommunizieren (z. B. politische Parteien des 19. Jahrhunderts, ihre Versammlungs- und Pressekommunikation) (vgl. Manheim 1979 [1933] sowie Kap. 4 dieses Buches).

Im Folgenden soll sowohl gezeigt werden, wie Menschen nach Auffassung der Klassiker de facto kommunizieren, wie sie (potenziell) kommunizieren könnten (die Möglichkeit wird uns vor allem unter diskursethischen Prämissen begegnen) als auch, wie sie mittels kommunikativen Handelns und Verhaltens Gesellschaft(en) konstruieren, erhalten und verändern. Die Prämisse ist ein soziales Kommunikationsverständnis (siehe oben) sowie die Annahme, dass gerade Kommunikationsphänomene nicht über *eine einzige* soziale Ebene, sondern die „Links" zwischen „Mikro-, Meso-, Makro" (Quandt/Scheufele 2011) zu verstehen sind. Aggregierte soziale Handlungen führen zu sozialer Organisation, die zwar interaktiv entsteht, aber für den einzelnen Akteur nicht kalkulierbar ist, soweit man soziale Organisation als funktional ausdifferenziert versteht (vgl. Esser 1984). In dieser Denktradition steht, obwohl er oft und fälschlich ‚nur' einem methodologischen Individualismus zugeschlagen wird, auch Max Weber. Es ist nicht zuletzt Thomas Luckmann, der Weber rehabilitiert:

> Bei Weber verbinden sich methodologischer Individualismus und ein (an der Systematik der politischen Ökonomie geschultes) Verständnis der gesellschaftlichen Folgen individuellen Handelns mit einem eindringlichen historischen Interesse an der Totalität der gesellschaftlichen Ordnung und den Rahmenbedingungen sozialen Wandels. (Luckmann 1992: 14)

Mit der handlungstheoretisch fundierten Entscheidung für die Dimensionierung über die Mikro-, Meso- und Makroebene ist zugleich diejenige getroffen, *dass es nicht um eine Mediensoziologie im engeren Sinne gehen kann* (zu einer solchen etwa Ziemann 2006). Der Gegenstand dieses Buches sind *nicht* ‚die' (Massen-)Medien oder ‚die' Mediengesellschaft, sondern *Vergesellschaftung durch Kommunikation mittels Medien der öffentlichen Kommunikation.* Max Weber hat uns dafür 1910 eine erste Programmatik in Bezug auf die Erforschung der Presse als Kommunikationsmedium geliefert, Tönnies 1922 wichtige theoretische Elemente mit Bezug auf eine Soziologie der Öffentlichkeit, die nicht reduziert ist auf eine massenmediale, sondern gerade das öffentliche Reden und Sprechen betont, und Ernst Manheim, Adept von beiden, und darüber hinaus einer der Begründer der Wissenssoziologie, die erste geschlossene theoretische Grundlegung zu einer Soziologie der Öffentlichkeit, auf die später u. a. Habermas rekurrieren konnte. Bei Manheim finden wir – ähnlich schon wie bei Weber und Tönnies – *beide* Problemkreise einer modernen Kommunikationssoziologie: Vergesellschaftung durch (interpersonale) Kommunikation, die in funktional ausdifferenzierten Gesellschaften angeschlossen ist an vermittelnde Instanzen, nämlich die (Massen-)Medien, die ihrerseits auf die interpersonale Kommunikation einwirken (können) und zugleich von ihr abhängig sind (vgl. weiterführend Saxer 2012).

Einige Erklärungen zur Anlage des Buches: Alle Kästen und Abbildungen beziehen sich zusammenfassend auf die Theoriebildung der Klassiker und sind zumeist aus der Originalliteratur gearbeitet (vgl. jeweils die Quellenangaben in diesen Kästen). Sodann werden aus der Theoriengeschichte heraus kommunikationssoziologische Fragestellungen entwickelt und nach aktuellen Anwendungen der schon in den älteren Theorien enthaltenen kognitiven Orientierungskomplexe oder *Denkmotive* gesucht. Die Aufdeckung solcher dynamischer, wandelbarer Denkmotive, etwa von „Öffentlichkeit", die sich begriffshistorisch und konzeptuell wandeln, ist ein Ziel dieses Buches.

Das Konzept des „kognitiven Orientierungskomplexes" als ggf. Bündel von Denkmotiven, die sowohl normativ als auch analytisch strukturiert sind, stammt von dem Wissenschaftssoziologen Peter Weingart (1976: 41–51, weitergeführt in Averbeck 1999, 2008, Averbeck-Lietz 2010 für die kommunikationswissenschaftliche Fachgeschichtsschreibung). Es meint konzeptuelle Orientierungen in der Wissenschaft (auch) unterhalb der Ebene von Paradigmen. Orientierungskomplexe und die ihnen zugehörigen Denkmotive können zeitlich und auch in Bezug auf soziale Gruppen von WissenschaftlerInnen, die sogenannten *Peers,* je stabiler oder dynamischer sein; sie sind jedenfalls *nicht* statisch. Oft beschäftigen sie verschiedene *Wissenschaftlergenerationen* nach- und in Bezug oder in Abgrenzung aufeinander (vgl. Averbeck-Lietz 2010). Diese sogenannten *Lehrer-, Schüler und Enkelgenerationen* von Wissenschaftlern (ebd.) legen allerdings unterschiedliche Theorien und Methoden an diese Orientierungskomplexe und die aus ihnen entstehenden analytischen Probleme an (dies kann im landläufigen Sinne ‚Fortschritt' bedeuten, muss es aber nicht zwangsläufig). Dafür ist auch der Orientierungskomplex soziale oder gesellschaftliche Kommunikation in diesem Buch ein gutes Beispiel: Wir nähern uns ihm über die Lesart unserer ‚Ur- und Großväter', eben einiger Klassiker, aber ohne aus dem Blick zu verlieren, was *wir* an ein kommunikationssoziologisches Denkmotiv für spezifische eigene, zeitgenössische Fragestellungen haben und zu was für Antworten wir (auch auf der Basis der Klassikerliteratur) kommen können.

Jedem Kapitel steht eine Systematik der Denkmotive voran, die in dem Kapitel mit Bezug auf den jeweiligen Wissenschaftler betrachtet werden. Diese Denkmotive werden nicht beliebig, sondern aufbauend sowohl auf der Sekundärliteratur als auch der Primärliteratur entwickelt. Sie sollen als Lesehilfe im Sinne eines ‚roten Fadens' durch das Buch verstanden werden, sie sind aber auch Aufforderung an die LeserInnen, danach zu fragen, ob sie als Klassifizierungen für genau diese Denker hinlänglich sind: Keiner der Klassiker wird hier umfassend und lückenlos behandelt. Die Auswahl der jeweiligen Denkmotive richtet sich vor allem nach einer Fragestellung: derjenigen nach dem *Kommunikationswandel* in der Medienmoderne der letzten 100 Jahre. Andere Leseperspektiven würden in den Werken der Klassiker sicherlich auch andere Denkmotive aufspüren (können) (vgl. etwa Meyen/Löblich 2006 mit ihrem Blick auf Massenkommunikation und Publizistik).

Über biografische Hinweise hinaus, die im Zusammenhang mit der Argumentation des Buches relevant sind, wird auf spezielle Biografien zu den einzelnen Klassikern je nach ihrem Bekanntheitsgrad weitgehend verzichtet. Diese sind an anderer Stelle je gut nachlesbar – wohl aber werden Bezüge zwischen Biografie und Werk benannt.

2 Max Weber – Ein Klassiker der Pressesoziologie

Kurt Lang hat darauf verwiesen, dass Max Webers früher Plan zu einer Presse- und Kommunikationssoziologie in den USA eine nahezu unbekannte Lektüre sei. Vor 1945 habe neben wenigen anderen immerhin Harold D. Lasswell auf den Enquete-Plan Webers von 1910 verwiesen (vgl. Lang 1996: 14 f.). Sehr viel später haben sich Wilhelm Hennis (1998) und Hanno Hardt (2001) um die Weber-Exegese in der englischsprachigen Soziologie und Kommunikationswissenschaft verdient gemacht (zu Hennis' Lesart von Max Weber vgl. Weischenberg 2014: 244 ff.). Im Nachbarland Frankreich hat 2001 Gilles Bastin auf der Basis der deutschsprachigen Sekundärliteratur auf den einschneidenden Enquete-Plan Webers verwiesen. In Deutschland selbst ist eine Art ,Revival' des Weberschen Plans erst seit den 1980er-Jahren mit einem prominent in der Fachzeitschrift *Publizistik* platzierten Artikel von Arnulf Kutsch (1988), der dann von Achim Baum (1994: 124 ff.) aufgegriffen wurde, erkennbar. Dies findet mit den beiden Weber-Monografien von Siegfried Weischenberg (2012b und 2014) ihren vorläufigen Höhepunkt.[1]

Michael Meyen und Maria Löblich (2006: 157) haben Max Weber in ihren Band „Klassiker der Kommunikationswissenschaft" mit der Begründung aufgenommen, jener habe der Kommunikationswissenschaft einen „riesigen Ideensteinbruch" hinterlassen. Dirk Kaesler, Soziologe und einer der besten Weber-Kenner, schlägt gar vor, den ganzen Weber als „Steinbruch" zu lesen; Hans Peter-Müller schließt daran an (vgl. Kaesler 1995: 261; Müller 2007: 21). Den verschiedensten „Bindestrich-Soziologien" kann Webers Werk, das weniger eine theoretische als eine methodologische Geschlossenheit (*Werturteilsfreiheit, Idealtypenbildung, Verstehen*) aufweist, als Ideengeber dienen. Wir nutzen es hier für unseren Zweck, Kommunikationssoziologie zu betreiben, versuchen aber doch auch, Weber nicht vereinfachend zu lesen. Als übergreifende Einführungen in das Denken Webers seien Kaeslers (1995, 1999) inzwischen selbst schon klassische Weber-Lektüre und Müllers (2007) lehrbuchartige Monografie empfohlen.

In ihrer Weber-Lektüre beziehen sich Meyen und Löblich zumal auf dessen Plan zu einer Presse-Enquete von 1910 anlässlich des „Geschäftsberichts" zum ersten Soziologentag in Frankfurt sowie den „Vorbericht" zu eben diesem Plan, der in das gleiche Jahr datiert, aber einer etwa zweijährigen Bearbeitungszeit unterlag (vgl. Kutsch 1988: 6). Der „Geschäftsbericht" Webers wurde 1911 im ersten Band der Verhandlungen der Soziologentage durch die Deutsche Gesellschaft für Soziologie (DGS) herausgegeben (vgl. Weber 1911) und von Marianne Weber (1988) wieder abgedruckt. Der „Vorbericht" hingegen ging als 7-seitige Schrift gedruckt postalisch an eine kleine Schar von potenziellen Mitstreitern sowie Wissenschaftlern, Journalisten und Verle-

---

1 Das Max-Weber-Kapitel in diesem Buch war bereits abgeschlossen, als die umfassenden Weber-Monografien von Weischenberg 2012 und 2014 erschienen. Ich habe versucht, zentrale Punkte aus diesen Monografien angemessen zu berücksichtigen.

gern. Er wurde erst Jahrzehnte später im Nachlass von Ferdinand Tönnies gefunden (vgl. Hennis 1998: 109). Horst Pöttker machte den lange verschollenen Vorbericht 2001 als Re-Edition einem größeren Publikum zugänglich und traf dabei die folgende Einschätzung:[2]

> Man kann diesen frühen Text lesen als eine heute noch äußerst leistungsfähige, weil umfassende und differenzierte Strukturierung des Forschungsfeldes Medienkommunikation. (Pöttker 2001c: 11)

Ähnlich lobend äußern sich Meyen und Löblich (2006) und in der „Klassiker-Reihe" der Zeitschrift *Medien & Kommunikationswissenschaft* auch Siegfried Weischenberg (2012a). Gleichwohl bleibt der Begriff des „Ideensteinbruchs", der das Fragmentarische betont, für den Weberschen Beitrag zur Presseforschung angemessen: Ist der „Geschäftsbericht" (1911, Schriften der DGS) essayistisch angelegt, so ist der „Vorbericht" (1910, zunächst unpubliziertе Druckschrift) zwar systematisch, aber zugleich nur ein „umfangreicher Katalog von Fragen und Problemen, aber keine wissenschaftliche Abhandlung" (Kutsch 1988: 9). Auch aufgrund der eher essayistischen Form dieser pressesoziologischen Schriften mag Weber nicht zum ‚offiziellen' Begründer einer Kommunikationssoziologie geworden sein. Ihm selbst war bewusst – und so legte er den Plan zur Erforschung der Presse auch an – dass es sich um ein Forschungs*programm*, aber noch nicht die Forschung selbst handele. Dieses zielte auf eine „umfassende Analyse der Kulturfunktion des modernen Pressewesens" (Joußen 1990: 122).

Max Weber, neben seinem Freund Friedrich Naumann nach dem Ersten Weltkrieg Mitbegründer der Deutschen Demokratischen Partei (DDP), war nicht nur politisch, sondern über Jahrzehnte auch journalistisch tätig – beide Tätigkeiten sind als miteinander verbunden zu sehen. Weber war für die großen liberalen Blätter seiner Zeit, die *Frankfurter Zeitung*, das *Berliner Tageblatt* und die *Berliner Börsenzeitung* tätig. Sporadisch schrieb er auch für die *Neue Preußische Zeitung*, die *Allgemeine Zeitung* und die Regionalpresse, so die *Heidelberger Zeitung* oder die *Münchner Neuesten Nachrichten* (vgl. Kaesler 1995: 270–282, 285f.). Bisher ist seine journalistische Arbeit nur teilweise gesichtet.[3] Man weiß, dass Webers Themen die Demokratisierung Deutschlands, einhergehend die Ablehnung des Kaisertums, die Kriegspolitik und der Pazifismus[4] sowie die akademische Lehr- und Forschungsfreiheit waren (vgl. Kaesler 1995:

---

2 Arnulf Kutsch hat 1988 vergeblich versucht, vom Verlag Max Webers, J. C. B. Mohr (Paul Siebeck), die Abdruckrechte für den Vorbericht zu erhalten (vgl. Kutsch 1988: 25). Eine französischsprachige Übersetzung des „Geschäftsberichts" findet sich in *Réseaux*, Nr. 51/1992, eine englischsprachige enthält Hennis (1998).
3 Um sich einen Eindruck zu verschaffen, siehe die ausgewählten Artikel als Volltexte online unter http://www.zeno.org/Soziologie/M/Weber,+Max/Schriften+zur+Politik (8.4.2013).
4 Weber richtete sich während des Ersten Weltkriegs gegen die deutsche Annexionspolitik und den „U-Boot-Krieg". Zur zwiespältigen Haltung Webers gegenüber dem Pazifismus und ebenso gegenüber der Monarchie, die Weber zeitweilig verteidigte, vgl. Mommsen 2004: 170f., 326f.

31–95; Hardt 2001: 29 f.; Mommsen 2004: 168 ff., 311). Überdies ist bekannt, dass ihm die Kritik der deutschen Annexionspolitik Konflikte mit der Militärzensur einbrachte (vgl. Pöttker 2001b: 313).

Ab 1917 veröffentlichte Weber in der *Frankfurter Zeitung*, für die er schon seit 1906 tätig war, eine Artikelserie zum „Deutschen Parlamentarismus in Vergangenheit und Zukunft". Ein Artikel vom 24. Juni 1917, der sich gegen Wilhelm II. und dessen außenpolitisches „Versagen" richtete, zog den Auslieferungsstopp der Zeitung und eine kurzzeitige Präventivzensur nach sich (vgl. Weber 1984: 600; Mommsen 2004: 170 f.). Dirk Kaesler hat Webers Beiträge für die *Frankfurter Zeitung* bibliografiert: In den Jahren 1918/19 trat er allein in dieser Zeitung mit mindestens vierzehn Artikeln in Erscheinung (vgl. Kaesler 1995: 286 f.). Geschuldet war dies auch seiner politischen Tätigkeit in der Deutschen Demokratischen Partei (DDP), zeitweilig siedelte er ganz nach Frankfurt über, um an Redaktionskonferenzen der Zeitung teilzunehmen (vgl. Mommsen 2004: 327). So schreibt Marianne Weber, Max sei „einige Wochen" nach Frankfurt gegangen, „um die Redaktion der Frankfurter Zeitung auf ihren Wunsch politisch zu beraten" (Weber 1984: 645). Seine daraufhin erscheinende Artikelserie firmierte unter der Überschrift „Deutschlands künftige Staatsform", die er schließlich republikanisch veranschlagte (vgl. Mommsen 2004: 327; Kaesler 1995: 286), allerdings keinesfalls um den Preis der sogenannten Revolution von Links (vgl. Weber 1984: 693; 645).[5]

Die enge Verbindung Webers zur journalistischen Praxis, insbesondere zum politischen Journalismus, bildet sich in den Fragestellungen des Enquete-Plans ab. Dieser verweist auf Webers authentische Kenntnisse der zeitgenössischen Presse und umfasst folgende Forschungsfelder:

Plan zu einer Presse-Enquete: Forschungsfelder
- Presse- und Öffentlichkeitsgeschichte
  [Kommunikationsgeschichte]
- Berufssoziologie des Journalismus
  [Kommunikatorforschung]
- Lese- und Leserforschung
  [Nutzungs- und Rezeptionsforschung]
- Presseinhaltsforschung
  [Medieninhaltsforschung]
- Presseökonomie, Ökonomie des Nachrichten- und Agenturwesens
  [Medienökonomie]

Quelle: Weber 2001a [1910], Weber 1911

Die gesamte Forschungskonzeption verweist auf solche Felder, wie sie sich heute innerhalb der Kommunikationswissenschaft und auch der Soziologie ausdifferenziert

---

5 Max Weber trat, Marianne Weber folgend, auf Bitten der „Mehrheitssozialisten" eine Zeitlang dem Heidelberger Arbeiter- und Soldatenrat bei, stand aber der „verrückten Liebknecht-Bande" fern (vgl. Weber 1984: 644 f.).

haben und sich sowohl auf die Theorie als auch die Praxis der Medien richten (vgl. auch Weischenberg 2012a, b). Weber wurde geprägt durch seine Tätigkeit als Wissenschaftler *und* als Publizist; sein journalistisches Betätigungsfeld war der Leitartikel. Aus der historischen Redaktionsforschung weiß man, dass es seit dem ausgehenden 19. Jahrhundert zu starken strukturellen Veränderungen in den Verlagen kam, die weitere ökonomische Verflechtungen, funktionale Differenzierung und Arbeitsteilung mit sich brachten. Besonders weitreichend sind seine diesbezüglichen Aussagen für die Journalismusforschung und die Presseökonomie (vgl. Birkner 2010, 2012).

Auftakt zur Journalismusforschung
- Journalismus als arbeitsteiliger Vollzeitberuf
- Spezialisierung und Ressortentwicklung
- Nationale Unterschiede von Journalismus und Mediensystemen
- Journalistische Funktion: Vermittlung von Informationen und Meinungen an die Gesellschaft (Dysfunktionen bei Sensations- und Kampagnenjournalismus)

Quelle: Weber 2001a [1910], Weber 1911

Für eine Berufssoziologie des Journalismus sah Max Weber es als relevant an, Fragen zu stellen nach:

> Qualitative[n] Ansprüchen an den modernen Journalisten, Anpassung und Auslese durch die Bedingungen des Zeitungsgeschäfts. Soziale Provenienz, Vorbildung, Stellenvermittlung, Art der Anstellung und Bezahlung und „Laufbahn" der Journalisten (möglichst durch Fragebogenerhebung). Eigenart und Entwicklung der ökonomischen und sozialen Position des Journalistenstandes, Berufswechsel von und zu anderen Lebensstellungen und Art der Lebenschancen des Journalisten (heute im Vergleich mit früher, bei uns im Vergleich mit dem Ausland) [...]. (Weber 2001a [1910]: 321)

Dieser Vergleich beinhaltete den von Mediensystemen als strukturellen Bedingungen des Journalismus. Beispiele zog Weber vor allem aus England, Frankreich und den USA zurate und erkannte, ähnlich später Tönnies, dass die deutsche Entwicklung eines modernen Zeitungswesens den anderen Demokratien hinterherhinke und überdies Tendenzen des „Amerikanismus" unterworfen sei (Weber 2001a: 319). So forderte Weber, der 1904 selbst mehr als zwei Monate in den USA verbrachte (vgl. Meyen/Löblich 2006: 152), einmal genauer festzustellen, wie sich diese Amerikanisierung darstelle:

> „Amerikanismus" im Zeitungswesen, bezüglich des Stoffarrangements, der Stoffverteilung, der relativen Bedeutung der einzelnen Rubriken und des Spitzmarkenwesens. Einfluss auf den Charakter der Zeitung und die Art des Zeitungslesens. Genaue Analyse der geschäftlichen Eigenart amerikanischer Zeitungen gegenüber den unsrigen, Eindrängen dieser Eigenart bei uns, Grund warum (oder warum nicht?). (Weber 2001a [1910]: 319)

In dieser Art sprachlich abgehackter, aber analytisch gleichwohl klarer Vorstellungen liest sich der gesamte „Vorbericht über eine vorgeschlagene Erhebung über die Soziologie des Zeitungswesens". Erstellt wurde er 1910 für eine kleine Zahl von Adressaten: die Mitarbeiter an der Presse-Enquete in spe.

Amerikanisierung kann auch als Symbol für beschleunigten Medienwandel in Anpassung an Werbe- und Publikumsmärkte verstanden werden. Amerikanisierung ist zugleich die Chiffre für einen historisch langfristigen, transformativen „Metaprozess" im Sinne von Friedrich Krotz (2009), nämlich *Ökonomisierung:*

Auftakt zur presseökonomischen Forschung
- Wechselwirkungen zwischen Konzernbildung, Massenpublikum und Anzeigenwesen im Ländervergleich?
- Strukturelle Bedingungen für Konzernbildung und Pressekonzentration?
- Bedingungen für Annoncenschaltungen der Werbekunden, Unternehmensführung?
- Kaufentscheidungen der Leser?
→ Ökonomische Funktion: Gewährleistung einer freien Presse über den Anzeigenmarkt (Dysfunktionen z. B. bei Intransparenz/Nicht-Erkennbarkeit von Reklame)

Quelle: Weber 2001a [1910], Weber 1911

Weber band die „Soziologie des Zeitungswesen" (Weber 1988 [1911]: 434) an deren *Ökonomie* und brachte damit nicht zuletzt Soziologie und Nationalökonomie als (interdisziplinäre) Wissenschaften zusammen. Obst fasst dessen presseökonomischen Ansatz so zusammen:

> Seine Theorie besagte, dass die Presse als kapitalistisches privates Geschäftsunternehmen in der Wechselbeziehung von Interessenten und Käufern, zweier verschiedener Kundenkreise steht. Da Weber einen steigenden Kapitalbedarf von Presseunternehmen diagnostizierte, wollte er untersuchen, ob mehr Kapital auch steigende Macht der Presse in der Prägung der öffentlichen Meinung bedeutet. Auch der Umkehreffekt, dass durch Schwankungen der öffentlichen Meinung finanzielle Einbußen bei Presseunternehmen eintreten könnten, musste untersucht werden. (Obst 1986: 48)[6]

Auch Siegfried Weischenberg (2012b: 90) weist Weber zu, das Prinzip der sogenannten Anzeigen-Auflagen-Spirale bereits verstanden zu haben: Gemeint ist der ursächliche Zusammenhang zwischen *mehr* Anzeigen als gleichbedeutend mit *mehr* Kapital, um dieses direkt wieder in das Produkt, und damit den Lesermarkt, zu investieren. Umgekehrt kann es in Medienkrisen zu einer Abwärtsspirale kommen. Dies war gut beobachtbar mit dem Einbruch der Werbemärkte nach dem Finanz-Crash im Herbst 2008: Weniger Anzeigen bedeuteten auch weniger journalistische Qualität bei weniger

---

6 Den Makroeffekt zwischen branchenfernem Kapital (aus Mischkonzernen, nicht genuinen, traditionellen Verlagshäusern kommend) und journalistischem Stil und Art der Berichterstattung, auf den schon Weber verwies, untersucht eine Forschergruppe am Forschungsbereich Öffentlichkeit und Gesellschaft (fög) der Universität Zürich. Vgl. http://www.nccr-democracy.uzh.ch/forschung/research-phase-1/module3/ip8/ (15. 2. 2015).

Personal und in der Folge unattraktivere Produkte an einem Lesermarkt mit zudem schwindender Kaufkraft (vgl. Beck/Reineck/Schubert 2010). Verallgemeinern lässt sich daraus der presseökonomische Lehrsatz:

> Zeitungen und Publikumszeitschriften werden als Koppelprodukte auf interdependenten Publikums- und Werbemärkten angeboten. Beide Märkte stellen Presseverlage vor erhebliche Herausforderungen, die teils konjunktureller, teils struktureller Art sind. (Beck/Reineck/Schubert 2010: 88)

Bei Weber lautete die Beschreibung des Zusammenhangs rund 100 Jahre zuvor noch so:

> Treten wir der Presse soziologisch näher, so ist fundamental für alle Erörterungen die Tatsache, daß die Presse heute notwendig ein kapitalistisches, privates Geschäftsunternehmen ist, daß aber die Presse dabei eine vollständig eigenartige Stellung einnimmt, als sie im Gegensatz zu jedem anderen Geschäft zwei ganz verschiedene „Arten" von Kunden hat: Die einen sind die Käufer der Zeitung und diese wieder entweder der Masse [Menge] nach Abonnenten oder aber der Masse nach Einzelkäufer – [...] die anderen sind die Inserenten, und zwischen diesen Kundenkreisen bestehen die eigentümlichsten Wechselbeziehungen. Es ist z. B. gewiß für die Frage, ob eine Zeitung viele Inserenten haben wird, wichtig, ob sie viel Abonnenten hat und, in begrenztem Maße, auch umgekehrt. Aber nicht nur ist die Rolle, die die Inserenten im Budget der Presse spielen eine sehr viel ausschlaggebendere als die der Abonnenten, sondern man kann es geradezu so formulieren: eine Zeitung kann nie zu viel Inserenten haben, [...] aber – und das im Gegensatz zu jedem anderen Warenverkäufer – zuviel Käufer, dann nämlich, wenn sie nicht in der Lage ist, den Insertionspreis so zu steigern, daß er die Kosten der immer weiter sich ausdehnenden Auflage deckt. Das ist ein für manche Arten von Blättern durchaus ernsthaftes Problem und hat ganz allgemein die Folge, daß von einer bestimmten Auflageziffer ab das Interesse der Zeitungen nach weiterer Vermehrung nicht mehr steigt – [...] wenn unter gegebenen Voraussetzungen eine Erhöhung der Inserentenpreise auf Schwierigkeiten stößt. (Weber 1988 [1911]: 436)

Weber markiert (von ihm natürlich so gar nicht vorauszudenken) ein Problem, das auch wir einhundert Jahre später im Medienwandel vorfinden: Expansion ohne hinreichende Gegenfinanzierung. Gemeint ist das Problem, welches die *Refinanzierung von Online-Inhalten* bei den Verlagen derzeit mit sich bringt: Viele Interessenten/ Konsumenten fragen die journalistischen Inhalte nach, sie sind aber keine ‚echten' Käufer, sondern möchten sich nach Möglichkeit die gewünschten Inhalte gratis erklicken. Zugleich gehen die Print-Abonnements ebenso wie die Print-Käufe an Kiosken zurück, während die Refinanzierung journalistischer Inhalte über Werbung nicht gesichert ist. Unternehmen investieren lieber in personalisierte Werbung in Web-2.0-Umgebungen. Mit anderen Worten: Das Interesse an kostenfreiem Zugang zu Informationen ist bei Online-Lesern hoch, aber die Refinanzierung schwach. Abonnement-Modelle stecken bei Online-Zeitungen, wiewohl es sie gibt, in den sprichwörtlichen Kinderschuhen und haben auch damit zu tun, dass die Nutzer Micropayments noch nicht sehr gewöhnt sind. Als Ausweg wird versucht, Werbung crossmedial zu vermarkten, sie im Verbund ggf. mehrerer Medienhäuser zu koordinieren, Print- und Online-Redaktionen zusammenzulegen, Micropayments und/oder Abos von E-Papers auch gegen Widerstände zu etablieren (vgl. Beck/Reineck/Schubert 2010; Kramp/ Weichert 2012).

Marie-Luise Kiefer ist in ihrer Einführung in die Medienökonomie, die 2010 in der zweiten Auflage erschien, auf Webers Verdienste um eine allgemeine Medienökonomik eingegangen (vgl. Kiefer 2010: 18). Dass es nicht primär die Abonnenten, sondern die Werbemärkte sind, die die Tagespresse tragen, wussten schon Weber und auch Karl Bücher. „Sehr annoncenreiche Blätter" schrieb Letzterer 1926, hätten berechnet, dass sie „nur 37 bis 40 Prozent ihrer gesamten Herstellung durch das Abonnement decken" (Bücher 2001 [1926]: 185). Webers presseökonomische Überlegungen integrierten Fragen nach der Wechselwirkung zwischen Konzernbildung, Massenpublikum, Annoncen- und Nachrichtenwesen. Auf der Mikroebene liegen die Kaufentscheidungen des Lesers, auf der Mesoebene sowohl die Annoncenschaltungen der Werbekunden als auch die Unternehmensführung der einzelnen Presseorgane, auf der Makroebene die politischen und strukturellen Bedingungen für Konzernbildung in der damaligen deutschen Gesellschaft (vgl. Weber 2001a [1910]). Weber differenzierte Werbe- und Publikumsmarkt; bei Letzterem unterschied er wiederum nach Abonnenten und Kaufpublikum. Das Diktum von Medien als Gütern auf zwei sehr differenten Märkten, die gleichwohl voneinander abhängig sind (Koppelprodukt Medien), zählt heute zum Standardrepertoire der Medienökonomie und ist vielfach und international vergleichend untersucht worden. Für die Tatsache, dass Medienmärkte national verschieden sind und die Mechanismen der Kundenbindung über Abonnements versus Kaufpresse am Kiosk zu ganz unterschiedlichen Ausprägungen einer Presselandschaft führen, gilt das ebenfalls (zur Einführung in die Medienökonomie Heinrich 2010; Kiefer 2010 sowie für transnationale Aspekte Altmeppen/Karmasin 2012).

Weber benennt Monopolstellungen („Vertrustung des Zeitungswesens") von einzelnen Zeitungen sowohl in ökonomischer als auch in publizistischer Hinsicht (Weber 1988 [1911]: 437), ebenso verweist er auf unterschiedliche Pressetypen und deren Konkurrenz untereinander (Weber 2001a [1910]: 316). Auch fragt er nach gesellschaftlichen Funktionen und Dysfunktionen, die auf den „Institutionscharakter" der modernen Presse (Weber 1988 [1911]: 438) bezogen sind. Zugleich scheint deren *Organisiertheit* auf:

> [...] wir müssen uns fragen: was bedeutet die kapitalistische Entwicklung innerhalb des Pressewesens für die soziologische Position der Presse im Allgemeinen, für ihre Rolle innerhalb der Entstehung der öffentlichen Meinung? (Weber 1988 [1911]: 438)

Dabei wird die Presse immer in Interdependenz zum Nachrichtenwesen, dessen „Kartellisierungstendenzen" sowie den spezifischen Arbeitsabläufen im Agenturjournalismus betrachtet, z. B. dessen Klassifikationssysteme für Nachrichten als „sensationell" oder „wichtig", die die Abonnements der Verlagshäuser sichern sollen (Weber 2001a [1910]: 318).

Auf welche Weise wollte Weber das alles nun untersuchen?

Plan zu einer Presse-Enquete: Forschungsanlage
- Zeitungsstatistik (Inhaltsanalysen zur thematischen Verteilung und Ressortverteilung)
- Schriftliche und mündliche Befragung (von Journalisten und Lesern)
- Beobachtung (Teilnahme des Forschers am redaktionellen Alltag)
- Statistik und Demografie (über den journalistischen Berufsstand)
- Dokumenten- und Quellenanalysen, historische Analysen (Genese von Presseorganen, Öffentlichkeitsgeschichte)
- Ökonomische Analysen (Anzeigen- und Vertriebsgeschäft in ihrer Interdependenz, Kapital- und Ausgabenverwaltung in Verlagen)
- Linguistische Analysen (Sprachwandel durch „Zeitungssprache", Stilforschung)
- Interdisziplinäre Forschung im Team (geplante Zusammenarbeit mit Zeitungswissenschaftlern, z.B. Otto Groth, München)
- (Internationale) Komparatistik zur Berufssoziologie des Journalismus und den Lesegewohnheiten der Bevölkerung sowie zur Presse- und Öffentlichkeitsgeschichte

> *Quellen: Weber 1988 [1911], Weber 2001a [1910] sowie folgend der Rezeption dieser Quellen in Obst 1986; Kutsch 1988; Lang 1996: 13–15; Bastin 2001; Meyen/Löblich 2006: 145–159; Weischenberg 2012b: 89–93*

Das Instrumentarium, welches Weber vorschlug, ist sowohl qualitativ als auch quantitativ bedeutsam, einschließlich der bis heute in der Kommunikationswissenschaft tonangebenden Methoden Inhaltsanalyse („zu messen, mit der Schere und mit dem Zirkel, wie sich denn der Inhalt der Zeitung quantitativ verschoben hat im Lauf der letzten Generation", Weber 1988 [1911]: 441)[7] und Befragung. Die Anlage des Forschungsplans entspricht Webers generell methodenpluralem Verständnis von Empirie (vgl. Gimmler 1998: 68).

Siegfried Weischenberg sieht Weber als Vorläufer seiner selbst bzw. seines Kontext-Modells für die Analyse des Journalismus (gemeint ist das sogenannte „Zwiebelmodell"), wobei diese vier Kontexte wie die Schalen einer Zwiebel umeinandergreifen (vgl. Weischenberg 2012b: 91f., auch Weischenberg 2014: 160ff., 248–251):

1. Normkontext des Mediensystems,
2. Strukturkontext der Medieninstitution,
3. Funktionskontext der Medienaussagen,
4. Handlungskontext der Akteure.

Arnulf Kutsch hat aus Archivalien der Deutschen Gesellschaft für Soziologie (DGS) eine Liste aus dem Jahr 1911 ermittelt, die 30 Namen[8] potenzieller Forscher des avi-

---

[7] Zur Geschichte der Inhaltsanalyse in der Weimarer Zeitungswissenschaft vgl. Averbeck 1999: 288–293. U. a. Otto Groth unternahm 1915, wohl auch angeregt durch Webers Arbeiten (vgl. Weischenberg 2012b: 93) in seiner Dissertation eine Inhaltsanalyse Baden-Württembergischer Zeitungen (vgl. Groth 1915). Am Heidelberger Institut für Zeitungswesen nahmen der Soziologe und zugleich Professor für Zeitungswesen Hans von Eckardt und seine Schüler den Weberschen Plan Ende der 1920er-Jahre explizit als Vorbild für „studentische Kleinforschung" (vgl. Averbeck 1999: 237f.). Zu einigen weiteren von Weber angeregten pressekundlichen Dissertationen vgl. Kutsch 1989: 24, Weischenberg 2012b: 103, 107.
[8] Bastin spricht dagegen von 56 Namen auf der Liste (vgl. Bastin 2001: 177).

sierten Presseforschungsprojekts bzw. kooperierende Partner in Verlagen und Redaktionen für Weber sein sollten. Nicht nur liest sich diese „Vorschlagsliste" wie ein ‚Who is who' der damaligen europäischen Soziologie und Verlagswelt, sondern es sollten auch Zeitungswissenschaftler, nämlich Martin Spahn in Köln und Oskar Wettstein in Zürich,[9] involviert werden. Weiterhin finden sich auf dieser Liste die Namen der Soziologen Ferdinand Tönnies, Georg Simmel, Werner Sombart und Alfred Vierkandt (vgl. Kutsch 1988: 11), außerdem der spätere deutsche Reichswirtschaftsminister und Reichsbankpräsident Hjalmar Schacht, den eine wirtschaftswissenschaftliche Dissertation als Pressestatistiker ausgewiesen hatte[10], sowie der Soziologe Robert Michels aufgrund seiner guten Kenntnis der sozialdemokratischen Presse (vgl. Bastin 2001: 7). Kooperationen mit dem „Verein Deutscher Zeitungsverleger" und dem „Reichsverband der Deutschen Presse" waren schon angebahnt (vgl. Obst 1987: 174).

Webers Enquete-Plan scheiterte schließlich bis 1914 aus verschiedenen, einander überlagernden und sich wohl gegenseitig verstärkenden Gründen: erstens, dem damals berühmt-berüchtigten „Heidelberger Professoren-Prozess", zugleich ein Presseskandal in der regionalen, bald auch überregionalen Presse, u. a. zwischen Weber und dem Journalistik-Dozenten der Universität Heidelberg, Adolf Koch (1855–1922) (vgl. ausführlich Obst 1987: 143–173; Weischenberg 2012b: 134–148). Der Prozess, in dem u. a. der Münchener Zeitungswissenschaftler Otto Groth (1875–1965) – damals bereits mit Vorarbeiten für die Enquete befasst – als Zeuge für Max Weber auftrat[11], entzweite wichtige Protagonisten der künftigen Presse-Enquete. Überdies hatte Weber einen Teil der Verleger zweifelsohne gegen sich aufgebracht und mehr noch: Der Chefredakteur der Dresdner Neuesten Nachrichten reichte eine Privatklage gegen Weber ein (vgl. Obst 1987: 146). Diese massiven Spannungen verunmöglichten nicht nur persönliche Zusammenarbeiten, sie verschärften auch das Quellenproblem zeitgenössischer Presseforschung: Zeitungsverlage waren damals weder gewöhnt noch allzu bereit, ob des Geschäftsgeheimnisses eigene Daten an die Forschung preiszugeben. Hinzu kamen Finanzierungsprobleme eines so groß angelegten Forschungsprojekts und überdies das nur mäßige Interesse der Deutschen Gesellschaft für Soziologie (DGS) insgesamt am Pressethema (vgl. Obst 1986, 1987; Kutsch 1989; Bastin 2001; Meyen/Löblich 2006; Weischenberg 2012b: 107 ff). Wie Weischenberg (2012b: 104 f.) aus Briefen Max Webers herausarbeitet, zählt zu den Gründen des Scheiterns auch ein Streit zwischen Weber und Tönnies nach dem Soziologentag 1910. Nach Auffassung von Weber habe Tönnies die dortige Sitzung zum Vorhaben Presse-Enquete „skandalös" schlecht geleitet.

Erst 1930, zwanzig Jahre nach Webers Plan und zehn Jahre nach dessen Tod, sollte sich ein Soziologentag – anknüpfend an seinen Enquete-Plan von 1910 – wieder dem

---

9 Zur Kölner und zur Züricher Zeitungswissenschaft vgl. Klose 1986; Göppner 2005.

10 Vgl. Hjalmar Schacht (1968): Der theoretische Gehalt des englischen Merkantilismus. Frankfurt a. M. (= Phil. Diss. Kiel 1900).

11 Weitere geladene Prozesszeugen aus der Zeitungswissenschaft und ihrem Umfeld waren Karl d'Ester (München) und der Verleger Alfred Scheel (Heidelberg), vgl. Obst 1987: 152–153.

Thema „Presse und öffentliche Meinung" widmen (vgl. Averbeck 1999: 76 – 91). 2011, 71 Jahre später, wurde wiederum an 1930 angeknüpft, um den Dreiländerkongress der Soziologie in Innsbruck zum Thema „Neuer Strukturwandel der Öffentlichkeit" historisch zu rahmen.[12] Wir haben es also mit einem langlebigen Problemfeld zu tun, das uns – besieht man das *Phänomen* „Öffentlichkeit" ebenso wie den *Begriff* „Öffentlichkeit" – historisch vorausgeht (vgl. Hölscher 1979; Steininger 2007: 20 – 27) und schon deshalb nicht nur aus einer aktuellen Perspektive gelesen werden kann. Wie wir Öffentlichkeit heute verstehen, hat auch mit unserem historischen Bewusstsein von Öffentlichkeit sowie der Begriffsgeschichte von Öffentlichkeit zu tun, die uns heute sowohl als Anknüpfungs- als auch als Abgrenzungspunkt dienen kann.

Siegfried Weischenberg würdigt den gescheiterten Enquete-Plan mit den markigen Worten:

> Max Weber präsentierte hier [...] eines der ersten Multi-Methoden-Designs der Sozialforschung, das zu mehrdimensionalen Befunden führen konnte. Das Scheitern dieser vielversprechenden Untersuchung war die empirische Untersuchung der Aussagenentstehung in den Medien für lange Zeit zurück. Die Soziologie interessierte sich nie mehr nachhaltig für das Thema. (Weischenberg 2012b: 98)

Aber auch über den Plan zur Presse-Enquete hinaus ist Weber mit seinem inhaltlichen und methodisch-methodologischen Programm *der* Ahnherr einer modernen sozialwissenschaftlichen Kommunikationssoziologie und -forschung, insbesondere, wenn man zusätzlich zu den Überlegungen zu einer Pressesoziologie seine *Handlungstheorie* in Rechnung stellt. Bezüge zwischen Handlungstheorie und Pressetheorie finden sich im Werk Webers dezidiert. Die Handlungstheorie Webers ist außerdem (spätestens) seit den 1980er-Jahren in kommunikationswissenschaftliche Ansätze integriert worden.

Michael Meyen und Maria Löblich gehen in ihrer Betrachtung von Weber als Klassiker der Kommunikationswissenschaft nicht auf die handlungstheoretischen Grundlagen nebst sprachtheoretischen Ausführungen ein.[13] Dieter Krallmann und Andreas Ziemann, das zweite Autorenpaar, das Weber exponiert kommunikationswissenschaftlich liest, gehen dagegen nicht auf seine Pressesoziologie ein. Krallmann und Ziemann lösen die Ambition, Weber grundlegend und einführend für Kommunikationswissenschaftler verständlich zu machen ein, ziehen aber nur wenige verallgemeinerbare Schlüsse für eine kommunikationswissenschaftliche Heuristik, die

---

12 Vgl. den Call for Papers zum Dreiländerkongress der Soziologie (Deutschland, Österreich, Schweiz) 2011 in Innsbruck unter http://www.soziologie2011.eu/material/cfp/CfP-16%20Vorlaeufer.pdf (Abruf 15. 2. 2012).

13 Bei Meyen und Löblich ist dies der Entscheidung geschuldet, die Werke der von ihnen ausgewählten Klassiker *nur auf massenmedial vermittelte Kommunikation* zu beziehen. Webers Handlungsbegriff wird indes meist von solchen Fachvertretern verwendet, die einen breiteren Kommunikationsbegriff vertreten und interpersonale Kommunikation in das Fach einschließen, so Friedrich Krotz oder Roland Burkart; zusätzlich zeigen sie die Webersche Handlungstheorie in ihrer Relevanz für eine *Theorie des Medienhandelns* auf (vgl. Krotz 2005; Krotz 2007; Burkart 2002).

sich aus Webers Werk ergeben könnte (vgl. Krallmann/Ziemann 2001: 150 – 176). Einen Hinweis auf eine solche liefert hingegen Martin Löffelholz in seinen „Theorien des Journalismus":

> Webers medien- und journalismusbezogene Äußerungen sind von seiner Grundkonzeption der Soziologie nachhaltig beeinflusst: Diese beinhaltet insbesondere die Forderung nach theoretischem und methodischem Pluralismus, die besondere Relevanz empirischer Sozialforschung und – nicht zuletzt – die Prämisse, dass soziale Zusammenhänge nur durch die Beziehungen von Individuum und Gesellschaft geklärt werden können. (Löffelholz 2004: 37)

Hier kommt man bei Webers Handlungstheorie an. Sie ist es, die Krotz (2007: 33) animiert, Weber *gerade* als Klassiker der Kommunikationswissenschaft und nicht nur der Soziologie zu lesen.

Zunächst zurück zu Webers Plan einer Studie über die Presse, der ihn zugleich als Gesellschafts- und Kulturhistoriker ausweist. Die Gegenwart schien ihm in allen von ihm selbst vorgeschlagenen Arbeitsgebieten, ob Presseökonomie, Journalismus- oder Leserforschung, *nur aus einer historischen Perspektive* heraus verständlich. Eine solche lässt sich im besten Sinne als historisch-systematisch beschreiben und kann als Legitimation aktueller zeitgenössischer Bemühungen um Betrachtungen von Medien- und Kommunikationsphänomenen gelten (vgl. Averbeck-Lietz/Klein/Meyen 2009).

Ein methodisches Instrumentarium sollten Weber folgend die „Autobiografien großer Zeitungen" sein, gemeint sind damals noch weitgehend ausstehende Pressemonografien im Sinne von Beschreibungen und Erhebungen zu einzelnen Tagesblättern. Auch verdeutlicht der Plan, dass Weber weder auf der *Mikroebene* (der journalistischen Akteure und der Leser), der *Mesoebene* (der Unternehmen und der Inhalte der Presse) noch der *Makroebene* (des sozialen Wandels und des kommunikativen Wandels der Gesellschaft) stehenblieb, sondern diese Ebenen *zueinander in Beziehung setzte* und sowohl strukturell als auch zeitlich als dynamisch betrachtete. Wir können daraus heute ableiten: Kommunikationssoziologie sollte historisch fundiert sein. Dieses Motiv zieht sich in der Nachfolge Webers weiter über Ernst Manheims „Träger der öffentlichen Meinung" (1933) bis zu Jürgen Habermas' „Strukturwandel der Öffentlichkeit" (1962). Und auch von Niklas Luhmann kennen wir die historische Dimension, die bei ihm zur evolutionären wird (vgl. z. B. Luhmann 1970) und die, wie Imhof bemängelt, beim späten Luhmann auf eine funktionale Perspektive verengt werde unter Aufgabe einer stratifikatorischen und segmentären Blickrichtung, die bei den Klassikern noch erhalten sei und konkreten Analysen der Akkumulation von öffentlich wirksamer Macht dienen könne (vgl. Imhof 2006a: 195).

2.1 Max Weber: Denkmotive für eine Kommunikationssoziologie

Die im Folgenden genannten Denkmotive (siehe Kasten unten) sind mehr oder weniger explizit von Weber ausgearbeitet worden. Dabei machen ihn vordringlich seine presse- und berufssoziologischen Überlegungen (Punkte 1– 3) zu einem Klassiker der Kommunikationswissenschaft (als solchen bewerten ihn auch Meyen/Löblich 2006). In eckigen Klammern finden sich Verweise auf die Forschungsfelder, in denen die Konzepte Webers bis heute Anwendung finden, wobei dies in unterschiedlichem Maße zutrifft. So ist das Denkmotiv „Sprache als Verständigung" in seinem Werk kaum ausdifferenziert – hier ist es nicht Weber, sondern George H. Mead, der die jüngere Kommunikationssoziologie inspiriert hat (vgl. Habermas 1988: 375f.; Schützeichel 2004: 87–110). Mead stellte symbolisches, damit auch sprachliches Handeln in den Mittelpunkt seiner Soziologie; bei Weber bleibt eine solche Perspektive noch randständig.

Kommunikationssoziologisch relevante Denkmotive

1. Presse	→ Geschichte, Ökonomie und Ethik der Presse/demokratische Funktionen der Presse	[Medienökonomie, -geschichte, -soziologie]
2. Journalismus	→ Berufssoziologie des (politischen) Journalismus, Ressortforschung	[Kommunikatorforschung]
3. Ethik	→ Gesinnungs- und Verantwortungsethik; Zweckrationalität-/Wertrationalität	[Kommunikations- und Medienethik, Berufsethik]
4. Masse und Publikum	→ Presse als Vermittler (Funktion)	[gesellschaftliche Kommunikation, Kommunikationsprozess, Nutzungsforschung]
5. Verstehen	→ Motiv-Verstehen	[Rezeptions- und Aneignungsforschung]
6. Handlung	→ Typen von sozialen Handlungen, soziale Beziehung	[Kommunikationsprozess, Rezeptionsforschung]
7. Verständigung	→ Sprache	[Kommunikationsprozess, Sprache als Kommunikationsmedium, interpersonale Kommunikation]
8. Kultur	→ Sitte, Konvention, soziale Kontrolle	[öffentliche Meinung, Medienkultur, interkulturelle Kommunikation]

Quelle: Weber 1964, 2001a

Sehr ausdifferenzierte Konzepte Webers wie die Gesinnungs- und Verantwortungsethik und die Handlungstypen finden sich in aktuellen kommunikationswissenschaftlichen und -soziologischen Schriften wieder, und zwar nicht nur als Referenzen: Es wird an und mit ihnen weitergearbeitet, sowohl bezogen auf ein kommunikationstheoretisch fundiertes Verständnis von „Handlung" (vgl. Habermas 1981; Pöttker 1997), ein handlungsorientiertes Verständnis von Mediennutzung (vgl. Mehling 2001; Göttlich 2006) als auch eine Ethik der Medienkommunikation (vgl. Thomaß 1998; Weischenberg 2014).

„Masse", respektive „Publikum", ist ein Denkmotiv, das bei Weber den Status eines ausgefeilten Konzeptes nicht erreicht. Gleichwohl er bereits darauf verwies, dass die „Tagesströmungen" als Meinungsströmungen des Publikums den Ausschlag zur Kaufhandlung eines bestimmten Blattes geben könnten (vgl. Weber 1988 [1911]: 437). Differenzierter ausgearbeitet werden nach Webers Tod massen-, und in der Folge auch publikumssoziologische Überlegungen. Eben jene sind dann die tragende Verbindung zu einer modernen Pressesoziologie in der jüngeren Generation der Weimarer Zeitungswissenschaftler und Soziologen (vgl. Joußen 1990; Averbeck 1999).

Die Reihenfolge der Anordnung der Denkmotive im obigen Kasten ist nicht zufällig – man kann sie allerdings auch von unten nach oben lesen. Genannt werden in dieser Ordnung zunächst die für eine Kommunikationssoziologie *nächstliegenden* Motive, die sich de facto mit Presse befassen (Motiv 1–4). Allerdings sind die abstrakteren und für Weber grundlegenden Konzepte „Verstehen", „Handlung" und „Kultur" die im eigentlichen Sinne relevanten: Ohne diese Motive (5–8) hätten die Motive 1–4 nicht die Ausprägung, die sie bei Weber haben. Denkmotive sind stets ineinander verwoben. Weber selbst hat dies über die Abgrenzung von Idealtypen (heuristisch) zu umgehen versucht. Idealtypen bündeln bestimmte Motive und grenzen sie klar gegen andere ab.[14] Das erlaubt es auch uns, mit seinem Werk besonders systematisch umzugehen – was gerade in der Anwendung der Handlungstypologie auf kommunikationssoziologische Fragen deutlich werden wird.

2.1.1 Denkmotive: Presse, Journalismus und Ethik

> Das Leben des Journalisten aber ist in jeder Hinsicht Hasard schlechthin, und zwar unter Bedingungen, welche die [persönlich empfundene] innere Sicherheit in einer Art auf die Probe stellen wie wohl kaum eine andere Situation. (Weber 2001b [1919]: 337)

Im Grunde bezieht sich dieses Zitat auf zwei voneinander unterscheidbare Denkmotive, nämlich Journalisten als Akteure und die Presse als Struktur. Zeittypisch – und da macht Weber keine Ausnahme – sind Kommunikator- und Medienorientierung noch schwerlich voneinander zu trennende analytische Ebenen: Presse wurde im ersten Drittel des 20. Jahrhunderts vorwiegend aus der Perspektive der Presseschaffenden, der *mittels Presse Politik Betreibenden* betrachtet. *Presseethik* war also von einer auf den Journalisten zentrierten, akteursorientierten Perspektive noch kaum abzugrenzen. Vorstellungen über Journalisten, ihre Fähigkeiten und ihre Aufgaben leiteten Annahmen über das Pressewesen an. Deshalb werden die Denkmotive Presse, Journalismus und Ethik in diesem Kapitel gemeinsam behandelt. – Allerdings konterkarieren Beobachtungen zur Ökonomisierung der Presse Webers Zentrierung auf

---

14 Zum Idealtypus als „heuristisches Mittel zur Anleitung empirischer Forschung", dessen Funktion sowohl in der Systematisierung als auch in der Entwicklung von Ideen liegt, vgl. ausführlich Kaesler 1995: 233.

singuläres Handeln der journalistischen Kommunikatoren und verweisen auf systemische Ausdifferenzierungsprozesse an einem *Medienmarkt*, dessen Erfolge wiederum mit dem Werbemarkt vernetzt sind.

Weber unterscheidet *die Moral von der Ethik* und geht – heutigen Prämissen gleichkommend – von der Ethik als Begründungstheorie der Moral aus. Ethik ist die „Reflexion über die Moral" (Thomaß 1998: 20) oder besser über die *Moralen*. Denn auffindbar sind im internationalen wie im historischen Vergleich verschiedene „öffentliche Moralen" – und diese stehen jeweils im Zusammenhang zur in einem Land gängigen Ausprägung der „Zeitungspublizität" (Weber 2001a [1910]: 324). Wieder ist Weber seiner Zeit weit voraus: Das methodologische Denkmotiv Komparatistik zählt erst heute, im sogenannten Zeitalter der Globalisierung, zu den stark diskutierten der Kommunikationswissenschaft (vgl. Thomaß 2007; Melischek/Seethaler/Wilke 2008). Für die Frage nach dem Zusammenhang von (nationalem) Mediensystem und Medienethik mag heute das Handbuch Medienethik (Schicha/Brosda 2010) zur Hand genommen werden. Zu untersuchen sind *die* Moralen, darin Weber folgend, mit ethischen Maßstäben, so mittels der *Typen* „Gesinnungs- und Verantwortungsethik". Der Wissenschaftler Weber will sich dabei der Werturteile enthalten,[15] liefert aber mit den Dikta der Gesinnungs- und Verantwortungsethik Instrumentarien, *Werturteile zu untersuchen*. Beziehen sich Werturteile oder Meinungen auf verantwortungsethische oder gesinnungsethische Positionen? Enthalten sie Metareflexionen über ihre jeweilige situative oder kontextbezogene Angemessenheit und/oder Bedingtheit? Kaesler schreibt dazu eingängig, Werturteilsfreiheit meine,

> [...] dass „Wertungen" im Sinne von Bewertungen [...] von Aussagen über empirische Tatbestände und Zusammenhänge voneinander getrennt werden müssen. Wenn sich eine wissenschaftliche Person eine derartige Wertung nicht versagen kann oder will, muss sie die jeweils persönlichen Stellungnahmen, für die keine wissenschaftliche Legitimation in Anspruch genommen werden darf, von der Tatsachenbeschreibung trennen, sowohl den Diskurspartnern gegenüber, als auch sich selbst gegenüber. (Kaesler 1995: 246)[16]

---

15 Wiewohl Webers eigene Position meines Erachtens zur Verantwortungsethik tendierte, was aus seinem Vortrag „Wissenschaft als Beruf" von 1919 hervorgeht. Verantwortungsethik schließt den Verzicht des Wissenschaftlers auf eigene Gesinnung „auf dem Katheder", und damit auf den Versuch der politischen Beeinflussung von Studierenden, ein. Etwas anderes sei es, wenn der Wissenschaftler sich *auch* als Politiker oder Journalist betätige; *das Feld der „kämpfenden" Gesinnungen aber könne nicht die Wissenschaft sein.* Dem ‚Dreifachleben' als Wissenschaftler, Politiker und Journalist musste Weber auch selbst gerecht werden.

16 Damit ist allerdings nicht gemeint, dass eine empirisch-messende Wissenschaft völlig objektiv sein kann, denn in die Werthorizonte der sie umgebenden Kultur ist sie immer eingebettet. Sie unterliegt überdies der mehr oder weniger bewussten Entscheidung der WissenschaftlerIn für eine bestimmte Erkenntnisperspektive. Damit enthält jede Wissenschaft eine doppelte Einschränkung durch a) kulturelle Werte einer bestimmten Gesellschaft, in der Wissenschaft stattfindet und b) spezielle Forschungsinteressen des einzelnen Wissenschaftlers. Weber war in diesem Sinne kein Positivist. Vgl. ausführlich Kaesler 1995: 248 f.

Der Journalist unterliegt allerdings gänzlich anderen Maximen als der Wissenschaftler, er steht ethisch gesehen auf einer Stufe mit dem *Typus* des Berufspolitikers, wie Weber in der Schrift „Politik als Beruf" deutlich gemacht hat (vgl. Weber 2001b [1919]).

Erkenntnistheoretisch ging Weber damit der Wissenssoziologie Karl Mannheims[17] voraus: Werthaltungen können miteinander verglichen und analysiert werden, sie können zum Gegenstand einer „wissenschaftlichen Kritik" werden (vgl. Kaesler 1995: 247). Doch wo kommen die Werte her? Gebunden sind sie elementar an die Kultur, und damit die Lebenswelt, wie Weber es für die Wirtschaftsethiken der Weltreligionen gezeigt hat (vgl. Gimmler 1998: 108 – 121; Kaesler 1995: 124 – 182). Karl Mannheim (1931) nannte solche Bindungen später „Standortgebundenheiten" und in der Weber 1966 nachfolgenden Wissenssoziologie Berger und Luckmanns (2004) wird die Kulturgebundenheit der Werte ebenfalls zur Aufgabe der Wissenssoziologie. So werden die Werte mit ihrer Ablösung von (metaphysischer) Wahrheit nicht nur Analysen zugänglich (weiterführend auch Bergmann/Luckmann 1999), etwa den kultur- und religionssoziologischen bei Weber selbst, sondern – in seiner eigenen Diktion – auch „Diskussionen". Die Diskutanten reflektieren (idealtypisch) ihre je eigenen Wertstandorte und tolerieren dabei andere; so gelangt man zur Ermittlung der „gegenseitigen Wertungsstandpunkte" (Kaesler 1995: 247 hier Weber zitierend, im gleichen Sinne auch Weischenberg 2014: 30). Nicht nur geht dies späteren Überlegungen von Ernst Manheim oder Jürgen Habermas zu den Grundprämissen einer demokratisch legitimierten Öffentlichkeit voraus, es trifft sich mit dem Denkmotiv *der Presse als Vermittlerin* mit der zeitgenössischen Zeitungswissenschaft, namentlich Erich Everth

---

17 Karl Mannheim war zwischen 1926 und 1930 an den Instituten für Soziologie und für Zeitungswesen der Universität Heidelberg tätig (vgl. Reimann 1986; Averbeck 1999) und zählte zum Kreis der regelmäßigen Gäste im Hause Weber (vgl. Blomert 1999). Dieser Hinweis sei pars pro toto dafür genommen, dass Wissenschaftsgeschichte nicht nur die Geschichte der Ideen, sondern auch der wissenschaftlichen Milieus ist. Eine ‚Max-Weber-Schule' im engeren Sinne gab es aufgrund der fehlenden Schüler Webers zu dessen Lebzeiten und auch Jahre nach seinem Tod jedoch nicht (vgl. Kaesler 1995: 255). Es sind punktuelle, aber zentrale Rezeptionen, die dieses Werk weitergeführt haben: zunächst vor allem diejenige durch Talcott Parsons, der in seiner Heidelberger Zeit zum „Weber-Kreis" zählte und zum Übersetzer Webers („Protestantische Ethik", „Wirtschaft und Gesellschaft") wurde, während das Werk Webers gerade in Deutschland – u. a. evoziert durch die Weber-Lesart der frühen Frankfurter Schule – lange als „bürgerliche Wissenschaft" gedeutet wurde (vgl. Gimmler 1998: 64–67). Eine Rezeptionsgeschichte Webers ist bisher ungeschrieben, dazu je den Auftakt in Kaesler 1995: 252–267; Weischenberg 2014: 35–38). Aufschlussreich sind Gimmlers Ausführungen zur Weber-Rezeption von Parsons: Anders als Parsons löse Weber das Problem der Dualität von „Erwartens-Erwartungen" (das später Luhmann aufnahm und in der Nachfolge Parsons über generelle Kommunikationsmedien wie Geld, Macht, Liebe, öffentliche Meinung erklärte) *nicht* über generalisierte Vermittlungsinstanzen. Solche gegenseitigen Erwartungen von Kommunikanden aneinander seien mit Weber nur *situationsspezifisch* analysierbar und *nicht generell* von bestimmten (normativen) Institutionalisierungen ableitbar (vgl. Gimmler 1998: 68). Hier finden wir wohl die Wegscheide von Handlungs- und Systemtheorie: Für Erstere bleibt der Akteur in seiner sozialen Situation die zentrale Referenz für wissenschaftliche Beobachtung, nicht die ihn sozialisierenden Normen wie in der Parsonschen Systemtheorie.

(vgl. dazu Bohrmann/Kutsch 1979; Averbeck 2002; Koenen 2005)[18] – was mit horizontal-egalitären Gesellschaftsvorstellungen einhergeht oder diese mindestens nachhaltig vorbereitet hat.

Der von Weber angemahnte, nicht absolute und noch weniger wahre, vielleicht aber wahrhaftige[19] „Sinn der Welt" wird in der Presse verhandelt – und zwar nicht von Wissenschaftlern, sondern von Journalisten. Schon für Weber war daher eine Berufsethik unabdingbar. Presse und Journalist seien untrennbar mit „qualitativen Ansprüchen an den modernen Journalismus" verbunden (Weber 2001a: 321). Und zwar solchen, die für den einzelnen Journalisten *singulär* längst nicht mehr einlösbar waren. Es ist daher verkürzend, Weber nur für eine intrinsische Handlungsethik in Anspruch zu nehmen, denn er geht auch auf systemische Folgen, also Meso- und Makrozusammenhänge, ein. Sehr viel später werden dann Manfred Rühl und Ulrich Saxer (1981) gemeinsam eine systemische Journalismusethik skizzieren, die den Akteur weniger in das Zentrum rückt, gleichzeitig aber mit personalisierbaren Begriffen wie „Verantwortung" und „Achtung" – des Journalisten für sein Publikum, seine Informanten und in anderen seiner sozialen Beziehungen – operiert (vgl. weiterführend Thomaß 2003).

Webers presseethische Motive waren empirische, zunächst die Beobachtung von Propaganda und Missbrauch der Vermittlungsfunktion der Presse im Ersten Weltkrieg, dann, in der Weimarer Nachkriegszeit, Tendenzen zu Sensations- und Unterhaltungsjournalismus infolge des Gewinnstrebens und der Konkurrenz der Pressekonzerne (vgl. Weber 2001a: 319; 2001b: 336 – 337). Forderte er einerseits „charismatische" Journalisten mit Führungsqualitäten, so brach er doch zugleich mit einem deskriptiv-normativen Kommunikatorbegriff und erhob die Presse zum sozialwissenschaftlichen Problem und – wie gezeigt – ebenso zu einem wirtschaftlichen.

Normative Aussagen zum Journalismus
– Journalisten haben „Charisma".
– Journalisten unterliegen hohen moralischen Anforderungen.
– Journalisten tragen gegenüber der Gesellschaft und für die Gesellschaft Verantwortung.
– Gesellschaftliches (soziales) Problem: negatives Berufsbild in der Öffentlichkeit
– Wissenschaftliches (analytisches) Problem: Forschungsdefizit, kaum Journalismusforschung
Quelle: Weber 2001b [1919]; vgl. auch Hardt 2001; Meyen/Löblich 2006

Hardt und auch Meyen und Löblich beziehen sich in ihrer Darstellung presseethischer Prämissen Webers vorwiegend auf die einschlägigen Passagen über politischen

---

18 Vgl. zu dem Zeitungswissenschaftler und Journalisten Erich Everth (1878 – 1934), Nachfolger von Karl Bücher als Direktor des Leipziger Instituts für Zeitungskunde, die 2015 zu verteidigende Dissertation von Erik Koenen.
19 Wahrhaftigkeit, nicht Wahrheit, ist das Postulat, über das Weber dem Relativismusproblem, also einer Beliebigkeit der Werte, entkam. Zum Relativismusvorwurf gegen Weber, den er selbst nie akzeptiert hat, vgl. Kaesler 1995: 247 f.

Journalismus in Webers Schrift „Politik als Beruf" (vgl. Weber 2001b [1919]). Darin definiert Weber als Charisma „die Autorität der außeralltäglichen persönlichen Gnadengabe" (ebd.: 329). Zwischen „dem ganz großen Demagogen" (ebd.) und dem einfachen Journalisten im Tagesgeschäft liegt allerdings noch die Webersche *Typenlehre*, als deren oberster Leitsatz zu sehen ist, dass es sich um *Idealtypen* handele, deren Realtypen abweichende, variierende empirische Ausprägungen haben können.[20] Damit ist Weber seinen diversen Nachfolgern in der Charakteristik „publizistischer Persönlichkeiten" wie Emil Dovifat (vgl. zu diesem statt weiterer Lacasa 2008) voraus: Der Publizist ist bei Weber nicht *per se* Charismatiker – auch dann nicht, wenn der *Realtypus des politischen Journalisten* diesem Bild bisweilen durchaus entsprochen haben mag: „Der politische Publizist und vor allem der Journalist ist der wichtigste heutige Repräsentant der Gattung [politischer Demagoge]." (Weber 2001b [1919]: 335) Die Nähe zwischen Journalist und Politiker ergab sich damals auch daraus, dass Zeitungen „Partei nahmen", „Partei bildeten" oder „Partei waren" (Stöber 2000: 202). Weber selbst skizzierte das vor allem für die sozialdemokratische Presse seiner Zeit. Für andere politische Parteien und ihnen nahestehende Zeitungen habe allerdings der Zusammenhang der Rekrutierung des journalistischen Personals aus dem politischen Bereich und umgekehrt bereits abgenommen. Schon Weber sah die Gründe für diese Entkoppelung des Journalismus von den politischen Eliten nicht nur in strukturellen Veränderungen innerhalb der Parteien, sondern auch im Journalismus selbst, der zum arbeitsteiligen Vollzeitberuf wurde (vgl. Weber 2001b [1919]: 332, 336).[21] An anderer Stelle hebt er die Vermittlungs-, also die Informationsleistungen des Journalismus, hervor (vgl. Weber 1964 [1922]: 16), an wieder anderer verantwortungsethisches journalistisches Handeln als Gegenpol zur gesinnungsethischen, potenziell stärker interessengeleiteten Auffassung (vgl. Weber 2001b [1919]: 335).

Mindestens die journalistischen Funktionen „Führung" eines Publikums *und* die verantwortliche Vermittlung von Interessen an ein Publikum ergaben sich also für die Kennzeichnung des Journalisten (vgl. Weber 1964 [1922]: 16). Das ist durchaus widersprüchlich: In der Weimarer Zeitungswissenschaft etwa steht das Konzept „Vermittlungsfunktion des Journalisten" (Erich Everth), das divergierende Gruppeninteressen in einer Gesellschaft als Normalfall anerkennt, dem der „publizistischen Persönlichkeit" (Emil Dovifat), gesinnungsethisch kämpfend für eine begeistert verfochtene Idee, entgegen (vgl. Averbeck 2002; Koenen 2005; Lacasa 2008). Weber schlägt uns offenbar einen „Mischtypus" zwischen Publizistik als „Führung" und als „Vermittlung" vor – damit müssen wir uns zufriedengeben, denn eine explizite Theorie des Journalismus entwickelt er noch nicht. Der Journalist ist offenbar *Gesinnungs- und Verantwortungsethiker in einer Person*, im besten Falle der Metareflexion fähig, sich diesen Funktionen gegenüber (moralisch) zu positionieren. Denn in jedem handeln-

---

20 Zur Idealtypenlehre Webers vgl. Kaesler 1995: 229–233; Schluchter 2005: 18–28; Müller 2007: 63–67, Bonß/Dimbath/Maurer 2013: 69.
21 Zur Berufsgeschichte des Journalismus in Europa vgl. Requate 1995; Delporte 1999; Birkner 2012.

den Menschen, auch dem Journalisten, trifft sich beides: „Insofern sind Gesinnungsethik und Verantwortungsethik nicht absolute Gegensätze, sondern Ergänzungen, die zusammen erst den echten Menschen ausmachen [...]." (Weber 2001b [1919]: 347) Wie der Berufspolitiker müsse auch der Journalist über „Leidenschaft, Verantwortungsgefühl und Augenmaß" verfügen (ebd.: 342). Dabei ist Leidenschaft das antreibende, Verantwortungsgefühl das mäßigende Element. Augenmaß meint schließlich die Fähigkeit, beides im Tagesgeschäft *richtig*, also in einem ethischen Sinne „angemessen" zu dosieren.

Typologie: Gesinnungs- und Verantwortungsethik

gesinnungsethisches Handeln → (Selbst-)Verpflichtung zur Wahrheit
verantwortungsethisches Handeln → (Selbst-)Verpflichtung für die Folgen

folgend Pürer/Raabe 2007: 145

Die Gegenposition zu Webers analytischem *Kontinuum* zwischen Gesinnungs- und Verantwortungsethik (dazu auch Weischenberg 2014: 27 – 35), die der Journalist seinem Gewissen folgend selbst ausloten muss, findet sich bei Emil Dovifat (1890 – 1969) und auch bei seiner Schülerin Elisabeth Noelle-Neumann (geb. 1916). Bei ihnen geraten die „publizistischen Persönlichkeiten" (vgl. Dovifat 1931) oder die journalistische „Avantgarde" (vgl. Noelle-Neumann 1991) *per se* zur elitären Führungsriege der Gesellschaft. Die Kommunikatoren werden somit ex ante normativ beschrieben und für die empirische Analyse unzugänglich, was sie bei Weber stets bleiben – so ist sein Plan zu einer Presse-Enquete ja angelegt.

Alle drei, Weber, Dovifat und Noelle-Neumann, verfügten (wenn auch in der Intensität unterschiedlich) über journalistische Erfahrung.[22] Das kann also nicht das entscheidende Kriterium für ihre unterschiedliche Auffassung vom Journalisten und der Funktion bzw. vom „Wesen"[23] (Dovifat) des Berufs sein, sondern wohl jenes, dass Webers „Typen" eben kein Ausdruck *eigener* Werturteile sind, sondern *analytische Typen*. Bei Dovifat und Noelle-Neumann dagegen sind „publizistische Persönlichkeiten" und journalistische „Avantgarde" nicht von ihren eigenen, Dovifats und Noelle-Neumanns Werturteilen, ihrem Zugang zum Beruf und zur Wissenschaft, zu trennen (vgl. zu Dovifat u. a. Lacasa 2008; zu Noelle-Neumann Pöttker 1992).[24] Martin Löffelholz hat Dovifats Journalismuskonzeption, die weit hinter die Komplexität Max Webers zurückfällt, als subjektbezogene „Begabungsideologie" gekennzeichnet (vgl. Löffelholz 2004: 43). Gemeint ist die Auffassung, Journalismus sei ein Begabungs-

---

22 Während Weber als externer Leitartikler auftrat, arbeiteten Noelle-Neumann und Dovifat je über längere Zeiträume eingebunden in Redationsstrukturen.

23 Während Dovifat und andere Weimarer Zeitungswissenschaftler noch nach dem „Wesen" der Zeitung suchten, waren essenzialisierte Wesensbegriffe mit Webers Idealtypenlehre schon überkommen (vgl. Averbeck 1999).

24 Weiterführend zu den Unterschieden in Epistemologie und Methoden zwischen dem Lehrer Dovifat und seiner sich bald von ihm emanzipierenden Schülerin Noelle-Neumann Löblich 2007.

beruf, der sich nur bedingt lehren lasse. Rühl und Saxer haben schon zwanzig Jahre zuvor selbigen Ansatz Dovifats als „normativen Praktizismus" bezeichnet (vgl. Rühl/ Saxer 1981: 472). Webers Sichtweise hingegen war weder in der Hauptsache subjektivistisch (individualistisch) noch praktizistisch, also ausbildungsbezogen, gemeint, sondern a) analytisch-idealtypisch und b) an der sozialen Ordnung *im* Journalismus und *durch* Journalismus interessiert.

Damit lässt sich Weber als Ahnherr *einer zugleich handlungstheoretischen und strukturorientierten Journalismusforschung* auffassen. Dabei kann – Webers verstehender Soziologie folgend – der subjektive Sinn des handelnden Journalisten nicht außer Acht bleiben, will eine solche Journalismustheorie in sich schlüssig bleiben. Zugleich beschrieb Weber *überindividuelle Mechanismen* journalistischer Produktion, die heutzutage mit den *Nachrichtenfaktoren Prominenz* und *Personalisierung* ausgedrückt werden können:[25]

> Welche Art von Personen macht die Presse „berühmt" oder einflussreich? Reiz des Zeitungsruhms für wen und was? Von wem und was schweigt die Zeitung und aus was für, in ihrer Eigenart und den Bedürfnissen ihres Publikums liegenden, Gründen? (Weber 2001a [1910]: 324).

Webers wissenschaftlich motivierter Enquete-Plan beinhaltete strukturorientierte Fragen nach sozialer Ordnung, nämlich nach einem korporativen Selbstverständnis des Journalismus sowie Arbeitsteilung in den Redaktionen („Art der Stoffverteilung in den Redaktionen", „Zentralisation" oder „Kollegialsystem, Redaktionskonferenzen", „Verhältnis der Redaktions- und der Korrespondentenarbeit"). Arbeitsteilung sah er auf der Makroebene des gesamten Nachrichtenverkehrs im Spiel. So wollte er die Bedingtheiten zwischen Nachrichtengeschäft und den entsprechenden Nachrichtenagenturen und der Stoffauswahl der Zeitungen untersucht wissen. Auch die Mesoperspektive ist eingeschlossen: Wie verändern sich die Ressorts in der Presse, in einem Zeitungsunternehmen, über die Zeit und im Verhältnis zum internationalen Nachrichtenmarkt? (vgl. Weber 2001a [1910]: 318 f.) Dabei dachte Weber nicht pressezentriert, vielmehr geriet ihm die Werbung, das „Annoncengeschäft", als Forschungsfrage gleich mit in den Blick, und zwar nicht nur presseökonomisch, sondern auch psychologisch („psychologische Grenzen der Wirksamkeit der Affiche") und ethisch („bezahlter Text, kaschierte Reklame, Formen derselben, Versuche der Inserenten [...] auf den redaktionellen Teil der Zeitung und ihre künstlerische und sonstige Kritik Einfluss zu gewinnen", ebd.: 320). Mit kaschierter Reklame ist gemeint, was wir heute Schleichwerbung nennen. Auch im Forschungsfeld Werbung war Weber Vorreiter; die Werbeforschung sollte sich in Deutschland langsam entwickeln, primär aus der Disziplin Psychologie, respektive Psychotechnik heraus, nicht aus der Soziologie oder der Zeitungswissenschaft (vgl. Regnery 2003; Kusche 2005).[26]

---

25 Einführend zur Nachrichtenwertforschung der letzten dreißig Jahre vgl. Schenk 2007: 444 ff.
26 Der Gegenstand Reklame stand vermutlich zu wenig ‚ernsten', respektive politischen Inhalten nahe, als dass die Zeitungswissenschaft oder auch die Soziologie ihn zentral aufgegriffen hätten. Erst seit den

Weber nahm das zeitgenössische Forschungsdefizit über den Journalismus wahr und begründete es neben dem wissenschaftsinternen Desinteresse (die Presse galt noch nicht als ‚ernsthafter' Forschungsgegenstand) mit der ablehnenden Alltagswahrnehmung des journalistischen Berufs, dem dann zwangsläufig auch die Wissenschaftler unterlagen. Tatsächlich galt der Journalismus den ehrwürdigen Fakultäten in Europa noch lange nach dem Zweiten Weltkrieg nicht als erforschenswert. Eine „Pariakaste" sei der journalistische Berufsstand aus bürgerlicher Perspektive – insbesondere da er der „festen sozialen Qualifikation" entbehre (vgl. Weber 2001b [1919]: 335). Wie heute war der Journalismus zu Webers Zeiten ein freier Beruf, anders als heute stand das Berufsfeld noch in den Anfängen seiner Professionalisierung (vgl. Requate 1995; Kutsch 2008c). Das Berufsbild „Journalist" war überdies in der Folge und schon während des Ersten Weltkriegs arg beschädigt worden. Das haben auch andere als Max Weber, etwa Karl Bücher (1915), eindringlich beschrieben (zu beiden diesbezüglich auch Obst 1987: 181). Daraus resultierten Forderungen, die Presse und den journalistischen Stand durch *berufliche Vorbildung* zu heben, auch, um die Journalisten als politische Leitfiguren unabhängiger von der Politik zu machen sowie sie gegenüber einer etwaigen Militärzensur zu stärken. Letztere hatten Weber, Bücher und andere im Ersten Weltkrieg als erdrückende Last erfahren und beschrieben (vgl. Mommsen 2004: 171).

2.1.2 Denkmotiv: Presse und Publikum

> Vergleichende Analyse der Art der Zeitungslektüre im Ausland (z. B. Amerika, Frankreich) und bei uns, sowohl quantitativ wie qualitativ. (Weber 2001a [1910]: 323)

Vom lesenden und rezipierenden Publikum wird in diesem Buch vielfach die Rede sein. Kommunikationssoziologie als *Formalobjekt oder Problemstellung* wird überhaupt erst da möglich, wo vom *Materialobjekt Presse* Abstand genommen wird[27] und die Frage nach ihrer gesellschaftlichen Funktion und für ihre Leserschaft(en) aufkommt.

Zwar ist Webers Publikumssoziologie eher ein skizzenhaftes Fragen – aber immerhin bezogen auf die „Fühlung mit dem Leserkreise" seitens der Zeitung und den „Mitteln" einer solchen (vgl. Weber 2001 [1910]: 322). Zeittypisch war hingegen bis weit in die Weimarer Zeitungswissenschaft hinein die Annahme, dass die Presse direkte und suggestive Wirkungen entfalten könne. Weber ging hier einem modernen Verständnis voraus, wie es die jüngere Generation der Weimarer Zeitungswissenschaftler,

---

1990er-Jahren bricht die eher marginale Stellung der Werbeforschung in der deutschsprachigen Kommunikationswissenschaft auf, hier ist vor allem auf Arbeiten von Siegfried J. Schmidt, Gabriele Siegert und Guido Zurstiege zu verweisen.

27 Zur erkenntnistheoretischen Unterscheidung von Material- und Formalobjekt weiterführend Wagner 1989: 72 ff.

etwa Hans Traub, Gerhard Münzner oder Walter Auerbach – nicht zuletzt in Anlehnung an die Soziologie der Öffentlichen Meinung von Tönnies und Weber – entwickelten (vgl. Averbeck 1999): Die LeserInnen sind eine eigenwertige Größe im Prozess der Meinungsbildung. Sie sind keine ‚unbeschriebenen Blätter', sie haben Lektürepräferenzen und Voreinstellungen, die nicht zuletzt aus ihrer politischen Sozialisation herrühren (weiterführend zur frühen Leseforschung vgl. Kutsch 2008c; Koenen 2015).

Webers pressesoziologisches Interesse lag auch in seiner Erkenntnis begründet, dass moderne, sich ausdifferenzierende Gesellschaften und ihre „zerstreuten Massen" (heute würden wir in Anlehnung an Maletzke 1963 vom „dispersen Publikum" sprechen) *neuartigen Vermittlungsformen und -prozessen unterliegen, die funktional nun die Presse übernehmen kann.* Dabei ging Weber nicht von einer einfachen Reiz-Reaktionswirkung der Inhalte der Presse aus, sondern von der Identifikation des Einzelnen mit einem dispersen Publikum, in seiner Diktion eben der „zerstreuten Masse":

> Und auch zerstreute Massen können durch ein simultan oder sukzessiv auf den Einzelnen (z. B. durch Vermittlung der Presse) wirkendes und als solches empfundenes Verhalten Vieler das Verhalten der Einzelnen massenbedingt werden lassen. (Weber 1964 [1922]: 16)

Sowohl die Zeitungen, ihre Journalisten als auch das Publikum können in die „Kämpfe der Weltanschauungen und Parteimeinungen" jeweils eingreifen; Mittel dazu ist nicht nur die Presse, es sind auch „Versammlungen" und „Vereine" (Weber 1991 [1919]: 265) und damit immer auch (organisierte) *interpersonale Kommunikation* (nicht zuletzt als eine Basis für demokratische Öffentlichkeit). Dies werden wir auch bei Tönnies und dort wiederum in Anlehnung an Löbl (1903) wiederfinden (vgl. Tönnies 1922: 137 sowie Kap. 3 dieses Buches).

Das Publikum agiert aus verschiedenen Lebenszusammenhängen und weltanschaulichen Bindungen heraus interessengeleitet (die innerhalb der ganzen Gesellschaft nicht homogen sind): „Welchen faktischen Einfluss übt die Gesinnung des Leserkreises [auf die Zeitung] und wie"?[28] (Weber 2001: 323). Zugleich ging Weber langfristig von Wirkungen der Massenmedien auf den Menschen aus, und zwar *transmedial*, kombiniert durch „Zeitungs- und andere Lektüre", ferner Veränderungen des alltäglichen Sprachgebrauchs durch den in der Presse verbreiteten und gelesenen Sprachstil sowie den per „Telegramm und Telephon" vollzogenen Mitteilungsverkehr (Weber 2001a [1910]: 323).

Aus der Massensoziologie ging nach 1920, also nach Webers Tod, die Soziologie der Gruppen und schließlich, als eigenständige Untersuchungsgröße, das „Publikum" (der Presse) hervor (vgl. Averbeck 1999: 174–190 sowie Kutsch 2008c). Hier war allerdings Ferdinand Tönnies mit seinen Überlegungen zu den „flüchtigen Meinungen", die in der Öffentlichkeit miteinander konkurrieren, konkreter und damit wegweisender als Weber. An Tönnies „Kritik der Öffentlichen Meinung" von 1922 lassen sich

---

28 Pöttker weist darauf hin, dass Webers Fragestellung nach den „Reaktionen der Kommunikatoren auf das Publikumshandeln" weitgehend ungelöst ist (vgl. Pöttker 1997: 298).

dezidiert Fragen nach der Wirkung der Presse bzw. der Prägung der Meinungen und Einstellungen der Menschen durch die Presse anschließen (vgl. Kap. 3 dieses Buches).

2.1.3 Verstehende Soziologie als Metazugang zur Kommunikationssoziologie

Schon Winfried B. Lerg und Franz W. Dröge haben Mitte der 1960er-Jahre darauf verwiesen, dass Max Weber Objektverstehen und Motivverstehen unterscheide, die Publizistikwissenschaft aber noch immer fälschlicherweise von Ersterem (dem Objekt) auf das Letztere (das Subjekt) schließe (vgl. Lerg/Dröge 1965: 74). Außerdem machten sie aufmerksam auf Webers Diktum der „Ich-Reflexion" des Wissenschaftlers, der seine eigenen Werturteile zu prüfen habe (ebd.: 94). Aus beiden Konzepten Webers, dem des *Verstehens* und dem der *Werturteilsfreiheit*, kann man in der Tat viel lernen. Zum einen, dass Verstehen nur sehr bedingt von außen (also behavioristisch) erklärbar ist (vgl. die später in die gleiche Richtung gehende Kritik am Behaviorismus von Stuart Hall 1973), zum anderen, dass auch der Kommunikationssoziologe/die Kommunikationssoziologin perspektivische Entscheidungen fällt, die im Forschungsprozess reflektiert werden müssen. Im vorliegenden Band ist das eine handlungstheoretische Entscheidung und eine für einen verstehenden Umgang mit Kommunikationssoziologie, die sich *insgesamt* an Weber orientiert. Diese Entscheidung haben auch Dieter Krallmann und Andreas Ziemann getroffen, die die Kompatibilität von verstehender Soziologie und Kommunikationswissenschaft betonen:

> Sowohl die Kommunikationswissenschaft als auch die verstehende Soziologie beobachten (typische) Handlungsabläufe und Beziehungsmuster zwischen Individuen und deren jeweiligen Zielen. (Krallmann/Ziemann 2001: 152)

Auch bei Friedrich Krotz finden wir diese Orientierung an Weber (subjektive Motivorientierung), die er einer behavioristischen Perspektive (Verhaltensorientierung) entgegenhält:

> Wird Handeln bzw. Kommunizieren so definiert, dass es durch Beobachtung von einem unabhängigen Beobachter in seinem Wesen beschrieben werden kann? Oder wird davon ausgegangen, dass jedes Handeln immer auch durch innere Prozesse des handelnden Menschen konstituiert wird, von denen nicht abgesehen werden kann? (Krotz 2008: 32)

Der erstgenannten Perspektive weist Krotz das Reiz-Reaktions-Modell (S-R-Modell) der Medienwirkungsforschung ebenso wie den Uses-and-Gratifications-Ansatz (UAG) zu.[29] Die zweite Perspektive verbindet er mit einem „rezeptionsbezogenen" und einem „rituellen Paradigma" in der Kommunikationswissenschaft (vgl. Krotz 2008). Dabei

---

29 Zur Kritik am Uses-and-Gratifications-Ansatz aus der Lektüre Webers heraus auch Mehling 2001 und aus symbolisch-interaktionistischer Perspektive Göttlich 2006.

betrachtet das rezeptionsbezogene Konzept Nutzung als symbolische Interaktion, das rituelle Konzept geht darüber hinaus auf die Einbettung (subjektiver) Sinngebung in (medien-)kulturelle und gesellschaftliche Kontexte ein (vgl. auch Carey 1992; Thomas/ Krotz 2008). Anders als der UAG – der bis heute das zentrale Paradigma der Mediennutzungsforschung im deutschen Sprachraum ist[30] – gehen die von Krotz angeführten Perspektiven davon aus, dass menschliche Motivationen nicht direkt erfragt werden können. Überdies, dass Aneignungsprozesse von Medieninhalten weit komplexer sind, als es der UAG mit dem Schema *Motiv → Bedürfnis → Bedürfnisbefriedigung* bzw. erhaltene/nicht erhaltene Gratifikation nahelegt (vgl. Schenk 2007: 686).[31]

Das rezeptions- und das rituelle Paradigma unterscheiden sich Krotz folgend vom UAG perspektivisch. Argumentiere der UAG individualistisch (individuelles Bedürfnis, das zur Handlung führt, z. B. Langeweile, die mittels eines Spielfilms vertrieben werden soll), so argumentierte das rezeptionsorientierte Paradigma sozialisationstheoretisch (sozialer Kontext und Situation der Rezeption, z. B. gemeinsames Fernsehen innerhalb der Familie und in der Folge Anschlusskommunikation) und das rituelle Paradigma kulturalistisch (Aneignung von Medieninhalten innerhalb kultureller und subkultureller Codes) (vgl. Krotz 2008). Allerdings sind solche typologischen Abgrenzungen heute nicht (mehr) ganz trennscharf, Mediennutzungsforscher wie Michael Meyen greifen sowohl auf den bedürfnisorientierten UAG zurück als auch – und damit kombiniert – auf kulturalistisch geprägte Ansätze wie die Kapitalienlehre Pierre Bourdieus. Dann wird Mediennutzung zum sozialen und kulturellen Kapital, auch wenn sie – vordergründig – individuell als Gratifikation empfunden werden mag (vgl. Meyen 2007; Meyen/Pfaff-Rüdiger 2009).

2.1.4 Denkmotiv: Soziales Handeln

Wie selbstverständlich rekurrieren zentrale Bücher der Kommunikationswissenschaft und Soziologie, die als Einführungsliteratur in diverse Felder des Faches oder als übergreifende Werke gelten, bis heute maßgeblich auf Webers Handlungstheorie (vgl. z. B. Burkart 2002, Beck 2007). Dies gilt auch für die Erläuterung neuer und neuester fachlicher Gegenstände wie Online-Kommunikation. So schalten Claudia Fraas, Stefan Meier und Christian Pentzold (2012: 6 – 7) ihrer Einführung zunächst einmal ein Kapitel „Was ist Kommunikation" vor – und rekurieren hier auf Webers Unterscheidung von sozialem Handeln und Verhalten, um einen handlungsorientierten Kommunikationsbegriff zu implementieren:

---

30 Was der UAG z. B. in Frankreich nie war, wo Versionen des rezeptionsorientierten und des rituellen Paradigmas mit Arbeiten von Eliséo Véron, Daniel Dayan und anderen seit mehr als zwanzig Jahren wirksam wurden. Dies liegt auch an der stark interaktionistischen Orientierung der französischen Kommunikationswissenschaft (vgl. Averbeck-Lietz 2010).
31 Zur Einführung in den und Kritik am Uses-and-Gratifications-Ansatz übergreifend Jäckel 1999; Meyen 2004a; Schenk 2007.

Kommunikation ist insofern soziales Handeln, als die Kommunikationspartner ihre kommunikativen Handlungen mit Intentionen (sinnhaften Absichten) verbinden und ihr Handeln auf das
Verhalten oder Handeln bzw. auf die Reaktionen der anderen Kommunikationsteilnehmer aus-
richten. Eine kommunikative Handlung allein ist noch nicht Kommunikation, sondern zunächst
nur eine notwendige Voraussetzung, die Kommunikation in Gang setzen kann. Damit Kommunikation wirklich stattfindet, ist das In-Beziehung-Treten der Kommunikationspartner wesentlich,
also deren wechselseitiges Reagieren aufeinander, ihr Interagieren. (Fraas/Meier/Pentzold 2012: 7)

Wieso greifen Autoren heute, wenn sie Kommunikation erklären wollen, auf Max
Weber zurück, der doch *Handlung* erklären wollte – und Kommunikation dabei
deutlich als Interaktionsmodus mitgedacht hat? Hier möchte ich etwas weiter aus-
holen und auch darauf eingehen, dass Weber sowohl als Handlungstheoretiker ‚von
unten' – von der singulären Handlung und dem individuellen Bewusstsein für diese
Handlung gelesen werden kann, als auch als Handlungstheoretiker ‚von oben', der
soziale Beziehungen als anschlussfähigen Modus für weitere Handlungen (und
Kommunikationen) begreift. Auch Jürgen Habermas (1988 [1981], Alfred Schütz und
Thomas Luckmann (vgl. Luckmann 1992) greifen in ihren Werken auf diese Handlungstheorie Max Webers zurück (wenn auch teils in kritischer Abgrenzung davon).

Mikro- und Makroebene gesellschaftswissenschaftlicher Analysen sind bei Weber
beide dem Begriff des „sozialen Handelns" bzw. der „sozialen Beziehung" inhärent
(dazu ausführlich Pöttker 1997).[32] Bildet der Begriff der „sozialen Handlung" solche
von singulären Akteuren ab, so meint „soziale Beziehung" aufeinander hin orien-
tiertes Handeln (vgl. Weber 1964 [1922]: 16 – 19). Beides ist nicht allein mit einem rationalen Handlungstypus fassbar und changiert zur Unbewusstheit, nur begrifflich
könne man Bewusstheit und Unbewusstheit diesbezüglich trennen: Der „Sinn des
eigenen Handelns [sei] ja keineswegs immer eindeutig feststellbar oder auch nur
bewusst und noch seltener vollständig bewusst" (vgl. Weber 1964 [1922]: 17).[33] Weiterhin habe die Soziologie es eben „keineswegs nur mit ‚sozialem Handeln' zu tun",
wenngleich dieses ihr konstitutiver Gegenstand sei (vgl. ebd.).

Krallmann und Ziemann weisen Weber eine „analytische Stufenfolge" von Verhalten über Handeln zu sozialem Handeln zu (vgl. Krallmann/Ziemann 2001: 163). Mit
Verhalten kann jede mögliche Regung eines Organismus (z. B. Gänsehaut bei Kälte),
aber auch ein „Sichverhalten" (Weber 1964 [1922]: 16) gemeint sein. Letzteres meint
soziales Verhalten zwischen Menschen (oder sich selbst gegenüber als „inneres
Sichverhalten"), das weitgehend vor- oder unterbewusst stattfindet. Jedenfalls vollzieht es sich nicht reflektiert, ist gleichwohl aber *sinnhaft*, indem es sich an eingelebten

---

32 Die mikrologische Lesart Webers ist nur eine mögliche, wenn auch eine prägende gewesen, vgl.
zusammenfassend Müller 2007: 19 – 21.
33 Vgl. weiterführend auch Pöttker 1997: 51 f.; Krallmann/Ziemann 2001: 163; Schelske 2007: 88 f. – je
zur Frage der Möglichkeit eines vollständig bewussten sozialen Handelns, das, wie diese Autoren eng
an den Texten Webers belegen, eher die Ausnahme als die Regel darstellt.

Regeln des gesellschaftlichen Miteinanders orientiert.[34] Bewusst sinnhaftes Handeln ist dagegen der reine Typus des sozialen Handelns (der nach Weber in der Realität aber so gut wie nie vorkommt). Bloßes Handeln dagegen bezieht sich auf Handeln gegenüber Dingen (wie das Aufpumpen eines Fahrrads mit der Luftpumpe, dieses Beispiel bei Beck 2006: 40).

Analytische Stufenabfolge „Verhalten und Handeln" bei Weber
1. Verhalten (unbewusst)
   ↓
2. Sich-Verhalten (latent bewusst)
   ↓
3. Handeln (latent bewusst)
   ↓
4. Soziales Handeln (je nach Handlungstyp bewusster)
   ↓
5. Soziale Beziehung (latent bewusst)
   eigene Darstellung in Anlehnung an Krallmann/Ziemann 2001: 163

Neben Krallmann und Ziemann kann man sich auf Kaeslers Darstellung des „menschlichen Verhaltens" beziehen, die zeigt, dass es sich bei jenem um ein *holistisches* Phänomen handelt, das Weber idealtypisch zergliedert und als einen Sonderfall davon das rationale soziale Handeln konstruiert hat (vgl. Kaesler 1995: 194).

Der Grad der Bewusstheit ist, Weber folgend, beim „sozialen Handeln", also dem auf einen oder mehrere andere Menschen *sinnhaft bezogenen Handeln*, am stärksten ausgeprägt. Schon bei der sozialen Beziehung ist *nicht Bewusstheit* das relevante Phänomen, sondern es sind *Latenz und Habitualisierung* (vgl. in diesem Sinne auch Hepp 2011: 62), und zwar nicht nur bezogen auf die Bedeutungszuweisung, sondern auch auf den Zeitbezug. Die „soziale Beziehung" ist der Eigenzeit des Individuums sozusagen vorgelagert, als *Möglichkeit* an einer sozialen Beziehung teilzuhaben, z. B. am Geldverkehr, am öffentlichen Diskurs – oder eben auch nicht. Beim Geld ist der soziale Zusammenhang objektiviert. Bezieht sich Stufenfolge 1 (siehe Kasten oben) jeweils noch auf Individuen, so Stufenfolge 5 auf soziale Beziehungen und deren langfristig organisierte Formen. Weber verdeutlicht das am Phänomen des Geldes wie folgt:

> Soziales Handeln (einschließlich des Unterlassens oder Duldens) kann orientiert werden am vergangenen, gegenwärtigen oder für künftig erwartetem Verhalten anderer [...]. Geld z. B. bedeutete ein Tauschgut, welches der Handelnde beim Tausch deshalb annimmt, weil er sein Handeln an der Erwartung orientiert, dass sehr zahlreiche, aber unbekannte und unbestimmt viele andere es ihrerseits künftig in Tausch nehmen. (Weber 1964 [1922]: 16)

---

34 Hier arbeitet Pöttker an der Handlungssoziologie Webers weiter, indem er „drei Grundtypen der Verhaltensdifferenzierung" vorschlägt: positionelles, kulturelles und temporales, also Verhalten, das auf sozialer Ungleichheit beruht, solches, das auf kultureller Differenz beruht und solches, das auf zeitlicher, respektive historischer Differenz beruht, vgl. Pöttker 1997: 60 ff.

Hier geht es um soziale Ordnung durch das Orientieren aneinander bzw. *Handlungs-koordinierung*. Kaum jemand dürfte sich jedoch in seinem Alltagsleben das „Tausch-gut" Geld auf diese Weise klar machen, geht er oder sie ein Eis kaufen oder tätigt eine Online-Überweisung.[35]

Die soziale Beziehung ist also eine wechselseitige, überindividuelle Relation. Dies gilt auch dann, wenn man Weber einem individualistischen und nicht einem rela-tionistischen Paradigma zuordnet, wie dies Christian Stegbauer tut. Stegbauer selbst operationalisiert seine Erforschung kommunikativer Beziehungen und Handlungen in Mailinglists auf der konzeptuellen Basis des Beziehungsbegriffs u. a. von Weber. Der Grund liegt gerade darin, dass diese Mailinglists Diskursivität (im Sinne von Haber-mas) oft weder formal hergeben (es kommt kein Aufbau einer mehrfach wechselsei-tigen Argumentation zustande) noch inhaltlich erfüllen, nämlich keine Argumente, sondern Moralisierungen bieten. Webers abstrakter, normfreier Beziehungsbegriff bleibt daher Stegbauer folgend hilfreich:

> Bei dieser Operationalisierung wird weder auf Inhalte der Beziehung (etwa positiver oder nega-tiver Bezug), noch deren Richtung (etwa wer spricht wen an), eingegangen. Bei der Beziehung kann es sich um ein Lob, um die Beteiligung an einer Diskussion, um den Versuch einer Norm-klärung und ähnliche Dinge handeln. (Stegbauer 2001: 156)

Die Weberschen Typen sozialen Handelns, die er wiederum als Ideal- und nicht als Realtypen begriff, sind das *zweckrationale,* das *wertrationale,* das *affektuelle* und das *traditionale (gewohnheitsmäßige)* Handeln (vgl. Schluchter 2015: 270). Für Kommu-nikationssituationen ist einzukalkulieren, dass *alle* diese Typen (gemeinsam, aber in unterschiedlicher Stärke) eine Rolle spielen können. Insbesondere traditionales („durch eingelebte Gewohnheit", Weber 1964 [1922]: 17) und affektuelles Handeln sind dabei Rationalisierungsprozessen schwer zugänglich. Traditionales und (bisweilen spontan ‚hemmungsloses') affektuelles Handeln mit ihrem je geringen Grad an Re-flexion sind es dementsprechend, die Weber als grundlegend für den Typ des „Sich-verhaltens" ansieht, der sich zwischen „sozialem Handeln" und „Verhalten" bewegt (vgl. Gimmler 1998: 77). Die Gründe des Sich-Verhaltens bleiben sowohl dem Akteur als auch dem Beobachter der Situation oft verborgen (vgl. ebd.). Damit kann zweckra-tionales Handeln, das die Gründe des eigenen, dann strategischen Handelns ja ein-kalkulieren muss, um wirksam zu werden, wiederum nur als ein „Grenzfall" sozialen Handelns definiert werden. *Rein* zweckrationales Handeln ist somit gerade *nicht* zwingend typisch für Webers Handlungslehre – und zwar weder bezogen auf Ideal-typen (denn auch die anderen Handlungstypen sind Idealtypen) und schon gar nicht bezogen auf reales empirisches Handeln/Verhalten von Menschen (vgl. auch Bonß/ Dimbath/Maurer 2013: 65 – 67). Hans Joas hat das zweckrationale Handeln daher als „Residualkategorie" Webers bezeichnet, die lediglich das analytisch-idealtypische

---

[35] Dies betrifft im gleichen Sinne generalisierte Kommunikationsmedien bei Luhmann; Geld fungiert bei Luhmann als generalisiertes Medium des Sozialsystems Wirtschaft.

Vergleichsmoment für die anderen Handlungstypen ist (weiterführend zur Rezeptionslinie zwischen Joas und Weber vgl. Gimmler 1998: 78). Aus diesem Argumentationszusammenhang ist es begründbar, dass man die Rezeption Webers seitens Jürgen Habermas als zu einseitig auf zweckrationales Handeln hin kritisiert (wie Weischenberg 2012b: 211–212, Schluchter 2015: 498 f.). Habermas' eigene Theoriebildung wendet sich vom zweckrationalen Handeln ab und dem verständigungsorientierten zu (vgl. Kap. 5 dieses Buches).

Auf Webers Handlungstypen rekurriert später Thomas Luckmann (1992 sowie Kap. 6 dieses Buches), auch er hebt das Changieren zwischen bewusstem und relativ unbewusstem Handeln hervor und nennt noch einen weiteren Aspekt: dass wir nämlich dazu neigen „gewohnheitsmäßige Typen des Handelns" (Luckmann 1992: 69) einfach nur noch auszuführen und „Einzelinteressen" oder begründete Motive diesem Handeln kaum noch zuzuordnen. Daher ist es wohl so schwierig, gewohnheitsmäßiges Handeln (wie z.B. Essgewohnheiten) zu verändern, wofür es bewusster Akte, also wiederum Zweckrationalität bedarf. Die Handlungstypen spielen ergo zusammen. Ohne Zweckrationalität und dem damit verbundenen Durchdenken oder Abwägen von Handlungsalternativen könnte man kaum zwischen Handlungen „wählen" oder etwas „entscheiden" (Luckmann 1992: 70). Entscheidungshandeln beruht auf „Willensakten" (ebd.: 79). Auf dieser Überlegung bauen später die sogenannten Rational-Choice-Ansätze auf. Die Verbindung zu Tönnies' Konzept des „Kürwillens" (vgl. Kap. 3 dieses Buches) lässt sich hier ebenfalls herstellen: Eine Handlungsalternative zu wählen heisst, dies bewusst und willentlich zu tun (auch wenn dieser ‚Wille' durchaus gemessen an äußeren Umständen und damit Handlungszwängen oder vermuteten Handlungsfolgen sein kann).

Noch auf einer anderen Ebene trifft Luckmann sich mit Weber: Auch Luckmann kennt *einseitiges mittelbares soziales Handeln*, das an anderen orientiert ist, ohne dass es Adressaten überhaupt zur Kenntnis nehmen können (beispielsweise Spenden, ohne dass der so Beschenkte weiß, von wem die Spende kommt) (vgl. Luckmann 1992: 122 f.). Solche Handlungen können sich aggregieren (viele Spender bei einer Umweltkatastrophe) und zur Handlungsorientierung für andere werden, die solche Handlungen beobachten, und weitreichende Folgen unabhängig von singulären Handlungszielen oder Motiven nach sich ziehen.

2.1.5 Denkmotiv: Verständigung (Sprache)

> Der Umstand, dass „äußere" Zeichen als „Symbole" dienen, ist eine konstitutive Voraussetzung aller „sozialen" Beziehungen. (Weber 1991 [1907]: 142 f.)

Wie Gimmler (1998: 74) feststellt, ist „Sprache" bei Weber ein zwar vorhandener, aber nicht ausdifferenzierter Gegenstand des Nachdenkens. Ähnlich argumentiert Habermas, wenn er Webers Handlungstypologie mit dem Fokus auf *soziales* Handeln lediglich als *Vorstufe* zur Formulierung seiner eigenen Theorie des *kommunikativen*

Handelns heranzieht (vgl. Habermas 1988: 377 ff.). Wieland Jäger und Marion Baltes-Schmitt (2003: 14, 58) schreiben in ihrer Einführung in das Denken von Jürgen Habermas, Webers Begriff der Zweckrationalität habe Habermas zur komplementären Formulierung eines anderen Typus von Handeln, dem kommunikativem, angeregt. Grundlegendes für eine Kommunikationssoziologie können wir dennoch auch von Weber lernen.

So legte Weber in die Struktur sozialer Beziehungen *Erwartens-Erwartungen* hinein (X handelt nach den Prämissen, von denen er/sie glaubt, dass Y sie unterstellt und vice versa). Solche rekursiven Antizipationen sind heute ein Thema der systemtheoretischen Kommunikationsforschung in einer Linie von Parsons über Luhmann. Anders als in der Systemtheorie bleibt der „Sinngehalt" der sozialen Beziehung bei Weber aber immer in analytischer Absicht (auch) *introspektiv*, bezogen auf jeden der Akteure relevant, und wird nicht durch generalisierte Kommunikationsmedien (Geld, Macht, Wahrheit, Liebe, öffentliche Meinung wie bei Parsons, später Luhmann) völlig überformt (vgl. Gimmler 1998: 66 – 68). *Verständigung wird von Akteuren geleistet*, nicht von „Medien". Dies trifft im Übrigen auch auf Habermas zu, der die generalisierten Kommunikationsmedien Geld und Macht funktional den „Austauschbeziehungen zwischen System und Lebenswelt" zuweist, vgl. Jäger/Baltes-Schmitt 2003: 54). Auch ist es bei Habermas, wie bei Luckmann und wie schon bei Weber, *nicht* das Medium Sprache selbst, das die Verständigung leisten kann, sondern es sind die sprach*verwendenden, dabei einander koordinierenden* Akteure (vgl. die Kapitel zu Habermas und Luckmann in diesem Buch). Die nach Weber „ursprünglichste Vermittlungsleistung" jeder menschlichen Gesellschaft erfolgt sprachlich, aber Sprache als System begründet allein weder den Zweck noch das Ziel von Handlungen. Oder: *Handlungen sind keine Anhängsel von Sprachstrukturen.* Sprache interveniert in und transagiert mit varianten Handlungsmöglichkeiten, generell ist sie verständigungsorientiert auf semantisches Sinnverstehen gerichtet; zugleich wird sie innerhalb von Verwendungszusammenhägen spezifisch, also potenziell intentional und auf verschiedene Interessen hin adressiert:

> Gemeinsamkeit der Sprache, geschaffen durch gleichartige Traditionen von Seiten der Familie und Nachbarnumwelt, erleichtert das gegenseitige Verstehen, also die Stiftung aller sozialen Beziehungen, im höchsten Grade. Aber an sich bedeutet sie noch keine Vergemeinschaftung, sondern nur die Erleichterung des Verkehrs innerhalb der betreffenden Gruppen, also: der Entstehung von Vergesellschaftungen. Zunächst: zwischen den Einzelnen und nicht in der Eigenschaft als Sprachgenossen, sondern als Interessenten sonstiger Art: die Orientierung an den Regeln der gemeinsamen Sprache ist primär also nur Mittel der Verständigung, nicht Sinngehalt von sozialen Beziehungen. (Weber 1964 [1922]: 31)

Der Sinngehalt von Interessen der „sonstigen Art" (siehe oben) wird Weber folgend langfristig unter anderem durch Sprachhandeln ausgehandelt; die sprachliche *Kodifizierung* geht dem aber evolutionsgeschichtlich *nach* und nicht vor. Abgesehen davon ist der/die einzelne in die „Gemeinsamkeiten der Sprache" ebenso natürlich eingeboren wie in die Kultur; zwangsläufig zu bestimmten Handlungen *determiniert* ihn oder sie das aber *nicht*.[36] Dafür sorgt schon die Möglichkeit der Introspektion, des Verstehens und Unterscheidens der eigenen wie fremder Bedeutungszuweisungen. Handeln ist bei Weber nicht nur äußeres, sichtbares Handeln, sondern auch inneres Tun und Unterlassen (vgl. Krallmann/Ziemann 2001: 155; Luckmann 1992: 37 übernimmt diese Auffassung später von Weber). „Verstehen" eines gemeinten Sinnes ist ein innerer Akt. Dieses Sinn-Verstehen generiert sich nicht allein durch die Aktualisierung von Sprachregeln, auch wenn es kulturell und sozialgebunden ist: „Gemeinsamkeit der Sprache, geschaffen durch gleichartige Traditionen von Seiten der Familie und Nachbarumwelt" (siehe eingerücktes Zitat oben).

Weber unterscheidet zwischen Sprachregeln und sprachlichen Inhalten sowie deren unterschiedlichen Funktionen. „Verstehen" als Pragma, nicht die Sprache als Regelsystem, ist gesellschaftsstiftend (vgl. Weber 1964 [1922]: 31). Denn Menschen können, Max Weber folgend, sowohl „Wirkhandlungen" als auch „Sprachhandlungen" deuten und auch aufeinander beziehen (vgl. Schluchter 1994). Wir können darüber sprechen, was wir beobachten, empfinden, meinen und wollen. Dies geht auch schon dem Aspekt des „Wirkens" in die Welt bei Luckmann und Schütz (vgl. Kap. 6) voraus.

Verstehen als Pragma lässt sich als Verstehenshandlung, die an einer Mitteilungshandlung orientiert ist, definieren (vgl. Burkart 2004: 60). Auch die von Weber festgestellte *Gleichzeitigkeit von (spezifischem) interessengeleitetem Handeln und (genereller) sprachlicher Verständigung als Voraussetzung desselben* ist heute Diktum der Kommunikationssoziologie. Das interessengeleitete Handeln entspricht dem speziellen Ziel der Kommunikation, die sprachliche Verständigung ihrem allgemeinen (vgl. Beck 2006: 41; Burkart 2002: 46). Man kann diese Ziele auch als konstant (man möchte etwas/sich mitteilen) und variabel (man hat spezifische Kommunikationsziele) bezeichnen, wobei das konstante Ziel mehr oder weniger unbewusst bleibt (vgl. Burkart 2002: 62). Prozesshaft ist dieses Geschehen dann, wenn es wechselseitig ist.

Weber hat uns gelehrt, einen Handlungsprozess, folglich auch einen Kommunikationsprozess, *nur* dann als abgeschlossen zu begreifen, wenn er mindestens von zwei Akteuren durch Mitteilungs- und Verstehenshandlungen gegenseitig strukturiert ist, also einer *sozialen Beziehung* entspricht (vgl. Burkart 2002: 60; Beck 2007: 51). Er selbst hat die Begriffe „soziale Handlung" und „soziale Beziehung" allerdings nur indirekt (eben über den Begriff des Verstehens und die Bedeutung der Sprache) auf Mitteilungsprozesse hin durchdacht. Ihm ging es insgesamt um Orientierungsprozesse im sozialen Mit-, Gegen- und Füreinander als Grundlage sozialer Ordnung (vgl. auch Pöttker 1997: 35 f.). Die Chance zur Vergesellschaftung beruht, das wissen wir nicht zuletzt seit Mead, auf Kommunikation (vgl. Krallmann/Ziemann 2001: 201–228). *Worauf* die Chance beruht, interessierte Weber aber weniger als das, was sie hervor-

---

36 Auch hier bestehen enge Verbindungen zur Position von Luckmann, bei dem Ausdrucksbewegungen, die nonsprachlich sind, in der Phylo- und Ontogenese menschliches Handeln typisieren (vgl. Averbeck/Künzler/Tomin 2010 sowie Kap. 6 dieses Buches).

bringt, nämlich soziale Gebilde im Sinne des Zusammenspiels von Institutionen und Regeln bzw. Handlungskoordinierung (vgl. auch Schluchter 2015: 251):

> „Soziale Beziehung" soll ein seinem Sinngehalt nach aufeinander gegenseitig eingestelltes und eben dadurch orientiertes Sichverhalten mehrerer heißen. Die soziale Beziehung besteht also durchaus und ganz ausschließlich: in der Chance, dass in einer (sinnhaft) angebbaren Art sozial gehandelt wird, einerlei zunächst: worauf diese Chance beruht. (Weber 1964: 19)[37]

Luckmann hebt gerade die „Chance, dass so gehandelt wird" als das Grundmoment sozialer Institutionalisierung von Regeln *über Erwartungen* an den jeweils anderen hervor (vgl. Luckmann 2002: 137).

Weber hat nicht von „Kommunikation", sondern von „sozialem Handeln" gesprochen, welches wir heute *als kommunikativ* identifizieren. Konkreter ist hier Ernst Manheim geworden (vgl. Kap. 4), dem es genau darum ging: worauf die Chance der Vergesellschaftung denn beruhe, nämlich auf ihrem Mitteilungsgeschehen.

2.1.6 Denkmotiv Kultur: Maximen des Handelns und kulturelle Regeln

> Weber hatte ganz am Anfang der empirischen Kommunikationsforschung ausdrücklich beides im Blick: nicht nur, was die Menschen mit den Medien machen [...], sondern eben auch, was die Menschen und die Gesellschaft, die sie bilden, indem sie ihr Handeln aneinander orientieren, mit den Medien machen, wenn er die Presse „als Komponente der objektiven Eigenart der modernen Kultur", also als ein von der komplexen Sozialstruktur geprägtes und für diese Struktur charakteristisches Phänomen betrachtete. (Pöttker 2001c: 11)

Weber war zuallererst Kultursoziologe – in dem Sinne, dass Kultur das Fundament von Gesellschaft ist, nämlich die Variabilitäten *verschiedener* zeitgenössischer oder schon historischer Gesellschaften erst hervorbringt oder -brachte.[38] Hier weiterdenkend kann man seine Handlungstypen auch als anthropologische Typen verstehen.[39] Kulturen beruhen auf „Regeln" oder „sozialen Regelungen"; solche entsprechen nicht

---

37 Das gleiche Beispiel nutzt Pöttker, um Webers Bemühen um die Verbindung von mikro- und makrosoziologischen, also akteurszentrierten einerseits, funktionalistischen andererseits zu zeigen. Überdies liest Pöttker das Zitat so, dass „soziales Handeln" auch auf einer (Selbst-)Täuschung beruhen könne: Ob man für sein Geld wirklich, zumal in Inflationszeiten, etwas bekomme, die soziale Beziehung also trage, sei faktisch etwas völlig anderes als die *Vorstellung*, dass man etwas bekommen werde: „Zumindest die Orientierung am künftig erwarteten Verhalten anderer impliziert, dass das Handlungssubjekt sich das Verhalten dieser anderen möglicherweise auch *nur einbildet*." (Pöttker 1997: 47, Hervorhebung im Original). Dann sind aber auch kollektive (Selbst)täuschungen möglich – für Kommunikationsprozesse ist das nicht ganz unerheblich.
38 Seine Religionssoziologie etwa ist Teil einer umfassenden Kultursoziologie (vgl. Müller 2007: 12; Kaesler 1995: 124 ff.; 249).
39 Das hat Ernst Manheim getan, als er charismatische und rationale Herrschaft bei afrikanischen Nomadenstämmen untersucht hat, vgl. dazu Bahmeie 1997.

per se den Rechtsnormen ausdifferenzierter Gesellschaften, sondern zunächst „Maximen des Handelns" (Weber 1991 [1907]: 133, 142). Sie beruhen auf einsozialisierten „Erfahrungsregeln", die hochgradig *habitualisiert* sind (ebd.: 138) und die die ‚Geregeltheit' der Menschen zu Sachgütern und anderen Menschen ermöglichen". Hier nimmt Weber das Denkmotiv von Alfred Schütz, zu erklären, *wie* Alltags- und Routinehandeln funktionieren können – eben, da nur latent bewusst (vgl. Schütz/Luckmann 2002) –, schon vorweg. In seinen religionssoziologischen Studien führt Weber dies empirisch aus, wobei ihn dabei das jeweilige Verhältnis von Religion und wirtschaftlicher Ordnung besonders interessierte (vgl. Schluchter 2015: 273 – 316).

Weber fand die Gründe für weltweite Unterschiede in den Regeln, also Organisationsprinzipien von Gesellschaften, *nicht* in der Wirtschaftsordnung selbst (die er als Ausdruck solcher Regeln begriff), sondern in der *Werteordnung einer Gesellschaft insgesamt*, die er bis in die Erziehungs- und Wissenschaftsstile dieser Gesellschaften nachvollzog (vgl. Kaesler 1995: 127 ff.). Solche Stile werden heute überdies als „Kommunikationsstile" identifiziert (vgl. Bolten 2007: 75 – 92). Dass wir Hinweise auf eine im engeren Sinne kulturalistisch verstandene Kommunikationswissenschaft schon bei Weber finden, ist lange nicht erkannt worden (vgl. Hepp 2003, 2004: 31– 34). Andreas Hepp betont, dass Weber kulturellen Wandel stets sowohl lokal als auch in größeren, translokalen Zusammenhängen begreife, was deutlich eine moderne Sicht auf Kultur sei (vgl. Hepp 2003: 127, 2004: 31 f.).[40]

Als herausragend darf Webers Analyse der chinesischen Gesellschaft, einschließlich ihres Bildungs- und Erziehungssystems, gelten, wobei er China – durchaus übereinstimmend zu jüngeren Forschungen – als kollektivistische Kultur, die einen indirekten Kommunikationsstil aufweist, charakterisiert. Der der Tradition verbundene „Sippengedanke" stärkt nach Weber den sozialen Verband und die Beziehungen in einem solchen, damit einhergehend personale Herrschaft, nicht aber die – für den Okzident und das Cartesianische Denken so typische – Ausbildung rationaler Verfahren der Herrschaftssicherung. Der indirekte Kommunikationsstil wird, Weber folgend, gefördert durch die jahrhundertelange Betonung der Schrift gegenüber dem Wort in der chinesischen Bildung und Erziehung sowie durch die Orientierung an der Poetik und nicht der Rhetorik. Beides – personaler Herrschafts- und indirekter Kommunikationsstil – unterliegen dabei wechselseitigen Einflüssen. Schon Weber bleibt nicht bei der Beobachtung, der sogenannten *perceptas*, der Wahrnehmungsebene, stehen, sondern argumentiert ausgehend von der *conceptas*, die das dem kulturellen Stil zugrunde liegende, kognitive und emotionale Konzept meint,[41] als welches Weber für China den Konfuzianismus identifiziert. Sogleich gibt er aber auch zu bedenken, dass Religion nur *ein* möglicher Faktor der Ausformung kultureller Werte

---

40 Einschränkend verweist er allerdings darauf, dass es Weber letztlich nicht gelingt, eine eurozentrische Perspektive zu verlassen, und dass seine Aussagen über andere Kulturen damit zwangsläufig normativ bleiben (vgl. Hepp 2003: 126).
41 Zu „Perceptas/Conceptas" als eines analytischen Hilfskonstrukts in der interkulturellen Kommunikationsforschung vgl. Bolten 2007: 111– 120.

sei und seinen eigenen Ausführungen zu China oder anderen Ländern deshalb keine allumfassende Erklärkraft zukomme. Weber schrieb dies, ohne je in China gewesen zu sein und ohne Chinesisch auch nur lesen zu können, sicherlich aus einer stark ethnozentrisch-westlichen Perspektive, doch aber sich auch auf andere Kulturen einlassend (vgl. ausführlich und kritisch zu den Studien über China Kaesler 1995: 128 – 147, 2015). Weber war Kulturrelativist: Die Natur des Menschen sei formbar und variabel (vgl. Weber 1991 [1907]: 139).[42] Er selbst hat das für die Haltung unterschiedlicher gesellschaftlich-kultureller Prägungen in Bezug auf deren Verhältnis zu Arbeit und Geld gezeigt. Darunter wurden wohl am bekanntesten Webers Ausführungen zum Zusammenhang von protestantischer Arbeitsethik und Askese (vgl. Kaesler 1995: 141 ff.; Schluchter 2015: 237 – 316).

Weber deutet kulturelle Variabilität und Kontextualität auch für international unterschiedliche presseethische Standards an (vgl. Weber 2001a [1910]: 320, 324). Dass auch diese in der Tat von kulturellen Ausprägungen abhängig sind, ist unterdessen gut erforscht (vgl. Weaver 1998; Hanitzsch/Wahl-Jorgensen 2009).

Auch geht die interkulturelle Kommunikationsforschung aktuell von ähnlichen Prämissen wie schon Weber aus: Relativität und Sozialität des eigenkulturellen Handelns, das hochgradig durch vom Individuum nicht bewusst reflektierte Prozesse (die allerdings durch Metakommunikation rationalisierbar sind) beeinflusst wird (vgl. Maletzke 1996; Ting-Toomey 1999; Gudykunst et. al. 2005). Gerade mit Weber – auch wenn dies auf den ersten Blick widersinnig erscheint – lässt sich zeigen, dass kommunikatives Handeln (im Sinne intentionalen Handelns) durch *nicht reflektiertes Sich-Verhalten* begleitet wird und auf dieses zurückwirkt, nämlich über die Handlungstypen „traditional" (weil etwas immer so war) und „affektuell" (weil etwas so oder auch anders gefühlt wird). Diese beiden Typen sind diejenigen, die, folgt man Weber selbst, weit weniger rationalisiert werden als das zweckorientierte oder wertorientierte Handeln, wobei gerade Letzteres wiederum stark emotional gebunden sein kann: Werte vermitteln Gefühle der Zugehörigkeit und Geborgenheit und stabilisieren so z. B. soziale Gruppen nach innen.

Subjektiver Sinn ist bei Weber immer situationsspezifisches Einschätzungswissen und -befinden, dabei *zugleich Sozialisation und Enkulturation unterliegend* – zwei Konzepte, die allerdings im Sinne feststehender Begrifflichkeiten erst einer jüngeren Phase der Sozialwissenschaften entstammen:

Sozialisation meint die langfristige und nie abgeschlossene Internalisierung von sozialen Normen und Regeln in der und durch soziale Interaktion. Als *primäre* Sozialisationsinstanz gilt die Ursprungsfamilie, zu den *sekundären* Sozialisatoren zählen gesellschaftliche Institutionen bis zum Ende des Jugendalters, somit Kindergärten, Schulen und Instanzen der beruflichen Primärbildung. Als *tertiäre* Sozialisationsinstanzen benennt die einschlägige Forschungsliteratur die Peergroups (so Gleichaltrige oder berufliche Peers) und auch die Medien der öffentlichen Kommunikation. Letztere werden als in

---

42 Auch dies teilt er mit Berger/Luckmann sowie mit Luckmann.

alle Sozialisationsstufen intervenierend beschrieben (vgl. Süss 2004: 289). Alle drei Sozialisationsstufen sind interdependent und werden sowohl über interpersonale als auch medial vermittelte Prozesse stabilisiert.

Enkulturation bezeichnet den auf den Sozialisationsprozess der *Herkunftskultur* bezogenen Erwerb von Werten, Normen, Sprache und Verhaltensstilen. Teil der Primärsozialisation, der sowohl bewusste als auch unbewusste Lernprozesse beinhaltet, in deren Verlauf eine Person zum Mitglied einer Gesellschaft wird (vgl. Reinhold 1993: 129).

Ein Nachtrag zum Begriff des „Sinns": Weber unterscheidet den „subjektiv gemeinten Sinn", der der Reflexion gut zugänglich ist, und den „Sinn", der gesellschaftlich objektiviert ist, und damit jeder Form der subjektiven Bedeutungszuweisung zwangsläufig schon zugrunde liegt, was allerdings vorbewusst bleiben kann. Dabei ist der subjektive Sinn potenziell *ein anderer* als der von außen, etwa von einem Beobachter der Handlung, zugewiesene Sinn (und zwar unabhängig davon, ob dieser nun ins Bewusstsein gelangt oder nicht). So fragt Weber sich selbst in der Rolle des wissenschaftlichen Beobachters sozialen Handelns:

> [...] war der „Sinn", den wir einem [...] Vorgang [...] zusprechen können, auch derjenige, den jeder der empirischen Akteure desselben seinerseits in ihn hineinlegte, oder welchen anderen legte jeder von ihnen hinein, oder schließlich: legten sie überhaupt irgendwelchen bewussten „Sinn" hinein? (Weber 1991 [1907]: 145)

Die Akteure müssen sich dies allerdings dann nicht mehr fragen, wenn es sich um schon vorstrukturierte Regeln handelt: Spieler beim Schach wissen, dass sie Schach spielen, ohne diese Regeln noch ständig zu hinterfragen (vgl. ebd.). Das sehr viel dezidierter bei Goffman ausgearbeitete Denkmotiv der „Rahmung" von sozialen Situationen, die Regeln im Sinne von Handlungsanweisungen gleich mitliefern, ist hier bei Weber schon auffindbar.

Das regelgeleitete oder einsozialisierte Handeln braucht folglich nicht ins Bewusstsein gelangen, um Folgen zu zeitigen. Mit anderen Worten, man überlegt nicht jeden Morgen neu, den Postboten zu grüßen, sondern man tut es (im Sinne einer sozialen Regel, und da die Sozialbeziehung zum Postboten nicht durch Nähe gekennzeichnet ist und außerdem hohem Zeitdruck unterliegt, eher per Kopfnicken als per Handschlag). Schütz und Luckmann haben ähnliche Prozesse („Ich-kann-immer-wieder" und morgen „weiter so" als grundlegend für das Verständnis der Alltagswelt beschrieben, vgl. Luckmann 1992: 120 f.; Schütz/Luckmann 2003 [1974]: 599). Wird mir allerdings ein neuer Kollege oder meine Schwiegertochter in spe vorgestellt, kann „Grüßen" wieder zu einem bewussten sozialen Akt werden und unterliegt weiterhin kulturellen Regeln: So grüßt man in Deutschland per Händedruck, in Frankreich oder in der Schweiz jedoch mittels angedeuteten Wangenküssen, die überdies bekanntlich eine regional unterschiedliche Anzahl haben können.

2.2 Anwendung: Mediennutzungsforschung

> Es gibt (auch) in der Kommunikationswissenschaft Beispiele für eine fundierte, anschlussfähige
> und weiterführende Weber-Rezeption. (Weischenberg 2014: 194)

Siegfried Weischenberg hat sich mit der Rezeption des Werkes von Max Weber in der
Kommunikationswissenschaft befasst und ist dabei vor allem auf dessen medienethische Rezeption sowie dessen Relevanz für die Journalismusforschung eingegangen (vgl. Weischenberg 2014: 36–44, 184–190). Das vorliegende Kapitel rekurriert in
Anlehnung an Gabriele Mehlings (2001) Weber-Rezeption auf die Mediennutzungsforschung.

Bereits Weber selbst dachte recht intensiv über Mediennutzung nach. So haben er
und Mitarbeiter 1892 im Fragebogen zur „Landarbeiter-Enquête" des von ihm mitbe-
gründeten „Vereins für Socialpolitik" unter anderem nach der Zeitungslektüre der
Arbeiter gefragt. Dies allerdings nicht um der medienbezogenen Fragestellung selbst
willen, sondern als deren Indikator zur Ermittlung „der Verhältnisse der Landarbeiter
in Deutschland". Gefragt wurde nach Lohnverhältnissen und Arbeitsbelastung, aber
eben auch nach der Freizeitgestaltung via Nutzung von Tagespresse und Volksbi-
bliotheken. Als gesichertes Ergebnis der Studie gilt der *serielle, jahreszeitliche
Rhythmus der damaligen Mediennutzung:* Landarbeiter hatten im Sommer weniger Zeit
zum Lesen als im Winter, überdies hatten sie zwar dank Pflichtschulbesuch häufig
Lesen gelernt, verloren diese Fähigkeit aber im Laufe des Lebens wieder.[43] Weber war
1893, nun schon Experte auf dem Gebiet, für den Evangelisch-Sozialen Kongress tätig
und arbeitete an einer Fragebogenerhebung mit, die sich als Folgestudie zu der des
Vereins für Sozialpolitik verstand. Wiederum ermittelten die Forscher auch Daten zur
Kulturtechnik des Lesens, nun insbesondere der Tagespresse, um Hinweise auf die
„ethischen und sozialen Verhältnisse" der Landarbeiterschaft zu erhalten. Die Fragen
erfolgten weit konkreter als in der Erhebung des Vereins für Sozialpolitik, nun nicht
mehr nur nach der Häufigkeit der Nutzung und dem Zugang zur Presse (etwa über
Abonnements seitens der Großgrundbesitzer), sondern auch nach Nutzungsmotiven
und Lektürepräferenzen (vgl. Kutsch 1988: 6; Schulz 2005: 105–114).[44] Diese Frage-
bögen waren auch Paul F. Lazarsfeld bekannt (vgl. Schulz 2005: 113), der seine Mediennutzungsforschung 1930 in Wien mit der groß angelegten Studie über die Hör-
wünsche des Wiener Radiopublikums aufnahm (vgl. Mark 1996).[45]

---

43 Vgl. ausführlich und quellenkritisch zu den heterogenen, überhaupt erhalten gebliebenen Über-
resten der Landarbeiterstudie als eine der ersten deutschen sozialwissenschaftlichen Teamforschun-
gen Schulz 2005: 97–105.

44 „Besteht das Bedürfnis nach Lektüre? Bei welchen Arbeiterkategorien am meisten? Nach Lektüre
welcher Art? Welche Zeitungen werden vorwiegend gehalten? Wie und von wem wird für dieses Bedürfnis gesorgt?" lautete eine der offenen Fragestellungen (zitiert nach Schulz 2005: 111).

45 Zu Lazarsfeld als „Klassiker der Kommunikationswissenschaft" Meyen/Löblich 2006: 183–204;
Langenbucher 2008.

Im „Vorbericht" zur geplanten Zeitungs-Enquete forderte Weber 1910, sieben Jahre nach den eigenen Erhebungen zur Lage der Landarbeiter und noch immer zwanzig Jahre, bevor Lazarsfeld die quantitative Rundfunknutzung aufnahm, die „vergleichende Analyse der Art der Zeitungslektüre im Ausland (z. B. Amerika, Frankreich) und bei uns, sowohl quantitativ wie qualitativ". Dass die Rezipienten funktional an ihre Medien gebunden sind, vermutete er: „Welche anderen Lektüreobjekte verdrängt die Presse?" (Weber 2001a [1910]: 323). Heute wissen wir es genauer, und schon seit dem sogenannten Riepelschen „Gesetz" (Riepl 1913) ahnen wir: Es geht weniger um Medienverdrängung als um funktionale Veränderungen *wie, wann und wozu Einzelmedien singulär und in ihrem Zusammenhang* genutzt werden. Man spricht diesbezüglich auch von der Komplementärfunktion der (Massen-)Medien. Neue Medien verdrängen ‚alte' nicht, es kommt aber zu Funktionsverschiebungen (vgl. Peiser 2008). So verdrängte der Hörfunk, als er Publikumsmedium wurde, die Zeitung vom allabendlichen Leseplatz, später das Fernsehen das Radio. Im Zeitalter der Online-Medien sind solche Funktionalitäten, die durch Zeit strukturiert werden, relativ unbedeutend geworden.

Die moderne Mediennutzungsforschung geht von aktiven Rezipienten aus, die nicht nur über *Selektionsaktivität* verfügen (Auswahl der Medieninhalte), sondern zugleich (und damit interdependent) über *Aneignungs- und Interpretationsaktivitäten* (vgl. Krotz 2001). Beide Formen der Aktivität lassen sich mit Max Webers Handlungstypen erklären, wenn auch die zweite sicherlich nicht umfassend. Hier kann überdies der Symbolische Interaktionismus in der Nachfolge George H. Mead hinzugezogen werden (vgl. Krotz 2001; Göttlich 2006).

Selektionsaktivität meint in Kenntnis der Grundlagen des Uses-and-Gratifications-Approach (vgl. Katz/Blumer/Gurevitch 1974) vor allem eine motiv- und bedürfnisgesteuerte Auswahl von Medieninhalten, Programmen, Zeitschriftentypen etc. Die Aneignungsaktivität meint mehr, nämlich die Aufnahme, Verarbeitung und Interpretation von Medieninhalten in einem Zeithorizont, der die prä-, die kommunikative und die postkommunikative Phase einschließt.[46] Entscheidet man sich am Kiosk oder im Internet für eine bestimmte Zeitschrift oder deren Online-Auftritt, hat man diese Entscheidung zumeist auch auf der Basis vorheriger Medienerfahrungen getroffen. Das kann habitualisiert sein oder gerade das Gegenteil, experimentierfreudig mit Lust auf etwas Neues, eine Zeitschrift etwa, die man noch nie gelesen hat, die einen aber thematisch anspricht, vielleicht auch nur optisch oder auf deren Online-Ausgabe man zufällig über einen Link gestoßen ist. Ob es zu einer Anschlusshandlung kommt, der Rezipient sie noch ein zweites Mal kaufen oder anklicken möchte, ist eine ganz andere Frage.

Auf Weber als wichtige Referenz für eine theoretische Fundierung des Uses-and-Gratifications-Ansatzes hat schon vor mehr als zwanzig Jahren Karsten Renckstorf

---

[46] Umfassend in den Stand der deutschsprachigen und anglophonen Mediennutzungsforschung führen Meyen 2004a; Schenk 2007: 651–760 sowie Wünsch, Schramm et al. 2014 ein.

(1989) verwiesen. Eine solche, zentrale Referenz ist Weber geblieben. WissenschaftlerInnen, die Kommunikation als soziales Handeln erklären wollen, rekurrieren grundlegend auf Weber (vgl. Renckstorf/Wester 2001; Keppler 2001; Mehling 2001; Schulz 2005: 26 ff.). Dies erfolgt zumeist über Webers Diktum „soziales Handeln", wobei der Typus zweckrationales, intentionales Handeln – zunächst – im Vordergrund der Argumentation steht. Renckstorf und Wester (2001: 153) verweisen darauf, dass die publikumszentrierten Ansätze der Kommunikationsforschung, insbesondere der Uses-and-Gratifications-Ansatz mit seiner starken Zentrierung auf *individuelle und zugleich bewusste Bedürfnisse* „ein ‚aktives' Publikum postuliert, das grundsätzlich aus sinnvoll handelnden Individuen besteht, mithin als intentionales Subjekt der (Massen-)Kommunikation gilt". Wie aber lässt sich dann ein eher passiver Medienkonsum, etwa ein ‚zielloser' oder habitueller erklären? „Handeln mittels und/oder mit Medien" (Krotz 2001) ist *nicht allein* über rationale Handlungstypen verstehbar, wie sie der Uses-and-Gratifikations-Ansatz und eine einseitige Weber-Lektüre, die auf zweckrationales Handeln gerichtet ist, zugrunde legen. „Mittels Medien" meint, dass Medien *in den potenziell zweiseitigen Handlungsablauf* integriert werden, dass also bei brieflicher, telefonischer oder E-Mail-Kommunikation Merkmale interpersonaler Kommunikation integriert bleiben (bspw. Feedback-Möglichkeiten trotz Kanalreduktion) sowie Massenkommunikation an interpersonale Voraus- und Anschlusskommunikation gebunden ist. Hier gibt es seit den 1940er-Jahren eine reiche Forschungstradition, die vom sogenannten „Zweistufen-Fluss"-Konzept (Informationsfluss von den Massenmedien zu den Meinungsführern und dann von diesen an andere Menschen bzw. an deren „Folger") zum „Mehrstufen-Fluss" (der die Kommunikation *zwischen* Menschen und den Rollentausch zwischen Meinungsführern und -folgern betont), geführt hat (vgl. Sommer 2009). Heute mögen solche oft linearen Flussmodelle sich weitgehend überlebt haben, da medial vermittelte Kommunikation immer öfter netzwerkartig strukturiert ist und Sender- und Empfänger diese Rollen im Web 2.0 potenziell sehr schnell wechseln können bzw. Sender zugleich auch (stärker) Empfänger sind als zuvor (zur Netzwerkstruktur der Kommunikation vgl. Hepp 2011: 81– 88; zur Abkehr von linearen Flussmodellen auch Bruns 2005).

Gabriele Mehling (2001) hat in enger Textexegese Max Webers gezeigt, dass der rationale Handlungstyp die Relevanz Webers für eine Mediennutzungsforschung keinesfalls ausschöpft, sondern gerade die anderen Handlungstypen mit ihren stark habitualisierten und subbewussten Sinndimensionen für Mediennutzung eine herausragende Rolle spielen, nämlich *traditionales (gewohnheitsmäßiges), wertrationales und affektuelles Handeln*. Auch diese sind sozialisationsgebunden.

Weber selbst hat in der Tat vor allem die beiden ersten Typen, zweck- und wertrationales Handeln, ausdimensioniert – wohl weil die beiden anderen, das traditionale und das affektuelle Handeln – fließend in „Sich-Verhalten" übergehen und weniger ins Bewusstsein gehoben sind (vgl. Kap. 2.4.1 dieses Buches). Indes ging Weber grundsätzlich von Mischformen aller Typen aus, die er zudem nicht als erschöpfend begriff, um menschliches Handeln angemessen zu beschreiben und zu bezeichnen (zu einer ausführlichen Kritik der mangelnden Trennschärfe der Handlungstypen Pöttker 1997: 73 ff.).

Insbesondere das affektuelle Handeln lässt sich für den Zusammenhang „Mediennutzung" aus der empirischen Forschung erhärten: Es exponiert das *Unterhaltungsbedürfnis*, das sich mit Mediennutzung verbindet (vgl. Meyen 2004a: 110 f.), also die affektuelle Stimulation und Entlastung (vgl. Wünsch 2002). Diese muss nicht kausal an einen bestimmten Medieninhalt gebunden sein. Auch auf den ersten Blick nicht ,unterhaltsame' Medienangebote, wie Dokumentationen über Geschichte, Gesundheit, Geografie oder Ähnliches können subjektiv als unterhaltsam empfunden werden (vgl. Früh 2002).

Renckstorf und Wester betonen die individuelle Disposition des/der Handelnden und die ihn oder sie umgebende Kultur, einschließlich der einsozialisierten Rollenmuster und Regelkenntnisse darüber, „wie man sich ,verhält'" (Renckstorf/Wester 2001: 158), dann auch: *wie man kommuniziert.* Hier ist ihr Referent neben George H. Mead auch Alfred Schütz. Schütz bindet sinnhaftes Handeln weniger als Weber an Rationalität, sondern an deren Anpassung an die impliziten und expliziten, in der Sozialisation erlernten Wahrnehmungsschemata und sozialen Praktiken (vgl. Schütz/ Luckmann 2002). Das Denkmotiv der handlungsleitenden, aber subbewussten kulturellen „Regel" wird indes auch von Weber schon vertreten (siehe oben).

Mit Schütz lässt sich die tägliche Orientierungsleistung („Überblickswissen"), die die Medien für den Menschen – allein schon als „Zeitgeber" und durch die Strukturierung des Tagesablaufs (vgl. Neverla 1992: 59) übernehmen – erklären:

> Folgt man Schütz, so wird der Löwenanteil alltäglicher Erfahrungen „routinemäßig", nämlich in Übereinstimmung mit den Erfahrungen des „Alltagswelt-Wissens", unproblematisch mit Sinn und Bedeutung versehen – solange eine aktuelle Erfahrung nicht genau davon abweicht. (Renckstorf/ Wester 2001: 160)

Insbesondere mit dem Schütz-Schüler Luckmann wird an anderer Stelle dieses Buches auf die kulturelle Gebundenheit von Kommunikationsprozessen zurückzukommen sein, auf die (mit Bezug auf Schütz/Luckmann) auch Renckstorf/Wester verweisen: Denn die „Interpretation" der Umwelt, dann auch der medialen, einschließlich der Medien selbst sowie ihrer Inhalte, wird von Individuen nie bezugslos, sondern innerhalb ihrer Erfahrungs- und Lebenswelt, folglich ihrer „Kultur" geleistet.

3 Ferdinand Tönnies – Ein Klassiker der Öffentlichkeitssoziologie

Tönnies is the first scholar to outline the central position of public opinion within both theoretical and empirical sociology [...]. (Splichal/Hardt 2000: 55)

His work is an early example of an implicit call for critical studies of the media. (G. T. Marx 2000: 3)

Das folgende Kapitel möchte die Tönnies'sche Öffentlichkeitssoziologie einem breiteren, vor allem studentischen Publikum bekannt machen und auf ihre Relevanz für aktuelle Fragestellungen, insbesondere einer Presse- und Medienethik, prüfen. Schon Achim Baum (1994: 120) hat in seiner Münsteraner Dissertation auf Tönnies' „Nachdenken über den sozialen Gebrauch von Zeichen" verwiesen, später griffen die kommunikationswissenschaftlichen Lehrbücher von Klaus Beck (2007) und Rudolf Stöber (2008) Tönnies' Öffentlichkeitskonzept gewinnbringend auf. Christian Stegbauer (2009) macht das Gemeinschaftskonzept von Tönnies für die Erforschung von Online-Communities fruchtbar und Manuel Wendelins (2011) Münchner Dissertation zieht Tönnies als Beobachter zeitgenössischer „Medialisierung der Öffentlichkeit" zurate. Meinerseits tue ich dies für eine Mediatisierungsperspektive, die noch etwas weiter greift: Während die Medialisierungsperspektive weitgehend auf den Wandel der Gesellschaft durch öffentliche Kommunikation, also Publizistik, rekurriert (vgl. Arnold/Classen et al. 2010), so die Mediatisierungsperpektive (in Anlehnung an Krotz 2007, 2012) darüber hinausgehend auf Humankommunikation als Movens von sozialem, kulturellen und medialem Wandel (vgl. auch Kap. 7 dieses Buches).

Überdies ist dieses Kapitel zu Tönnies – historisch-systematisch gelesen – eine wichtige Voraussetzung für die Darstellung der Öffentlichkeitstheorien von Ernst Manheim und Jürgen Habermas, die darauf folgen.

Ferdinand Tönnies verfügte über ein modernes nachaufgeklärtes Verständnis von Öffentlichkeit, in dem „die Dinge des Staates auch an das Raisonnement der Bürger gebunden werden" (Beierwaltes 2002: 58). Die Voraussetzung heute an ein über neunzig Jahre altes Buch anzuknüpfen, nämlich Tönnies' durchaus sperrig zu lesende Monografie „Kritik der öffentlichen Meinung", ist damit gegeben. Andreas Beierwaltes sieht diese Bindung an öffentliche Vernunft (bzw. den öffentlichen Gebrauch der Vernunft) auch schon in Max Webers Konzept der „Führerdemokratie" gewährleistet, das zwar von nachfolgenden Wissenschaftlern als elitär kritisiert wurde, immerhin aber bereits die *Demokratiefähigkeit der Eliten* einforderte (vgl. ebd.: 67). Um die Vermittlung von ‚einfachen' Bürgern, gebildeter Elite, Gesellschaft und Staat geht es maßgeblich auch bei Tönnies. Er erkennt die Presse als *Vermittlungsmodus partikularer Interessen in der und für die Öffentlichkeit* an. Dies führt weg von einer ausschließlich elitentheoretisch orientierten Vorstellung von Demokratie hin zu einer *partizipativen*, in der *Teilöffentlichkeiten* integriert werden (sollen). Für uns heute mag dies keine ungewöhnliche Position darstellen, aber Tönnies war Beobachter des Ersten Weltkriegs mit all seinen Schrecken[1] und erlebte die Weimarer Republik, sowohl die mit ihr verbundenen politischen Hoffnungen als auch die Brutalität, mit der politische Widersacher sich bekämpften. Max Weber war 1920 bereits verstorben und konnte dies nicht mehr beobachten. Tönnies gilt überdies als derjenige Soziologe, der 1887 in seinem fragmentarisch gebliebenen Werk „Gemeinschaft und Gesellschaft" die menschlichen Emotionen – als Grundlage sozialen Zusammenhalts und Zusammenlebens – in das Blickfeld der Sozial- und Kulturwissenschaften gestellt hat (vgl. Bond 2013: 400).

In einer Zeit, in der die Öffentlichkeit, nachdem der Große Krieg zu Ende war, hochgradig fragmentiert und polarisiert war, gebrochen durch radikale politische Kräfte links wie rechts, war Tönnies Reflexion über die Möglichkeit eines partizipativen Verständnisses von Öffentlichkeit, dem überdies ein *verständigungsorientierter Kommunikationsbegriff* unterliegt, ebenso originell wie wegweisend.[2] Ihm selbst ist in politischer Hinsicht – was auch zu seinem diskursiv-partizipativen Öffentlichkeitsansatz passt – eine sozial-liberale Haltung zuzuweisen. Mit dem Aufstieg der Nationalsozialisten politisierte er sich stärker und trat, bis dahin ohne Parteibindung, in die SPD ein (vgl. Carstens 2005: 267).

Historischer Kontext des Tönnies'schen Wirkens waren, ähnlich wie wir es schon für Weber kennengelernt haben, neben dem Ersten Weltkrieg die Industrialisierung, Modernisierung, Verstädterung, die Demokratisierung und Abschaffung der Monarchie, die Ausdifferenzierung der (Massen-)Presse, die zeitgenössischen Diskurse um Presserecht, Pressefreiheit und eine angemessene Vorbildung bzw. Ausbildung der Journalisten. Gerade in Bezug auf den Untersuchungsgegenstand Presse ist der Zusammenhang Weber – Tönnies nicht nur indirekt gegeben: Die Herausgeber der 2002 erschienenen Edition der „Kritik der öffentlichen Meinung" betonen einen Zusammenhang zwischen Max Webers Vorschlag zu einer Presse-Enquete auf dem Soziologentag von 1910, der Tönnies eine Anregung für sein Nachdenken über Öffentlichkeit war (vgl. Deichsel/Fechner/Waßner 2002: 689; dazu auch Tönnies selbst 1922: 132). Ähnlich Weber, wenn auch in weit geringerem Umfang und weit weniger prominent sichtbar, war auch Tönnies als politischer Publizist tätig, verfügte also über einen ganz eigenen Einblick in das Zeitungswesen (vgl. Heberle 1981; Wendelin 2011: 161 f.).

Tönnies ging es als Publizist und auch als Wissenschaftler weniger um die in der älteren Öffentlichkeitstheorie klassische Vermittlung von Staat und Gesellschaft,[3] sondern um die Vermittlung der Gesellschaft *mit sich selbst*, also zwischen Parteien

---

1 Dabei war er von der Unschuld der Deutschen am Ausbruch des Krieges überzeugt, zählte aber nach Aussage seines Biografen Uwe Carstens (2005: 210) nicht zu den Kriegstreibern unter den deutschen Professoren und auch nicht zu den maßlosen Nationalisten (vgl. ebd.).
2 Zu den Unterschieden zwischen Elitekonzepten und partizipativen Konzepten von Demokratie vgl. Beierwaltes 2002, besonders 79 f.
3 Dies insbesondere vor der Mitte des 18. Jahrhunderts, vgl. Hölscher 1979: 36 ff.

(Politik) und BürgerInnen (Interessengruppen).[4] Ein Grundproblem ist dabei die Frage nach Teilhabe: *Wer soll* an der Öffentlichkeit teilhaben? Nur organisierte Akteure, was eher einer repräsentativen Vorstellung von Öffentlichkeit entspricht (vgl. Gerhards/Neidhardt 1990), oder – mindestens potenziell – jede/r BürgerIn, was dem breiten, deliberativen Öffentlichkeitskonzept von Jürgen Habermas (1962, 1998) entsprechen würde? In einem „aufgeklärten Weltbild" werden „Bürger sich wechselseitig Publikum" (Imhof 2011: 11). Tönnies geht mit der Alternative ‚einfache' Bürger versus Eliten in ihrer Bürgerrolle allerdings noch zwiespältig um: Sein Repräsentant für die öffentliche Meinung ist zwar nicht mehr der Staat, sind auch nicht die Parteien, sondern ist die „Gelehrtenrepublik" der Gebildeten (vgl. Stöber 2009: 56 f.). Diese handelt (idealtypisch) nicht aus Eigeninteressen, sondern *für* die gesamte Gesellschaft, sie nimmt also öffentliche Interessen wahr – und sie ist rückgebunden an die Meinungsbildung der Bevölkerung (denn mindestens potenziell hat via Bildung jede/r Zugang zur Gelehrtenrepublik). Tönnies durchdachte dieses Konzept für eine *moderne ausdifferenzierte Großgesellschaft* (vgl. Imhof 2006a: 192ff.) und deren „virtuelles Forum", die Tagespresse (vgl. Stöber 2009: 55). Diese Gelehrtenrepublik wird über *die Tagespresse* vermittelt, in dem Sinne, dass sie sich mittels Presse austauscht und so potenziell der gesamten Bevölkerung eines Landes (dem nachgeordnet auch der transnationalen Völkergemeinschaft, vgl. Tönnies 1922) sichtbar wird. Damit hat die Presse sowohl eine *Forumsfunktion*, denn in ihr wird diskutiert, als auch die Funktion einer *Arena:* Es wird in ihr *vor* einer breiten Öffentlichkeit diskutiert. Die Dichotomie von Forum und Arena hat auch die neuere Öffentlichkeitstheorie beeinflusst (dazu Wessler/Peters et al. 2008: 4). Während etwa Jürgen Gerhards und Friedhelm Neidhardt in ihrem zentralen Aufsatz zu „Strukturen und Funktionen" moderner Öffentlichkeit die *Arena-Funktion*, somit die Repräsentativität des öffentlichen Diskurses und im öffentlichen Diskurs betonen (vgl. Gerhards/Neidhardt 1990, zusammenfassend Lingenberg 2010: 35 – 38; Wendelin 2011: 255 – 261), so betont Jürgen Habermas die *Forumsfunktion*, den Diskurs der Vielen in einer deliberativen Öffentlichkeit (vgl. Kap. 5 über Habermas in diesem Buch). Bei Tönnies finden wir beide Gedanken verbunden: So soll „Die" Öffentliche Meinung (der Gelehrtenrepublik im Sinne einer zentralen Arena) den – repräsentativen – Konsens herstellen. Dies mitunter auch *gegen die Presse* und die in ihr (auch) vertretenen „Volksstimmungen". Diese Inklusions- wie Exklusionsfunktion der Republik der „Gelehrten" zeichnet Lucien Hölscher in Bezug auf Christoph Martin Wieland (1733 – 1813) und die von ihm edierte Zeitschrift *Deutscher Merkur* historisch nach:

---

4 Diese Problematik der Vermittlung von Gesellschaftstheorie und Öffentlichkeitstheorie, kulminierend in der Frage, welche Funktion Öffentlichkeit für moderne, ausdifferenzierte Gesellschaften hat, finden wir dann in den Schriften der nachfolgenden Generationen, so von Jürgen Habermas (1996 [1962]), Oskar Negt/Alexander Kluge (1972), Bernhard Peters (2007), Jürgen Gerhards/Friedhelm Neidhardt (1992) und – allerdings weniger normativ als beschreibend – auch bei Niklas Luhmann wieder (1970, 1996).

> Die Gelehrtenrepublik besitzt daher eine eigentümliche Form von Öffentlichkeit: diese besteht im reziproken Austausch von Meinungen und Argumenten, die als vernünftig anerkannt werden wollen und ist auf einen Kreis gebildeter, per se geistig autonomer Mitglieder beschränkt. (Hölscher 1979: 141)

Dieses Argument der *Exklusion oder nur partieller Inklusion* diverser sozialer Schichten in die Öffentlichkeit kann neben Tönnies auch gegen Habermas' idealtypisches Konzept bürgerlicher Öffentlichkeit als literarische, also auf die gelehrte Öffentlichkeit aufsetzende (vgl. Habermas 1996 [1990]: 81), vorgebracht werden (vgl. ausführlich Kap. 5 über Habermas in diesem Buch). Tönnies seinerseits konzeptualisierte die Gelehrtenrepublik als eine Art Kommunikationszusammenhang unter Gebildeten, dann auch politisch Gebildeten und öffentlich Sprechenden, respektive Publizierenden. Er schloss damit an die Bezeichnung „Gelehrtenrepublik" oder „Gelehrte Republik", wie sie bis ins 18. Jahrhundert geläufig war, an. Als solche stand sie auch für die Verbindungen, die Wissenschaftler grenzüberschreitend zwischen den Wissenschaftskulturen der (westlichen) Welt seit der Renaissance herstellten. Der Historiker Peter Burke (2000) spricht diesbezüglich von einem „Kommunikationssystem" – das nicht zuletzt brieflich vermittelt wurde.

Auch Tönnies' Vorstellung einer bürgerlichen Öffentlichkeit im Sinne der erweiterten Gelehrtenrepublik impliziert nicht nur massenmedial vermittelte Öffentlichkeit. Schon bei ihm kennt Öffentlichkeit (die potenziell global ist, vgl. Tönnies 1922) keinen solchen physisch erfahrbaren Raum mehr (vgl. Splichal 1999: 100), der Öffentlichkeit im Sinne einer Agora auch nur annähernd abbilden könnte.[5] Das „große Publikum" ist *kein* Anwesenheitspublikum, es versammelt sich nicht (mehr) an einem Ort (vgl. Tönnies 1922: 84). Der Tönnies-Schüler Ernst Manheim setzte sich 1932 wohl nicht zufällig in seinem Buch über die „Träger der öffentlichen Meinung" zunächst mit der Raummetapher von Öffentlichkeit auseinander und verwarf sie. Ähnlich kam Jürgen Habermas dreißig Jahre später zu einer Bestimmung von Öffentlichkeit als „Sphäre" bzw. als Prozess (vgl. Averbeck 2005).

3.1 Die „Kritik der öffentlichen Meinung" (1922) in der Rezeption

> Language and social communication are key elements in his [Tönnies] construction of the social (as well as his specific) understanding of community and society. They remain basic concepts in his writings on public opinion, its role and function in society, and its evolution and interpretation as an expression of the collective will. (Hardt 2001: 113)

---

5 Beierwaltes (2002: 58) stellt die antike Anwesenheits-Öffentlichkeit der Agora der modernen „anonymen" Öffentlichkeit gegenüber. Ebenfalls historisch argumentierend Stöber (2009: 54) über städtische Öffentlichkeiten nach dem Muster der von Rousseau beschriebenen Genfer Republik versus moderne Großgesellschaften, die ihre Öffentlichkeit nicht mehr (allein) in direkter Kommunikation regulieren können.

An der Gesamtausgabe des umfassenden Werkes von Ferdinand Tönnies wird bis heute gearbeitet (vgl. Clausen/Deichsel/Bickel 1998 ff.). Diese darzustellen ist nicht das Ziel dieses Kapitels, sondern wiederum ausgewählte Teile des Werkes. Tönnies ist der erste Klassiker der Soziologie, der „öffentliche Meinung als systematisches Konzept" im Rahmen seiner Gesellschaftslehre verortete (vgl. Beckers 2007: 2; auch Beetz 2005: 148). Explizit verstand er „Öffentliche Meinung" nicht mehr ausschließlich als historische Kategorie (im Sinne des Wandels in der Öffentlichkeit wahrnehmbarer Meinungen), sondern auch als *soziologische* (im Sinne von Öffentlicher Meinung als gesellschaftlichem Funktionsmechanismus). Öffentlichkeit und öffentliche Meinung waren ihm wesentlich vermittelnde Größen in einer immer anonymer werdenden, verkehrstechnisch sowie medial über die Presse erschlossenen, differenzierten und nicht zuletzt säkularisierten Großgesellschaft (vgl. Tönnies 1916: 414).[6]

Trotzdem kommen die „Klassiker der Kommunikationswissenschaft" von Meyen und Löblich (2006) ohne Tönnies aus, nicht aber die „Schlüsselwerke für die Kommunikationswissenschaft" (Kutsch/Holtz-Bacha 2002: 426–428). Tönnies fast 600 Seiten starkes, zentrales Werk, die „Kritik der öffentlichen Meinung" ist entstanden zwischen 1915 und 1922 (vgl. Tönnies 1922: V). Zu diesem Buch entwarf er Pläne seit 1905 (vgl. Pöttker 2002: 426 sowie als eine Vorstudie Tönnies 1916). Zwischen 1925 und 1933 wurde Tönnies Grundlegung einer Öffentlichkeitstheorie intensiv adaptiert: von einem Nachwuchswissenschaftlermilieu zwischen Zeitungswissenschaft und Soziologie, das allerdings nach 1933 größtenteils aus Deutschland fliehen musste und – wie Tönnies selbst – nach dem Zweiten Weltkrieg kaum Nachhall entfalten konnte (vgl. Averbeck 1999: 255 ff.).[7] Dabei hat gerade Tönnies der (Pseudo-)Sozialwissenschaft im „Dritten Reich" nicht zugeliefert, sondern stand ihr entgegen und war einer der aus politischen Gründen entlassenen Professoren.

Entgegen mancher, die Tönnies eine eher feindselige Haltung zur damaligen Zeitungswissenschaft bescheinigen (vgl. Bohrmann 1986: 105; Hardt 2001: 123), wird hier eine andere Auffassung vertreten: Es lässt sich mindestens eine formale Anerkennung nachweisen, indem Tönnies der Zeitungswissenschaft „eine gute Zukunft" wünschte und ihren Gegenstand, die Presse in der modernen Gesellschaft als einen interdisziplinären, *theoretisch und empirisch* zu erforschenden beschrieb. Letzteres allerdings tat er als Soziologe, nicht als Zeitungswissenschaftler (vgl. Tönnies 1931). Er sah es als elementar notwendig an, dass die Soziologie der Öffentlichkeit und die Presseforschung *gemeinsam* betrieben werden müssten. So fragte er in einem Dis-

---

6 Daher, so hielt Tönnies dem Historiker Wilhelm Bauer entgegen, könne der Begriff auch nur schwer als historische Kategorie und rückwirkend für vergangene Jahrhunderte bemüht werden, denen die technologischen und medialen Bedingungen des frühen 20. Jahrhunderts noch fehlten (vgl. Tönnies 1916: 414).

7 Vgl. auch Tönnies-Biograf Carstens 2005: 313 „Nach 1945, als sich der Pulverdampf verzogen hatte, wurde Tönnies nicht mehr gelesen, die deutsche Soziologie war verpönt und mit ihr Tönnies. Vage erinnerte man sich, dass er für ‚Gemeinschaft' war. Davon hatte man nach dem Volksbetrug mit der ‚Volksgemeinschaft' genug [...]."

kussionsbeitrag auf dem Soziologentag 1930, der das Thema „öffentliche Meinung" hatte, wie sich die in der Presse vertretenen Meinungen zu den „sonst in der Welt umlaufenden Meinungen verhielten" (Tönnies 1930: 73). Die Disziplin Zeitungswissenschaft setzte solche Fragen nach der sogenannten „Umwelt" der Zeitung nur in Ansätzen um (etwa im Deutschen Institut für Zeitungskunde in Berlin durch Hans Traub, Hans Amandus Münster und Friedrich Bertkau, vgl. Averbeck 1999: 371 ff.; Heuser 1994). Diese jungen Zeitungswissenschaftler in einem *interdisziplinären Milieu zwischen Zeitungswissenschaft und Soziologie*, das sich zwischen etwa 1925 und 1932 herausbildete, rezipierten Tönnies als einen modernen Autor, von dem sie lernen konnten (vgl. Averbeck 1999: 243 ff.). In diesem Milieu wurde Tönnies' „Kritik der öffentlichen Meinung" gelesen und avancierte rasch zum Standardwerk (vgl. auch Lerg 1970: 193). Tönnies wirkte in diesem Milieu vor allem über die Lektüre seiner Schriften, weniger direkt als akademischer Lehrer. Die jungen Doktoranden der Zeitungswissenschaft und/oder Soziologie[8] übernahmen seine These vom Widerstreit der Meinungen, den es zu untersuchen gelte: „Tönnies zeigt uns den Weg, den die Forschung gehen muß" schrieb Hans Amandus Münster sieben Jahre nach dem Erscheinen der „Kritik der öffentlichen Meinung" anlässlich Tönnies' 75. Geburtstag im Fachorgan *Die Zeitungswissenschaft* (Münster 1930: 225). Den Nachwuchswissenschaftlern war Tönnies Anreger und Vordenker eines sozialwissenschaftlichen Begriffs von öffentlicher Meinung sowie einer sozial geschichteten Öffentlichkeitsvorstellung, die das *Publikum der Zeitungen als eine tragende Schicht von Öffentlichkeit* begreift (vgl. Averbeck 1999: 243–257).

Die junge Generation der Zeitungswissenschaftler verweist uns allerdings auch auf einen kritischen Punkt: den ‚elitären Rest' in Tönnies' Nachdenken über die Öffentliche Meinung, nämlich dessen Konzept der „Gelehrtenrepublik", das schon ab 1925 von Kurt Baschwitz, Emil Willems[9] und anderen als nicht mehr zeitgemäß kritisiert wurde (vgl. Anschlag 1991: 112; Averbeck 1999: 243–245).[10] Tönnies' junge Adepten der Zwischenkriegszeit missverstanden die Prämissen ihres Altmeisters al-

---

8 In einem institutionalisierten Universitätsfach Zeitungswissenschaft konnte man bis 1934 nur an einer einzigen Universität promovieren, in Leipzig. Das erklärt, dass sich viele Doktoranden in den Hauptfächern Nationalökonomie, Staatswissenschaft oder Soziologie mit der Presse und/oder der öffentlichen Meinung befassten; dies wiederum führte zu Grenzüberschreitungen zwischen Soziologie und Zeitungswissenschaft.

9 Kurt Baschwitz (1886–1968) wurde in den 1950er-Jahren Ordinarius für „Pressewissenschaft und Massenpsychologie" an der Universität Amsterdam. Emil Willems (1905–1997), der sich nach seiner Emigration aus Deutschland, die ihn zunächst nach Brasilien führte, Emilio Willems nannte, wurde 1949 Professor für Soziologie an der Vanderbildt University/USA. Zu Baschwitz Anschlag 1990; zu Willems Averbeck 1999: 333–350.

10 Anschlag zeigt, dass Tönnies' „Kritik der öffentlichen Meinung" – vermittelt über Baschwitz – auch in der niederländischen Pressewissenschaft relevant wurde. Baschwitz gelang es nach 1945, diesen Einfluss mit Strömungen der amerikanischen Sozialpsychologie zu verbinden (vgl. Anschlag 1991: 110 f.).

lerdings teils.[11] Auch nach dem Zweiten Weltkrieg blieben die Tönnies-Lesarten ambivalent: In der Ideengeschichte der Soziologie gilt Tönnies als rückwärtsgerichteter Romantiker (vgl. König 1955),[12] aber auch als progressiver Sozialethiker (vgl. Heberle 1964; Deichsel 1985; Siebel 1985).[13]

Im Kontext der Kommunikationswissenschaft sind es Horst Pöttker (1992, 2001, 2002), Slavko Splichal (1998, 1999) und Hanno Hardt (Hardt/Splichal 2000; Hardt 2001), von denen ausführliche, auch englischsprachige Darstellungen der Tönnies'schen Konzeption von Öffentlichkeit und öffentlicher Meinung vorliegen. Was die Soziologie angeht, so sind vor allem und teils als Autorenkollektiv Alexander Deichsel, Rolf Fechner und Rainer Waßner zu nennen, die Tönnies' „Kritik der öffentlichen Meinung" 2002 neu ediert und in sie eingeführt haben (vgl. Deichsel/ Fechner/Waßner 2002). Einige jüngere SozialwissenschaftlerInnen haben sich in den letzten zehn Jahren mit Tönnies befasst und dessen Konzeption öffentlicher Meinung auf ihre aktuelle Anschlussfähigkeit befragt (vgl. Poske 1999; Beckers 2007; Mentel 2010).

Splichal liest Tönnies auf dessen Vermögen hin, sowohl die *manifeste* Funktion öffentlicher Meinung, den *rationalen Diskurs*, als auch die *latente* Funktion öffentlicher Meinung, die *soziale Kontrolle*, miteinander zu vermitteln,[14] nämlich „to integrate the ideas of rationality, interactivity and morality of public opinion" (Splichal 1998: 99). Das Zitat deutet es an: Die – vielfältigen – Wechselbeziehungen und -wirkungen zwischen Menschen sind relevant, um rationale *und* moralische Funktionen der öffentlichen Meinung in den Blick zu nehmen. Tönnies vermochte hier etwas zu vereinen, das in der neueren Öffentlichkeitstheorie meist geschieden ist:

---

11 Leider haben sie selbst häufig reaktionäre Auswege gefunden, so etwa (und auch schon vor 1933) in Konzepten der „Volksgemeinschaft", was Tönnies' Konstrukt der „Gelehrtenrepublik" widerspricht.

12 Zur Kritik von René König an Ferdinand Tönnies vgl. Osterkamp 2004: 416 ff.

13 Zur Rezeptionsgeschichte seines Frühwerks „Gemeinschaft und Gesellschaft" (1887), dem diese Lesarten geschuldet sind, übergreifend Kaesler 1991. Zur schwierigen, oft vezerrten Rezeption von Tönnies in der amerikanischen Soziologie (die nach 1945 auch in Europa prägend werden sollte) Schachinger 1991. Anregungen und Adaptionen von Tönnies weist Schachinger (ebd.: 530) bei Robert K. Merton (in dessen Dichotomie „local"/„cosmopolitan"), Neil Smelser („universalism"/„particularism"), Peter Berger („public"/„private"), Robert Park („family"/„marketplace", „sacred"/„profane"), Robert Redfield („folk"/„urban") sowie Howard Becker („sacred"/„secular") nach. Tönnies „Gemeinschaft und Gesellschaft" wurde 1940 von Charles P. Loomies unter dem Titel „Fundamental concepts of sociology" in das Amerikanische übersetzt. Direkte Schüler von Tönnies, die in die USA emigriert sind, waren sein Schwiegersohn Rudolf Heberle, Werner J. Cahnmann, Fritz Pappenheim und Ernst Manheim.

14 Die Begriffe „latente" und „manifeste" Funktion wurden von Robert K. Merton in die Soziologie eingeführt; Elisabeth Noelle-Neumann (1992) setzte sie ein, um eben diese Funktionen, die rational-manifeste und die latente sozial-kontrollierende der öffentlichen Meinung zu unterscheiden, und bezog sich mit ihrer Theorie der Schweigespirale ausdrücklich auf die latente Funktion der sozialen Kontrolle.

Sprechen wir von manifesten oder von latenten Funktionen? Das ist als zentraler Unterschied zwischen den Anschauungen von Jürgen Habermas und von Elisabeth Noelle-Neumann gesehen worden. (Stöber 1998: 17)

Diese beiden Pole, „rationaler Diskurs" und „sozialpsychologische Wirkung", bestimmen bis heute – weitgehend unverbunden – die sozialwissenschaftlichen Überlegungen zur öffentlichen Meinung (vgl. Noelle-Neumann 1992; Stöber 2008: 84). Tönnies bietet uns einen Weg an, diese *aufeinander* zu beziehen.

Der Soziologe Gottfried Deetjen hat gezeigt, dass Tönnies' Werk pressetheoretische Momente integriert, nämlich die auch von den frühen Zeitungswissenschaftlern angesprochene, sogenannte *Doppelfunktionalität der Presse*. Dies meint einerseits, Meinungen zu prägen, sie andererseits aus der Gesellschaft aufzugreifen. Deetjen zeigt weiterhin, dass Tönnies ausgesprochene und publizierte Meinungen an (Interessen-) Gruppen band und solche strukturierten Meinungen von ‚bloßen' Bevölkerungsmeinungen oder -stimmungen unterschied (vgl. Deetjen 1991). Dies konnte Tönnies in der „Kritik der öffentlichen Meinung" deshalb, weil er über eine soziologisch fundierte Vorstellung *gesellschaftlicher Gruppen* verfügte, einschließlich der Annahme, dass die Gruppe den Einzelnen sozialisiere. Dann ist Meinungsbildung nicht nur ein soziologisches, sondern auch ein sozialpsychologisches Phänomen: Der Einzelne passt sich *potenziell* der Gruppe an bzw. unterliegt dem Druck der Gruppe (vgl. Tönnies 1922: 43 ff.).[15] Dies gilt für die Gruppe und für Teilöffentlichkeiten nach innen und hat Einfluss auf ihre Kohäsion. Es gilt aber *nicht* – im Sinne der Isolationsdrohung in der Schweigespiraltheorie von Elisabeth Noelle-Neumann – für die gesamte Gesellschaft: Diese ist Tönnies folgend empirisch-faktisch vorrangig durch *Dissens* gekennzeichnet, nämlich den Widerstreit verschieden gelagerter Gruppen-, Klassen- und Generationeninteressen (vgl. Tönnies 1922: 28 ff.). Pöttker weist Denkmotive zu einer Schweigespirale schon bei Tönnies nach, allerdings auch Unterschiede: *Soziale Kontrolle* ist nur eine Facette der Tönnies'schen Öffentlichkeitstheorie, die ergänzt wird um das Motiv des meinungsgeladenen *Diskurses*, auf das Noelle-Neumann (zumindest in ihrer Theoriebildung) weitgehend verzichtet:

Bei Tönnies sucht man allerdings vergeblich nach einer Biologisierung des Phänomens [öffentliche Meinung] oder seiner Überhöhung zum unverzichtbaren Mechanismus, ohne den die Gesellschaft auseinanderfiele. Der Klassiker setzt Gesellschaftlichkeit nicht mit Konfliktvermeidung und dem Unterdrücken eigener Meinung gleich. (Pöttker 2001a: 352 f.)[16]

---

15 Vgl. auch Tönnies 1922: 46: „Dass Rede- und Denkweise der Menschen, wie durch Erziehung und Lehre, so durch unzählige sich anhäufende Einflüsse ihrer Mitmenschen, insbesondere ihrer Alters- und Geschlechtsgenossen, ihrer Standes- und Berufsgenossen, ihrer Glaubens- und Parteigenossen ursächlich mitbestimmt werden, ist eine offenbare Tatsache und hat längst dahin geführt, daß man unter dem Namen der Völkerpsychologie und der Sozialpsychologie die Gesamtheit dieser Erscheinungen zu erforschen begonnen hat".

16 Dies passt zur Tönnies-Lesart von Splichal/Hardt 2000, die allerdings nicht auf Gemeinsamkeiten und Unterschiede zu Noelle-Neumanns Theorie der Schweigespirale eingehen. Deichsel/Fechner/

Elisabeth Noelle-Neumann hat Teilüberlegungen zu ihrer Theorie der Schweigespirale ausdrücklich mit Tönnies' Überlegungen zur öffentlichen Meinung begründet. Die „soziale Haut", die den Einzelnen quasi umspanne, belegte sie nicht zuletzt mit Tönnies' Unterscheidung von Gemeinschaft und Gesellschaft: „Aufmerksamkeit für das Sozialwesen" brauche der Mensch in beiden sozialen Umgebungen, sowohl in engen, interpersonalen Beziehungen als auch den vermittelten der modernen Großgesellschaft (vgl. Noelle-Neumann 1991: 90). Diese Aufmerksamkeit reduzierte die Theoretikerin Noelle-Neumann dann aber – und dies deckt sich *nicht* mit der Lektüre von Tönnies – in erster Linie auf das Konzept der Isolationsfurcht:

> Was ist es, das ihn [den Menschen] „aussetzt" und ständig seine Aufmerksamkeit für das Sozialwesen beansprucht, das ihn umgibt? Es ist seine Furcht vor Isolation, vor Missachtung, vor Unbeliebtheit, es ist sein Bedürfnis nach Zustimmung durch die Umwelt. (Noelle-Neumann 1991: 89)

Die Tönnies'sche Anthropologie ist anders gelagert: Der Mensch ist, Tönnies' folgend, ein Kontaktwesen, das fähig ist, *positive soziale Kontakte zu stiften, zu gewähren und aufrechtzuerhalten*, das macht ihn im eigentlichen Sinne zu einem Kulturwesen. In diesem Sinne ist auch die öffentliche Meinung eine Kulturleistung: „Die Zukunft der öffentlichen Meinung ist die Zukunft der Kultur" (Tönnies 1922: 569). Isolationsfurcht kann damit in der Tönnies'schen anthropologischen Soziologie nur eine (depravierte) Komponente menschlichen Fühlens, Denkens und Strebens sein. Ich zitiere Tönnies im Folgenden etwas länger, da in dieser Belegstelle sehr deutlich wird, dass Isolationsfurcht nicht per se wirkt, sondern interpersonal, situationsspezifisch und relativ. Fühlt man sich nämlich innerhalb einer Gruppe stark, ist man möglicherweise eher bereit, sich von anderen sozialen Gruppen zu isolieren:

> Eine öffentliche Meinung kann man jedem offenen oder geschlossenen Kreise zuschreiben, der als solcher ein Gewicht für die ihm angehörigen Personen hat, so daß sie nach der in ihm vorherrschenden Meinung, die als einmütige um so stärker wird, ihr Betragen, auch ihre Meinungsäußerungen richten; indem sie fürchten, Anstoß zu erregen und dagegen sich freuen und es genießen, wenn sie Zustimmung und Beifall finden, [...]. In jeder Gruppe, die nach innen soziale Wirkungen ausübt, hat sozusagen jeder Mitspieler sein Publikum, dem er gefallen oder wenigstens nicht mißfallen will. Es ergeben sich aber daraus viele Kollisionsfälle. Oft wird das Mißfallen eines Kreises in den Kauf genommen, um das Gefallen eines anderen zu finden [...]. (Tönnies 1922: 130)

Hier lassen sich Fragen anschließen nach dem Changieren von Wesen- und Kürwillen in Bezug auf diverse soziale Gebilde: Verhält sich der Einzelne im engen sozialen Netz der Bezugsgruppe rationaler (also potenziell weniger isolationsfürchtig) oder gegenteilig sogar irrationaler (potenziell mehr isolationsfürchtig)? Entfaltet sich rationale Argumentation eher in der (teils) anonymisierten relativen Freiheit journalistischer

---

Waßner würdigen Noelle-Neumanns Bezug auf Tönnies positiv, verweisen aber nicht auf Unterschiede zwischen beiden (vgl. Deichsel/Fechner/Waßner 2002: 696); solche thematisiert Stöber 1998: 26.

Argumentation in der Öffentlichkeit? Solche Fragen muss sich auch die aufgeklärte Elite eines Landes stellen. Für diese Elite, die an der öffentlichen Meinungsbildung selbst aktiv, also in Sprecherrollen, teilnimmt, gilt nach Tönnies:

1. Sie muss ihre Meinung kürwillig (und damit letztlich rational) begründen.
2. Sie übernimmt eine Repräsentationsfunktion.
3. Die Wissenselite steht fortan (anders in Zeiten als Religion und Glaube die soziale Kohäsion prägten) selbst auf dem Prüfstand und muss sich permanent vor einer kritischen Öffentlichkeit (einschließlich der Presse) legitimieren.

Sind doch Meinungen „begründbare Urteile, die sich immer wieder neu vergleichen und verknüpfen und je nach Wissensstand und kürwilligem Interesse Menschen veranlassen, sich unter ihren Spruchbändern zu versammeln" (Deichsel 2002: XII). Diese (virtuelle) ‚Ratsversammlung' ist aber in der Neuzeit einer ungeheuren und qualitativ neuartigen Dynamik ausgesetzt:

> Die Raschheit der Vervielfältigung und die Geschwindigkeit der Mitteilung von Geschriebenem, also auch von Gesprochenem und Gedachtem, gehören zu den am meisten ausgeprägten Merkmalen des sozialen Lebens des neuen Jahrhunderts. (Tönnies 2000 [1923]: 597)

Tönnies beobachtet hier Mediatisierung als Metaprozess im ganz grundsätzlichen Sinne der Veränderung von Raum- und Zeitstrukturen durch Verbreitungs- und Vervielfältigungstechniken.

Umweltbeobachtung, einer der Kernpunkte der Noelle-Neumannschen Theorie (diese zusammenfassend Beck 2007: 113; Schenk 2007: 526 – 577; Stöber 2008: 79 – 84), zählte auch schon zu Kernpunkten der Tönnies'schen Meinungslehre: Für den Einzelnen manifestiert sich die öffentliche Meinung in dem, „was man in Gesprächen hört" (also interpersonal), dem, was man „sieht" (im Sinne von primärer Beobachtung, z.B. von Volksaufläufen, Versammlungen)[17] und dem „was man liest" (etwa in der Presse, aber auch in Büchern) (vgl. Tönnies 2000 [1923]: 596 f., auch Tönnies 1922: 137 zu anderen Formen der Meinungsbildung außerhalb der Presse etwa durch Versammlungen und Encounter). Faktoren der Beobachtung können nach Tönnies aber auch „Volksstimmungen" oder „Volksgefühle" sein, die in der Presse besprochen oder beschrieben werden und (noch) nicht *volle* „Öffentliche Meinung" seien (vgl. Tönnies 1922: VIf.). Solche haben also noch keine politische Kraft, da ihnen das voluntaristische Moment (öffentliche Meinung als „Willen"), also auch ihre (körperschaftliche) Organisation und gezielte Kundgabe noch fehlen (vgl. Tönnies 1922: 131 f.).

Im Unterschied zu Volksstimmungen charakterisiert sich Öffentliche Meinung weder primär durch deren Beobachtbarkeit von außen,[18] noch ausschließlich durch

---

17 Diese Information „an der Quelle" ist auch Bestandteil der Definition einer freiheitlichen Öffentlichkeit (Informationsfreiheit) im bundesrepublikanischen Grundgesetz, vgl. Branhal 2006: 15.

18 Elisabeth Noelle-Neumann warf Niklas Luhmann vor, öffentliche Meinung auf eine Beobachtungs- und Thematisierungsfunktion, reguliert durch Aufmerksamkeitsregeln, zu beschränken. Sie argu-

soziale Kohäsion (auch irrationale Volksstimmungen können soziale Kontrolle erzeugen), sondern als eine *rational wirksame Kraft:*

> Volksstimmung und öffentliche Meinung sind zwar einander verwandte Erscheinungen, aber
> nicht dieselben. Die Öffentliche Meinung tut sich als gesellschaftliche und politische Macht da-
> durch kund, daß sie Ereignisse des politischen Lebens billigt oder mißbilligt, daß sie ein gewisses
> Verhalten der eigenen Regierung verlangt, daß sie die Beseitigung gewisser Übelstände heischt,
> auf gewisse Reformen und gesetzgeberische Maßregeln dringt, kurz, daß sie nach Art eines Zu-
> schauers und Richters „Stellung nimmt" zu bestimmten Fragen: Die Öffentliche Meinung als
> Macht wird gedacht als eine oberhalb der Volksstimmungen gleichsam thronende, von ihnen
> unterschiedene und getrennte, über sie erhabene Instanz; so sehr sie tatsächlich von ihnen ab-
> hängig sein kann, so will und soll sie doch wesentlich intellektuell sein. (Tönnies 2000 [1923]: 597)

Das rationale Urteil ist also von eher emotional gesteuerten Bewertungen (wie der
Volksstimmung, besonders deutlich in Form der „Volkstrauer", vgl. Tönnies 2000
[1923]: 596) abhängig, *entspricht ihnen aber nicht.* Vielmehr stehen Volksstimmung und
öffentliche Meinung in Wechselwirkung, sie beeinflussen sich gegenseitig. Öffentliche
Meinung oder die ‚Macher' derselben, können Volksstimmungen strategisch ausnut-
zen (etwa im Falle von Kampagnenjournalismus). Öffentliche Meinung kann aber auch
gegen Volksstimmungen räsonieren (etwa im Falle von Faschismus und Antisemitismus, wie Tönnies selbst es als Publizist und Redner getan hat).

Damit ist die – nach Noelle-Neumann – „manifeste Funktion" der öffentlichen
Meinung angesprochen: kritische Urteilsbildung, während Noelle-Neumann selbst die
„latente Funktion" betrachtet, eben die (weitgehend) irrationalen Kräfte sozialer
Kontrolle (vgl. Noelle-Neumann 1992: 284 f., 288 ff.). Solche schließt Tönnies ebenfalls
in seine Ausführungen ein, baut seine Theorie der öffentlichen Meinung aber im
Gegensatz zu Noelle-Neumann *nicht darauf auf.*

Soziale Kontrolle lässt sich definieren als „positive und negative Sanktionie-
rung individuellen Verhaltens durch andere (alle oder einzelne) Gesellschafts- bzw.
Gruppenmitglieder" (Zeh 1989: 30). Jürgen Zeh weist darauf hin, dass diese Kontrolle
weniger auf einer Makroebene funktioniert, sondern gerade *als Handlungszusam-
menhang zwischen in Bezugsgruppen organisierten Individuen.* Diese befinden sich
zwangsläufig in interpersonalen kommunikativen Beziehungen. Zeh argumentiert
handlungstheoretisch im Sinne Webers. Das passt dann auch zu einer Lesart „sozialer
Kontrolle", wie sie mit Tönnies zu verstehen ist, der gesellschaftliche Kohäsion
grundlegend sprach- und symboltheoretisch durchdachte (siehe unten). Weder die
soziologische Handlungstheorie, Theorien sprachlicher Handlungen noch Zeichentheorien sind aber die Referenz Noelle-Neumanns. Zwar betont sie die öffentliche
Wirksamkeit von Symbolen, einschließlich Kleidermoden (was man auch bei Tönnies
schon findet), jedoch ohne dies theoretisch zu klären („Auch ein Abzeichen ist Reden",

---

mentierte mit Tönnies gegen Luhmann: „Diese Auffassung [Luhmanns] deckt nur das kurzfristige
Geschehen ab, den flüssigen Aggregatzustand, wie es Tönnies bezeichnete" (Noelle-Neumann 1991:
219).

Noelle-Neumann 1991: 42 ff.). Bei Tönnies erscheint Mode als „Konvention", aber *nicht* als Öffentliche Meinung (vgl. Tönnies 1922: 73). Im Falle der Konvention sind, anders als im Falle Öffentlicher Meinung, nicht unbedingt in Debatten rational gewonnene Unterscheidungskriterien am Werke. Da Noelle-Neumann die rationale Seite der Meinungsbildung ohnehin (bewusst) außer Acht lässt (vgl. Noelle-Neumann 1992), kann sie die Erscheinung Mode – entgegen der Tönnies'schen Terminologie – mit einer isolationsmächtigen öffentlichen Meinung gleichsetzen. Indes ist Tönnies' „Konvention" zwar ein zentraler Regulierungsmechanismus der menschlichen Gesellschaft (eben dies zeige die Orientierung an der „neuesten" Mode, vgl. Tönnies 1922: 73), aber sie ist lediglich *ein und kein übermächtiges Regulans*. Neben der Konvention, der eingeführten und sozialisationsmächtigen Regel, steht bei Tönnies immer auch der *Widerspruch* dagegen, „die andere Meinung", die abweichende Mode, die kreativ aus einem „sozialen Willen" (etwa einer Generation, einer Subkultur), nicht einer bloßen Anpassung an Konventionen erwächst. An dieser Stelle muss Tönnies' Konzept öffentlicher Meinung auf seine Lehre vom „sozialen Willen" bezogen werden (vgl. Tönnies 1922: V, schlüssig auch Mentel 2010: 8 ff.). *Das Meinen ist selbst ein „Wollen"*, es ist immer auch Aktion, niemals nur Adaption oder Anpassung (vgl. Tönnies 1922: 8 ff.).

Ein großer Mangel der deutschsprachigen kommunikationswissenschaftlichen Rezeption von Tönnies (für die Soziologie gilt das weniger) ist, dass sie seine zeichen- und sprachtheoretische Fundierung des Konzepts öffentlicher Meinung weitgehend außer Acht lässt, auf die schon Hanno Hardt (2001: 110 – 113) aufmerksam gemacht hat.[19] Genau über diese Linie aber findet man zu einer Perspektive auf Tönnies, die sich mit einem anderen, jüngeren Klassiker der Öffentlichkeit verbinden lässt: Jürgen Habermas, dem er deutlich *drei zentrale Denkmotive*[20] vorwegnimmt, nämlich:

1. das *deliberative* Moment öffentlicher Meinung, das der Herstellung öffentlicher Vernunft dient.[21]
2. den *strukturellen Wandel* der Öffentlichkeit durch das Aufkommen einer vorrangig an Kapitalinteressen verpflichteten Massenpresse seit dem letzten Drittel des 19. Jahrhunderts.[22]
3. *Humankommunikation* als Grundlage aller sozialen Beziehungen.[23]

---

19 Dies liegt nicht unwesentlich daran, dass Symbol- und Zeichentheorien in der deutschsprachigen Kommunikationswissenschaft nicht ihren zentralen Ort haben (vgl. Pietilä/Malmberg/Nordenstreng 1990).

20 Dies meint nicht, dass die Theoriebildung selbst vorweggenommen wird, aber zentrale Motive, die in dieser enthalten sind. Habermas Theoriebildung zentriert sich um die Denkmotive Deliberation und soziale Kommunikation (dazu Kap. 5 dieses Buches).

21 Diese Einschätzung auch bei Stöber 2009: 65: „Betont man [...] wie Ferdinand Tönnies den Forumscharakter [der Öffentlichkeit], impliziert das eine Unterordnung unter das deliberative Modell, selbst wenn an die Akteure (bei Tönnies die Gelehrten) qualitative Anforderungen gestellt werden."

22 Howard und auch Splichal sehen in den von Tönnies skizzierten Szenarien des Verfalls der kapitalistischen Geschäftspresse die Vorwegnahme des Habermas'schen Motivs des „Strukturwandels der Öffentlichkeit", also des Wandels von der bürgerlichen Diskursöffentlichkeit hin zu depravierter Massen-Publizistik (vgl. Howard 1991: 419; Splichal 1998: 112). Mentel verweist allerdings zurecht

Dabei haben beide mindestens einen wichtigen Vermittler: Ernst Manheim, Schüler von Tönnies und Referenz von Habermas (vgl. Averbeck 2005). Manheim hat von Tönnies gelernt, als Gegentypus zu deliberativen gerade auch *depravierte* Formen von Öffentlichkeiten wahrzunehmen und typologisch zu abstrahieren (bei Manheim semi-autoritäre Formen am Ende der Weimarer Republik und totalitäre Formen, insbesondere im NS-Staat, vgl. dazu Kap. 4 dieses Buches). Hier gingen beide, Tönnies und Manheim, wiederum Bernhard Peters voraus, der den „Sinn von Öffentlichkeit" zwar als deliberativ beschreibt, aber gerade über die Kennzeichnung *der Abweichungen* von diesem Idealtypus (vgl. Peters 2007). *Dissens* ist schon bei Tönnies ein Struktur-merkmal von (demokratischer) Öffentlichkeit, betrachtet man ihre empirischen Aus-prägungen (und einmal nicht den Idealtypus):

> Daß zwei oder mehrere Menschen über eine Sache wirklich einer „Meinung" s i n d , erscheint um so mehr bemerkenswert, weil um so weniger wahrscheinlich; A. je schwieriger, verwickelter, undurchsichtiger die Sache ist; B. je mannigfacher die Menschen nach ihren individuellen und sozialen Lebensbedingungen, Bedürfnissen und Interessen sind; C. je mehr insbesondere die einzelnen, die zu urteilen fähig und willens sein mögen, teils nach ihrer Begabung, teils in ihrer Denkungsart und in ihrem Gefühlsleben verschiedene Individuen sind, je mehr als jeder durch seine Entwicklung und Bildung sich differenziert hat. [...] Mithin ist der Dissens umso wahr-scheinlicher, je mehr alle drei Schwierigkeiten zusammentreffen und zusammenwirken. (Tönnies 1922: 25f., Hervorhebung im Original)

Grundsätzlich gilt: „Die Ansichten oder Meinungen sind verschieden" (Tönnies 1922: 107).

3.2 Ferdinand Tönnies: Denkmotive für eine Kommunikationssoziologie

Zusammengefasst seien wiederum die Denkmotive, die Tönnies' Beitrag für eine Soziologie der Kommunikation und der Öffentlichkeit respektive der öffentlichen Meinung auszeichnen:

---

darauf, dass Tönnies, anders als Habermas, die Presse noch nicht per se als ein Korrektiv zur politi-schen Macht verstanden habe, sondern selbst als politische Macht einschätze (durch die zumeist parteiliche Gebundenheit der Presse in der Weimarer Republik, vgl. Mentel 2010: 34).

23 Auf die Nähe zu Habermas verweisen auch Schreib 1991: 93 ff. und Osterkamp 2004: 406 ff. Dezidiert setzt sich Perry Howard (1991) mit vergleichbaren Grundmotiven in den Werken der beiden Denker auseinander.

Kommunikationssoziologisch relevante Denkmotive bei Tönnies
1. Menschen in Gemeinschaft und in Gesellschaft
2. Sprache und Verständigung
3. Öffentlichkeit und Öffentliche Meinung
4. Presse, Journalismus und Ethik
5. Presse und Publikum
6. Politische Kommunikation in der demokratischen Gesellschaft

---

3.2.1 Denkmotiv: Menschen in Gemeinschaft und Gesellschaft

Das Buch „Kritik der öffentlichen Meinung" baut auf Tönnies' Klassiker der Soziologie „Gemeinschaft und Gesellschaft" von 1887 auf (vgl. Splichal 1998: 100; Waßner 2001: 491). Letztlich geht es Tönnies um die Vermittlung von „Gemeinschaft" (kollektiver Werte und Glaubensinhalte) mit „Gesellschaft" (partikularen Interessen und Wissen).[24] Dabei übernimmt die Presse eine Vermittlungsfunktion *zwischen Gemeinschaft und Gesellschaft*, also zwischen Werten und partikularen Meinungen.

Wenn für Weber die Idealtypenbildung zum Verständnis seines Denkens besonders wichtig ist, so ist es für Tönnies – der Webers Konzept kannte und anerkannte (vgl. Tönnies 1926: 322) – „dialektisches Denken" (Tönnies 1922: VII; Howard 1991: 423). Gemeint ist, dass sich ein gesellschaftliches Phänomen nicht als „Wesenheit" darstellt, sondern als mehrdimensionales Phänomen, das in seiner empirischen Ausprägung changieren kann (darauf baute maßgeblich sein Schüler Ernst Manheim 1933 auf, vgl. Kap. 4 dieses Buches). Somit arbeitete Tönnies quasi immer von zwei Seiten: theoretisch (dialektisch) und empirisch, nämlich soziografisch in seinen Enqueten. Eine der bekanntesten ist sicherlich die zum Phänomen des Selbstmordes in Schleswig-Holstein (vgl. Bellebaum 1966: 29 – 37). Auch die „Kritik der öffentlichen Meinung" enthält „empirische Beobachtungen und Anwendungen" (Tönnies 1922: 219 – 575). Diese sind allerdings nicht systematisch, sondern eher illustrativ aufgebaut (im gleichen Sinne Splichal 1999: 16). Darin schildert Tönnies Verläufe von öffentlicher Meinungsbildung in Bezug auf damals aktuelle Wertfragen und -haltungen, Krisen und Kriege, politische Ereignisse, Persönlichkeiten und deren öffentliches Handeln. Außerdem beschreibt er international vergleichend mit Blick auf Deutschland, England, Frankreich und die USA die politischen Kulturen (Verfassung, Demokratievorstellungen, Verhältnis von Judikative, Exekutive, Legislative, Pressewesen, Außen- und Innenpolitik) dieser Länder. Tönnies' diesbezügliche Beobachtungen beruhen dabei indes nicht auf systematischen Erhebungen, sondern auf der langjährigen, eher erratischen Auswertung von Presseartikeln, Monografien und Archivalien. Ist der erste Teil der Schrift „Kritik der öffentlichen Meinung" in Bezug auf die Theoriebildung zum

---

24 „In fact, it could be said that belief is more characteristic of *Gemeinschaft* while opinion belongs to Gesellschaft" (Splichal 1998: 105).

und über das Phänomen Öffentliche Meinung bis heute relevant, so ist der zweite Teil des Buches, der die Internationalisierung der Öffentlichen Meinung u. a. anhand von Presseartikeln darstellt, sozialhistorisch und politikgeschichtlich immer noch von Wert.

Dialektische Begriffsbildung bei Tönnies

Gemeinschaft (interpersonale Bezugsgruppen, direkte Kommunikation)	↔ **Gesellschaft** (soziale Schichtungen, funktionale Differenzierung, vermittelte Kommunikation)
Öffentlichkeit (potenziell für jedermann zugänglich, nicht räumlich definiert, sondern durch Publizität)	↔ **Privatheit** (vor allem der Raum der Familie)
Religion (Glaube, schuf über Jahrhunderte soziale Kohäsion)	↔ **„Die" Öffentliche Meinung** (soll in der modernen, arbeitsteiligen und säkularisierten Industriegesellschaft, in der sich traditionale Bindungen lockern, Kohäsion und Konsens schaffen)
„Die" Öffentliche Meinung (einheitliche konsensuelle Kraft, eher wertebezogen, wird vertreten von einer Bildungselite, einschließlich Publizisten/Journalisten)	↔ **„eine" öffentliche Meinung** (viele partikulare Meinungen, eher einstellungsbezogen, vertreten von Interessensgruppen- und Vertretern, diese können auch Journalisten sein)
„Die" Öffentliche Meinung (rationales Urteil, wissensgebunden)	↔ **„Volksstimmung"** (emotionales Urteil, wertgebunden, damit eher gemeinschaftlich als gesellschaftlich)
Kürwillen (rational/strategisch)	↔ **Wesenwillen** (emotional, intuitiv und wertgebunden)

Quellen: Tönnies 1922, 1979 [1887]

Solche Begriffspaare bilden bei Tönnies keine Gegensätze, sondern ein *Kontinuum* (vgl. Schachinger 1991: 535; Bellebaum 1976: 239; Beckers 2007: 22). Ernst Manheim hat das Konzept „Gemeinschaft und Gesellschaft" seines akademischen Lehrers Tönnies gerade *nicht* als gesplittet in exklusive Kategorien verstanden, sondern als analytische Dichotomie: „Gemeinschaft" und „Gesellschaft" bezeichnen in modernen Großgesellschaften unterschiedliche, aber komplementäre und parallel bzw. zeitgleich stattfindende Phänomene (vgl. Manheim 1999: 76; Bellebaum 1976: 239; 265; Smith 2005: 17 f.). Splichal und Hardt (2000: 61) sprechen im gleichen Sinne von Tönnies' Idealtypen, denn weder Gemeinschaft noch Gesellschaft existieren in ‚Reinformen'. Dabei ist Gemeinschaft mehr auf die interpersonalen Beziehungen der Menschen bezogen, deren drei Erscheinungsweisen „Verwandtschaft", „Nachbarschaft" und „Freundschaft" sind (Bickel 2001: 489). „Gesellschaft" hingegen betont die vermittelten, anonymisierten, also auch die *medial* vermittelten Beziehungen der

Menschen (vgl. Splichal/Hardt 2000: 62; Stegbauer 2001: 69 ff.; Arnold 2007: 9 f.).[25] Beide Sozialformen, und jede/r Einzelne steht in *beiden*, betonen unterschiedliche „Willensformen": Die Gemeinschaft den ganzheitlich-expressiven, emotional motivierten „Wesenwillen", die Gesellschaft den zweckrationalen Kürwillen (vgl. Siebel 1985: 69). Beides spielt zusammen. Tönnies folgend ist, so Cornelius Bickel (2001: 489), „soziale Realität ein Geflecht von Willensakten, ein Zusammenwollen". Das Zusammenleben wird durch kollektive Willensformen geregelt, die sich in politischen, rechtlichen Strukturen sowie in der öffentlichen Meinung ausdrücken (vgl. Mentel 2010: 11). Tönnies selbst befand, dass seine Allgemeine Soziologie stärker auf dem Aspekt des Motivs, also des „Wollens" und des „Denkens", hingegen Webers stärker auf der Analyse des Handelns beruhe (vgl. Bellebaum 1966: 63) – wobei Wollen (also Motive), Denken (deren Bewertungen) und Handeln (deren Ausführungen) realiter eng zusammenhängen. Das wird Jahrzehnte später vor allem die Soziologie von Alfred Schütz und von Thomas Luckmann weiter aufdecken (vgl. Kap. 6 dieses Buches). Bellebaum (1966: 96) sieht diese Gewichtung in Bezug auf Tönnies auch kritisch: Sie verlasse die Soziologie und argumentiere über die Willensformen eher psychologisch denn soziologisch. Allerdings führe Tönnies das Soziale (und zwar auch im Sinne negativer Sozialbeziehungen wie Feindschaft, Unterdrückung etc.) dann über Normen oder den „sozialen Willen" als institutionalisierte Handlungsprämissen wieder ein (ebd.: 96–98, 107–109).

(Auch) moderne Menschen stehen immer in *beidem, in der wesenwilligen Gemeinschaft und der kürwilligen Gesellschaft*. Sie haben Familie, sind Mutter/Schwester/ Tante und sie haben einen Beruf, sind damit Teil des gesellschaftlichen Vertrags. Eine *Institution* wie die Ehe ist *zugleich* „Gemeinschaft" (gefühlsbasierte enge interpersonale Bindung) *und* „Gesellschaft" (vertragsbasiert, sozial gestiftet, historisch vermittelt) (vgl. Tönnies 1981[1931]: 56–58). Dabei bezeichne, so Bickel (2001: 488), Tönnies mit Gemeinschaft „traditionale Lebensformen, die für die Betroffenen um ihrer selbst willen bedeutsam sind". Gesellschaft dagegen „kann man durch Vertragsschluss gründen, Gemeinschaft nicht" (ebd.).[26]

---

25 Der Schüler Manheim sieht seinen Lehrer Tönnies als einen der ersten an, der „Anonymität" im „Zwischenverkehr" der Menschen als transnational wirksamen Modus beschrieb: „Globale Einflüsse sind wesentlich geworden für das persönliche Leben. Tönnies hatte das im Auge. Das hat nichts mit ,Volksgemeinschaft' zu tun gehabt" (Manheim 1999: 76). Zum „internationalen Tönnies", der Kosmopolitismus als „politischen Humanismus" verstand, fünf Sprachen beherrschte und ein ausgedehntes internationales wissenschaftliches Reisewesen betrieb, Carstens 2008.
26 Auf das zugrunde liegende Motiv des Gesellschaftsvertrags in der französischen und der angelsächsischen Philosophietradition kann hier nicht eingegangen werden. Tönnies hatte 1881 über das Werk von Thomas Hobbes promoviert.

Formen des Kollektivwillens bei Tönnies

Gemeinschaft	Gesellschaft
Verständnis	Vertrag
Brauch	Satzung, Norm
Glaube	Lehre, Doktrin
Eintracht	Konvention
Sitte	Gesetzgebung
Religion	Die Öffentliche Meinung

folgend Schreib 1991: 79; Splichal 1999: 107

Die Typen „Gemeinschaft" und „Gesellschaft" können als Vorläufer der Habermas'schen Dichotomie von „Lebenswelt" und „System" gelesen werden. Habermas selbst (1988: 334) verwies auf die Ähnlichkeit der Konzeptionen. Howard schreibt, die Homologie von Tönnies und Habermas liege in „their like quest for community by focusing upon language acquisition through community and community formation through communication" (Howard 1991: 419).

Nachweislich besteht auch ein Zusammenhang zwischen Max Webers Typus der Zweckrationalität und Tönnies' Konzept des „Kürwillens" einerseits, zwischen dem des Wesenwillens bei Tönnies und Webers emotionalem und traditionalem Typen andererseits (vgl. Siebel 1985: 69, 71).[27] Tönnies selbst (1926: 342) verwies auf seine Nähe zu diesen Weberschen Denkmotiven und auch zu Webers Lebensmotiv „Bürokratisierung", das bei ihm der Sphäre der „Gesellschaft" zuzuordnen sei. Auf dieses Motiv Webers rekurriert wiederum Habermas (1988: 369 ff.), um das „System" gegenüber der „Lebenswelt" abzugrenzen. Auf das Zweck-Mittel-Verhältnis, wie Weber es für das menschliche Handeln in der Moderne zeichnet, beziehe sich, so Tönnies, seine eigene Unterscheidung von Wesen- und Kürwillen (vgl. Tönnies 1981 [1931], S. 6). Dabei sah Tönnies das Webersche Intentionalitätsproblem: Nicht alles Handeln unterliegt bewusster Absicht und zugleich gilt umgekehrt: *Bewusste Absicht ist immer mehr als nur zweckrational.* Das wusste zwar auch Weber selbst, konnte es aber mit seiner Systematik der Handlungstypen nur unklar fassen (vgl. Kap. 2 zu Weber in diesem Buch). Genau hier knüpfte später Habermas mit seiner Weiterentwicklung der

---

27 „Tönnies hat nämlich in seiner Einführung in die Soziologie – was meist übersehen wird – den Wesenwillen im Verhältnis zu Max Webers Formen des sozialen Handelns klar bestimmt. Der Kürwille ist danach identisch mit dem zweckrationalen Handeln. Der Wesenwille umfasst die wertrationale, die affektuelle, insbesondere emotionale und traditionelle Bestimmung des sozialen Handelns." (Siebel 1985: 71) Im gleichen Sinne die Passung von Zweckrationalität und Kürwillen betonend Splichal/Hardt 2000: 62. Merz-Benz (1995: 306 – 314) geht ergänzend darauf ein, dass gleichwohl Wesen- und Kürwillen „Stadien desselben Entwicklungszusammenhangs" seien; jeder Mensch ist mit der Potenzialität zu beiden Willensformen geboren und diese tarieren sich im menschlichen Leben sowohl onto- also auch phylogenetisch gegenseitig aus.

von ihm sogenannten „inoffiziellen Version" der Weberschen Handlungstypologie an, die ihn, Habermas, zu der Unterscheidung zwischen strategischem (zweckrationalen) und kommunikativem, verständigungsorientierten Handeln führte (vgl. Habermas 1988: 381 ff.). Dies allerdings wird von heute aus gesehen auch kritisiert: Habermas verkürze Weber auf einen Zweckrationalisten, obwohl jener Wertrationalität als wichtig ansehe (vgl. Weischenberg 2012b: 211).

Schon Tönnies' Wesenwillen überlässt das Zweckhafte nicht dem rationalen Kürwillen. Auch der Wesenwille sei zweckhaft (im Sinne von *zweckdienlich*), allein deshalb, da er die Gattung Mensch biologisch ausmache im Sinne des „Füreinanderwollens" (dafür steht etwa die Mutterliebe).[28] Von solchem „Handeln aus dem Gemüt", damit von seiner eigenen „Motivation", kann der Mensch allerdings abstrahieren und sich sogar selbst zum Zweck und Mittel werden durch „denkendes Wollen" (vgl. Tönnies 1981 [1931]: 6 ff.). Der komplexe interdependente Zusammenhang *Motivation – Wollen – Denken* ist der zentrale Dreischritt, der Handlungsoptionen steuert (internalistisch betrachtet, die Beobachtung von außen mag anders aussehen). Dann ist der Mensch immer *zugleich* fühlend, wollend und denkend.

Wenn es für Weber schon unzulässig war, so für Tönnies erst recht, ihn auf eine zweckrationale Handlungssoziologie zu reduzieren: Zusammenleben sei immer auch „Zusammen-Dasein" (Tönnies 1981 [1931]). Das menschliche Leben ist damit immer auch *Verhalten* oder „Wechselwirkung" (Tönnies 1981 [1931]: 4), etwa bei der Zuwendung zu einem noch nicht sprachfähigen Neugeborenen. Hier liegt auch der Schlüssel zum Verständnis darüber, warum Tönnies „gegenseitige Bejahung" (Tönnies 1981 [1931]: 5, weiterführend vor allem Bellebaum 1966) als Prototypus des Sozialen ausmachte und das „Asoziale" als *nicht-sozial* beschrieb: Bejahung, letztlich also *Kooperation*, ist – im Sinne eines nicht weiter hintergehbaren Axioms – die Bedingung, dass *überhaupt menschliches Leben als interaktives Leben* möglich ist.[29] Tönnies führte

---

28 Zum Tönnies'schen Verständnis von Geschlechterrollen als „Wesenheiten", nämlich einer insgesamt biologisch-ontologischen Bestimmung „des Männlichen" und „des Weiblichen", vgl. Greven 1991; Meurer 1991. Nach Meurer universalisiere Tönnies „das Patriarchat" (Meurer 1991: 382). Immerhin aber *können* auch Frauen bei Tönnies eine öffentliche Rolle spielen: In seiner Demokratiekonzeption haben sie das aktive und passive Wahlrecht (vgl. Poske 1999: 52). Er sprach von „Männern und Frauen des gelehrten Standes" (Tönnies 1922: 574), beschrieb insbesondere die Berufstätigkeit der amerikanischen Frauen ebenso wie das „Frauenstudium", obgleich „sich die Abgrenzung der weiblichen Berufe noch im Fluße" befinde (Tönnies 1922: 263 f.). Seiner Tochter Franziska dankte er für das Lektorat der „Kritik der öffentlichen Meinung" (vgl. Tönnies 1922: VIII). Insgesamt mag Tönnies' Frauenbild – ebenso wie seine Demokratiekonzeption – anachronistisch gewesen sein. Max Weber mit seinem moderneren Frauenbild (seine Frau Marianne trat nachdrücklich für die Frauenemanzipation ein), nicht Tönnies, war derjenige, an den später die deutsche Familiensoziologie anknüpfte (vgl. Meurer 1991: 391). Interessanterweise aber schloss Tönnies selbst in seiner Darstellung der europäischen „Frauenbewegung", die neue Formen öffentlicher Meinung im Sinne von Werthaltungen, aber auch von Wertkonflikten hervorbringe, an Marianne Weber an (vgl. Tönnies 1922: 288).
29 „Es ist jedoch falsch zu meinen, Ferdinand Tönnies nähme den Konflikt nicht in seine Betrachtungen auf. Warum denn wohl muss das [positive] Soziale gewollt werden? Eben weil das Leben der Menschen eine Vielfalt von Streit-, Konflikt- und Kampfformen hervorbringt!" (Deichsel 1985: 56). „Das

dieser Gedankengang zu nichts weniger als einer Begründung der Möglichkeit von „Humanität als Verhalten von Mensch zu Mensch" (Tönnies 1981 [1931]: 243). Hier knüpft der Schweizer Soziologe Peter-Ulrich Merz-Benz an, der Tönnies diesbezüglich mit dem modernen Kommunitarismus zusammenführt. Dabei sieht Merz-Benz die Stärke von Tönnies in der Annahme und theoretisch-empirischen Konzeption einer „intuitiven" oder „prärationalen Form sozialen Zusammenhalts" (Merz-Benz 2006: 41; auch Poske 1999). Oder: Menschliches Zusammenleben ist mehr als ein Gesellschafts*vertrag und/oder ein Tausch* (von Waren und/oder Symbolen). Den Kit zwischen Menschen macht nicht der Vertrag, auch nicht der Tausch, sondern ein Zusammengehörigkeitsgefühl (basierend auf „Eintracht, Verständnis und Gefallen", so Beckers 2007: 26) aus. Soziales ist für Tönnies immer „durch das Bewusstsein der Betroffenen vermittelt" (Carstens 2008: 136). Dieses anthropologische Motiv „positiver/negativer sozialer Beziehungen" (negativ z. B. in pathologischen Beziehungen, die von Kriminalität geprägt sind, vgl. Bellebaum 1966: 89–92, 113–115) ist von hohem Belang für Tönnies gesamte Handlungstheorie:

Aus dem mitunter irrationalen Wesenwillen kann der intentionale Kürwille hervorgehen. Dann wird gewohntes und mehr gefühltes als geplantes Handeln zum *überzeugten Handeln*; zum „Handeln aus Gesinnung". In der Ontogenese entspricht dies den Stadien Kind – Jugendlicher – Erwachsener, in deren Verlauf Emotionen zunehmend kontrolliert und gesteuert werden können. Kürwillen (als Moment des „Denkens") und Wesenwillen (als Moment des „Fühlens") spielen beim Handeln immer zusammen (vgl. Tönnies 1981 [1931]: 7). Rationales Handeln bleibt so rückgebunden sowohl an physiologische als auch psychologische „Elemente", eine Position die Max Weber laut Tönnies „abgelehnt" habe (Tönnies 1981 [1931]: 8; ebenso Merz-Benz 2006: 45 f.).

Auf die enge Verbindung von Physis, Psyche und Ratio, die wir speziell bei Tönnies finden (und die ihn gerade in Zeiten der Neurowissenschaften mitsamt ihres Einflusses bis in die Sozialwissenschaften besonders interessant macht), wird noch zurückzukommen sein.[30] Merz-Benz spricht von Tönnies „Vermittlung von vor-vernünftiger und vernünftiger Sphäre der Sozialwelt", was ihn zum eigentlichen Klassiker der Soziologie mache, da dies ein zugleich origineller wie weiterführender Ansatz sei (Merz-Benz 2006: 27). Dies trifft – wie wir sehen werden – auch auf Tönnies' Ansatz zu

---

Leben ist [...] für Tönnies nicht konfliktlos, oder gar harmonisch, wohl aber der Begriff des Sozialen" (Deichsel 1985: 58). Nach Deichsel sind „Sozialität und Asozialität" bei Tönnies „zwei Seiten menschlichen Handelns" (ebd.: 2002: XIV). Die gegenteilige Lesart – Tönnies schließe den Konflikt aus der Soziologie, bzw. der Analyse sozialer Beziehungen, ganz aus – kolportierte wirksam Talcott Parsons (vgl. Schachinger 1991: 531). Auch Habermas verabsolutiert eine normative Ausprägung sozialen Handelns, das sogenannte kommunikative Handeln, zu einem positiven Generaltypus von dem er das bloß strategische unterscheidet.

30 „Das Denken ist nur in Entsprechung zu physiologischen Tätigkeiten bestimmbar, was aber gerade nicht heisst, dass das Denken in der empirischen Wirklichkeit des Gehirns selbst aufgeht" (Merz-Benz 2006: 46).

einer Theorie gesellschaftlicher Kommunikation zu, die die *Vernunft in den Akt des Sprechens legt* sowie seine Theorie der Öffentlichkeit, die die *Vernunft in den Akt des Diskurses* legt. Darin geht er Habermas voraus. Tönnies sah jedoch „System" und „Lebenswelt" (Habermas) oder „Gemeinschaft" und „Gesellschaft" (Tönnies), anders als Habermas, gerade nicht als unüberbrückbare Gegensätze,[31] *sondern als einander strukturierende Mechanismen*, und dann sind auch Intuition und Ratio keine getrennten Momente (vgl. weiterführend Merz-Benz 2006). Dies greift einer Kommunikationstheorie voraus, wie sie Jo Reichertz (2010) auf der Basis sozialen Verhaltens und des Konzeptes der „Kommunikationsmacht" verfasst hat.

3.2.2 Denkmotiv: Sprache und Verständigung

Tönnies war, obwohl einer der profiliertesten empirischen Sozialforscher seiner Zeit (vgl. Manheim 1999: 76), alles andere als ein Positivist: „Geltende Dinge" sind ihm folgend antiessentialistisch eben jene ‚Dinge', die erst der Mensch wirksam macht. Sie sind „soziale Dinge, Gedankengebilde des Kulturlebens", „weil die wirklichen Menschen mit ihnen als Wirklichkeiten verkehren" (Tönnies 1981 [1931]: 9 f.) – nämlich über Denken, Sprache und Symbole. Der Schweizer Soziologe Peter-Ulrich Merz-Benz (1995: 23, 305) hebt genau dieses Zitat in seiner umfassenden Tönnies-Monografie zentral hervor. Gottfried Deetjen betont entsprechend die Nähe der Tönnies'schen Sprachauffassung zum Symbolischen Interaktionismus und zur Phänomenologie (vgl. Deetjen 1987: 209). Das „Verkehren mit Wirklichkeiten", die institutionellen Charakter erlangen und mit denen dann als Wirklichkeiten verkehrt wird, wird später zum Lebensthema von Thomas Luckmann, der seinerseits auf Phänomenologie und Symbolischem Interaktionismus aufbaute (vgl. Kap. 6 dieses Buches).

Mit einer Theorie der Zeichen befasste sich Tönnies früher als mit dem Phänomen Öffentlichkeit. Wohl als erster deutscher Soziologe entwickelte er Überlegungen zu einer Theorie der Zeichen, nämlich zwischen 1887 und 1906 (vgl. Schmitz 1985: 75). Diese fand Resonanz u. a. beim Wiener Kreis. Otto Neurath und Rudolf Carnap kannten und lasen Tönnies diesbezüglich, so als Anregung für eine formalisierte wissenschaftliche Symbolsprache (vgl. Siebel 1985: 86 ff.; Schmitz 1985; Frerichs 1991).

„Ohne Medien und Kommunikation gäbe es weder Öffentlichkeit noch öffentliche Meinung", schreibt Stöber (2008: 64). Diese Basisannahme war auch schon Tönnies bekannt, ohne dass er den Begriff Kommunikation schon verwendete. Wie in seiner Zeit üblich, sprach er von „Mitteilungen" oder „Zeichen" (aus denen Mitteilungen bestehen). Der Einstieg in das Hauptkapitel der „Kritik der öffentlichen Meinung" erfolgt über die Zeichentheorie: Eine „Meinungsäußerung" bediene sich „der Zeichen, die als solche gegeben und empfangen werden" (Tönnies 1922: 81 f.).

---

31 Der ‚späte' Habermas schließlich wird seine Radikalisierung der Trennung von Lebenswelt und System relativieren (vgl. Kap. 5 dieses Buches).

Tönnies fasste seine symboltheoretischen Überlegungen 1931 in seiner „Einführung in die Soziologie", damals ein Standardwerk für die junge Generation, zusammen (vgl. Tönnies 1981 [1931]: 176 ff.). Er unterschied Zeichen und Symbole. Dabei können auch die indiziellen Zeichen, also etwa Gestik und Mimik, ergo *nonverbale Kommunikation*, nach Tönnies der *Verständigung* dienen (vgl. Siebel 1985: 78). So, wenn man z. B. bewusst „eine Miene aufsetzt", um jemand anderem etwas mitzuteilen (vgl. Tönnies 1981 [1931]: 12). „Zeichen ist, was als Zeichen wirkt", schrieb Tönnies (1981 [1931]: 176). Dieser Satz wird leitmotivisch auch in jüngerer Zeit immer wieder zitiert (vgl. Seibel 1985: 77). Was zum Zeichen wird, bestimmt *das menschliche Handeln mit symbolischen Zeichen*. Es ist der soziale Wille, der die Zeichen der Humankommunikation konstituiert:[32] „Nur ein sozialer Wille schafft soziale Zeichen" (Tönnies 1981 [1931]: 178). Mit anderen Worten: Die Wechselwirkung zwischen Menschen, die natürliche, im Sinne der naturgegebenen Sozialität, ermöglicht die Zeichengebung. Diese Wechselwirkung ist die *Voraussetzung* der Zeichengebung, nicht erst ihre Folge. Dies passt exakt zu Tönnies Soziallehre, die beim „Zusammen-Dasein" des Menschen beginnt. Thomas Luckmann sprach später (unabhängig von Tönnies) von „prototypischen Zeichen", nämlich solchen, die erst durch die Wiederholung im menschlichen Miteinander symbolische Qualität erlangen und in der Phylogenese ebenso wie in der Ontogenese bedeutsam sind (vgl. Luckmann 1980 sowie Kap. 6 dieses Buches zum Werk Luckmanns). Anthropologisch gesehen *liegt Sozialität damit der Sprache immer schon zugrunde, sie ist nicht erst ihr Ergebnis.*[33] Symbolisation „als Ausdruck eines Wollens" (Deetjen 1987: 219) ist dem Kulturwesen Mensch qua Geburt *inhärent*, auf diesem Wollen zueinander baut dieser Mensch auf, damit ist mindestens der Wesenwille eben auch nicht nur rationalisiert, sondern ebenso intuitiv und emotional geleitet (vgl. Merz-Benz 1995: 24–25; Bond 2013: 400). Auch Weber hatte schon angemerkt, dass die Sprache das Mittel der Vergesellschaftung sei, aber nicht der Grund (vgl. Kap. 2.1.5 zu Weber).

Bereits *indizielle Zeichen*, folglich *unintendierte* Gestik und Mimik, sind Teil der menschlichen Sozialität.[34] Damit ist der Mensch Interaktionswesen. Menschheit und Menschlichkeit sind nach Tönnies ohne Interaktion/Wechselwirkung nicht denkbar. Entsprechend begriff er die Soziologie als „Lehre vom menschlichen Zusammenleben" (Tönnies 1981 [1931]: 3). Dabei gründet das Soziale, also das *Zusammenleben* bei Tönnies (ähnlich Weber) grundsätzlich auf dem Individuellen (vgl. Fechner 1985: 37): Die Interaktion oder „Wechselwirkung" (Tönnies 1981 [1931]: 4) findet zwischen den Menschen statt, diese sind aber jenseits der formalen Bestimmtheit ihrer sozialen Beziehung, immer auch (zueinander) *wollende* Subjekte. Dies unterscheidet Tönnies

---

32 Man könnte auch sagen „konstruiert", allerdings ist dieser Begriff dem sogenannten Konstruktivismus in der Kommunikationswissenschaft zuzuordnen, der sich aber nicht auf Tönnies bezieht. Gleichwohl greift Tönnies mit seinen zeichentheoretischen Überlegungen sozialkonstruktivistischen Überlegungen vor.

33 Darin bestätigt auch die Verhaltens- und Kognitionsbiologie Tönnies, vgl. Tomassello 2002.

34 Zur frühkindlichen Sprachentwicklung ausgehend von Mimik und Lauten vgl. Eliot 2001: 505 ff.

ebenso wie Weber von ihrem Zeitgenossen Leopold von Wiese (1876–1969). Beschrieb von Wiese formal oder strukturell einander vergleichbare soziale Beziehungen, z. B. Feindschaft und Freundschaft, so geht es Tönnies jenseits formaler Gemeinsamkeiten von Feindschaft und Freundschaft (beide geschehen zwischen Menschen, die eine emotionale Beziehung mit- bzw. gegeneinander haben) darum, *wie* Kampf und Freundschaft sich u. a. in der subjektiven Wahrnehmung und Empfindung *unterscheiden.* Zugespitzt: Dann erst lassen sich Differenzen in den (formal gemeinsamen, inhaltlich aber unterschiedlichen) Strukturen von „Kindergruppen oder Wachmannschaften" (Deichsel 1988: 67) differenzieren.

Von Wiese fand, anders als Tönnies, nicht zu einer kommunikativ begründeten Sozialtheorie, da er Subjektivität und Individualität, dann letztlich auch Intentionalität, aus seiner Beziehungslehre, auch bekannt als „Formale Soziologie", ausschloss (vgl. Averbeck 1999: 191–202). Tönnies warf von Wiese vor, dass er mit seiner Beziehungssoziologie einen Grad der Abstraktheit erreiche, der spezifische Beziehungen in ihrer Qualität nicht mehr zu beschreiben vermöge (vgl. Kaesler 1985: 80). Dies trifft Tönnies eigene empirisch-soziografische Arbeiten gerade zum Selbstmord und zur Kriminalität, „zum Verbrechen als sozialer Erscheinung" nicht (vgl. weiterführend Bellebaum 1976: 251 ff.).

Tönnies Motiv, sich überhaupt mit „Zeichen" zu befassen, war nicht linguistisch, sondern von Anfang an *gesellschaftswissenschaftlich: Soziale Zeichen* entstehen durch Übereinkunft zwischen Menschen (vgl. Schmitz 1985: 78).[35] Sie sind „willkürliche Zeichen" (Tönnies 1981 [1931]: 187).[36] Dabei sind diese Zeichen mehrdimensional, insbesondere in der öffentlichen Sphäre der politischen Mitteilungen: „Bild, Rede, Schrift wirken also, je für sich und in Verbundenheiten, als Geräte der Mitteilung." (Tönnies 1922: 87)

Anders als Weber hat Tönnies den ‚Kit' von Gemeinschaft *und* Gesellschaft, nämlich sprachliche und nonverbale Kommunikation, klar benannt. Diese Kommunikation dient der Bedeutungsgebung auf vielen Ebenen: im privaten Bereich (Gemeinschaft) ebenso wie im öffentlichen (Gesellschaft). Dies gilt allein schon deshalb, da Regeln und Normen in beiden Bereichen *nur* als sprachlich vermittelte gedacht werden können. Konsequent grenzte Tönnies natürliche Zeichen oder An-Zeichen (etwa die Spur eines Tieres im Schnee) gegen künstliche, vom Menschen gemachte und *über Anwendung im Sprachgebrauch institutionalisierte Zeichen* ab (vgl. Hardt 2001:

---

35 „Ein natürliches oder gewolltes, zumal ein künstliches Zeichen, wird erst dadurch ein soziales Zeichen, dass es auf Grund einer Beschaffenheit, die mehreren gemeinsam bekannt ist, mehreren dient, um vom einen auf den anderen wechselweise in gleicher Art zu wirken, d. i. verstanden, also richtig gedeutet zu werden" (Tönnies 1981 [1931]: 177).

36 Von der Willkürlichkeit oder „Arbitrarität" der Zeichen ging auch – etwa zeitgleich – der Schweizer Linguist Ferdinand de Saussure (1875–1913) aus.

110 f.).[37] Tönnies nahm hier Motive von Mead und Habermas vorweg: nämlich *symbolische Interaktion* ebenso wie *verständigungsorientierte Kommunikation*.[38] Siebel (1985: 83) weist ihm das Denkmotiv „kommunikative Verständigung" ausdrücklich zu. Niall Bond (2013: 401) spricht im gleichen Sinne von Tönnies „faith in the capacity of the human mind to deliberate". Peter-Ulrich Merz-Benz, der selbst mit Habermas zusammengearbeitet hat, findet bei Tönnies das Motiv der Suche nach einer „diskursiven Vernunft", zu der einzig menschliche Wesen fähig seien (Merz-Benz 1995: 26).

Ist das Denkmotiv einer zwischenmenschlichen symbolischen Wechselwirkung aus Tönnies' Sprach- und Zeichentheorie ableitbar, muss man für die Verständigungsorientierung etwas tiefer auf die ethischen, ebenso wie die analytischen Grundabsichten der Tönnies'schen Sozialtheorie zurückgreifen:

> Gegenseitig-gemeinsame, verbindende Gesinnung, als eigener Wille einer Gemeinschaft, ist das, was hier als Verständnis (consensus [Konsens]) begriffen werden soll. Sie ist die besondere soziale Kraft und Sympathie, die Menschen als Glieder eines Ganzen zusammenhält. Und weil alles Triebhafte im Menschen mit Vernunft verbunden ist und die Anlage der Sprache Voraussetzung, so kann sie auch als der Sinn und die Vernunft eines solchen Verhältnisses begriffen werden. (Tönnies 1979 [1887]: 17)

Und weiter:

> Das wahre Organ des Verständnis, worin sie ihr Wesen entwickelt und ausbildet, ist die Sprache selber, in Gebärden und Lauten sich mitteilender und empfangener Ausdruck von Schmerz und Lust, Furcht und Wunsch und aller übrigen Gefühle und Gemütserregungen. Sprache ist – [...] nicht erfunden und gleichsam verabredet worden als ein Mittel und Werkzeug, sich verständlich zu machen, sondern sie selber ist lebendiges Verständnis, zugleich ihr Inhalt und ihre Form [...] obgleich auch zwischen Verstehenden Sprache als ein bloßes Zeichensystem gebraucht werden kann, wie andere verabredete Zeichen. (Tönnies 1979 [1887]: 17)

Den Grund, dass Menschen verständigungsorientiert handeln, leitet Tönnies aus der Potenzialität des Sprechen-Könnens als Sich-Verstehen-Könnens ab und daraus die universelle an-thropologische Fähigkeit zur Verständigung oder zur Sozialität (als gemeinsames Wollen, insbesondere „Füreinanderwollen" und „Miteinanderwollen", Tönnies 1981[1931]: 4). Damit ist potenziell auch Verständigung zwischen Menschen verschiedener Völker möglich. Entsprechend begriff Tönnies die Öffentliche Meinung

---

37 Die Spur eines Hasen im Schnee kann *für Menschen* symbolische Qualität erlangen: Bei der Jagd weiß der Jäger Spuren von Hasen, Rehen und Füchsen zu unterscheiden und zu deuten. Natürliche Zeichen können *durch menschliches Handeln,* hier Spurenlesen, zu symbolischen werden.
38 Stöber geht vom Gegenteil aus, dass nämlich bei Tönnies das Konsensmotiv von Habermas noch nicht enthalten sei; Stöber bezieht die zeichentheoretischen Überlegungen von Tönnies allerdings auch nicht ein (vgl. Stöber 1998: 17).

als das potenziell supranationale Urteil der „öffentlichen Meinung der Welt" (Tönnies 1922: 568).[39]

Das über Sprache vermittelte „Urteil" (ob zweier Menschen oder der Meinung der Welt) ist symbolisch begründet: Das Urteil gründet sich auf Zeichen. Für die Gesellschaftstheorie bedeutet das, dass *sowohl auf der Mikro- als auch der Makroebene Verständigung möglich* ist, damit in der Gemeinschaft (interpersonale Mikroebene, direktes Gespräch) ebenso wie in der Gesellschaft (vermittelte Mitteilung, über Presse und öffentliche Meinung im Sinne der Meso-Makroebene).

In einem nächsten Denkschritt band Tönnies „Sitte"[40] an „Verständigung" – wiederum auch supranational:

> Ein System sozialer Normen setzt allgemeine Einwilligung, Willensübereinstimmung voraus, in der Gesamtheit derer, für die es gelten will und soll, also etwa auch in einem Volke, ja in der gesamten Menschheit, wenn sie als eine gesittete gedacht wird, insofern als sie zu verstehen und sich zu verständigen fähig ist. (Tönnies 1981 [1931]: 200)

Tönnies verständigungsorientierte Position ähnelt dem Habermas'schen Denkmotiv der „sozialen Kommunikation". Als deren „Geltungsansprüche" formulierte Habermas „Verständlichkeit", „Wahrheit", „Wahrhaftigkeit" und „Richtigkeit" (vgl. Horster 1999: 50 ff.; Schluchter 2015: 480 ff.). Folgende Bedingungen müssen auch nach Tönnies erreicht sein, um Verständigung zu ermöglichen:

> Kenntnis der speziellen Sprache und der Idee, über die kommuniziert wird, womöglich erst nach einer Art „Initiation", – Kenntnis der Persönlichkeit des Sprechers oder Autors, Vertrauen darauf, dass der Autor tatsächlich etwas Wirkliches mitzuteilen wünscht und nicht nur Phrasen drischt. (Siebel 1985: 83)

Habermas skizzierte neben sozialer, verständigungsorientierter Kommunikation „strategische Kommunikation" (damit nahezu ausschließlich interessengeleitete Kommunikation, die Inhalte bewusst manipuliert). Diese Formen kannte Tönnies auch und wies sie zumal der zeitgenössischen Presse, desavouiert durch die Zensur im Ersten Weltkrieg (vgl. Tönnies 1922: 125 f.) und interessengeleitet durch zunehmende Gewinnorientierung (vgl. dazu Schreib 1991: 87 ff.; Poske 32 ff.), zu. Tönnies beobachtete manipulative For-

---

39 Zwar polemisiert Tönnies hier gegen den Völkerbund und den Versailler Vertrag, grundsätzlich aber sah er den gleichberechtigten Meinungsaustausch der Nationen als Notwendigkeit an, der eines institutionalisierten Forums bedürfe.

40 Zur Denkfigur „Sitte" weiterführend Frerichs, der diesbezüglich die handlungstheoretische Position von Tönnies betont: „Sitte ist Norm, da die Mitglieder der ‚gesitteten' [...] Gemeinschaft sich tatsächlich, d. h. handelnd, nach dem richten, was üblich ist [...]. Das gesittete Sich-Richten nach einer Regel ist keine Deutung einer Regel, sondern eine Handlung, der die übrigen Mitglieder der Gemeinschaft tatsächlich zustimmen" (Frerichs 1991: 272). Die Sitte erfahre Billigung „in den Handlungen der anderen" und eben *nicht nur in deren geäußerten Meinungen*.

men und Machtmissbrauch als empirisch gegeben, sie bestimmen aber *nicht* sein theoretisches Konzept.

Das Denkmotiv der guten Gesellschaft, das Tönnies bis auf die Wurzeln der Sprachfähigkeit, der wechselseitigen Wahrnehmung und wechselseitig aneinander orientierten Handlungen von Menschen zurückführt, verbindet ihn mit den normativen Grundlagen von Habermas. Mit der Noelleschen pessimistischen Sozialtheorie, die die „Isolationsfurcht" als herausragende anthropologische Konstante ausmoduliert, hat das nicht viel gemein: „Der Mensch ist furchtsam und vorsichtig", schreibt Noelle-Neumann (1991: 107 ff.). Zwar unterstellt Noelle-Neumann in ihrem Konzept einer Minderheit individualistischer „Avantgardisten", die Isolationsfurcht überwunden zu haben oder überwinden zu können, erklärt aber nicht, *wie* diese ihre Ängste ablegen konnten (vgl. ebd.: 200 ff.).[41]

Normen und Regeln werden Tönnies folgend durch sprachlich vermittelte Enkulturation und Sozialisation generativ weitergetragen:

> Soziale Zeichen, die bedeuten, dass etwas eintreten oder geschehen, getan oder unterlassen werden soll, nach dem Willen einer natürlichen oder kollektiven Person, die autorisiert ist oder dafür gilt, solche Gebote oder Verbote zu erlassen, führen in das Gebiet der sozialen Normen: Denn so gut wie individuelle Geheiße können soziale Regeln außer durch das allgemeine System der Sprache durch besondere Zeichen, deren Bedeutung gegenseitig bekannt ist, kundgegeben werden. (Tönnies 1981 [1931]: 180)

Nicht allein die sozialpsychologisch begründbare Isolationsfurcht macht den sozialen Zusammenhang der Gesellschaft aus, sondern soziale Kontrolle *durch eine symbolische Ordnung, die intersubjektiv permanent neu erschaffen und reguliert wird.*

3.2.3 Denkmotive: Öffentlichkeit und öffentliche Meinung

Es lag Tönnies in seinem Werk „Die Kritik der Öffentlichen Meinung" von 1922 daran,

> [...] die öffentliche Meinung als die äußere Gesamtheit widersprechender mannigfacher Meinungen, die öffentlich laut werden, und dagegen „die" Öffentliche Meinung, als einheitlich wirksame Kraft und Macht deutlich und scharf zu unterscheiden. (Tönnies 1922: 131)[42]

---

41 Immerhin öffnet Noelle-Neumann hier ihre eigene Theorie erheblich: „Eine Typologie in Hinblick auf die Beziehung zur Öffentlichkeit ist [für die Avantgardisten] noch nicht entwickelt. Die bunte Gesellschaft, die Isolation nicht fürchtet oder Isolationsfurcht überwindet, bleibt ohne empirische Forschung schemenhaft" (Noelle-Neumann 1991: 204). Hier leisten Gerhards und Neidhardt einen Beitrag, indem sie den Typus „Schweiger" mit anderen kontrastieren („Reder", „Anpasser") und zu dem Ergebnis kommen, dass primär Persönlichkeitsmerkmale, nicht eine generelle Isolationsfurcht, für „Reden, Schweigen oder Anpassen" entscheidend sind (vgl. Gerhards/Neidhardt 1996).

42 „Ferner hielt ich für geboten, die Öffentliche Meinung in ihren historisch bedeutsamen und politisch maßgebenden Sinne von den beliebigen öffentlichen Meinungen abzuheben, die zwar einheitlich,

Er unterschied die „Mannigfaltigkeit der ausgesprochenen öffentlichen Meinungen", jede von ihnen „eine" öffentliche Meinung und üblicherweise im Widerstreit miteinander, von „der Öffentlichen Meinung" als Konsensprodukt. Letztere ist die Instanz sozialer Kontrolle und sozialen Friedens. Öffentliche Meinung in diesem Sinne bezieht sich auf die Frage, über wie viele gemeinsame Werte eine Gesellschaft verfügt, wie stark letztlich ihre Integrationsfähigkeit ist, ein Problem, das Tönnies als das supranationale Problem der gemeinsamen Zukunft der Welt ansah:

> Wenn man den Gang der menschlichen Gesittung ins Auge fasst [...] so wird diese in den zukünftigen Jahrzehnten wesentlich bedingt sein durch den Grad der Festigkeit, den die Öffentliche Meinung in Bezug auf sittliche Fragen gewinnen wird, und durch den Inhalt ihres Bewusstseins über solche Probleme. (Tönnies 1922: 569)

Diese einheitliche Kraft nannte er, in Anlehnung an den liberalen, in Oxford lehrenden Professor James Bryce (1838–1933), „public opinion" (Tönnies 1922: 179, im gleichen Sinne schon Tönnies 1916: 402f.).

Zwecks Kennzeichnung „der" Öffentlichen Meinung als öffentlichem Konsensus wählte Tönnies die Großschreibung des ersten Buchstabens „Ö". Zur Kennzeichnung diverser, veröffentlichter Meinungen verwendete er üblicherweise die Kleinschrift „eine öffentliche Meinung".[43] Die Öffentliche Meinung mit großem „Ö" bezeichnet die maßgebende, Normen hütende und setzende Meinung der gebildeten Elite, der „Gelehrtenrepublik" oder des „wissenden, gebildeten und unterrichteten Publikums" (Tönnies 1922: 77, 129f., 132, 249).

Diese Normen setzende Meinung entspricht solchen Werthaltungen, die veröffentlicht und dann in der Öffentlichkeit diskutiert werden. Sie können in „Bewegung" geraten (Pöttker 2002: 428). Sie *müssen aber nicht notwendig publiziert sein*, um in den Einstellungen und Werthaltungen der Menschen Einfluss zu entfalten – das tun nämlich internalisierte Tabus, über die (noch) nicht gesprochen werden kann, auch.

Innovativ in analytischer Hinsicht war Tönnies kategorielle Unterscheidung von Öffentlicher Meinung als Konsensus gegenüber dem Widerstreiten der vielen Meinungen und Ansichten – dies bei durchaus hoher Meinungskohäsion in einzelnen Zirkeln, Gruppen oder Teilöffentlichkeiten mit ihren „Teilmeinungen" (Tönnies 1922: 139). Tönnies stellte neben die ihm folgend dominante und Konsens stiftende Meinung der „Gelehrtenrepublik" („Die Öffentliche Meinung") die Meinungen der übrigen „Gruppen" (die vielen „einen" öffentlichen Meinungen).[44] Damit war die Reflexion

---

aber von eingeschränkter, teils lokaler, teils unpolitischer Bedeutung überall im sozialen Leben sich geltend machen." (Tönnies 1922: VI)

43 Stöber findet die Trennung in Singular/Plural der (Ö)öffentlichen Meinung(en) nachfolgend auch bei Lippman 1922 und Noelle-Neumann 1981 (vgl. Stöber 2009: 62).

44 „[...] Tönnies hat die kritische Einstellung gegenüber der Erscheinung ‚öffentliche Meinung' heute überall so gestärkt, daß schon vielfach nicht mehr daran geglaubt wird, daß es überhaupt außer den verschiedenen öffentlichen Meinungen (‚eine ö. M.') noch andere Arten der Willensform ‚öffentliche Meinung' gibt [...]" (Münster 1930).

über öffentliche Meinung für die sozialwissenschaftlich-analytische, nicht mehr nur für die staatsphilosophisch-normative Diskussion geöffnet: Nämlich für „die sozialwissenschaftliche Grundfrage" nach der „Bedeutung und Funktion öffentlicher Kommunikation für die soziale Integration und die gesellschaftliche Steuerung" (Imhof 2003: 196). Die generelle Funktion der Öffentlichen Meinung in der modernen Gesellschaft ist nach Tönnies nicht nur – wie Noelle-Neumann meinte – sozialer Druck (dies auch), sondern soziale *Kohäsion*, eben „Integration" (diese Auffassung bei Imhof 2003: 193). Diese Kohäsion/Integration kann zwingenden und kontrollierenden Charakter haben (vgl. Deichsel 2002: XIV), sie kann „Widerspruch" „zum Schweigen" bringen (vgl. Tönnies 1922: 138), *sie muss es aber nicht.* Ebenso sind in öffentlichen Debatten diskursive Elemente wirksam. Der Diskurscharakter der öffentlichen Meinung wird von Tönnies (wie später von Habermas) allerdings nicht primär funktional, sondern vorrangig *normativ* angegangen.

Tönnies traf eine klare Unterscheidung zwischen *Ethik* und *Moral*, wie sie bis heute gültig ist: Die Ethik reflektiert über die Moral, ist aber nicht selbst – im Sinne einer Handlungsnorm – moralisch. Moralisch sind die „möglichst in unwidersprochenem Umlauf befindlichen Meinungen über Gutes und Böses" (Tönnies 1981 [1931]: 241). Ethisch ist das Nachdenken über die Legitimation der Moral innerhalb einer bestimmten sozialen Situation. Bezogen auf das Phänomen öffentliche Meinung heißt das: Ethisch, damit diskursiv und reflektierend, soll „die Öffentliche Meinung" der Gelehrtenrepublik (großgeschrieben) sein und auch ebenso zustande kommen. Moralisch aufgeladen sind die vielen gegeneinander konkurrierenden öffentlichen Meinun*gen*. Natürlich kann auch „Die" Öffentliche Meinung moralisch sein („sittliches Bewusstsein"), sie ist aber zugleich – in der Figur der Gelehrtenrepublik, einschließlich der journalistischen Elite – immer der *Ethik*, also der Selbstreflexion verpflichtet, hier bilde sie als „rationaler Faktor" Normen (vgl. Tönnies 1981 [1931]: 241). Diese Denkfigur einer *diskursiv* vermittelten Gelehrtenrepublik ist dem liberalen Ideal der demokratischen Selbstbestimmung eines aufgeklärten Publikums zuzuordnen. Die „Öffentliche Meinung" der „Gelehrtenrepublik" entspricht einem Konsens, der sich nach den Kriterien der Vernunft bemisst. Öffentlichkeit erscheint bei Tönnies klassisch als Moment der Selbstaufklärung in einer und für eine Gesellschaft[45]: „Im geistigen und sittlichen Gebiete ist der Grundzug der Öffentlichen Meinung, der sich in ihrer festen Gestalt am stärksten ausprägt, die Vernünftigkeit." (Tönnies 1922: 279) Als Zeugenschaft führt er die Aufklärungsbewegung der Neuzeit an (vgl. ebd. sowie schon

---

[45] Vgl. diesbezüglich Hölscher für die Zeit vor der Renaissance, die schon eine Verbindung des Begriffs ‚öffentlich' mit ‚wahrhaftig' kannte, nicht aber das Kriterium der Teilhabe breiter Bevölkerungsschichten: „Wenn in den mittelalterlichen Quellen ein Vorgang ‚öffentlich' genannt wurde, dann implizierte er kein bestimmtes Publikum, er blieb sozial indifferent. Die Idee eines sozialen Raumes, innerhalb dessen sich Öffentlichkeit entfaltet, war dem mittelalterlichen Wortgebrauch von ‚öffentlich' fremd, weit wichtiger war die Bewertung einer Handlung als aufrichtig und vorbehaltlos, berechtigt und wahrhaftig" (Hölscher 1979: 36). Im 18. Jahrhundert dann wird Öffentlichkeit als die des bürgerlichen Publikums und ihres gesellschaftlichen Mitteilungsverkehrs verstanden (vgl. ebd.: 81 ff.).

Tönnies 1916: 416). Aufklärung führt demnach langfristig zu mehr *allgemeiner* Aufgeklärtheit. Einschränkend sah Tönnies seine Zeit allerdings als in diesem Prozess der *Selbstaufklärung durch Aufklärung* unvollendet an, der zugleich – durch den Aufstieg der Nationalsozialisten – ein ständig bedrohter war (vgl. Tönnies 1955 [1932/33]).

Es ist also die „Gelehrtenrepublik", die Normen bilden und hüten soll. Aber – und dies entspricht Tönnies' dichotomischen Begriffen – diese „Gemeinschaft" unterliegt als historisch gewordene längst *auch* gesellschaftlichen Prämissen, nicht zuletzt *(massen-)medial vermittelter Kommunikation*. Das „Publikum" oder „Subjekt der Öffentlichen Meinung" ist längst das Publikum der Nicht-(Mehr-)Beieinander-Anwesenden, da es „nicht versammelt ist, außer im Geiste, in der Regel viel zu groß, um als Versammlung vorgestellt zu werden" (Tönnies 1922: 132).

Mindestens mit dem Wiener Historiker Wilhelm Bauer (1877–1953) hatte Tönnies mit seiner Groß-/Kleinschreibung Ö/ö einen Vorläufer (vgl. Stöber 2009: 62).[46] Bauers (1914) Schrift über die „öffentliche Meinung und ihre gesellschaftlichen Grundlagen" kannte Tönnies, befand sie allerdings für *zu elitär*. Bauer habe die „voluntaristische" Seite der Öffentlichen Meinung, einschließlich des „Wollens" bildungsferner Schichten, gegenüber der „intellektuellen Seite" unterschätzt, denn auch die nichtbürgerlichen Kräfte einer Gesellschaft hätten heutzutage ihre „Ausdrucksmittel" wie die Presse (vgl. Tönnies 1916: 398). Die vielen öffentlichen, im Sinne von *veröffentlichten* Meinungen entsprechen dem Widerstreit der Meinungen in der Öffentlichkeit, der insbesondere über die Presse ausgetragen wird:

> Das alltägliche Bild, das sich darbietet, ist vielmehr [...] das Bild der streitenden Meinungen, ja eines heftigen und erbitterten Kampfes. Und doch gilt die Presse als Ausdruck und Organ der Öffentlichen Meinung, ja oft als identisch mit ihr [...]. (Tönnies 2000 [1923]: 602)

Die Journalisten publizieren also de facto *heterogene, widersprüchliche Meinungen*, gleichwohl nimmt Tönnies gerade die Journalisten idealtypisch als Repräsentanten der Gelehrtenrepublik in eine publizistische Pflicht. Eine wichtige Referenz für die Forderung nach einer „ehrlichen Presse" ist ihm der US-amerikanische Verleger und Publizist Joseph Pulitzer (1847–1911) (vgl. Tönnies 1916: 402).

In der Verpflichtung der Öffentlichkeitsakteure auf eine normative Aufgabe trifft sich Tönnies (1922: 189) mit den Gründern der Zeitungswissenschaft Emil Dovifat, Karl d'Ester und Erich Everth, die Mitte der 1920er-Jahre ebenfalls je ausgeprägte presseethische Positionen vertraten (vgl. Bohrmann/Kutsch 1979; Koenen 2005; Lacasa 2008). Allerdings unterscheidet Tönnies – wie wiederum schon Weber (vgl. Kap. 2.1.1) – auch etwas von den Zeitungswissenschaftlern: Der Begriff „Publizistik" ist bei Tönnies nicht per se ein positiv besetzter Normbegriff (wie etwa bei Emil Dovifat in seiner normativen Publizistiklehre, vgl. Löffelholz 2004: 62), sondern ein analytischer:

---

46 Tönnies (1922: 132) nennt auch Emil Löbl (1863–1942) als einen seiner Vorläufer, ebenso wie dies zuvor auch Max Weber schon getan hatte (vgl. Weber 1911).

„Publizistik" sei auf Meinungswerbung hin angelegt und in ihrer negativen Form nichts anderes als „agitatorische Äußerung", die weder der Öffentlichen noch (bestimmten) öffentlichen Meinungen entsprechen müsse – aber eben (teils mit unlauteren Mitteln) zu überzeugen suche und dies oftmals zu externen Zwecken, etwa ökonomischen (vgl. Tönnies 1922: 189 f.).

Öffentliche Meinung kann durch Propaganda erzeugt werden (vgl. Tönnies 1922: 23; 79 ff.)[47] – aber eben auch diskursiv. Beide Funktionen, die der sozialen Kontrolle und der sozialen Kohäsion (was sich nur teilweise entspricht, da die Kohäsion positivgewollte und auf gegenseitiger Anerkennung beruhende soziale Beziehung ist), übernimmt in der „Neuzeit" die Öffentliche Meinung allmählich von der *Religion*:

> [...] die Öffentliche Meinung wird das s o z i a l e Gewissen, wie die Religion es immer gewesen ist; sie wird selber die endliche Religion, in dem Maße wie sie sich mit ethischem Gehalt erfüllt und diesen zu läutern sich angelegen sein läßt. (Tönnies 1922: 573, Hervorhebung im Original)

Das heißt nichts anderes, als dass die öffentliche Meinung (wie früher die Religion) auch *selbst als Normen setzende, ethische Instanz wirksam* wird; ggf. auch „unduldsam gegen Andersdenkende" (Tönnies 1922: VII sowie Tönnies 1916: 396 ff.), folglich Abweichungen sanktionierend (vgl. dazu auch Splichal 1998: 116 ff., 1999: 101; Hardt 2001: 113; Beckers 2007: 42).

In einem „gasförmigen" und einem „flüssigen" Aggregatzustand der öffentlichen Meinung finden normative Diskurse statt, die sich sedimentieren, sie bilden langfristig „feste" Werte aus: gegen die Todesstrafe, gegen Folter, Leibeigenschaft und Hexenprozesse, nicht zuletzt *für die Meinungsfreiheit* (vgl. Tönnies 2000 [1923]: 600 sowie ähnliche Beispiele aus Tönnies Monografie aufgreifend Splichal/Hardt 2000: 92).

Die Aggregatzustände der öffentlichen Meinung bei Tönnies

Aggregatzustand gasförmig: Meinungen/Tagesmeinungen

Analyseebene:	
Prozessgeschehen in der Öffentlichkeit:	Mikro-/Mesoebene potenziell Dissens
Träger:	Presseorgane/Publizisten/Journalisten, Fraktionen/Parlamentarier, Redner/Diskutanden, Alltagsgespräche (singuläre und korporative Akteure)

---

47 Propaganda erscheint als kommunikative und strategisch genutzte Technik, so schweigt sie andere Meinungen einfach tot oder deutet sie um, dekontextualisiert und verzerrt sie (vgl. Tönnies 1922: 79 ff.).

Aggregatzustand flüssig: Einstellungen

Analyseebene:
Prozessgeschehen   Mikro-/Mesoebene
in der Öffentlichkeit: Konsens/Dissens (ambivalent)
Träger: Presse, Parlamente, Versammlungen, Encounter (singuläre und korporative
                                Akteure)

Aggregatzustand fest: Werte/Grundwerte

Analyseebene:
Prozessgeschehen   Meso-/Makroebene
in der Öffentlichkeit: potenziell Konsens
Träger: Eliten („Gelehrtenrepublik"), Klerus, Wissenschaftler, Publizisten, Politiker,
                                Parteien (singuläre und korporative Akteure)

Quelle: Tönnies 1922, vgl. auch Splichal/Hardt 2000: 88–94

Die Aggregatzustände kann man als Angaben zum Grad der Festigkeit der Meinungen lesen, aber auch auf ihre personalen und korporativen Träger beziehen. Dabei sind dann die „festen" Meinungen längerfristig sozialisiert und werden von den Geisteseliten eines Staatswesens immer wieder diskursiv ermittelt und/oder bestätigt (vgl. auch Arnold 2007: 12). Entsprechend weist Wendelin dem festen Aggregatzustand eine *Integrationsfunktion,* dem flüssigen die *Deliberation* (Wendelin 2011: 166) zu.[48] Interessant ist hier, dass Tönnies Presse und Ö(ö)ffentliche Meinung(en) eben *nicht gleichsetzt*, was indes durchaus zeittypisch so gemacht wurde (vgl. Lang 1996: 7). Tönnies' Denkweise entspricht in dieser Hinsicht viel mehr neueren öffentlichkeitssoziologischen Auffassungen:

> Finally public communication also occurs outside the mass media, for example in informal encounters or public meetings, in public protest or online discussion forums. (Wessler/Peters 2008: 5).

Nicht nur kann man in Tönnies' Werk Denkmotive wie Forum und Arena, wie Individual-, Versammlungs- und Massenkommunikation nachweisen. Auch kann man mit den neueren soziologischen Begriffen der Mikroebene (Akteure), der Mesoebene (Institutionen) und der Makroebene (Gesellschaft) arbeiten, wenn man seine „Kritik der Öffentlichen Meinung" von 1922 neu liest. Allerdings ist in der Betrachtung der ganzen Gesellschaft bei Tönnies eben *nie* nur die statistische Bezugsgröße ‚ganze Bevölkerung' gemeint, sondern immer auch idealtypisch ein normatives Konzept von Gesellschaft. Deren ‚Spitze' der Verantwortung beschreibt er als „Gelehrtenrepublik".

---

48 Für nicht ganz so glücklich halte ich Wendelins Zuweisung von „Reflexion" an den gasförmigen Zustand, dieser ist bei Tönnies schwankend und – auch – hochgradig emotional aufgeladen.

Die sogenannte Gelehrtenrepublik soll den Wertehorizont der Gesellschaft *aus der Gemeinschaft heraus* ebenso repräsentieren wie diskursiv weiterentwickeln und damit letztlich auch regulieren. Wie dies konkret erfolgen soll, bleibt letztlich aber unklar und gebunden an eine neu zu belebende Ethik der Presse (siehe unten die Ausführungen zu den Denkmotiven Presse, Journalismus und Ethik). Das deliberative Moment, idealtypisch geltend sowohl interpersonal in der Versammlungskommunikation etwa von Parlamenten als auch in der Forumsfunktion der Presse, wird damit als tragend für die Bildung der öffentlichen Meinung angesehen. Denn: Die Bevölkerung oder eine soziale Schicht kann sich in ihren Werten immer auch *täuschen* (nicht zuletzt, wenn sie propagandistisch verführt wird) bzw. die *moralisch falschen Werte* vertreten, vermeintliche Werte etwa auf Vorurteilen (Antisemitismus, Rassenhass) aufbauen. Tönnies war kein Relativist. Er selbst vertrat seine Werthaltungen nachhaltig. Problematisch bleibt die Anbindung seines Konzepts einer „Gelehrtenrepublik" an diskursive Vorstellungen; *denn der Diskurs der Gelehrtenrepublik ist weitgehend exklusiv*, er erfüllt das *Kriterium der Offenheit* nur potenziell und nur gebunden an Bildung.

Erstaunlicherweise übernahm ausgerechnet Elisabeth Noelle-Neumann Überlegungen zu den Aggregatzuständen von Tönnies, obwohl diese die Aussagekraft ihrer eigenen Theorie erheblich begrenzen. So befasst sich die Schweigespiral-Theorie ausschließlich mit den „flüssigen" und „gasförmigen" Zuständen der öffentlichen Meinung nach Tönnies, mit der Wertebene nur ex negativo, nämlich dann, *wenn Werte verletzt werden:*

> Die Schweigespirale trägt sich, wenn man Tönnies' Analogie gebraucht, bei flüssigem Aggregatzustand zu. Wo sich Meinungen, Verhaltensweisen fest als herrschend etabliert haben, wo sie zur Sitte, zur Tradition geworden sind, ist das kontroverse Element nicht mehr erkennbar [...]. Das kontroverse Element, Voraussetzung für ein Isolationspotential, tritt erst beim Verstoß in Erscheinung, wenn fest gewordene öffentliche Meinung, wenn Tradition und Sitte verletzt werden. (Noelle-Neumann 1991: 91)

Tönnies hingegen wollte *sämtliche Formen der öffentlichen Meinung*, also Meinungen, Einstellungen und Werte in ihrem Wechselspiel, ihrer *Dynamik* untersuchen – deshalb klassifizierte er die sogenannten Aggregatzustände als gasförmig, fest, flüssig. Sie alle sind Momente von öffentlicher Meinung; sie bedingen sich gegenseitig und gehen auseinander hervor. *Wertewandel* entsteht dann, wenn die „festen" Meinungen sich langsam, aber stetig oder sogar forciert aushöhlen (z. B. der Autoritätsbegriff nach 1968) und sich neue Werthaltungen in der breiten Bevölkerung etablieren können (z. B. ein bestimmtes Verständnis von „persönlicher Freiheit" und/oder „Gleichheit" im Sinne von Gleichberechtigung, wie es Tönnies 1922: 258 ff. insbesondere für die US-amerikanische Gesellschaft beschrieb).[49] Tönnies bezog die Aggregatzustände auf

---

49 Für Deutschland lesen sich Tönnies Ausführungen zum Wandel fester (oder als fest geglaubter) Werte auch als Sittengeschichte: Die öffentliche Meinung fühle sich längst „unsicher" gegenüber

konkrete soziale Felder wie Ökonomie, Recht, Politik sowie damit verbundene allgemeine normative Überzeugungen, inklusive kultureller Werte (vgl. Tönnies 1922: 137 f.; 257 ff.). Bisweilen kann die Dynamik fest-flüssig-gasförmig sich in kurzer Dauer (gegenläufig) entwickeln: so geschehen in der Dreyfus-Affaire.[50] Denn als die Öffentlichkeit endlich die Wahrheit erfuhr, „da schlug die öffentliche Meinung um", nicht nur „gasförmig" pro Dreyfus, also an die aktuelle Nachrichtenlage gebunden, sondern auch feste gesellschaftliche Werte erschütternd, damals den nationalistischen französischen Militarismus. Die öffentliche Meinung klagte überdies den in der französischen Gesellschaft verbreiteten Antisemitismus vehement an (vgl. Tönnies 1922: 264 f.; Tönnies' Beispiel der Dreyfus-Affaire kolportieren auch Splichal/Hardt 2000: 92).

3.2.4 Denkmotive: Presse, Journalismus und Ethik

> Das allgemeine Interesse an sozialethischen Fragen [...] begleitet Tönnies ein Leben lang. (Bickel 2008: 144)

> Fast alle Elemente werden heute vermittelt durch periodische Druckschriften – mit dem Wesen der Tagespresse ist die Vorstellung, die wir von der Öffentlichen Meinung haben, so eng verknüpft, daß Reform und Zukunft der Öffentlichen Meinung unabtrennbar erscheint von Reform und Zukunft der Zeitungen. (Tönnies 1922: 574)

Tönnies kritisierte die „Korruption" in den Presseunternehmen seiner Zeit hart und entwickelte presseethische Überlegungen. Splichal verweist ergänzend darauf, dass dies eine ethische Schulung nicht nur der Journalisten, sondern auch ihrer Leserschaften zu einem „citizen's independent reasoning as the basis of the opinion of the public" bedeute (vgl. Splichal 1999: 129).

Presseunternehmen sind gesellschaftlich relevante Unternehmungen. Ihre Ziele sind erstens Profitmaximierung und/oder zweitens Meinungsbeeinflussung. Die Zeitungen sind die Agenten der flüchtigen, also der „gasförmigen" und der „flüssigen" Aggregatzustände öffentlicher Meinung – einerseits. Andererseits sind sie mindestens in ihrer Reichweite abhängig von den bestehenden Werten (der „festen" öffentlichen Meinung) in einer Gesellschaft, die immer gemeinschaftliche Rückbindung im konkreten Zusammenleben der Menschen hat. Mit dieser Konstellation verbinden sich verschiedene *Akteurs- und/oder Sprecherrollen*, wie sie die moderne Öffentlichkeitstheorie kennt: Politiker, Journalisten/Publizisten und Öffentlichkeitsarbeiter. Klar

---

Wertfragen bezüglich Todesstrafe, Prügelstrafe, Folter, Jugendstrafrecht, erleichterter Ehescheidung etc. Tönnies beschreibt für seine Zeit wankende, also „flüssige" Autoritätsvorstellungen (vgl. Tönnies 1922: 285 ff.).

50 Der jüdische Offizier Alfred Dreyfus wurde von der französischen Justiz unrechtmäßig der Spionage und des Staatsverrats bezichtigt. 1906 wurde er in einem wieder aufgenommenen Verfahren frei gesprochen. Begleitet war die „Dreyfus-Affaire" von heftigen publizistischen Debatten, angeführt von namhaften Schriftstellern wie Emile Zola.

benannt und systematisch ausdifferenziert werden solche „spezialisierten Kommunikationsrollen" durch Tönnies zwar noch nicht, doch aber sinngemäß deren *Funktionen* als „Repräsentanten, Experten, Advokaten und öffentliche Intellektuelle" (Peters 2007: 76, weiterführend auch Lingenberg 2010: 55). Sein Idealtypus ist dabei – der Gelehrtenrepublik entsprechend – der (unabhängige) „Intellektuelle" (Tönnies 1922: 77). Die Journalisten hingegen treten im Tönnies'schen Werk einerseits als Advokaten oder Meinungsmacher für bestimmte Interessen auf; hinter ihnen stehen ggf. die Kapitaleigner. Andererseits aber treten sie auch (nicht zugleich und nicht dieselben) wiederum als Vertreter der „Gelehrtenrepublik" auf, dann als Repräsentanten und/oder ihrerseits öffentliche Intellektuelle. Letztere sind es, die den Prozess der Meinungsbildung ethisch und inhaltlich leiten und lenken sollen, hin zu möglichst abgewogenen, gesellschaftsrelevanten Urteilen (vgl. Tönnies 2000 [1923]: 598 ff.).

Empirisch dominant ist allerdings das tagesaktuelle Feld des Journalismus, zwischen Kapitalinteressen und politischen Interessen stehend, dabei zugleich selbst Meinungen machend – ob dabei nun im offenen oder verdeckten Dienst einer Partei stehend – und Meinungen zugleich *beobachtend:*

> Die Zeitung dient teils privaten Bedürfnissen, insbesondere denen des Handels und des Verkehrs, indem sie solche kundbar macht und ihre Interessen befördert, teils öffentlichen, insbesondere politischen, indem sie Nachrichten bringt und Meinungen ausspricht: Meinungen über Ereignisse, über Zustände, über Erwartungen und Absichten, über Personen, die eine Rolle spielen, über deren Handlungen, Wollen und Werte, Meinungen über Meinungen. (Tönnies 2000 [1923]: 598)

Gemeint sind hier vor allem die flüchtigen Tagesmeinungen. Schon im 19. und gerade im 20. Jahrhundert sah Tönnies die Presse als das Medium politischer Streitkultur:

> Denn die Zeitung ist nunmehr das vorzüglichste, brauchbarste und am meisten gebrauchte Mittel, Meinungen bekannt zu geben, geltend zu machen, ö f f e n t l i c h zu verkünden und verteidigen, gegnerische Meinungen anzugreifen, gehasst und verhasst zu machen [...]. (Tönnies 1922: 91, Hervorhebung im Original)

Ähnlich wie bei Max Weber haben wir es damit zu tun, dass Tönnies vom überzeugen wollenden *Gesinnungsjournalismus* seiner Zeit ausging.[51] Eine Orientierung, die so heute unter deutschen Journalisten kaum mehr gegeben ist (eher unter Bloggern, vgl. Debatin 2011), im professionellen Journalismus vielmehr Dienstleistungsorientierungen gegenüber dem Publikum vorherrschen bzw. ein neutrales Objektivitätsideal im Qualitätsjournalismus (vgl. Meyen/Riesmeyer 2009; Hanitzsch 2009).

Trotz der realtypisch vorherrschenden gesinnungsgebundenen, parteilichen Meinung vertrat Tönnies eine *Presseethik als Telos*, also als Aufgabe und Ziel. So band er die Durchsetzbarkeit der wertbezogenen, gemeinwohlorientierten Öffentlichen Meinung – *kontrafaktisch* – unverrückbar an die Bedingungen von Publizität, an die

---

51 Viele Zeitungen waren zu dieser Zeit noch Parteirichtungszeitungen oder gar – wie *Der Vorwärts*, das Zentralorgan der Deutschen Sozialdemokratie – Parteizeitungen.

„Meinung machenden Tageszeitungen" (Tönnies 1929: 41). Dabei sind beide Typen öffentlicher Meinung publikationsfähig (Die Öffentliche Meinung ebenso wie die vielen öffentlichen Meinungen). Sie übernehmen aber im publizistischen Raum *unterschiedliche Funktionen*. Die Presse vermittelt (faktisch) divergente Tagesmeinungen, soll aber ihrer normativen Bestimmung nach zugleich dem *einen* Gemeinwohl dienen, der Selbstverständigung einer Gesellschaft (vgl. Poske 1999: 20; Hardt 2001: 113 f.). In Anlehnung an den deutsch-amerikanischen Journalismuskritiker Ferdinand Hansen forderte Tönnies eine objektive und überparteiliche, von ökonomischen Einzelinteressen unabhängige Presse (vgl. Splichal 1999: 128) – ohne wirklich davon überzeugt zu sein, dass es eine solche interessenlose Presse jemals geben könne. Sich solche „Szenarien" vorzustellen sei allerdings „wertvoll als Kritik dessen, was im Felde des Zeitungswesens wirklich ist" (Tönnies 1922: 675). Hansen hatte – ähnlich Karl Bücher – ein werbe- und anzeigenfreies Konzept für eine Massenpresse entworfen; bei Bücher sollte dies auf kommunalen Anzeigenmonopolen (vgl. Rühl 2011: 129) beruhen, bei Hansen auf gemeinnützigen Stiftungen (vgl. Splichal/Hardt 2000: 100).

Welches Szenario sich unterdessen ankündigte, erkannte Tönnies deutlich: Schon 1928 sah er die Weimarer Reichsverfassung durch die Wahl des „greisen Generals" Hindenburg bedroht (vgl. Schlüter-Knauer 2008: 50). Bald folgte die Neufassung und Verschärfung des seit 1922 bestehenden Republikschutzgesetzes, das u. a. die Vereins-, die Versammlungs- und die Pressefreiheit einschränkte. Im Februar 1933, Hitler war im Vormonat Reichskanzler geworden, verteidigte der nunmehr 78-jährige Tönnies vehement die Meinungs- und Pressefreiheit in seiner politischen Rede „Über die Lehr- und Redefreiheit". Er sprach anlässlich des Kongresses „Das freie Wort", der u. a. von Rudolf Olden (1885–1940), Journalist und Rechtsanwalt (so Carl von Ossietzkys im *Weltbühne*-Prozess) und ab 1934 Sekretär des deutschen PEN-Club, gegen die Einschränkung der Pressefreiheit durch die neuen nationalsozialistischen Machthaber einberufen worden war (vgl. Albrecht 1991; Carstens 2005: 288 ff.).[52] Der Staat, führte Tönnies aus, müsse der *Garant der Redefreiheit* sein und bleiben „weil er sich selber am meisten durch Intoleranz irgendwelcher Art" schade (Tönnies 1955 [1933]: 470). Tönnies benannte die Redefreiheit als „Menschenrecht" und verwies darauf, dass „übrigens in dieser unserer Verfassung", also der Weimarer Reichsverfassung vom Sommer 1919, die Rede- und Lehrfreiheit noch mangelhaft umgesetzt sei (Tönnies 1955 [1933]: 470). Immerhin sah diese Reichsverfassung in ihrem Artikel 118 Meinungsfreiheit vor:

> Jeder Deutsche hat das Recht, innerhalb der Schranken der allgemeinen Gesetze seine Meinung durch Wort, Schrift, Druck, Bild oder in sonstiger Weise frei zu äußern. – An diesem Recht darf ihn kein Arbeits- und Anstellungsverhältnis hindern, und niemand darf ihn benachteiligen, wenn er

---

52 Zu Tönnies' innerer und äußerer Auseinandersetzung mit dem Nationalsozialismus, die dazu beitrug, dass er sich stärker politisierte und 1930 in die SPD eintrat, vgl. Rode/Klug 1981; Rode 1991: 509 ff.; Carstens 2005: 286 ff.

von diesem Rechte Gebrauch macht. (Artikel 118 Weimarer Reichsverfassung, zitiert nach Tönnies 1955 [1933]: 472, ebenso Wilke 2000a: 342; Dussel 2011: 123).

„Ein Österreicher", gemeint Adolf Hitler, der „nicht naturalisiert" sei, also kein deutscher Staatsbürger, habe keinerlei Recht, diesen Status anzugreifen (ebd.). Tönnies gab sich überzeugt davon, dass die Meinungsfreiheit längst ein „fester Aggregatszustand", eine normative Wertorientierung einer breiten Basis der Bevölkerung, geworden sei: So sei die „Freiheit, sich z. B. auch über den Wert einer Regierung des Reiches oder eines Einzelstaates mit schärfster Kritik auszulassen, bisher noch gut geschätzt". Dies sei ein großer Erfolg für den Liberalismus (Tönnies 1955 [1933]: 472).[53] Allerdings gab er zu bedenken: „Die Urheber der Verfassung haben, wie es scheint, nicht an die Möglichkeit eines reaktionären Reichstages auf Grund des freisinnigen Wahlrechts gedacht." (Tönnies 1955 [1933]: 473)[54]

An anderer Stelle hatte Tönnies sich bereits gegen die Zulassung solcher Parteien zu Wahlen ausgesprochen, die diesen Staat „verneinen" (dazu Poske 1999: 61). Im letzten Satz der Rede des Kongresses „Das freie Wort" in der Berliner Kroll-Oper forderte er „die freie Rede und die freie Lehre in einem freien Staat" (Tönnies 1955 [1933]: 477). Kurze Zeit später wurde die Versammlung durch die Polizei aufgelöst (vgl. Albrecht 1991: 292 f.; Carstens 2005: 289).

Im September 1933 entließ die Kieler Universität den damals schon emeritierten, aber an der Universität weiterhin als Lehrbeauftragter für Soziologie tätigen Tönnies; zugleich wurde ihm nicht nur sein Gehalt, sondern auch noch seine Pension gestrichen (vgl. Carstens 2005: 268, 294 – 296).

Tönnies' Idealismus für die Weimarer Verfassung und gegen die „Reaktion" wurde begleitet von sowohl politik- als auch wirtschaftskritischen Beobachtungen dazu, wie Meinungen in der Öffentlichkeit *tatsächlich* hergestellt werden. Entsprechend lautet der Titel seiner Monografie *Kritik der Öffentlichen Meinung*, was sich einerseits auf die Klärung des Begriffs „Öffentliche Meinung" als auch auf eine „Kritische Theorie der öffentlichen Meinung", hier kleingeschrieben, also auf plurale, widerstreitende Meinungen, bezog (vgl. Tönnies 1922: VI). Als faktisch wirksam beschrieb er strategische

---

53 Tönnies bezog sich auch auf den liberalen Presserechtler Kurt Häntzschel (1889 – 1941). Jener war, Jürgen Wilke folgend, „eine Art Hauptinstanz des Presserechts" und „aktiver Verteidiger der Weimarer Republik". Häntzschel wurde im Juni 1935 aus Deutschland zwangsausgebürgert und emigrierte nach Brasilien (vgl. Wilke 1989: 7). Tönnies' Appell für die Redefreiheit entsprach der Kommentierung des Reichspressegesetzes durch Häntzschel von 1927: „Richtungsgebend für Häntzschels Kommentierung war eine entschieden ‚positive' Bestimmung der Pressefreiheit und ihrer Funktion für Staat und Gesellschaft". Der *Schutz der Pressefreiheit durch den Staat* habe an erster Stelle gestanden und nicht mehr – wie so oft in der deutschen Tradition – ihre Gefährlichkeit für den Staat. Auch forderte Häntzschel die Verfassungsgarantie der Meinungsfreiheit auf eine generelle Pressefreiheit auszuweiten (vgl. ebd.: 12 f.).
54 Viel später führte man aus der Erfahrung der Weimarer Republik dann in der Bundesrepublik Deutschland die sogenannte Fünf-Prozent-Klausel gegen eine zu große Instabilität durch ‚Splitterparteien' ein.

Kommunikation, die – meist ausgehend von den politischen Parteien – die Presse als ihr „Werkzeug" nutze und wie eine „Ware" fabriziere (Tönnies 2000 [1923]: 607). Das „heutige Zeitungswesen", an „kapitalistische und plutokratische Interessen" gebunden, erfülle die Ansprüche, die an eine „freie Presse" zu stellen seien, nicht hinlänglich (Tönnies 1929: 56). Dies umso weniger, als das Pressewesen eingebettet sei in die Produktionszwänge der Aktualität („täglich mehrmaliges Erscheinen der Zeitungen", Tönnies 2000 [1923]: 598), wie sie die drahtlose Telegrafie inzwischen ermögliche („gelogen wie gedruckt" – „gelogen wie telegraphiert", Tönnies 2000 [1923]: 615). Für den *einzelnen Journalisten* sei dies kaum noch händelbar:

> Was das Nachrichtenwesen betrifft, so schadet seiner Wahrheit ebenso sehr wie die Fremdkörper der Absicht die Hast der Produktion, die Unmöglichkeit auch für gewissenhafte Redakteure, die Zuverlässigkeit der Nachrichten, ihre Genauigkeit, ihre Bedeutung zu prüfen [...]. (Tönnies 2000 [1923]: 615)

Auch auf das Reklamewesen seiner Zeit ging Tönnies 1929 ein. Dabei erschien ihm nicht die Reklame selbst als unethisch, sondern ihr unlauteres Pendant, die „versteckte Reklame", „wenn sie aus dem Inseratenteil in den redaktionellen Teil, sei es in die Nachrichten politischen oder anderen Inhalts, sei es ins Feuilleton, herüber wandert" (Tönnies 1929: 31). Wiederum verwies er auf die ökonomischen Strukturen hinter solcher Schleichwerbung: Von Industriellen, Kapitaleignern und Konzernen erkaufte Anzeigen als „bezahlte Anpreisung einer Quacksalber-Medizin oder eines Automobilgummireifens" (Tönnies 1929: 31). Es sei Fremdkapital, das die Presse ökonomisch sichere, währenddessen in den „Presseabteilungen" der Unternehmen für eben diese Presse textliche und bildliche Inhalte produziert würden. In einer uns heute etwas befremdlich erscheinenden Sprache schildert Tönnies, wie sich Presse- und Reklame bzw. PR gegenseitig stabilisieren.[55] Es ist ein Prozess auf der Makro-/Mesoebene; der einzelne Akteur bleibt den organisatorischen und institutionellen Bedingungen weitgehend unterworfen:

> Eine Presseabteilung sorgt [...] für unablässige Reklame und überwacht zugleich alle Vorgänge wirtschaftlicher und politischer und technisch-wissenschaftlicher Art, die für das ganze System Bedeutung haben; [...] so ergibt sich ein kunstvolles Ganzes, das als Verbindung menschlichen Willens und menschlicher Werke so zwangsläufig wirkt [...]. (Tönnies 1929: 33)

Auf Tönnies weitsichtige ökonomische Pressekritik machten vor 15 Jahren schon Splichal und Hardt (2000: 96–99) aufmerksam. Probleme des Zusammenspiels von Struktur/System/Akteur, wie sie in Tönnies Pressekritik aufscheinen, werden heute im Umfeld der PR- und Werbeforschung diskutiert und sind Gegenstand von Forschung – gerade mit Blick auf die Frage, ob die *Ökonomisierung* sich negativ auf die demo-

---

55 Zur historischen Entwicklung von Reklame und Reklameforschung vgl. Meffert 2001; Regnery 2003; von Öffentlichkeitsarbeit Liebert 2003; Schönhagen 2008.

kratischen und kulturellen Funktionen der Presse (und anderer Medien) auswirke. Dabei geht es darum, „modellhafte Beschreibungen und Erklärungen für die Ursachen und Folgen eines Prozesses zu finden, der ganz allgemein die zunehmende Prägung der institutionellen Ordnungen und des Handelns der Medienakteure durch wirtschaftliche Kriterien umfasst" (Altmeppen 2006: 208). Dass „zunehmend die ökonomischen Regeln kapitalistischer Gesellschaften auch für Medienorganisationen gelten" und „mediales Handeln weitgehend von ökonomischen Kalkülen geprägt" werde (ebd.), stellten Tönnies und Max Weber auch schon für das erste Drittel des 20. Jahrhunderts fest. Es handelt sich also hier um einen – allein an diesen Quellen, nämlich den Schriften von Weber und Tönnies, nachweisbaren – längeren Prozess eines *Wechselspiels von Mediatisierung und Ökonomisierung.*

Wie aber *soll* die demokratische Presse beschaffen sein, um das Grundrecht auf Meinungsfreiheit angemessen gewährleisten zu können? Tönnies argumentierte in seinem Vorschlag für eine „Reform der Presse" (Tönnies 2000 [1923]: 617) gegen den Nationalökonomen und Begründer der Zeitungskunde als universitäres Studienfach, Karl Bücher (1847–1930). Anders als Bücher lehnte Tönnies eine „Sozialisierung der Presse", also die Trennung von Anzeigen- und Textteil, damit von Werbung und Inhalt, ab (zu Bücher weiterführend u. a. Kutsch 2008a; Weischenberg 2012b: 124–134). Tönnies hingegen reklamierte vorwiegend ethische Mechanismen der Selbststeuerung:

Die Presse ist als Medium der vermittelten Kommunikation eine Kraft der Gesellschaft, zugleich erfüllt sie *gemeinschaftliche* Funktionen wie die Orientierung im sozialen Leben, Identifikation mit anderen etc. Regulierbar ist sie als gesellschaftliches Moment einerseits vertraglich, also juristisch. Regulierbar ist sie andererseits sozialethisch über den Berufsstand selbst durch eine „bessere geistig-sittliche Ausbildung für Journalisten", die Tönnies nicht zuletzt universitär verankert sehen wollte, sowie – individualethisch – über das Gewissen des einzelnen Journalisten als eines „redlichen und gebildeten Schriftstellers" (Tönnies 2000 [1923]: 617 f.).

Tönnies entwickelte somit Überlegungen zum Zusammenspiel individual- und sozialethischer Perspektiven und es sind genau diese Ebenen, die die Mikro-/Meso-/Makroproblematik der Medienethik, also die Vernetzung von Akteur, Medieninstitution und Gesellschaft, bis heute bestimmen und die Theoriebildung anregen (vgl. Debatin/Funiok 2003; Funiok 2007; Raabe 2009). Tönnies journalismusethische und -kritische Überlegungen sind sehr konkret, während Max Webers Werk das abstrakte Instrumentarium von „Gesinnungs- und Verantwortungsethik" liefert (vgl. bereits Kap. 2 dieses Buches). Tönnies Ausführungen lesen sich als *Plädoyer für eine Verantwortungsethik, die vor allem auf die Folgen des (journalistischen) Handelns rekurriert.* Welche Werte Journalisten dabei (konkret) vertreten sollen, lässt er indes weitgehend offen. Es sollen wohl annähernd die sein, welche er selbst vertrat, bzw. diejenigen, die seine „Gelehrtenrepublik" kennzeichnen: Toleranz, Weltoffenheit, Wahrhaftigkeit, genaue (wissenschaftliche) Recherche, Bildung, Wissen über die (sozialen) Tatsachen, über die man jeweils schreibt, nicht zuletzt die Anerkennung des Wertes der öffentlichen Meinung *an sich,* die dann zu einem Medium der „Wahrheit" werden kann, mindestens aber eine Annäherung an Wahrheit ermöglichen soll (vgl. Tönnies 2005 [1919]).

Dabei ist, Tönnies folgend, die Presse zwar Medium der Öffentlichkeit oder Träger von öffentlichen Meinungen, sie entspricht aber *nicht* der gesamten Öffentlichkeit. Er forderte deshalb eine kritische Öffentlichkeit ein, die *ihrerseits über die öffentliche Meinung auf die Presse einwirken solle* (vgl. Tönnies 1922: 575). Damit ist klar, dass Tönnies Presse und öffentliche Meinung *nicht* gleichsetzte (vgl. auch Stöber 2009: 55). Die Presse ist nur *ein*, wenn auch ein dominanter Träger öffentlicher Meinung(en). Infrage kommen daneben und zusätzlich:

> Tagesgespräche, Volksversammlungen und deren Entschließungen, in Vereinen, in Petitionen, Demonstrationen, literarischen Publikationen, Theatervorstellungen u.s.w. [...]. (Tönnies 1922: 322)

Hier wirken Kommunikatoren, die „Gewicht" haben, somit Überzeugungskraft qua Autorität und/oder Prominenz (vgl. Tönnies 2005 [1919]: 173). Anreize, einen Zeitungsartikel zu lesen und ihm ggf. auch zuzustimmen, können aber überdies *erzeugt werden:* durch journalistische Stilmittel der Aufmerksamkeitsgenerierung, wie sie heute gerne als „Nachrichtenwertfaktoren" beschrieben werden (vgl. Schenk 2007: 444 f.), nämlich *Übertreibung, Überraschung und Sensation* als Mittel der Aufmerksamkeitssteigerung im Dienste der strategischen Kommunikation im „Partei- und Interessenskampf" (Tönnies 2000 [1923]: 614).

3.2.5 Denkmotiv: Presse und Publika

Welche Rolle spielt der Leser oder die Leserin, ist er/sie hilflos der Beeinflussung ausgesetzt? Nein: Das legt Tönnies (1922: 135 f.) im Abschnitt über die „Grenzen der Hörweite" in der „Kritik der öffentlichen Meinung" deutlich dar. Dabei geht es um die Akzeptanz einer bestimmten öffentlichen Meinung (potenziell vorgetragen durch einen Redner oder in der Presse), die immer begrenzt sei durch andere Einflüsse („Grenzen"). Dies sind wesentlich die *Voreinstellungen* der LeserInnen zu der Meinung oder dem Thema, die die Presse präsentiert. Jahrzehnte später wurde die Annahme, dass es Voreinstellungen gebe, die auf den Rezeptionsprozess Einfluss nehmen, im Anschluss an die Forschungen von Paul F. Lazarsfeld als *Verstärkerhypothese* bezeichnet, so durch Joseph Klapper, Bernhard Berelson und andere amerikanische KommunikationsforscherInnen der 1950er- und 1960er-Jahre (vgl. Schenk 2007: 7).

Die Grenzen der Pressewirkung
- Sprachliches Verständnis des Rezipienten
- Inhalte und deren Kontexte, die oft nur für ein bestimmtes „politisches Gebiet" (z. B. eine Nation) Bedeutung haben und Aufmerksamkeit erregen (inhaltliche, ggf. auch räumliche Nähe)
- Bildung als intervenierend bei der Aneignung und Bewertung von pressevermittelten Inhalten

- Autorität und Reputation der Sprecher, die in der Presse oder in anderen öffentlichen Foren Meinungen äußern und vertreten
- Sachliche Gründe, die von einem Sprecher in der Öffentlichkeit vorgetragen werden
- Stilmittel des Textes oder der Mitteilung
- Rhetorisches Überzeugungsvermögen des Sprechers
- „Anhängerschaft": Wer schon eine Überzeugung hat, wird von einer gegnerischen nicht so leicht überzeugt werden können.
- „Art und Größe des Publikums", die Reichweite, die eine öffentliche Meinung (via Presse) erlangt

Quelle: Tönnies 1922

Ähnliche intervenierende Variablen im Persuasionsprozess (Glaubwürdigkeit der Kommunikatoren und Quellen, Bildung, textuelle Stilmittel) hat in den 1950er- und 1960er-Jahren die Hovland-Gruppe in Yale experimentell bestätigt (vgl. Schenk 2007: 77–137).

Insgesamt erscheint das Tönnies'sche große Publikum unverschuldet unmündig: Informationen gebe es zu viele, die Nachrichtenlage sei meistens unübersichtlich (vgl. Tönnies 2000 [1923]: 615). Dann versagt die Orientierungsfunktion der Presse ebenso wie die (potenzielle) kritische Kompetenz des Publikums:

> Wir dürfen den Richter, der als Öffentliche Meinung urteilt, schlechtweg als das Publikum be-
> zeichnen. Setzen wir voraus, das Publikum wolle die Wahrheit wissen. Es ist angewiesen auf
> Berichte. (Tönnies 2000 [1923: 612])

Aber *wie* ist die Urteilsgrundlage dieser von Tönnies mal als *Gelehrtenrepublik,* mal als *disperses Massenpublikum*[56] beschriebenen Leserschaft der modernen Presse (z. B. Tönnies 1922: 84) denn beschaffen oder sollte sie beschaffen sein? Tönnies' besondere Aufmerksamkeit gehört in dieser Frage nicht dem Publikum, sondern den Kommunikatoren, den „geistigen Arbeitern". Deren idealtypisches Ziel ist Konsensfindung:

> Ohne Zweifel hätte ein einmütiges sittliches Urteil innerhalb unseres heutigen verworrenen und
> zerrissenen gesellschaftlichen Lebens eine Kraft und einen Wert, die nur mit der Kraft und dem
> Werte vergleichbar wären, wodurch bisher die Religionen als Geistesherrschaften sich behauptet
> haben [...]. Es würde eine ethische Öffentliche Meinung sich ergeben, die zuallererst sich ange-
> legen sein ließe, die Wahrheit zu erkennen und in jedem angegebenen Falle zu erfahren, um
> alsdann nach Grundsätzen [...] zu urteilen. (Tönnies 2000 [1923]: 617)

Tönnies war in seiner Zeit nicht der einzige, der eine Art „freischwebender Intelligenz" (Mannheim 1929), über den Ideologien thronend, als Aufgabe der Intellektuellen be-

---

56 „Heute – seit mehr als 100 Jahren – geschieht das Bekanntwerden fast ausschließlich durch die Zeitungen und das Publikum ist fast ausschließlich das Zeitungen lesende Publikum; längst vorher war es das lesende [...]" (Tönnies 1922: 84). Den Fachbegriff „disperses Publikum" führte Gerhard Maletzke (1963: 85 ff.) in den 1960er-Jahren in die deutschsprachige Kommunikationswissenschaft ein. Zu den changierenden Publikumsbegriffen bei Tönnies auch Splichal 2000; Arnold 2007.

griff.[57] Allerdings war ein fester „Wahrheitskanon" in Tönnies „holistischem" (Beckers 2007: 111) Denken fester verankert als im Mannheimschen. Für Karl Mannheim verfügte keine weltanschauliche Gruppierung „über eine privilegierte Sichtweise", sondern alle seien „seinsgebunden und partikular" (Kruse 2001: 304).

Interessanterweise nutzte Karl Mannheim mindestens mittelbar Tönnies „Kritik der Öffentlichen Meinung" als (eine) Quelle. So entnahm Mannheim der Lektüre einer Dissertation des Tönnies-Adepten Gerhard Münzner,[58] dass die öffentliche Meinung ein Phänomen der „Konkurrenz" sei, nämlich einem gruppengebundenen Selektionsmechanismus unterliege, folglich: dem Widerstreit bzw. der Einhelligkeit von Meinungen. Diesen Selektionsmechanismus durchdachte Karl Mannheim sowohl für interpersonale Kontakte als auch für die Meinungsbildung durch die Presse. Hier ging er theoretisch und konzeptionell (wie auch Münzner) über Tönnies hinaus, indem er prozedurale Mechanismen der Meinungsbildung durchdachte und auch sozialpsychologische Momente wie sozialen Druck, eine Meinung zu übernehmen, integrierte. Lautete Gerhard Münzners Fazit im Rekurs auf Tönnies, Zeitungen bildeten nicht etwa selbstständig und mittels starker Wirkungen Meinungen und Einstellungen, sondern *verstärkten* diese in den meisten Fällen (vgl. Münzner 1927, vgl. auch Tönnies 1922 f: 187), so ging Mannheim über diese Erkenntnis noch einmal hinaus: Karl Mannheim nahm Denkmotive des von Paul F. Lazarsfeld (1901–1976) entwickelten Two-Step-Flow-Konzepts, nämlich die interpersonale Vermittlung von Meinungen (bei Mannheim die „lebendige Rede", die den Medieneinfluss filtert),[59] und der Schweigespirale (soziale Kontrolle, bei Mannheim allerdings ausschließlich als solche in Kleingruppen gemeint) vorweg: Die „Meinungsbildung des Publikums" entwickele sich in mehreren „Stadien". Das erste sei das „abwartende Verhalten" aus „Furcht, gegen den Strom zu schwimmen", das zweite das „Schnüffeln" (ist diese Meinung vertretbar?) im privaten Gespräch. Hier bildeten sich auch neue Meinungen. In einem dritten Stadium erfolge das „Lancieren der Meinung" durch „irgendwelche [selbst]sicheren" oder „irgendwelche führenden Persönlichkeiten".[60]

---

57 „In einer Zeit tiefer gesellschaftlicher, politischer und weltanschaulicher Polarisierung verstand sich Mannheims Wissenssoziologie nicht zuletzt als Versuch, zwischen den verfeindeten Lagern zu vermitteln" (Kruse 2001: 304). Auch Waßner verweist auf die Nähe zwischen Tönnies „Gelehrtenrepublik" und Mannheims „freischwebender Intelligenz" (vgl. Waßner 2001: 491).

58 Zu dieser Dissertation, ihrer nach 1933 aus Deutschland vertriebenem Verfasser und dessen Tönnies-Rezeption Averbeck 1999: 239–258.

59 Vgl. zum Two-Step-Flow aus ideengeschichtlicher Perspektive Sommer 2009.

60 Vgl. Universitätsarchiv Heidelberg, Rep. 13–3 (Berichte über Lehrtätigkeit und Sammlungen 1927–33) Institut für Zeitungswesen an der Universität Heidelberg. Bericht über Lehrtätigkeit und Aufbau der Sammlungen (Druckschrift), S. 11 (Protokoll des Kolloquiums von Karl Mannheim „Soziologie der öffentlichen Meinung und Presse"). Der Protokollant dürfte ein Seminarist bei Mannheim gewesen sein.

Obwohl Tönnies – trotz definitorischen Bemühens –[61] Überlegungen zu einer Eigenaktivität des Publikums weitgehend schuldig und sein Publikumsbegriff diffus blieb:[62] *Ohne* Tönnies als Vorläufer war ein modernes Publikumsverständnis innerhalb der frühen deutschen Zeitungswissenschaft und Soziologie kaum denkbar. Denn die Presse wirkt, Tönnies folgend, vor allem im Bereich *der Tagesmeinungen des breiten Publikums.* Dessen Wertorientierungen, nach Tönnies dem festen Aggregatzustand der Öffentlichen Meinung gleichkommend, sind hingegen kaum durch kurzfristige Informationen und Meinungsmache zu manipulieren. Diese Position übernahmen jüngere Wissenschaftler in einem Nachwuchswissenschaftlermilieu zwischen Zeitungswissenschaft und Soziologie von ihm, so auch der oben genannte Gerhard Münzner (1904–1958), dessen Studie über Presse und ihr Verhältnis zur öffentlichen Meinung wiederum Karl Mannheim zitierte (vgl. Averbeck 1999: 243–257).

Die Aufgabe der „geistigen Arbeiter", diesen zugehörig auch die journalistische Elite, blieb zwar bei Tönnies weit stärker als bei Mannheim und Münzner geistesaristokratisch bestimmt, aber sie war demokratisch rückgebunden, insbesondere an Konzepte der „Volksbildung". Die Politik- und Dialogfähigkeit der Staatsbürger unterschiedlicher Schichtzugehörigkeiten wollte Tönnies in „Volkshochschulen" heben. Gesellschaftliche „Schichten", die „geringere Einsicht in die Zusammenhänge der Dinge" besäßen, sah er, da auch ihnen ein Bedürfnis nach „Wahrhaftigkeit" eigen sei, als integrationsfähig an (vgl. Tönnies 1922: 571). Meinungsbildung erfolge „immer mehr von unten" (Tönnies 1922: 569). Auch Anne-Katrin Arnold (2007: 11) betont in ihrer Tönnies-Lektüre in Anlehnung an Hardt und Splichal (2000) den Aspekt der Erziehung zur Lese- und Medienkompetenz. Solche Aussagen entsprechen dem „bürgerschaftlichen" Element im politischen Denken von Tönnies (vgl. Schlüter-Knauer 2008: 51, 58 f.). Vorbild für alle blieb ihm jedoch die Gelehrtenrepublik, von deren verantwortungsvollem Handeln letztlich die politische Integration, die Meinungsbildung der Gesamtgesellschaft abhänge: „Wir – Männer und Frauen des gelehrten Standes – sind sonderlich berufen, mitzuwirken an der Zukunftsgestaltung der Öffentlichen Meinung." (Tönnies 1922: 574)

3.2.6 Denkmotiv: Politische Kommunikation in der Demokratie

Tönnies politische Schriften sind schwer greifbar, da sein politisches Denken eine mitunter diskontinuierliche Entwicklung nahm und zugleich der ‚junge' Tönnies nicht

---

61 Vgl. Hardt 2001: 117, Tönnies' Publikumsbegriff zusammenfassend: „Audiences are defined as consisting of a number of individuals, sharing a particular space, and – although different in many ways – acting united in their specific, common interests in an event."

62 Das Publikum kann sowohl „Elite, also eine Minderheit, die allerdings oft eine repräsentative Mehrheit ist" als auch die „große Menge des Volkes" sein. Dabei ist die Elite besser im Stande eigenständig Urteile zu bilden, während die Menge zu dieser Fähigkeit – u. a. – durch Volks- einschließlich Medienbildung erst erzogen werden muss (vgl. Tönnies 2000 [1923]: 611 ff.).

dem ‚alten' entspricht. Tönnies' politisches Thema war, folgt man Carsten Schlüter-Knaur (2008: 58), – anders als bei Max Weber – nicht die „Führerdemokratie" oder die Funktionsweise politischer Führung, sondern die „Responsivität" in einer Demokratie, *die sich nur über die Aktivität und Partizipation ihrer Bürger vermitteln kann.* Das breite Publikum ist, – als responsives, also antwortendes und eingreifendes – selbst „Subjekt" und nicht nur „Objekt" der Meinungsbildung (vgl. Tönnies 1922: 131). Es soll sich selbst bilden und leiten können. Zugleich bleibt Tönnies politische Ethik aber an die Vorbildfunktion und damit auch die Autorität einer Wissens- und Expertenelite gebunden. In seiner politischen Philosophie verband er elitäre und plurale Momente: Geprägt durch seine Zeit, war er ein Gegner eines großen Parlaments, das vorrangig Partikularkräften zur Macht verhelfe.[63] Stattdessen schwebte ihm die repräsentative Herrschaft eines vom Volk gewählten und durch ein allgemeines, geheimes und direktes Wahlrecht legitimiertes, mehrköpfiges *demokratisches Direktorium* vor. Dieses sollte die Legislative und Exekutive in sich vereinen, lange Amtsperioden überdauern und eine Fähigkeit zum überparteilichen Konsens ausbilden.[64] Erscheint dies heute als eine anachronistische Vorstellung, so auch die folgende Denkfigur: Die Kontrolle des regierenden Direktoriums ebenso wie der Institution Presse und deren jeweiligen Schutz vor einseitiger politischer oder wirtschaftlicher Einflussnahme wollte Tönnies einem „Ephorat", einem beratenden Ältestenrat, unterstellen (vgl. Tönnies 1929: 36 ff., dazu ausführlich Poske 1999: 62–67; Schlüter-Knaur 2008: 70 ff.). An dieser Stelle muss die Tönnies'sche Konzeption meines Erachtens historisch gelesen und mit dem Zeitgeist der Weimarer Republik kontextualisiert werden, insbesondere der Bedrohung durch den Zerfall der Öffentlichkeit in politische Splitterinteressen, durch Kapitalinteressen und parteipolitische Überformung, nicht zuletzt durch den Aufstieg der Nationalsozialisten. Carsten Schlüter-Knaur zeigt anschaulich, dass Tönnies' Vorstellung eines Ältestenrates ebenso wie seine Forderung der *Heraufsetzung des Wahlalters* nicht nur auf Ideen Platons, sondern auch auf seine Auseinandersetzung mit dem Erfolg der NSDAP insbesondere unter jungen Wählern zurückgeht. Tönnies' Ablehnung der Präsidialdemokratie mit einem starken Reichspräsidenten habe auch auf seiner Beobachtung „überforderter Einzelner" in der Präsidentenriege der Weimarer Republik beruht (Schlüter-Knaur 2008: 46–51). Dagegen positionierte er die plebiszitäre Kontrolle durch das direkt vom Volk legitimierte „Ephorat".

---

63 Das Parlament hat bei ihm lediglich die Funktion der Beratung des „Direktoriums". Zu Tönnies' Konzeption eines „schwachen" Parlaments bzw. einer schwachen Exekutive Poske 1999: 43–63; Schlüter-Knaur 2008: 64 f., 68 ff.). Tönnies verstand den Parlamentarismus und seine Repräsentationsfunktion als Hervorbringung und Spielart aristokratischer Herrschaftsformen, nicht aber als Kern des bürgerlichen, demokratischen Staates, vgl. Tönnies 1929: 67.

64 „[...] wird das unmittelbar volksgewählte Direktorium mit einer solchen Durchschlagskraft versehen – da es Exekutiv- und Legislativgewalt vereint –, dass von hier aus der Volkswille auch gegen Widerstände mächtiger, weil finanzkräftiger oder sozial besonders angesehener Minoritäten durchgesetzt werden kann" (Schlüter-Knaur 2008: 70).

Tönnies' politischer Entwurf, der ebenso vom Marxismus wie vom Liberalismus (insbesondere in der Hobbes'schen und Lock'schen Lesart) geprägt war – und die revolutionären Ideen des Marxismus ablehnte, seine Kapitalismuskritik aber weitgehend teilte (vgl. Bond 2013: 255–290) war idealistisch. Ebenso war dies seine Konzeption einer konsensualen, geeinten Öffentlichkeit und der Vermittlerfunktion einer verantwortungsbewussten Presse. Die Tönnies'sche Öffentlichkeitskonzeption, bei der Real- und Idealtypus immer in einer Spannung bleiben, kann insgesamt, auch wenn es diese Perspektive *auch* enthält, *nicht* kontrafaktisch aufgelöst werden, sie verlangt geradezu nach der (empirischen) Analyse des Ist-Zustandes, also der „Mischungen" manifester und latenter Funktion (vgl. Splichal 1998: 122). Oder: Der Strukturwandel der Öffentlichkeit ist, legt man die Beobachtungen von Tönnies zugrunde, zwar eingeleitet, aber noch längst nicht durch kapitalistische Konzerne oder parteipolitische Überformungen (negativ) besiegelt. Vielmehr sind es bei Tönnies *nicht nur* die Konzerne, auch nicht die politischen Interessen, die – quasi von außen – auf die Öffentlichkeit einwirken, sondern die Öffentlichkeit ist inzwischen so hochgradig diversifiziert, dass ihre *Eigendynamik permanent Wandel erzeugt:* Längst sind alle Stände, Schichten, Klassen und Generationen an der Meinungsbildung beteiligt (vgl. Howard 1991: 429), und genau hier wird Tönnies zum Denker einer „entzauberten" Moderne, in der „gleichartige Lebensverhältnisse" nicht gegeben sind, und damit auch keine „gleichartigen Meinungen", dass diese vielmehr

> [...] auseinandergehen, um so mehr diese [Lebensverhältnisse] verschieden sind. Das gilt für Generationen ebenso wie für Schichten und Klassen, für die Land- und die Stadtbevölkerung, wie für Nationen. (Tönnies 1922: 28)

Die andere Seite verständigungsorientierter Kommunikation ist (wie beim ‚späten' Habermas der „Theorie des kommunikativen Handelns") die *strategische*, die Tönnies in vielen Beispielen beschreibt. Darum handelt es sich, wenn eine Gruppe von Menschen, vorstellbar ist eine politische Partei, nur *vortäuscht* „einer Ansicht zu sein". Diese Täuschung geschieht vor der und für die breite Öffentlichkeit (vgl. Tönnies 1922: 32). In Tönnies' Willenslehre bedeutet das die Abkehr vom Wesenwillen, der per se verständigungsorientiert ist, hin zum „Kürwillen", genauer dem „Kürwillen als Lüge, als Verstellung, als Heuchelei" (Tönnies 1922: 34). Die „Gelehrtenrepublik", also die intellektuelle Elite, soll im Falle von Täuschung und Lüge regulierend eingreifen und mit ihr eine freie und faire Presse. – Die Mechanismen des Diskurses werden damit sowohl analytisch erklärt (verständigungsorientierte Kommunikation, abgeleitet aus der menschlichen Natur und dem Wesenwillen), als auch normativ bestimmt mit dem Ziel der guten Gesellschaft. *Empirisch* oder realtypisch bleibt gleichwohl der Gegentypus (eine Konkurrenzgesellschaft mit einer ‚gekauften' Presse samt ihren interessengeleiteten Meinungen) gegenwärtig (vgl. Tönnies 1922: 35).

Aber anders als beim (frühen) Habermas ‚verschlingt' nicht etwa ein anonymes, kapitalistisches Mediensystem die verständigungsorientierte Kommunikation (vgl. Habermas 1996 [1962]: 275 ff.). Die Verantwortung zu einer Verständigungsorientierung ist und bleibt nach Tönnies *allen* Menschen aufgegeben und besonders denen, die (professionell) kommunikativ handeln. Hier trifft er sich eher mit dem späten Habermas der „Theorie des kommunikativen Handelns".

3.3 Anwendung: Theorie und Empirie von Öffentlichkeit und öffentlicher Meinung

Es ist vor allem Tönnies' Vorstellung der Aggregatzustände öffentlicher Meinung, die adaptiert wurde (vgl. Pöttker 2001a, 2002: 427) und die prominent Eingang in die kommunikationswissenschaftlichen Einführungen von Klaus Beck (2007: 112f.) und Rudolf Stöber (2008: 77 ff.) gefunden hat. Es ist aber auch die Auseinandersetzung mit seinen Begriffen von Gemeinschaft und Gesellschaft für die Online-Forschung (Stegbauer 2001: 69 ff.). Man mag dies als Zeichen für eine Re-Lektüre dieses Klassikers werten. Darüber hinaus beginnen FachwissenschaftlerInnen auf Konzepten von Tönnies aufzubauen und diese zu aktualisieren. Dies geschieht zunächst oftmals nur theoretisch, lässt aber Operationalisierungen zu.

Der Bamberger Kommunikationswissenschaftler Rudolf Stöber hat eine historisch begründete Systematik von Öffentlichkeit entwickelt. Basierend auf heute historischen Texten zur Öffentlichkeit (des Philosophen Jean-Jacques Rousseau, des Historikers Wilhelm Bauer und des Soziologen Ferdinand Tönnies) differenziert Stöber Öffentlichkeitsgeschichte zunächst als Geschichte der direkten Öffentlichkeit in der Polis, dann der repräsentativen des Parlaments. Spätestens sie ist – wie Tönnies zeigte – angewiesen auf einen Vermittlungsmodus: die Presse. Seitdem hat man sich darüber Gedanken gemacht, welche Meinung in der Öffentlichkeit Zustimmung erlangt – oder eben nicht, und wer die Träger dieser Öffentlichkeit denn seien (die Medien selbst? die übrigen Eliten? die ganze Bevölkerung?). Stöber entwickelt sein Modell „Öffentlichkeit/öffentliche Meinung als Phasenraum" anhand diesbezüglich potenziell differenter Merkmale und ihrer Kombinationen:

Merkmale von Öffentlichkeit
– Verortung (räumliche Anwesenheit oder Abwesenheit/Virtualität)
– Trägerschaft (Akteure, Institutionen, Verhältnis von Eliten zur Bevölkerung)
– Themen (sozio-ökonomisch, politisch-rechtlich, geistig-sittlich)
– Modus der Meinungsbildung (autoritativ, repräsentativ, deliberativ)
– Ziele der Meinungsbildung (z. B. politische Kontrolle oder Themenbewertung)
folgend Stöber 2009

Stöbers Vorschlag einer Differenzierung der Merkmale von Öffentlichkeit und der Analyse ihrer Kombinationen kann sowohl dazu dienen, historische und aktuelle Öffentlichkeitstheorien zu beschreiben, zu bewerten und zu vergleichen (löst also einen metatheoretischen Anspruch ein), als auch dazu, das Phänomen Öffentlichkeit empirisch-historisch zu operationalisieren. Insbesondere die Kategorie „Modus" der

Öffentlichkeit ermöglicht es, auch antidemokratische Züge von Öffentlichkeit zu bestimmen: „Dabei mischen sich im Modus die *Entscheidungsfindung* mit dem *Funktionskontext* und dem *Freiheitsgrad*" (Stöber 2009: 64). Stöber selbst sieht dies als Vorteil gegenüber einer „unhinterfragt" diskursiv-deliberativen Position bei Jürgen Habermas oder Kurt Imhof. Stöber modelliert „Öffentlichkeit als Phasenraum" über die Dimensionen Repräsentativität/Virtualität, Elitarismus/Antielitarismus sowie die Aggregatzustände:

Öffentlichkeit/öffentliche Meinung als „Phasenraum"

Dimension	Ausprägungen
Verortung (Wo?)	**Größe** – lokal – national **Realität** – virtuell/überräumlich – konkreter Versammlungsraum/Ort
Trägerschaft (Wer?)	**Quantität** – wenige – viele **Qualität** **Macht** **Wissen** **Repräsenation** – direkt – indirekt
Thema (Was?)	**Inhalte** – konkrete – unbestimmte **Aggregatszustände** – fest – flüssig – gasförmig **Momentum** – Stärke – Schwäche
Modus (Wie?)	**Freiheitsgrad** – deliberativ – autoritativ-normativ **Entscheidungsfindung** – rationale Erörterung von Richtig und Falsch – emotionale Bewertung von Gut und Böse **Funktionskontext** – kybernetisch, massenmedial – sozialpsychologisch

Dimension	Ausprägungen
Zweck (Warum?)	**Begründung** – Kontrolle – Themensetzung – Themenbewertung **Projektion** – Macht und Politik – Individuum und Gesellschaft

folgend Stöber 2009: 71

Stöber (2009: 70) hat für diesen „Phasenraum" 4.608 mögliche Variationen errechnet. Tönnies sind hier nur schwer einzelne Kategorien zuzuweisen, sondern sie müssen wiederum im Sinne je eines Kontinuums verstanden werden. Kein Pol schließt den anderen aus, vielmehr greifen sie ineinander: Betrachtet man „Die" Öffentliche Meinung (Tönnies folgend großgeschrieben), so stehen Faktoren wie national, konkreter Versammlungsraum (im Sinne von Parlamenten, Redaktionsstuben oder politischen Zirkeln), wenige Träger („Gelehrte", ergo die Bildungselite), Repräsentation, viel (politische) Macht und (Steuerungs-)Wissen, Stärke, der feste und der flüssige Aggregatzustand (Wertbildung und Werterhaltung), die Deliberation (Beratung der Gelehrten), die Rationalität im Sinne politischer Vernunft, die mediale Vermittlung über die politische Presse und deren Themenbewertung im Vordergrund. Betrachtet man aber das Konzept „eine" öffentliche Meinung (kleingeschrieben), so stehen gerade die anderen Pole der Kategorien Stöbers je im Vordergrund: Lokalität (Gruppen und Kreise, in denen der/die je einzelne BürgerIn eingebunden ist), Virtualität (der Presse mit ihren vielfältigen Meinungen, die sie widerspiegelt und vertritt), die Quantität der Menschen und Meinungen, deren potenzielle Schwäche, Volksstimmung statt Deliberation, damit die emotionale Bewertung und der sozialpsychologische Funktionskontext sozialer Kontrolle für Individuum und Gesellschaft.

Die Bildung öffentlicher Meinung in und durch Öffentlichkeit kann damit nur als *Prozessgeschehen* verstanden werden. Und als solches erscheint sie schon bei Tönnies, so kann die Dynamik der von ihm formulierten Aggregatzustände Wertewandel abbilden: Dieser wird sowohl von der Presse begleitet, verzögert oder angestoßen als auch von gesellschaftlichen Eliten oder Teilöffentlichkeiten (mit)initiiert. Medien sind im Prozess der Meinungsbildung „einerseits öffentliche Foren, andererseits selbständige Akteure" (Stöber 2009: 73).

Die von Stöber vorgeschlagene Differenzierung eines „Phasenraumes Öffentlichkeit" bietet gute Möglichkeiten für die Hypothesenbildung und die Umsetzung in empirischer Forschung. Man kann dann gerade *nicht ausschließlich vom Medientext ausgehen* bzw. auf methodischer Ebene von Inhaltsanalysen, um die Themen und deren Bewertungen in der (massen-)medialen Öffentlichkeit zu erheben, sondern muss die *Kontextbedingungen*, etwa die Strukturen des Medien- und des Politiksystems, mit einbeziehen. Schon in Tönnies Auffassung von Öffentlichkeit leiten sich die

Formen der öffentlichen Meinung auch aus dem Politiksystem, insbesondere republikanischen Formen und der Norm der Pressefreiheit ab:

> Sofern aber und so lange als die verschiedenen Schichten an Preßfreiheit und Redefreiheit Anteil haben oder aber die gezogenen Schranken zu durchbrechen wissen, so ergibt sich aus dieser gemeinsamen Freiheit der Meinungsäußerung unmittelbar eine Vielheit und Mannigfaltigkeit, aber auch Widerspruch und Streit der öffentlich ausgesprochenen Meinungen. (Tönnies 1922: 129)

Als „Prozess" ist Öffentlichkeit auch bei Klaus Beck definiert, der dazu rationalistische und sozialpsychologische Traditionen zusammenführt:

> Zu betonen ist der kommunikative Prozesscharakter, der zur Ausbildung von öffentlichen Meinungen zu bestimmten Themen – und nicht der öffentlichen Meinung schlechthin – führt bzw. führen soll. Öffentlichkeit ist ein mehrschichtiger Kommunikationsprozess, an dem Öffentlichkeitsakteure (Sprecher) und Medien maßgeblich beteiligt sind. Medien stellen Themen und Meinungen bereit; Öffentlichkeit leistet als öffentliche Kommunikation eine Selbstbeobachtung der Gesellschaft und soll – so die normative Forderung – durch rationalen Diskurs, einen Konsens, eine öffentliche Meinung herstellen. (Beck 2007: 111)

Öffentliche Meinung(en) beruh(en) dann auf kollektiver Meinungsbildung im interpersonalen und über (Massen-)medien vermittelten Austausch über Werte und Themen. Wir finden hier sowohl die Tönnies'schen Denkmotive „eine öffentliche Meinung"/*flüssiger und luftartiger Aggregatzustand* (Beck: öffentliche Meinungen zu bestimmten Themen) und „Die öffentliche Meinung"/konsensuale, übergreifende Öffentliche Meinung/*fester Aggregatzustand* (Beck: normative Forderung des rationalen Diskurses). Hinzuzufügen ist die sozialpsychologische Dimension der interpersonal strukturierten Bezugsgruppen und Teilöffentlichkeiten.

Den in der Definition von Beck verwendeten systemtheoretischen Begriff der „Selbstbeobachtung" verwendet Tönnies zwar noch nicht, wohl aber kennt er schon in seiner Zeit die *Spiegelungsfunktion* der Tagespresse, die eben die verschiedenen Parteimeinungen und Tagesmeinungen aus der Gesellschaft aufnimmt und nun als *Akteur* wiederum ihrerseits zu *prägen* versucht (diese Lesart von Tönnies vertreten sowohl Beck 2007: 113 als auch Stöber 2009: 60).

Heute sind sich Öffentlichkeitstheoretiker darin einig, dass öffentliche Meinung in einem kollektiven Prozess entsteht und keine Addition von Einzelmeinungen (wie sie die Meinungs- und Wahlforschung erhebt) meint. Diese Auffassung gilt im Übrigen auch für Elisabeth Noelle-Neumann, selbst Gründerin und langjährige Leiterin des Instituts für Demoskopie in Allensbach – nicht zuletzt hat sie mit verschiedenen methodischen Innovationen genau auf diese Differenzierung reagiert. So fragte sie nicht nur die eigene Meinung eines Probanden ab („Wie würden Sie am nächsten Sonntag wählen?"), sondern gerade die Einschätzung darüber, wie die Mehrheit wohl wählen würde („Was meinen Sie, welche Partei läge vorne, wenn am nächsten Sonntag gewählt würde?"). Anhand der Antworten, wie die Mehrheit über die Mehrheit denkt, konnte sie häufig sehr genaue Wahlprognosen stellen (vgl. Meyen/Löblich 2006: 255–262).

Sehr nützlich erscheint Beetz' (2005: 152) Hinweis darauf, dass der Begriff „öffentliche Meinung" generell als „Bezeichnung der Urteilsinhalte von Publikum und Öffentlichkeit dienen kann". Dann ist öffentliche Meinung nicht identisch mit Öffentlichkeit und sie lässt sich außerdem disparat beschreiben, nämlich mit Blick darauf, auf welche Art und Weise die ‚Urteilsfindung' (ob rational oder eher durch soziale Kontrolle oder beides) zustande gekommen ist.

Öffentliche Meinung als …

1. **Aggregationsprinzip**	(statistisch-positivistische Auffassung)	→	durch Umfragen und/oder Wahlen gewonnene Summe von Einzelmeinungen
2. **Diskursprinzip**	(deliberativ-normative Auffassung) (Vertreter: z. B. Jürgen Habermas)	→	Ergebnis rationaler und kritischer Diskussion unter Einschluss breiter, potenziell aller Bevölkerungsschichten; Normziel: Vielfalt der Akteure und der von ihnen vertretenen Meinungen, Transparenz, Validierung
3. **Repräsentationsprinzip**	(liberale Auffassung) (Vertreter: z. B. Jürgen Gerhards)	→	in den Medien veröffentlichte Meinung, vorgetragen und bearbeitet von und durch professionelle Akteure; Normziel: Vielfalt der professionellen Akteure und der durch sie repräsentierten Meinungen, Transparenz, Validierung
4. **Kontrollprinzip**	(sozialpsychologische Auffassung) (Vertreterin: z. B. Elisabeth Noelle-Neumann)	→	öffentliche Meinung ist Ergebnis sozialer Kontrolle (auch durch Beobachtung von Medieninhalten erzeugt); Normziel: Konformitätsdruck

Quelle: eigene Darstellung

Bei Tönnies spielen – abgesehen von Punkt 1 (der damals wohl unter Soziografie gefallen wäre) – alle Punkte eine Rolle für den Prozess der Meinungsbildung (Gleiches gilt für Ernst Manheim, seinen Schüler, dazu im nachfolgenden Kap. 4). Alle drei gemeinsam zu operationalisieren ist allerdings schwierig – umgesetzt wird dies ohnehin zumeist nur für das Repräsentationsprinzip über quantiative Inhaltsanalysen. Das repräsentativ-liberale Konzept verbindet sich mit Namen wie Ralf Dahrendorf sowie der Modellvorstellung von Friedhelm Neidhard und Jürgen Gerhards (zu dem Modell von Gerhards und Neidhardt auch Kap. 4.3 dieses Buches):

Liberale Vorstellungen von Öffentlichkeit gehen davon aus, dass alle Positionen zu normativen Fragen, die das Gemeinwohl berühren, kommunikativ transparent gemacht werden müssen. Für die Arenenbesetzung öffentlicher Meinung gelte ein pluralistisch gedachtes Repräsentationsmodell. Die Spezifizierung von Erwartungen an das Kommunikationsverhalten der Öffentlichkeitsakteure geschieht in liberalen Vorstellungen von Demokratie und Öffentlichkeit kaum. Ausgangspunkt demokratischer Willensbildung sind hier die individuellen Präferenzen der einzelnen Bürger. Diese finden über Interessengruppen und Parteien Zugang zum politischen Zentrum. (Steiniger 2007: 40)

Davon abweichend stellt das sogenannte deliberative Modell von Öffentlichkeit, wie es Jürgen Habermas zuzuweisen ist, höhere Ansprüche an die Diskursqualität in der, vor der und für die Öffentlichkeit (vgl. Kap. 5 dieses Buches).

Noelle-Neumann hat (1992) Abstand davon genommen, mit ihrer Theorie der Schweigespirale die manifeste Funktion von Öffentlichkeit, also demokratisch legitimierte Repräsentation und/oder Deliberation zu beschreiben oder beschreiben zu wollen, sondern sie steht in einer sozialpsychologischen Tradition der öffentlichen Meinung, wie sie sich durchaus auch bei Tönnies findet: Öffentliche Meinung ist auch öffentliche Stimmung, die geäußert wird, sichtbar ist und an die sich andere Menschen anpassen – Noelle-Neumann (1992) schildert dies weitgehend als subbewussten oder latent bewussten Vorgang. Bei Tönnies finden wir alle Tendenzen: Rationalität und Deliberation (vor allem bei den Eliten), soziale Kontrolle (als allgemein-menschliches Verhalten in Gemeinschaft) und Repräsentation von öffentlicher Meinung, dann auch durch Massenmedien.

Christian Stegbauer geht 2001 auf Tönnies zurück, um das Besondere von zweckrational geleiteten Online-Communities oder -Netzwerken von engen interpersonalen Gemeinschaften abzugrenzen:

> Internetbasierte Sozialräume sind dagegen [gegen Tönnies Gemeinschaftskonzept] mit Ausnahme derer, in denen bereits eine enge Präkonstitution von Beziehungen vorliegt, zunächst noch keine Gemeinschaften, denn das Themeninteresse (Name des Chatkanals, Newsgroup oder Mailinglist) erscheint als das konstitutive Moment. Das Interesse der Teilnehmer ist offenbar anfänglich vorwiegend instrumentell. (Stegbauer 2001: 70)

Stegbauer bezieht sich hier aber noch nicht auf Online-Social-Networks wie Facebook. Deren Grundlage sind oft bereits bestehende interpersonale Gemeinschaften, die zu losen Netzwerken mit zuvor Unbekannten, dann teils auch nur virtuell Bekannten erweitert werden. Damit sind Online-Social-Networks zugleich gemeinschaftlich und gesellschaftlich bestimmbar. Sie unterliegen Gruppendruck, Eindrucks- und Selbstmanagement, sie haben aber auch Brückenfunktionen zwischen diversen sozialen Klein- und Großgruppen. Damit können sie potenziell ebenso intime, persönliche und öffentliche Kommunikationen ausbilden (je nach Ausschlussregeln, Sicherheitseinstellungen etc.). In ihren Ausführungen über „Identität und soziale Beziehungen in der Online-Kommunikation" beziehen sich Fraas, Meier und Pentzold (2012: 73–106), entsprechend ganz ausdrücklich auf das Gemeinschafts-Konzept von Ferdinand Tönnies, das sie gegen Stegbauer neu durchdenken (ebd.: 88).

Meinerseits gehe ich hier davon aus, dass der Begriff „öffentlich" aus einer analytischen Perspektive weiterhin die Allgemeinkriterien des Zugangs, der Themenoffenheit und der Sichtbarkeit für ein disperses Publikum als Minimalkriterien enthalten sollte und sehe daher auch den Begriff der „persönlichen Öffentlichkeit" (vgl. Schmidt 2006: 69–94) als einen Begriff, der die Abgrenzungsmöglichkeiten zwischen Privatheit und Öffentlichkeit semantisch aufweicht, kritisch. Mögen die Grenzen zwischen Privatheit und Öffentlichkeit zwar gerade in Online-Social-Networks in der Tat fließend sein (vgl. auch sehr konzise Schmidt 2013), so brauchen wir diese Grenzen doch weiter als analytisch-begriffliche, also systematische Kriterien der Kommunikationssoziologie: Wir müssen Öffentlichkeit und Privatheit, auch Öffentlichkeit und Geheimnis unterscheiden können, um ihren Bedeutungs- und Begriffswandel (der sich interdependent vollzieht) auch künftig bestimmen zu können (vgl. Westerbarkey 2014). Oft ist das Private (nach wie vor) gerade nicht öffentlich, sondern geheim (z. B. im Falle von sogenannten Familiengeheimnissen) (vgl. Westerbarkey 2014: 6).

Minmalkriterien für die Definition einer „Gemeinschaft" nach Tönnies sind, folgt man Stegbauer: eine gewisse Kommunikationsdichte zwischen allen beteiligten Akteuren, erkennbare Identitäten der Teilnehmer füreinander, Einfluss (bedeutsam für die soziale Kontrolle) der Mitglieder untereinander, also letztlich Macht über die Kommunikationen sowie Schließungstendenzen nach innen und außen (Stegbauer 2001: 71). Für Online-Social-Networks trifft das nicht per se zu; für neuere Kommunikationsplattformen wie Twitter gilt eher das Gegenteil, nämlich die hochgradig gesellschaftliche Bestimmung: die schnelle und dynamische Vernetzung unter Unbekannten, die teils sehr volatil ist, da kurzfristig und stark auf Tagesmeinungen bezogen. Gleichwohl bleibt zu fragen: Wie entstehen wertgebundene soziale Gebilde im Internet und was bedeutet das für die Orientierung mediatisierter Wissensgesellschaften? Als solche neuen Institutionalisierungen von gewisser zeitlicher Dauer, die Regelbildung unterliegen, Akteursrollen ausbilden und Publikumsbindung herstellen, können z. B. Expertenblogs angesehen werden (vgl. Engesser 2011: 63 – 74; Averbeck-Lietz/Hepp/Venema 2015; Dahlgren 2014).

4 Ern(e)st Manheim – Ein Klassiker für die Mediatisierungsforschung

Ernö, Ernst, Ernest – Manheim (1900 – 2002) trug in den drei zentralen Epochen seines Lebens diese drei Vornamen. Seine Eltern, die aus Ungarn und aus Österreich stammten, hatten ihn ungarisch Ernö genannt. In Deutschland und in Österreich publizierte er als Ernst, so wie er auch in Kiel und Leipzig als Student eingeschrieben und später in Leipzig am Soziologischen Institut als Assistent tätig war. Nach der Flucht aus Deutschland, in der englischen und der amerikanischen Phase, nannte er sich dann Ernest und wurde dies mit seiner Einbürgerung in die USA 1944 auch offiziell. Der Nachname blieb: Anders als die Eltern seines Cousins Karl Mannheim hatte seine Familie den ungarischen Nachnamen „Manheim" nie in die deutsche Schreibweise „Mannheim" überführt.[1]

Ernest Manheims Biografie wird in diesem Buch ausführlicher dargestellt, als die der anderen vorgestellten Denker, denn sein Lebensweg ist bis heute wenig bekannt und stellt ein wissenschaftshistorisches Beispiel für den Exodus, die Flucht der „Weimar Generation" aus NS-Deutschland dar (vgl. Heilbut 1991; Averbeck 2001).[2]

Ernest Manheim (1979 [1933]: 28) formulierte bereits Anfang der 1930er-Jahre, dass die „fungible Form der Mitteilung" eine „gesellschaftliche Realität" sei und daher „soziologisch deutbar". Sein Vorhaben, die Formen der „Vergesellschaftung durch Mitteilung" bzw. „kommunikative Gesellungen" (ebd., 29, 32) zu erforschen, lässt sich in diesem Sinne als wegweisend für eine allgemeine Kommunikationssoziologie verstehen, auch wenn Manheim sich in seiner deutschen Phase bis 1933 vorerst nur auf das Medium Presse und die Bedeutungsgebung durch Sprache (v. a. Manheim 1930) bezog.

Ernest Manheim als *den* Klassiker *der* Mediatisierungsforschung zu begreifen, wäre sicher vermessen, denn der Terminus „Mediatisierung" findet sich in seiner Schrift „Die Träger der öffentlichen Meinung. Studien zur Soziologie der Öffentlichkeit", die er 1932 verfasste und 1933 publizierte, nur wenige Male. Gleichwohl ist er ein Klassiker *für* die Mediatisierungsforschung. Das Denkmotiv „Mediatisierung", das in seinem Werk explizit ausgeführt wird, ist bis heute wegweisend und lautet in Manheims Sinne: Gesellschaft transformiert sich durch technisch medial vermittelte Kommunikation mit publizistischer Absicht. Insbesondere verändern sich die politischen Aspekte von Gesellschaft, damit einhergehend das Verhältnis von Öffentlichkeit/Geheimnis und Privatheit. Was bei Manheim allerdings noch keine tragende Rolle

---

1 Dies erzählte mir Manheim 1995 anlässlich der Interviews, die ich mit ihm in Martha's Vineyard/ Massachussetts geführt habe, teilveröffentlicht in Manheim 1999.
2 Zur Biografie Manheims zentral Welzig 1997 sowie der Nachruf in der Kölner Zeitschrift für Soziologie und Sozialpsychologie durch Averbeck 2000; außerdem die Personennotizen zu Manheim im *Archiv für die Geschichte der Soziologie in Österreich* (AGSÖ), das auch den Nachlass Ernst Manheims verwaltet, vgl. http://agso.uni-graz.at/ (22.2.2015).

spielte, auch nicht nennenswert von ihm analysiert wurde, ist Alltagskommunikation, die *nicht* auf das Politische und/oder die normativen Grundlagen einer Gemeinschaft oder Gesellschaft gerichtet ist. Allerdings nimmt er sehr wohl *Bildung* als zentrale Grundlage (früh-)bürgerlicher Gesellschaften und deren Wandel durch mediatisierte Kommunikation, hier vor allem die Zeitschriftenliteratur des 17. und 18. Jahrhunderts, in den Blick. Später, in seiner amerikanischen Phase ab Ende der 1930er-Jahre, befasste er sich theoretisch und praktisch mit Bildung und Bildungswandel in der zeitgenössischen amerikanischen Gesellschaft, speziell an Schulen, aber auch in der Erwachsenenbildung. Hier transferierte er Konzepte, wie er sie im Leipzig der Endzwanzigerjahre als Volkshochschullehrer kennengelernt hatte, nach Kansas City (dazu ausführlich Averbeck 1997: 241 f.). *Bildung und Öffentlichkeit* liegen als normative Postulate eines partizipativen Gemeinwesens für Manheim eng beieinander (vgl. auch Kap. 3 in diesem Buch): Öffentlich zugängliche Bildung ist ein Gemeingut und dient der allgemeinen Teilhabe potenziell aller BürgerInnen an der Gesellschaft und ihren zentralen Fragen. Diesbezüglich trieb Ernest Manheim in den USA die Frage nach der Möglichkeit gleicher Bildungsrechte und -chancen für Kinder afro-amerikanischer Herkunft um. Die generelle wissenssoziologische Frage nach der sozialen Verankerung von Bildung, ebenso wie von Wissen, Meinungen und Einstellungen (dann auch von Rassismus und Antisemitismus) und in der Folge deren Potenzial für sozialen Wandel (der dann nicht unbedingt fortschrittlich verstanden werden muss) stellte Manheim schon weit früher als Assistent am Soziologischen Institut der Universität Leipzig.

4.1 Manheim als Schüler von Tönnies und Vorläufer von Habermas

Der Tönnies-Schüler Ernest Manheim ist eine zentrale, aber unterschätzte Figur sowohl der Fachgeschichte der Soziologie als auch der Kommunikationswissenschaft. Dies vielleicht auch deshalb, weil er sich für keine der beiden allein vereinnahmen lässt. Der Publizistikwissenschaftler Winfried B. Lerg hat sich überzeugt geäußert, dass es wohl Manheims soziologische Schrift über die „Träger der öffentlichen Meinung" gewesen wäre, die nach 1933 die Zeitungswissenschaft hätte modernisieren können – aber eben unter anderen historischen Umständen (vgl. Lerg 1970: 187 f., im gleichen Sinne Imhof 2006c: 20). Im Jahr 1934 rezensierten der Zeitungswissenschaftler Wilhelm Kapp (1865 – 1943) und der Soziologe Herbert Marcuse (1898 – 1979) das Buch in zentralen Fachzeitschriften der Zeitungswissenschaft und der Soziologie jeweils hervorragend. Beide Wissenschaftler betonten, dass Manheim ein originäres und vielversprechendes Instrumentarium zu einer Systematik der öffentlichen Meinung entwickelt habe (vgl. Kapp 1934: 189 ff.; Marcuse 1934: 96 ff.). Norbert Schindler brachte Manheims Buch 1979 neu heraus und schrieb ein ausführliches Vorwort, in dem er das Buch als Ergänzung zur Habermas'schen Schrift über den „Strukturwandel der Öffentlichkeit" präsentierte, dabei sei Manheims Studie materialnäher und quellengesättigter. Manheims Analyse der Träger der öffentlichen Meinung gebe noch

Jahrzehnte nach ihrem Entstehen „neue Impulse", indem sie die historische Analyse der bürgerlichen Sozietäten des 18. Jahrhunderts in ein „kommunikationssoziologisches Entwicklungsraster abgestufter Öffentlichkeitsformationen" überführe (vgl. Schindler 1979: 9, 17). Manheim arbeitete historisch *und* systematisch, was bis heute eine zentrale kommunikationshistorische Forderung bleibt (vgl. Averbeck-Lietz/Klein/ Meyen 2009). Das, was Schindler Manheims „abgestufte Öffentlichkeitsformationen" nennt, soll im Folgenden erklärt und analytisch fruchtbar gemacht werden. Dazu bietet Manheims Werk auch in methodologischer Hinsicht genügend Stoff: Seine wissenschaftliche Kreativität zeichnete sich durch die Verbindung von historischem, systematischem und empirischem Denken aus. David Norman Smith (2005: 8) verweist darauf, dass Manheim damit direkt an Tönnies' „Kritik der öffentlichen Meinung" anschloss. In der Tat übernahm er Begriffe und Konzepte von Tönnies, so die Vorstellung, dass publizierte Mitteilungen sich „verdichten" und ganz im Sinne des Tönnies'schen „Aggregatzustandes" zu einem „weiterwirkenden gesellschaftlichen Faktum" (Manheim 1979 [1933]: 28) werden. Wie schon Tönnies meinte er damit keine linearen Medienwirkungen, sondern soziale Wirkungen im Kontext des Mediengebrauchs, und unterschied ähnlich jenem die Kommunikation von sozialen Gebilden nach innen („Binnenraum einer geschlossenen Gruppe", ebd.: 30) und nach außen, an die breite Öffentlichkeit, dann über spezifische Medien wie die Presse.

Ernst Manheim hatte zwischen 1923 und 1925 Philosophie, Volkswirtschaft und Soziologie unter anderem bei Ferdinand Tönnies studiert. Danach führte er seine Studien an der Universität Leipzig weiter, wo er 1928 Assistent des Soziologen Hans Freyer (1887–1969) wurde. Mit ihm war er zeitlebens befreundet, obwohl Freyer phasenweise dem Nationalsozialismus nahestand. Freyer riet Manheim schon im März 1933 an der Universität Leipzig, entgegen seiner Absicht kein Habilitationsgesuch mehr zu stellen und zu emigrieren.[3] Im April des gleichen Jahres entließ ihn die Universität Leipzig als „Juden und Ausländer". Manheim war 1900 in Budapest geboren und hatte nie die deutsche Staatsbürgerschaft angenommen. 1933 floh er zunächst zu Verwandten nach Budapest und emigrierte dann mit seiner Frau Anna (geb. Vitters), einer in Osnabrück geborenen Leipziger Kommilitonin, und dem gemeinsamen Sohn Tibor Frank nach London, wo er weiter wissenschaftlich tätig sein konnte: nun als Assistent seines Cousins, des schon damals bekannten Wissenssoziologen Karl Mannheim (1893–1947) an der London School of Economics. Hatte Ernest Manheim in Leipzig schon einmal promoviert (bei Freyer über die „Logik des konkreten Begriffs", dazu ausführlich Reitz 2005),[4] folgte eine erneute Promotion bei Karl Mannheim und

---

3 Zur Freundschaft des linksliberalen Manheim, SPD-nah in der Weimarer Republik, und des umstrittenen rechtskonservativen deutschen Philosophen Hans Freyer, die erst mit Freyers Tod 1969 endete, vgl. Welzig 1997: 69 ff., Smith 2005: 7. Manheim und Freyer hatten sich in Tönnies' Forschungskolloquium an der Universität Kiel kennengelernt (vgl. Üner 2005: 137).

4 Manheims Dissertation von 1928 baut auf Georg Lukács Hegel-Exegese und dessen Forderung nach einer „Logik konkreter Begriffe" auf (vgl. Reitz 2005: 27 ff., 31 ff.). Manheim verkehrte vor dem Ersten Weltkrieg in einem von Karl Mannheim und Lukács angeführten Intellektuellenzirkel (vgl. Smith 2005: 6).

Bronislaw Malinoswki (1884–1942) über das Autoritätsverständnis in den Nomadenstämmen Südwestafrikas auf der Basis von Sekundär- und Dokumentenanalysen (dazu Averbeck 1997; Bahmeie 1997; Smith 2005). Zugleich arbeitete Manheim ab 1936 für das emigrierte Frankfurter Institut für Sozialforschung, einerseits als Rezensent der *Zeitschrift für Sozialforschung*, andererseits an einer Studie über die Geschichte der „autoritären Familie" für die Autoritätsstudien unter Federführung Max Horkheimers (vgl. Manheim 1987 [1936], Wiederabdruck 2005 [1936] dazu Smith 2005). Mit der Kritischen Theorie verband ihn viel, insbesondere der Rekurs auf die Dialektik (vgl. Reitz 2005), auch wenn er sich selbst nie als einen ihrer Vertreter ansah.

1937 siedelte Manheim in die USA über, zunächst als Assistant Professor of Sociology an die University of Chicago, danach baute er ab 1938 als Full Professor an der University of Kansas City das Departement für Soziologie und Anthropologie auf. Gastaufenthalte nahm er in den 1950er- und 1960er-Jahren an den Universitäten Graz, Wien und Teheran je als Fulbright-Professor wahr. In Graz machte er die österreichische Forschung mit der US-amerikanischen empirischen Sozialforschung bekannt, die er in Anlehnung an die Chicago School inzwischen selbst in seinen Forschungen zur Stadtökologie und Jugendkriminalität in Kansas City umsetzte (vgl. Welzig 1997; Averbeck 1997).

Ernest Manheim wurde zur Jahrtausendwende die Ehrendoktorwürde der Universität Leipzig verliehen, der Universität, die ihn dreiundsechzig Jahre zuvor, im April 1934, vom Habilitationsverfahren ausgeschlossen hatte. Seine Studie über die „Träger der öffentlichen Meinung", die die Habilitationsschrift werden sollte, konnte 1933 noch im Verlag Rudolf M. Rohrer in Brno (Brünn), Prag und Wien erscheinen, zeigte aber kaum mehr fachwissenschaftliche Resonanz. Immerhin Jürgen Habermas nutzte Manheims Studie 1962 in seiner Schrift zum „Strukturwandel der Öffentlichkeit" als Sekundärquelle (vgl. Habermas 1996 [1962]: 96). Denn schon Manheim zeichnete den Aufstieg des Bürgertums zu einer selbstbewussten politischen und öffentlich wirksamen Kraft reichhaltig aus Archivquellen und historischen Schriften, einschließlich Presseerzeugnissen, nach. Nicht nur methodologisch, nämlich mit der *Verbindung von kommunikationsgeschichtlicher Untersuchung und Öffentlichkeitssystematik*, ging Manheim Habermas voraus, sondern gerade auch in vielen konzeptionellen und theoretischen Überlegungen zum Prozess der öffentlichen Kommunikation (zur Nähe von Manheim und Habermas ausführlich Averbeck 2005).

Manheim führte in seiner als Habilitationsschrift vorgesehenen Monografie mehrere Fragestellungen zusammen, eigentlich ein ganzes Forschungsprogramm, dessen Beantwortung er in seiner 60-jährigen Schaffensphase[5] weitgehend einlöste:

---

5 Manheim starb 2002 im Alter von 102 Jahren, bis 1991 hielt er auf einer von einem lokalen Zeitungsverleger finanzierten Stiftungsprofessur Veranstaltungen an der University of Kansas City Missouri ab.

Forschungsanlage E. Manheim (1933)[6]
„Die Träger der öffentlichen Meinung. Studien zur Soziologie der Öffentlichkeit"

1. **Phänomenebene**	Frage nach der historischen Genese von bürgerlicher Öffentlichkeit seit der Frühaufklärung	[Kommunikationsgeschichte]
2. **Metareflexion**	Frage nach der Begriffsgeschichte der Öffentlichkeit	[Ideengeschichte]
3. **Kritik der Wissenssoziologie**	Frage nach dem Wandel von Wissen und Einstellungen durch private und öffentliche Kommunikation	[Kommunikationstheorie]
4. **Theoriebildung**	Abstraktion von **drei Typen der Öffentlichkeit:** „transzendental" „pluralistisch" „qualitativ" sowie Beschreibung ihrer grundlegenden Kommunikationsmodi	[Kommunikationstheorie, Kommunikations- und Öffentlichkeitssoziologie]

vgl. Manheim 1933, 1972, 1979; Averbeck 1996, 1998, 1999, 2005; Baron/Smith/Reitz 2005

Manheim stand mit diesem Forschungsprogramm inmitten einer reichen Theoriengeschichte, die er zusammenführte:

Manheims theoretisch-methodologische Grundlagen
– Immanuel Kants Vernunftapriori: Der Mensch ist grundsätzlich fähig zur Vernunft, dann auch zum öffentlichen Gebrauch der Vernunft, was sich in der Sprachverwendung manifestiert („sinnvolle Unterredung").
– Dichotomienbildung/„dialektisches Denken" (u. a. in Anlehnung an Tönnies)
– Max-Webersche Idealtypenlehre (Idealtypen sind *keine* Realtypen!), Werturteilsfreiheitspostulat (Werturteile müssen Dritten erkennbar sein.)
– Formale Soziologie (in der Nachfolge von Georg Simmel und Leopold von Wiese): Abstraktion von empirischen Prozessen auf ihre Grundstrukturen; Beschreiben und Klassifizieren des empirisch Gegebenen
– Kritik der Wissenssoziologie Karl Mannheims (Mitteilungen im öffentlichen Raum haben keinen nur dokumentierenden, sondern kommunikativen Charakter („Transposition" von Mitteilungen in neue Kontexte und an andere Adressaten.))
– Reformulierung der Öffentlichkeitssoziologie von Tönnies (Abkehr vom Elitekonzept)
vgl. Manheim 1933, 1964, 1972, 1979

---

6 Wie schon im Falle der Übersicht über die Denkmotive Max Webers (vgl. Kap. 2.1) sind auch hier die eckigen Klammern wieder heutige Fachtermini, die sich den Denkmotiven von Manheim zuordnen lassen.

4.2 Ernest Manheim – Denkmotive für eine Kommunikationssoziologie

Zunächst seien wiederum die im Werk zentralen Denkmotive zusammengefasst, die dann näher betrachtet werden. Auch hier unterliegt die Darstellung der Denkmotive keiner Chronologie, sondern einem systematischen Aufbau.

Kommunikationssoziologisch relevante Denkmotive im Werk Manheims

1. Gegenseitige Dependenz von kommunikativem und gesellschaftlichem Wandel	[Mediatisierung]
2. Sprache und Vernunft	[Kommunikatives Handeln]
3. Kommunikation als Modus der Transformation von Einstellungen und Meinungen	[Wissenssoziologie]
4. Typologie der Öffentlichkeit: pluraler, qualitativer, transzendentaler Typus	[Öffentlichkeitssoziologie]

Angewendet werden die Denkmotive Manheims in Kap. 4.3 über den Wandel von Öffentlichkeit in der späten DDR bzw. werden sie auf aktuelle Forschungen zu den Dimensionen von Öffentlichkeit in der DDR bezogen.

4.2.1 Denkmotiv: Kommunikativer und gesellschaftlicher Wandel (Mediatisierung)

Manheims Buch (1979 [1933]) beschreibt insgesamt den Wechsel von mündlichen, oft nur semi- oder teilöffentlichen, zu schriftlich-publizistischen Darstellungsformen und dimensioniert diesen auf einen grundlegenden sozialen Wandel hin, der die Moderne als solche ausmacht. Im Grunde baut die Studie, deren Zeithorizont bis ins 17. Jahrhundert zurückgeht, auf Überlegungen zu einer Neuformierung der gesamten öffentlichen Kommunikation und der Ausprägungen von Öffentlichkeit mittels publizistischer Medien auf. Die Dynamik, die Manheim beschreibt,[7] kann heute als bestätigt gelten, so schreibt Wilke:

> Die gedruckten Medien schon des 16. Jahrhunderts waren [...] imstande, Öffentlichkeit herzustellen, die man sich damals als eine in verschiedenen Graden vorzustellen hat. Sie machten Ereignisse und Themen beträchtlichen Teilen der Bevölkerung zugänglich. Eine Entgrenzung der noch regionalen und lokalen Öffentlichkeiten des Mittelalters fand statt. (Wilke 2000a: 39)

---

7 Vgl. dazu auch Kap. 5 zu Jürgen Habermas, insbesondere die Kritik der KommunikationshistorikerInnen an Habermas, die so auf Manheim nicht zutrifft.

Diese Entgrenzung ging mit der Ausdifferenzierung der Druckmedien zum Medium Tageszeitung und der Entfaltung ihrer Charakteristika *Periodizität, Publizität, Aktualität und Universalität* einher. Sie werden seit der Erfindung des Buchdrucks über mehrere Jahrhunderte hinweg zu maßgeblichen Faktoren des Taktes der Produzenten und der Rezipienten von öffentlicher Kommunikation (vgl. schon Groth 1928–30; Traub 1933; Stöber 2000: 58; Birkner 2012: 76, 98). Historisch differenzierten sich Periodizität, Publizität, Aktualität und Universalität allerdings, wie dies auch in der Manheimschen Analyse deutlich wird, *keineswegs linear* aus, sondern unterlagen vielfältigen Brüchen. So ging Publizität, also das Öffentlich-Machen, zunächst nur mit einer latenten Periodizität einher, nämlich mit sehr langen Erscheinungsintervallen wie bei den Messrelationen des 17. Jahrhunderts, die halbjährlich erschienen. Im 17. Jahrhundert wurde dann zweimaliges Erscheinen pro Woche die Norm, im 18. Jahrhundert viermaliges (vgl. Wilke 2000a: 83). Hinzu kam eine über drei Jahrhunderte eingeschränkte Aktualität. Der Neuigkeitswert „aktueller" Nachrichten kann in diesem Sinne nur als „subjektiv", nicht als objektiv verstanden werden. Schon Traub (1933: 12) meinte, Aktualität komme nie den Ereignissen als solchen zu, sie habe nur Bestand in einem Bewusstsein. Oft berichteten die Druckmedien über Geschehnisse, die schon länger vorbei waren – von denen ihr Publikum aber zuvor keine Kenntnis nehmen konnte. Ebenso war die Universalität, die Berücksichtigung allgemeiner Publikumsinteressen und populärer Lektürevorlieben, in der Frühphase der Presse stark eingeschränkt und erreichte erst mit dem Aufschwung der Massenpresse Dominanz. Die volle Ausbildung von Publizität, Periodizität, Aktualität und Universalität gilt als Merkmal der modernen, mehrfach wöchentlich erscheinenden Zeitung als einer *gesellschaftlichen und sozialen Institution,* die also für das Leben der Einzelnen, ebenso wie für die Gesellschaft insgesamt Bedeutung hat (vgl. Wilke 2000a: 41). Dabei war der Aufstieg des Bürgertums und seiner Presse *selbst* ein zentrales Momentum des Wandels der Druckmedien. Er führte zur mehrfach am Tag periodisch, höchst aktuell, sehr universellen breiten Tagespublizität, insbesondere in den europäischen Großstädten des späten 19. und frühen 20. Jahrhunderts (vor der Verbreitung des Hörfunks). Diese sogenannte „Entfesselung" der Massenpresse, die Rudolf Stöber (2000), Jürgen Wilke (2000a), Frank Bösch (2011) und andere Kommunikationshistoriker beschrieben haben, untersuchte Ernest Manheim nicht mehr. Er fand gleichwohl für das wechselseitige Durchdringen von sozialem und kommunikativ-medialem Wandel wohl als Erster im deutschen Sprachraum den Begriff der „gesellschaftlichen Mediatisierung menschlicher Unmittelbarbeziehungen" (Manheim 1979 [1933]: 24). Damit ist einerseits die Mediation, das heißt die *Vermittlung* symbolischer Gehalte über technisch-mediale Träger, gemeint. Aber nicht nur: *Dass* diese Vermittlungssituation „kategorial" (ebd.: 26) werde, heißt, dass sie selbst Leitkategorie und Grundmodus der Moderne *und zugleich ihres Selbstverständnisses* wird. Sekundärerfahrung und Primärerfahrung stehen nicht mehr in dem einfachen Verhältnis einer bloß vermittelten „Erzählung" (A erzählt B etwas von Ereignis C), sondern die *„publizistische Vergesellschaftung" strukturiert Gesellschaft* (das Ereignis C wird zu einer *medialen Erzählung*). Dies wird nun allerdings bei Manheim nicht losgelöst von direkter kommunikativer Interaktion zwischen Menschen gedacht. Die Makroebene der Vergesellschaftung und die Mikroebene der Encounter treffen sich, sind zwei Seiten *eines* Prozesses – ganz ähnlich wie dies schon für Weber und Tönnies gilt:

> Denn wenn auch in der Tat hinter dem Rücken der Beteiligten das gesellschaftliche Mediatverhältnis für das Gesamtgeschehen als solches entscheidend geworden ist, so beruht dieses Geschehen doch auf dem Wollen, Meinen und Empfinden jener einzelnen, die ihr vordergründiges Miteinander leben und empfinden. (Manheim 1979 [1933]: 24)

„Publizistische Vergesellschaftung" sei das „kategoriale Prinzip", entscheidend „für das Sinngefüge der mitgeteilten und überlieferten Inhalte bis in ihre Binnenstruktur, ihren Logos hinein" (ebd.: 26). Fortan kann die Soziologie nicht länger über nichtmediatisierte Gesellschaften diskutieren und forschen, sie müsse selbst „publizistische Soziologie" werden.

Manheims Ausgangsproblem war ein soziologisches: Wie organisieren und differenzieren sich moderne Gesellschaften, die weder auf *traditionaler* noch auf *charismatischer* Legitimität beruhen? Was ist ihre Legitimationsbasis? Wie funktionieren sie strukturell und an welchen Normen orientieren sie sich? Seine leitende Annahme lautete, dass das Grundprinzip moderner Gesellschaften deren „publizistische Vergesellschaftung" sei, welche traditionale, ständisch-hierarchische Herrschaftsformen ablöse. *Menschen interagieren über Kommunikation und dadurch erst erschaffen sie sich ihre Institutionen.* Konnte eine ständische Gesellschaft noch kanalisieren, wer was wie zu wem sagt oder sagen durfte, so sind diese Regeln in einer kommunikativ strukturierten Gesellschaft offen bzw. werden erst durch die publizistische Vergesellschaftung selbst hervorgebracht:

> Die [...] Typen der ständischen und des staatsanstaltlichen Einvernehmens [spätmittelalterlicher Gesellschaften] beruhen wesentlich nicht auf publizistischer Vergesellschaftung, im Gegenteil, die auf ihnen beruhenden Kommunikationsvorgänge setzen jene Gesellungen, den Anstaltsverband oder die ständische Schicht als Existenzgrund schon voraus. Ihre publizistischen Funktionen und deren Raum sind durch jene bereits vorgegeben und prästabilisiert. Das spezifische Verhältnis von Subjekt und Adressaten formiert und reproduziert sich hier nicht erst im Akt der Mitteilung, sondern liegt ihr schon zugrunde. [...] Der Begriff der publizistischen Vergesellschaftung umfaßt also das Feld jener rein kommunikativen Gesellungen [der Moderne] [...], eine durch Mitteilung oder gegenseitige Kommunikation bewirkte oder in ihrem Bestand garantierte Vergesellschaftung, der die Intention, auf irgendeine Gestalt des öffentlichen Wesens innewohnt. (Manheim 1979 [1933]: 32)

Die Suche nach dem *Prozess* der publizistischen Vergesellschaftung und der einhergehenden „rein kommunikativen Gesellungen" führte Manheim ebenso auf kommunikationsgeschichtliche wie -soziologische Pfade, und dies teilweise als Pionier eines Denkens, das weit über den Entstehungszusammenhang des Werkes und dessen Epoche hinausweist, und das uns nämlich bis heute bei der Lösung aktueller Probleme der öffentlichen Kommunikation behilflich sein kann.

Systematisch anknüpfen lässt sich dabei an Tönnies' Dichotomie von Gemeinschaft und Gesellschaft (vgl. Kap. 3.2.1): Die Gesellschaft, die Manheim beschreibt, unterscheidet sich von der Gemeinschaft durch die Dynamik ihrer *Mediatisierung*, durch ihre grundlegende Vermitteltheit über technisch-mediale Instanzen, die doch zugleich auch symbolische Vermittlungen sind. Mediatisierung meint dann die Überformung und Veränderung interpersonaler Beziehungen mit technisch-medial vermittelter Kommunikation, aber *nicht* deren völlige Substitution. Das „Gespräch" bleibt und ist Modus der Kommunikation bis heute (vgl. Lerg 1970; Sommer 2009; Krotz 2015). *Primärerfahrungen, die Face-to-Face verlaufen, stehen in der Spannung zu mediatisierter Sekundärerfahrung.* Interpersonale und (massen-)mediale Kommunikation müssen im Verbund miteinander betrachtet werden, auch und gerade aus einer historischen Perspektive – will man den Wandel gesellschaftlicher Kommunikation überhaupt angemessen verstehen. Dies ist die Auffassung, die Kommunikationshistoriker wie Kurt Koszyk, Wolfgang Langenbucher oder Jürgen Wilke sie seit den 1970er-Jahren vertreten (vgl. Koszyk 1977; Lerg 1977; Bobrowsky/Langenbucher 1987; Wilke 2004). Anders als bei Habermas meint Mediatisierung bei Manheim keinen negativ konnotierten oder ambivalenten „Kolonisierungsprozess" der individuellen Lebenswelten durch das System (zu Habermas diesbezüglich Jäger/Baltes-Schmitt 2003: 46 ff. sowie Kap. 5 dieses Buches).

Gesellschaftliche Kommunikation wird für ihre Mitteilbarkeit formuliert und dabei an ihre medialen „Träger", wie Medien bei Manheim heißen, rückgebunden und angepasst. Nur so konnte sich bürgerliche Öffentlichkeit ausdifferenzieren. Die bürgerlichen „Kollektivgebilde" waren zunächst nach innen kohäsiv und agierten weitgehend über interpersonale Kommunikation in institutionalisierten Sprach- und Tischgesellschaften, die sich ihre eigenen Kommunikations- und andere Regeln gaben. Und diese Standards waren häufig auf eben die Qualitäten gerichtet, die Habermas später zum Idealtypus bürgerlicher Öffentlichkeit formulierte: Gleichheit (jenseits von Standesunterschieden), Partizipation (an der internen Kommunikation) und thematische Offenheit (Pluralität) (im gleichen Sinne wie Manheim auch Imhof 2011: 256). Diese bürgerlichen, zunächst noch relativ abgeschlossenen Gesellschaften transformierten ihre Gehalte im Verlauf des späten 17. und frühen 18. Jahrhunderts, *indem* sie sie extern *adressierten*: Formierten sich diese Gesellschaften zunächst als eng geschlossene Bünde, so waren sie bald sendungsbewusst an einem *allgemeinen Humanismus* orientiert (vgl. Manheim 1933, 1964, 1979). Dabei politisierten sie sich. Dies im Sinne strategischer Kommunikation und „wollend" (was sich bei Manheim auch vom Tönnies'schen Kürwillen ableitete). Das geschah weiterhin *immer auch interpersonal*, fortschreitend aber technisch-medial über Distributionsmedien, was zu einer Transformation der Trägerschichten bürgerlicher Öffentlichkeit führte bzw. eine solche Transformation begleitete und stützte: *Die Trägerschichten humanistischen Gedankenguts wurden breiter.* Die mediatisierten Kommunikationsprozesse brachten neue gesellschaftliche Realitäten und Identitäten mit sich (vgl. zu diesem Emanzipationsprozess seit dem 17. Jahrhundert auch J. Weber 2008; Böning 2008). Die bürgerliche Öffentlichkeit emanzipierte sich, wurde als eigenständige Schicht mit politischen

Ambitionen sichtbar und nahm sich selbst auch – teils emphatisch – als neuen kollektiven politischen Akteur wahr. Das Bürgertum transformierte sich also durch *Publizität* und wurde zugleich allmählich zu einer (überständischen) *Wertegemeinschaft.* Demgegenüber galt noch im 16. und 17. Jahrhundert ein ständisches Prinzip auch für das Bürgertum:

> Bürgerlichen Standes ist der Stadtbürger, sofern er einer städtischen Selbstverwaltungskörperschaft, einer Zeche, Innung, Zunft, Gilde, Hanse angehört und die Stifts-, Turnier- und Lehensfähigkeit nicht besitzt. (Manheim 1979 [1933]: 71)

Manheim zeichnet auf einer breiten empirischen Materialbasis, nämlich der Auswertung zeitgenössischer Schriftstücke des 17. und 18. Jahrhunderts vom Zeitungsartikel bis zu den Gründungsakten bürgerlicher Sozietäten, die Formierung einer zunächst recht geschlossenen bürgerlichen Öffentlichkeit in Geheim- und Sprachorden nach. Er nennt dies die Stufe der „Intimität" in der Entwicklung der bürgerlichen Öffentlichkeit. Sodann kennzeichnet er die Öffnung dieser bündischen Organisationen nach außen, ihre strategisch motivierte Publizität im Dienst humanistischer Ideen, bald auch politischer Ziele ab etwa 1770. *Diese Politisierung ist selbst als Wertewandel zu sehen,* als „Transposition" (Manheim) *humanistischer Werte zu politischen Forderungen.* Auf die entsprechenden Textstellen Manheims bezieht Jürgen Habermas sich direkt (vgl. Habermas 1996 [1962]: 96). Die Transformation von der bürgerlichen Ständegesellschaft zur „Bürgerlichkeit" als normativer Idee zeichnete wiederum auch Habermas (ebd.: 81 f.) im „Strukturwandel der Öffentlichkeit" nach.

Manheim schildert die Einübung diskursiver bürgerlicher Praktiken als einen Prozess, der im späten Mittelalter latent beginnt, und zeichnet dessen Ausprägungen für das 16. bis 18. Jahrhundert nach. Die ursächliche Bedingung für die Transformation der nach innen gerichteten intimen Öffentlichkeit zur nach außen gerichteten, publizistischen Öffentlichkeit des späten 18. Jahrhunderts sieht er dabei nicht nur in der technischen Medienentwicklung, sondern auch in den sozialen Aktivitäten der bürgerlichen Trägerschichten dieser Medien. Die Fähigkeiten zu Diskurs und Disput wurden *gerade nicht zuerst durch technische Medien evoziert,* sie sind lange vor der Blüte bürgerlicher Publizität vorrangig *in interpersonaler Kommunikation* erworben worden.[8]

Der weite Begriff des „Bürgertums" wird von Manheim in sich historisch ablösende und unterschiedlich generierende „Träger der öffentlichen Meinung" aufgelöst und spezifiziert. Manheim geht ausführlich auf die spätmittelalterliche Stadtentwicklung und die Formierung eines Stadtbürgertums und dessen allmähliche „Nichtzugehörigkeit zu anderen ständischen Verbänden" (Manheim 1979 [1933]: 74)

---

8 Das allein schon legitimiert es – wie wir dies auch bei Luckmann und Habermas finden werden – von der Face-to-Face gebundenen Kommunikationssituation als soziologischem Prototypus aller Kommunikation auszugehen, – der allerdings variabel ist und sich durch und mit Medienkommunikation fortschreitend verändert.

ein. Die Grenzen, was nun Bürgertum ist und welche Personenkreise ihm überhaupt zuzuordnen sind, lösen sich allmählich auf. Was „bürgerlich" sei, lasse sich nicht mehr durch sich selbst, sondern nur noch ex negativo definieren (vgl. ebd.). Zu den Kennzeichen des Bürgertums werden eben die freiwillige, insbesondere *publizistische* Vergesellschaftung, die daneben auch materielle Eigenverantwortung umfasst, aus der sich wiederum gemeinwohlorientierte Ziele ableiten können, sowie die Neubildung nun bürgerlicher Traditionen und Institutionen, einschließlich wiederum publizistischer Vermittlungsinstanzen:

> Bürgerlich im weiteren Sinne dieses Begriffs wird also im Folgenden ein publizistischer Zusammenschluss genannt, der in direkter oder mittelbarer Weise öffentliche Funktionen durch freie Vergesellschaftung und unabhängig von obrigkeitlichen, kirchlichen Ordnungen und ständischen Einverständnissen ausübt – einerlei welcher Herkunft die Träger solcher Vergesellschaftungen sind. (Manheim 1979 [1933]: 74)

Das Bürgertum wird zum „großen Publikum" (auch im Sinne von Tönnies) und dies meint nicht nur eine politische Bestimmung, sondern die Ausgestaltung des gesamten gesellschaftlichen Lebens. Aus sprachgeschichtlicher Perspektive finden wir bei Lucian Hölscher die Passage, die Manheim bestätigt:

> „Publikum", „the public", und „le public" sind frühe Bezeichnungen für das, was seit Mitte des 19. Jahrhunderts auch „bürgerliche Gesellschaft" und seit dessen Ende „Öffentlichkeit" genannt wird. Im Begriff „Publikum" wurde zum ersten Mal das Selbstverständnis der bürgerlichen Gesellschaft zu einer konzeptionellen sprachlichen Einheit zusammengefaßt, die sich vom alten Begriff der [...] „societas civilis" als einer politischen Gemeinschaft abhob. (Hölscher 1979: 83)

Zu beachten sind die Ständelosigkeit des städtischen Bürgertums sowie die wechselseitige Verbindung von privaten, vor allem ökonomischen und öffentlichen Interessen, die das Bürgertum hervorbringt (dazu auch Habermas 1996 [1962]). Dabei waren diese Interessen im gesamten Prozess der Entwicklung des Bürgertums durchaus *heterogen*, soweit dies vor allem materielle Aspekte und Bedürfnisse wie Einkommen und Status betraf, die sich zwangsläufig zwischen „Juristen, Kanzelisten, Beamten, Professoren, Pädagogen und Kaufleuten" sowie Adeligen und Geistlichen, die sich in weiten Teilen selbst dem Bürgertum zurechneten, teils stark unterschieden (Manheim 1979 [1933]: 86). Andererseits aber waren diese Interessen auch relativ homogen an den alten Aufklärungsidealen orientiert.

Die Vermittlung bürgerlicher Ideen und Ideale an die jüngeren Generationen fand oft über Hauslehrer („Haushofmeister") gerade in adeligen Familien statt. Jene wurden, Manheim zeigt dies für Leipzig und Göttingen, zu den „geistigen Trägern einer aktiven Publizistik", darunter bekannte Schriftsteller und Denker wie Arndt, Fichte, Hegel, Heine, Hölderlin, Gottsched, Klopstock, Schleiermacher, Kant, Wieland oder Weiße (vgl. ebd.: 119 f.). Sie brachten ihre Zeitschriften teils im Ein-Mann-Selbstverlag heraus – eine weitreichende Publizität hatten sie nicht, aber sie schufen gleichwohl mit am Netz der Kommunikationen der bürgerlichen Gesellschaft. Hölscher schreibt entsprechend:

> In den öffentlichen Kommunikationszentren, in öffentlichen Konzerten, Theatern oder Opern, Bibliotheken, Salons und Lesezirkeln, in denen sich Bürgertum und Adel als „Gesellschaft" im Sinne einer gehobenen sozialen Schicht versammelten, entfaltete sich eine neue schichtenspezifische Form von Öffentlichkeit. (Hölscher 1979: 79)

Diese Entwicklung der bürgerlichen Ideale und ihrer Publizistik finden wir auch bei Habermas im Strukturwandel der Öffentlichkeit beschrieben, allerdings – wie auch schon bei Manheim – ohne die Frage zu beantworten, wer nun eigentlich aus dem Raum und/oder der Sphäre der bürgerlichen Gesellschaft ausgeschlossen wurde. Hölscher (in Anlehnung u. a. an Foucault) folgend waren aus der bürgerlichen Öffentlichkeit weitgehend exkludierte Bevölkerungssegmente neben den Armen die Müßiggänger, sich der Leistungsgesellschaft Verweigernde, aber auch die Kranken und die Verbrecher, die künftig in „öffentlichen Anstalten" untergebracht wurden (Hölscher 1979: 79).[9] Die Exklusion vor allem der Unterschichten erfolgte aufgrund fehlender „privater", d. h. sozialer Qualifikationen: „Zum Publikum rechneten die Unterschichten [aus der Perspektive des Bürgertums] jetzt weder im sozialen noch im politischen, d. h. ständischen Sinne des Wortes." (Hölscher 1979: 80) Gesellschaft wird bürgerlich, soweit sie sich über den öffentlichen Austausch von Waren und Meinungen generiert und zugleich diejenigen, die daran nicht teilhaben können oder wollen, weitgehend ausschließt. Dieser Prozess allerdings ist relativ labil, da ‚das Bürgertum' als Schicht fortan weitgehend losgelöst von zuvor festgelegten politischen und staatsrechtlichen Bestimmungen lebte und sich durch Arbeit und Leistung materiell und mit einem erkennbaren Wertekanon erst selbst allmählich absichern musste (und dies bis heute fortlaufend tut).

In dieser Lesart ist das Bürgertum immer auch eine *Wertegemeinschaft* (und zwar auch, indem es mit- und gegeneinander um Werte ringt) und zugleich eine Waren-(aus-)tauschgesellschaft. Bei Manheim bleibt unklar, was davon die Oberhand gewinnen mag. Unterschiede zwischen Bürgertum als „Bourgeosie" (also eines materialistisch-individualistisch orientierten, ggf. depravierten Bürgertums) und „Citoyenneté" (also eines gemeinwohlorientierten Konsensbürgertums im Sinne der Genfer Republik Rousseaus) diskutiert er nicht. Ohnehin kennt die Deutsche Sprache die feine französische Unterscheidung zwischen dem *Citoyen* und dem *Bourgeois* (die die großen französischen Romane des 19. Jahrhunderts von Emile Zola und Honoré de Balzac durchzieht) nicht. Allerdings verweist Manheims Buch den heutigen Leser geradezu auf die Notwendigkeit der Frage, was eigentlich Bürgertum in Bezug auf Öffentlichkeit meinen kann und soll; dies verbindet ihn mit Habermas. Dabei impliziert schon Manheims Buch etwas, das nicht selbstverständlich ist: Das Bürgertum handelt kommunikativ (vgl. in Bezug auf Habermas auch Dahlgren 2002: 9).

Im 18. Jahrhundert setzten sich die Bürger – nicht zuletzt begründet durch den Zugewinn an Bildung, die zur anschlussfähigen gesellschaftlichen Kommunikation

---

9 Auf das Fehlen einer weiblichen Öffentlichkeit bei Manheim wie bei Habermas wird in Kap. 5 über Habermas eingegangen.

befähigt, – sowohl auf der Ebene des ökonomischen, des kulturellen als des symbolischen Kapitals erfolgreich als *die* gesellschaftliche Schicht durch.[10] Das Bürgertum wird nun mit der *ganzen* Gesellschaft identifiziert (vgl. Manheim 1979 [1933]: 74). Je mehr sich die bürgerliche Öffentlichkeit zunächst kommunikativ, dann auch regulativ als eine machtvolle gegen die ‚oberen‘ Stände, vor allem den Adel und den Klerus, durchsetzt, desto weniger ist sie auf Geheimbünde und deren interne Kommunikation noch angewiesen, um sich selbst zu stabilisieren. Die Freimaurerorden und andere frühbürgerliche Sozietäten ziehen sich auf sich selbst zurück, werden im Laufe des 18. Jahrhunderts elitär und verlieren ihre Funktion, bürgerliche Teilöffentlichkeiten an sich zu binden. Öffentlichkeit ist längst durch die politische Presse erweitert worden, die fortan ‚Die‘ Öffentlichkeit *repräsentiert* (vgl. Manheim 1979 [1933]: 108, auch Habermas 1996: 96, der hier Manheim zitiert). Dass dies allerdings kein linearer Transformationsprozess war, sei hier nur erwähnt. Aus der aktuellen Kommunikationsgeschichtsschreibung wissen wir um die vielen Brüche der deutschen Kommunikations- und Politikgeschichte, die bis zur Reichsgründung 1871 in den einzelnen Ländern einigermaßen uneinheitlich war (was Manheim nicht untersuchte). Dies betraf insbesondere die Zensurbestimmungen, und damit die Entfaltungsmöglichkeiten einer freien Öffentlichkeit (vgl. Wilke 2000a: 35 ff., 49 ff., 127 ff.). Die Zensur wurde mit der 1848er Revolution zum zentralen behördlichen Tagesordnungspunkt. Das 17. Jahrhundert ist noch kaum von dem obrigkeitlichem Bestreben gekennzeichnet, die Presse durch Zensur einzuschränken, da sich die damaligen Druckerjournalisten weniger als politische Journalisten, denn als *Chronisten* verstanden und den Obrigkeiten selten Anlass boten, sich vor der sich formierenden Öffentlichkeit zu ängstigen und Maßnahmen der Vor- oder Nachzensur zu ergreifen:

> Das frühe Zeitungswesen ist seiner Struktur nach so beschaffen, dass eine permanente Kontrolle oder regelmäßige Zensur aus der Perspektive der politischen Herrscher nicht zwingend erscheint. (J. Weber 2004b: 60)

Manheim verwies zutreffend darauf, dass es die Zeitschriften und nicht die Zeitungen waren, die das freie Räsonnement als „kritischen Dialog mit polaren Ausgangsargumenten" vorbereiteten, nicht zuletzt, da die in ihnen publizierenden Autoren oftmals Intellektuelle, Schriftsteller und Gelehrte waren (vgl. Manheim 1979 [1933]: 100 ff., hier 101). Es waren die Zeitschriften, die seit dem *Ende des 17. Jahrhunderts eine dezidiert politisch räsonierende Öffentlichkeit hervorbrachten*, wie sie sich erst im 19. Jahrhundert dann auch in der Tagespresse entfalten konnte (vgl. Weber 2004a):

> Vielmehr nahm die Entstehung der räsonierenden Öffentlichkeit einen Umweg über eine andere periodische Pressegattung [nicht die Zeitungen], deren Ursprung auf die 1670er Jahre zurückgeht: das historisch-politische Journal. Diese Frühform der politischen Zeitschrift erschien meist monatlich, ihre Domäne war die Diskussion der zurückliegenden politischen Ereignisse. Der Umfang

---

10 Selbstredend kannte Manheim die Kapitalienbegriffe Bourdieus nicht – allerdings beschreibt er implizit Kapitalien, die den Erfolg des Bürgertums als Modell und als Typ ausmachten.

eines solchen Journals war beträchtlich (40 – 200 Seiten) und der Preis entsprechend hoch, die Argumentationsführung bewegte sich gewöhnlich auf gelehrtem Niveau. Im Vergleich zur Zeitung hielt sich daher die Publizität dieser neuen Gattung in engen Grenzen. Sie hatte ihr Publikum in der Gelehrtenrepublik, dem ziemlich kleinen Kreis der hochgebildeten, in der Regel regierungstreuen Bürger. Hier konnte aus der Sicht der Obrigkeit politisches Räsonieren nicht viel Schaden anrichten. (J. Weber 2004a: 124)

Das 18. Jahrhundert, in dem die Lektüre des Kalenders und religiöser Schriften durch säkulare Zeitschriftenliteratur abgelöst wird, beschreibt Manheim (1979 [1933]: 106 f.) als Prototyp der *bürgerlichen* Öffentlichkeit. Und zwar deshalb, da das Bürgertum sich hier aus seinen ständischen Gegebenheiten emanzipiert und zur eigenständigen politischen Kraft wird, die Selbstbewusstsein ausbildet. Dies ist mit der *Transformation des Bürgertums* als ständisch-bündischer Akteurskonstellation mit ihren ‚kleinen' Organisationsformen (wie Tisch- und Lesegesellschaften) zur publizistischen Akteurskonstellationen mit auf Wachstum ausgerichteten Organisationen und Institutionen (Verbände, Parteien, Verlage) verbunden:

> [...] für die erste Hälfte des 18. Jahrhunderts ist es gleichsam ein Anachronismus von „einer" Öffentlichkeit zu sprechen. Für das 18. Jahrhundert ist im Grunde das Nebeneinander von speziellen, ständischen Öffentlichkeiten typisch [...], während „die" Publizität in der fürstlichen Geheimkanzlei ihren Sitz und damit auch ein nach politischer Räson festgesetztes Maß hat. Als Kehrseite [...] ist nun mit dem Ende des 18. Jahrhunderts neben jene Partikularformen der Öffentlickeit eine mehr und mehr universelle Publizität entstanden. [...] So hat sich die Publizität [...] tendenziell zum übergreifenden Universalmodus des politischen Seins und Wollens ausgeweitet. Freilich keinesfalls in dem Sinne, als ob durch sie engere, nicht öffentliche Gruppierungen [...] wie Verwandtschaft, Bund, Klubs [...] total aufgesogen würden. Im Gegenteil, diese Gruppierungen können durch die Intensivierung und Ausweitung der Publizität zum Teil neue Impulse bekommen. (Manheim 1979 [1933]: 22 – 23)

Manheim denkt dies konsequent weiter. Wir werden im Verlauf dieses Kapitels den Typus der „pluralistischen Öffentlichkeit" kennenlernen, den Manheim mit dem Charakteristikum des *politischen Dissenses als Normalfunktion von Öffentlichkeit* ausstattet. Nicht allerdings, ohne diesen immer wieder abzufedern durch einen zweiten Typus von Öffentlichkeit, den Manheim von Kant ableitet und als „transzendental" benennt. Dieser integriert die Wertordnung des aufgeklärten Bürgertums: Partizipation, Gleichheit, Rederecht und Transparenz (vgl. auch Kap. 5 zu Habermas in diesem Buch). Prototyp transzendentaler Öffentlichkeit sei das „direkte Gespräch" (Manheim 1979 [1933]: 57). Nun allerdings, anders als bei Kant, vollständig losgelöst von der Idee eines „gelehrten Diskurses" (vgl. zur Kant-Kritik quellennah auch Liesegang 2004: 42 ff.). Entsprechend ist die politische Konzeption, in der Manheim Öffentlichkeit denkt, an einer demokratischen Staatsform, nicht mehr an einer aufgeklärten monarchisch-republikanischen orientiert, wie noch bei Kant (vgl. ebd.: 2004: 75 f.). Auch hat Kant noch keinen soziologischen Begriff vom Publikum als diversifizierter Leserschaft. Publikum bleiben ihm letztlich die gelehrten Männer (vgl. ebd.: 78 f.).

Das Ende der bürgerlichen Öffentlichkeit, als holistischer Sphäre im Sinne der Kantschen gelehrten Diskurskultur (vgl. ebd.: 42) oder der in dieser Tradition stehenden Figur der „Gelehrtenrepublik" bei Tönnies, nahm, Manheim folgend, seinen Auftakt mit der Politisierung der Zeitschriftenliteratur, also mit dem Übergang von den *Moralischen Wochenschriften* zu den oben bereits genannten *historisch-politisch orientierten Zeitschriften.* Von einer weitgehend konsensualen, an allgemeinen humanistischen Werten orientierten bürgerlichen Öffentlichkeit, wie sie, Manheim folgend, vor allem der Typus der ökonomisch erfolgreichen moralischen Wochenschrift ausmachte, die sich an die ganze Familie richtete, die eher inaktuell war und eine Orientierung vor allem in moralisch-sittlicher Hinsicht bot (damit nur indirekt auch in politischer),[11] konnte bald nicht mehr die Rede sein. Es entwickelte sich daneben und daraus hervorgehend eine Presse, die die „Reserve gegenüber dem politischen Status" (Manheim 1979 [1933]: 107) aufgab, die politisch-aktionistisch wurde. Politisches Handeln wurde zunehmend als parteiliches Handeln verstanden. ‚Das' Bürgertum zersplitterte sich in diverse Wertorientierungen, gleichfalls seine nunmehr gesinnungsorientierte Presse. Daran waren die Moralischen Wochenschriften jedoch vorbereitend nicht unbeteiligt, denn sie richteten sich an ein Publikum, das „gemeinsame Lebensbedingungen" hatte, die in diesen Zeitschriften „als soziales Muster überhaupt erkennbar wurden" (Hölscher 1979: 95). Der Leipziger Zeitungskundler und Nationalökonom Karl Bücher (1847–1930) schrieb schon fünf Jahre vor Manheim über die moralischen Wochenschriften, und zwar über ihre Ausprägungen in Deutschland, dort ab 1688 mit Christian Thomasius' *Monatsgesprächen*, mit denen sich auch Manheim befasste, ab 1709 in England mit *Tatler* und *Spectator* und anderen dieser Gattung, von denen in Europa „Hunderte ins Leben traten" (Bücher 2001 [1926]: 178):

> In diesem vielfach gegliederten Zeitschriftenwesen [der moralischen Wochenschriften] kommt der kritische Geist des Aufklärungszeitalters in den verschiedenen Formen zur Geltung, in ihnen tritt zuerst eine „öffentliche Meinung" zutage und sie sind daher auch für die freiheitliche Gestaltung des staatlichen und sozialen Lebens viel wichtiger, als die unter dem Druck der politischen und wirtschaftlichen Gebundenheit verkümmerte Tagespresse. (Bücher 2001 [1926])

Die bürgerliche Welt begann sich in den Moralischen Wochenschriften selbst zu reflektieren. Sie dienten der sozialen Konstruktion als Bürgertum. Holger Böning schreibt Jahrzehnte nach Karl Bücher und Ernst Manheim über diesen Pressetypus:

---

11 Zu den moralischen Wochenschriften zählen bspw. die von Gottsched zuerst 1725 anonym edierten „Vernünfftigen Tadlerinnen" (vgl. Hölscher 1979: 94 ff.). Manheim folgend erreichte diese beliebte Zeitschrift eine durchschnittliche Auflagenhöhe von 2000 Expemplaren, was jedoch de facto durch Verteilung unter den Lesern eine vielfach so hohe Verbreitung bedeutet habe (Manheim 1979 [1933]: 106).

> Die politische Brisanz der Moralischen Wochenschriften liegt gerade darin, dass hier an den Lebensbedingungen bürgerlicher Schichten orientierte moralische Werturteile öffentlich werden und in der Öffentlichkeit eine moralische Deutungshoheit beansprucht wird.[12]

Bei Manheim ist „bürgerliche Öffentlichkeit" zugleich ein historischer Typus und *dynamisch* in sozialen, politischen und kulturellen Wandel eingebettet. Insgesamt lagen die Bedingungen des Wandlungsprozesses von frühbürgerlicher zu spätbürgerlicher Öffentlichkeit Manheim folgend – und das macht seine 1932/33 niedergeschriebene Sichtweise so modern – in der *gegenseitigen Transformation* von

1. sozialen Bedingungen und Beziehungen sowie – damit zusammenhängend
2. Werten und gesellschaftlicher Kommunikation.

Das Bürgertum unterlag sozialen Bedingungen (von außen und als Segmentierung innerhalb seiner selbst) und es unterhielt soziale Beziehungen: zwischen den Bürgern selbst, in seiner Frühphase aber auch Beziehungen mit dem Adel, bald gegen den Adel, in seiner Hochphase gegen das sogenannte Proletariat. Strukturelle und dynamische Faktoren griffen in der Entwicklung des Bürgertums zur dominanten gesellschaftlichen Schicht des 18. Jahrhunderts ineinander.

Das 19. Jahrhundert mit seiner aktivistischen, teils parteinahen, -tragenden und parteibildenden Publizistik und schließlich mit der aufkommenden Massenpresse (vgl. Wilke 2000a; Stöber 2005) gilt bereits Manheim nicht mehr als das exklusive Zeitalter „bürgerlicher" Öffentlichkeit, erst recht nicht mehr das 20., in dessen erstem Jahr er selbst geboren wurde: Im ersten Drittel des 20. Jahrhunderts spielt der rasante Zerfall bürgerlicher Öffentlichkeit bereits eine Rolle, einerseits in der Konkurrenz zu anderen, anti-bürgerlichen Öffentlichkeiten, wie den ‚proletarischen‘ oder den ‚völkisch‘ motivierten. Eigentlich hatte Manheim vor, *diesen* Strukturwandel der bürgerlichen Öffentlichkeit noch mit in sein Buch aufzunehmen, aber es gelang nicht mehr, da er es aufgrund der Eile, aus Deutschland fliehen zu müssen, vorzeitig abschloss.[13] Habermas hingegen machte 1962 maßgeblich die Ökonomisierung der bürgerlichen Pressekultur für den die Öffentlichkeit in den Zerfall treibenden Strukturwandel verantwortlich und ging kaum auf die politische Zersplitterung der Weimarer Parteienlandschaft ein (vgl. Habermas 1986).

Die Perspektive allerdings, die Habermas und Manheim teilen, ist die der Aufklärungsphilosophie, die sie beide analysieren und die sie beide zugleich nachhaltig beeinflusst hat, was bei beiden auch den normativen Charakter ihres Denkens ausmacht.

---

12 Holger Böning (2005): 400 Jahre Zeitung – der erste Medientyp und seine Folgen im 17. und 18. Jh. http://www.dortmund.de/de/leben_in_dortmund/bildungwissenschaft/institut_fuer_zeitungsforschung/zi_foerderverein/ (17.6.2013).
13 Im August 1995 habe ich Ernest Manheim interviewt, dies hat er mir mündlich mitgeteilt. Ausschnitte des Interviews sind erschienen in Manheim 1999.

4.2.2 Denkmotiv: Sprache und Vernunft (kommunikatives Handeln)

Manheim verbindet mit Habermas und mit Tönnies der Rückgriff auf Kants Auffassung, dass die Vorgänge des politischen Lebens nur als veröffentlichte und damit *transparente* auch gerecht, also teil- und legitimierbar, seien.[14] Außerdem findet sich der ebenfalls ideengeschichtlich der Epoche der Aufklärung zuzurechnende Leitgedanke, dass die Sprachfähigkeit das Rationalitätspotenzial des Menschen abbilde, nämlich Sprache und Vernunft, dann auch *öffentlich geäußerte Vernunft* etwas miteinander zu tun haben und dies sollten: Rechenschaft vor sich selbst und anderen legt man kommunikativ ab, ebenso wie man Strategien und Ziele kommunikativ umsetzt (vgl. Debatin 2005). Beide Momente, das der Rechenschaft und das der Strategie, sind bei Manheim (in ihrem Wechselspiel) Leitmotive öffentlichen Lebens und *gerade nicht nur konsensual begreifbar* (vgl. die Ausführungen zum pluralistischen Öffentlichkeitstypus und dessen konflikthaften Dynamiken unten).[15] Werte und Werte*wandel* beziehen sich bei Manheim insbesondere auf solche Handlungsnormen, die seit der Renaissance vorbereitet wurden und in Aufklärungsphilosophie und Humanismus kulminieren. Deren Gefährdungen und Depravierungen kalkuliert Manheim ein. Solche schildert er nicht nur in seinem Beitrag zur „Geschichte der autoritären Familie" für das Frankfurter Institut für Sozialforschung 1936, in dem es um die Reproduktion patriarchalischer Strukturen in und durch familiäre Kommunikationsbeziehungen geht. Auch ist Manheims Buch zur „Soziologie der Öffentlichkeit" von 1933 ein quellenkritischer Beitrag zu *einem an Sprachnormen orientierten Nationalismus in Deutschland*, der im bürgerlichen Gewand schließlich antibürgerliche, mit humanistischen Idealen brechende, rassistische Ideen und Ideologien mit hervorbrachte. Manheim argumentierte diesbezüglich entlang der *Differenz von Allgemeinem Humanismus* und der Idee *einer Nation deutscher Sprache*. Er verwies auf die stark nationalistischen Züge mancher „Sprachorden" des 17. Jahrhunderts und ihrer Ideen einer deutschen Sprachnation (vgl. Manheim 1979 [1933]: 86 ff.). Im Zentrum solcher Ideen stand nicht nur die Muttersprache, sondern auch der „geborene Deutsche", so in der „Leipziger Deutschen Gesellschaft" (vgl. ebd.: 87). Auf das Defizit von Jürgen Habermas, 1962 die „Sprachnation" als Bühne des bürgerlichen Liberalismus weitgehend nur hingenommen, aber nicht kritisch hinterfragt zu haben, verweist Jahrzehnte später Nancy Fraser (2007: 9–10).

Als Emigrant in den USA, kurz nach Beginn des Zweiten Weltkriegs und der Vertreibung und Ermordung der europäischen Juden durch die Deutschen (darunter 14 von Manheims Verwandten), setzte Manheim sich mit der Differenz von „Jus Sanguinis" (Blutsrecht oder Abstammungsrecht in Deutschland) und „Jus Solis" (Bodenrecht), wie es in Frankreich, der klassischen „Vertragsnation" bestimmend sei,

---

14 Weiterführend zur Kritik des Kantschen Öffentlichkeitsbegriffs vgl. Liesegang 2004: 53–86.
15 Dies teilt er mit Max Weber. Schluchter (2015: 488, 500) betont, dass Weber, anders als Habermas, nicht vom Konsens, sondern vom Konflikt her gedacht habe.

auseinander (vgl. Manheim 2005 [1940]: 175–181). Fallen in dem einen Fall, Deutschland, die Staatsbürgerschaft (juristisch) und die Nationalität (tribalisitsch) auseinander, so kommt in dem anderen Fall, in Frankreich, die Staatsbürgerschaft der Nationalität gleich: „A German may loose his citizenship, but not his nationality" (Manheim 2005 [1940]: 183). Dann ist „deutsch", wer Deutsch spricht und deutsche ‚Wurzeln' hat, also auch der/die „Auslandsdeutsche", aber nicht unbedingt der/die innerhalb je aktueller Grenzen Deutschlands Geborene, der/die Eltern anderer „Abstammung" und mit anderer Sprache hat.

Manheim baute ab 1940 an der University of Kansas City/Missouri einen neuen Forschungsschwerpunkt auf, den er „Race Relations" nannte und der auch interkulturelle Konflikte und Kommunikation beinhaltete.[16] Anfang der 1950er-Jahre trug er als sozialwissenschaftlicher Gutachter in dem damals maßgeblichen Rechtsstreit „Oliver Brown et al. versus Board of Education of Topeka" zur Abschaffung der ‚Rassen'trennung in US-Amerikanischen Schulen bei (vgl. van Delinder 2005).[17]

Anders als sein Lehrer Tönnies verwendete Manheim den Begriff „Kommunikation" schon 1932/33 explizit. Das war auch für die Schüler-Generation von Tönnies noch sehr untypisch; meistens wurde von „Mitteilung" gesprochen, selten der Lateinische Begriff verwendet (vgl. Averbeck 1999). Manheim hingegen setzte den Begriff von Anfang an als Fachterminus ein. Alle „gemeinschaftliche Tätigkeit" sei „kommunikativer Natur". Dies betrifft zunächst die interpersonale Kommunikation, umgreift aber auch ihre raum-zeitlichen gesellschaftlichen Vermittlungen über Medien, in deren Fokus es liegt, Öffentlichkeit herzustellen:

> Eine publizistische Verbindung sei hier genannt: eine durch Mitteilung oder gegenseitige Kommunikation bewirkte oder in ihrem Bestand garantierte Vergesellschaftung, der die Intention auf die Publizität, auf irgendeine Gestalt des öffentlichen Wesens inne wohnt. (Manheim 1979 [1933]: 32)

Manheim formulierte darüber hinausgehend, dass der Kommunikationsprozess auf einem Wechselspiel zwischen Kommunikator, Rezipient, Mitteilung und Medium beruht. Dies in einer Zeit, als die Mehrzahl der Soziologen und Zeitungswissen-

---

16 Vgl. die umfassenden Seminarvorbereitungen und Vorlesungsskripten im Nachlass Ernest Manheim im Archiv für die Geschichte der Soziologie in Österreich (AGSÖ); zum Findbuch: http://agso.uni-graz.at/ (23.2.2015).
17 Familien afro-amerikanischer SchülerInnen im Bundesstaat Kansas hatten in einer Sammelklage vor dem Obersten Gerichtshof der Vereinigten Staaten gegen die damals 100 Jahre alte Seperate-but-equal-Regelung (getrennte, aber „gleiche" Einrichtungen für Weiße und für Schwarze werden als legitim angesehen) geklagt. Aus dieser Regel war abgeleitet worden, dass es rechtmäßig sei, dass es – inhaltlich gleichwertige – Schulen nur für schwarze und nur für weiße Schüler geben dürfe. 1954 bekamen die Eltern recht, die Regelung sei illegitim, da getrennte Einrichtungen Ungleichheit per se perpetuieren und produzieren würden. Das amerikanische Schul- und Universitätswesen wurde reformiert und Rassentrennung an öffentlichen Schulen und Universitäten seitdem als Verletzung des Gleichheitsgrundsatzes gesehen.

schaftler noch von einfachen Reiz-Reaktions-Mechanismen als Grundlage gesellschaftlicher Kommunikation ausging (vgl. Averbeck 1999; Bussemer 2005). Er entwickelte eine dynamische Kommunikationsvorstellung, die er als amerikanischer Soziologe leicht aufgreifen konnte: Der „Mitteilungsakt" habe ein „soziales oder
individuelles Subjekt zu Träger", einen „besonderen Raum", in dem er sich realisiere
(z. B. den Klub, die Öffentlichkeit oder das verwaltungsinterne Kollegium), und einen
„Adressaten" (etwa den Bundesgefährten, die Gemeinde oder das große Publikum (vgl.
Manheim 1979 [1933]: 29 f.).

Heute sprechen wir diesbezüglich vom Kommunikationsprozess, in den korporative oder individuelle Akteure involviert sein können und der sich sowohl auf einer
Makro-, einer Meso- und einer Mikroebene abspielt und Gesprächs-, Versammlungs-,
und mediale Öffentlichkeiten integriert (vgl. Gerhards/Neidhardt 1990; Schmidt 2013).
Wir wissen auch, dass gesellschaftliche Kommunikation aufgrund genau dieser
Komplexität nicht linear erfolgen kann, so auch schon bei Manheim nicht: Die von ihm
aufgezeigten drei Faktoren des Mitteilungsakts – Subjekt/Raum/Adressat – wirken
interdependent, das „Einverständnis, das die Mitteilung stiftet oder voraussetzt" sei
„von allen drei Faktoren zugleich" abhängig (Manheim 1979 [1933]: 30). Die „besondere
Willensstruktur, die soziale Lagerung, die zeitliche Situation, die besondere Weltori-
entierung und die besondere Aufnahmebereitschaft des Adressatenkreises" seien
„Inhaltsfaktoren der Mitteilung" (ebd.). Ob sich nun diese Mitteilung in einer geschlossenen Gruppe oder in einer, vor einer oder für eine größere Öffentlichkeit ab-
spiele, sei außerdem entscheidend für die antizipierten und die tatsächlichen Folgen
einer Mitteilung (vgl. ebd.)

Die Struktur eines Kommunikationsprozesses, die „publizistische Wechselwirkung" lässt sich auf Basis der von Manheim skizzierten Komponenten, Subjekt/Mit-
teilung/Raum/Adressat, auch als *Kommunikationssituation* bezeichnen. Und diese
wirkt auf die Art und Weise, wie eine Mitteilung formuliert wird, insgesamt zurück:

> Für das spezifische Gewicht und den Aussageinhalt einer Mitteilung ist es nicht gleichgültig, ob
> sie sich im „unkontrollierbaren Gespräch" oder im Brief, also im Bereich des Privaten realisiert,
> oder ob sie im Konventikel oder von der Kanzel herab ihre Adressaten erreicht. (Manheim 1979
> [1933]: 26)

„Ort und Zeit" sind strukturierende Momente von – strategischer – Kommunikation
(ebd.: 28).

Die kommunikationstheoretischen Voraussetzungen für diese Auffassung hatte
Manheim 1928 in seiner Dissertation über die „Logik des konkreten Begriffs" erarbeitet, in der er sich mit der Sprachphilosophie seiner Zeit auseinandersetzte. Er ging
dabei nicht mehr davon aus, dass es „absolute" oder „Wesensbegriffe" geben könne,
sondern nur noch „relationale". Er fragte nicht nur danach, wie sich Begriffsbildung
kognitiv vollzieht, sondern auch, *welche sozialen Dimensionen sie hat*: Begriffsbildung
ist immer Begriffsbildung von Menschen für Menschen, die sozialen und (teils subbewussten) motivationalen Einflüssen unterliegt (vgl. Manheim 1930; Reitz 2005). Die

Codierung und Decodierung von Begriffen ist ein zyklischer und nonlinearer Prozess. Begriffe beziehen sich immer auf konkrete Realitäten, Begriffsbildung ist ein sozialer Akt – und nicht emergierend aus einer übergeordneten abstrakten Idee. Diese frühen sprachpragmatischen Überlegungen sind einerseits kompatibel mit Manheims späteren wissenssoziologischen Auffassungen, andererseits mit seinen kommunikationstheoretischen – und verbinden sein Werk wiederum mit dem von Jürgen Habermas.

Relevant für unseren Kontext ist Manheims sprachsoziologische Fundierung „konkreter Begriffe": Konzepte, Begriffe und Ideen sind *verbal* bestimmt, das ist ihre Konkretion, und damit sind sie immer kontextualisiert und historisch. Wenige Jahre später verband Manheim die sprachsoziologische Fundierung der idealistischen deutschen Philosophie mit der Wissenssoziologie und kam darüber zu einer kommunikationssoziologischen Bestimmung von „Wissen", insbesondere Alltagswissen. Darin ging er Berger und Luckmann deutlich voraus, dazu Charles Reitz:

> Goals and intentions are said to be inherent in social action, social reality, and what is considered to be knowledge. As Manheim sees it, social action and social reality tend to direct the formation of concepts. (Reitz 2005: 32)

4.2.3 Denkmotiv: Kommunikation als Modus der Transformation von Einstellungen und Meinungen

Dieses Denkmotiv verbindet Ernst Manheim wiederum direkt mit seinem Cousin, dem berühmten Wissenssoziologen Karl Mannheim und – indirekt – mit der neueren Schule der kommunikationssoziologischen Wissenssoziologie seit Thomas Luckmann (die sich allerdings fast immer auf Karl Mannheim, nicht auf Ernst Manheim beruft – interessanterweise aber Karl Mannheims statischen Mitteilungs- und Kommunikationsbegriff in einer Weise kritisiert, wie wir dies auch bei Ernst Manheim bereits vorfinden). Hier sei nochmals angemerkt, dass Ernst Manheim zu den wenigen Wissenschaftlern der Weimarer Republik gehörte, die den Begriff „Kommunikation" bereits explizit verwendeten und zwar im Sinne der semantisch-symbolischen Verständigung über Mitteilung im Sinne einer sowohl individuellen als auch gesellschaftlichen Handlungspraxis, als „kommunikativen Akt" (vgl. Manheim 1979 [1933]: 31).

Ernst Manheim ist zugleich einer der frühesten Adepten und über die Jahre hartnäckigsten Kritiker seines Vetters, dessen Schriften er in den 1950er-Jahren in den USA edierte (vgl. Manheim/Kecskemeti 1956). Manheims Kritik der Karl-Mannheimschen Wissenssoziologie betraf deren Rückführung von Wissen und Weltanschauungen auf soziale Seinsgebundenheiten des Denkens. Ernst Manheim fragte stattdessen: Wie kommt es *trotz* dieser „Standortgebundenheiten" zu Einstellungs*wandel*? Um das zu verstehen, müsse man sich alle Komponenten eines Kommunikationsprozesses ansehen, medial vermittelte Inhalte seien nicht nur – wie es Karl Mannheim annahm – die Dokumente oder Anzeigen eines dahinterliegenden Seins, sie seien selbst real und damit wirksam (vgl. ausführlich zur Kritik von Ernst Manheim an Karl Mannheim Averbeck 1998, 1999 sowie Manheim 1956, 1972, 1979 [1933]: 26 – 27).

Im Unterschied zur Wissenssoziologie seines Vetters verstand Manheim Kommunikation nicht als Prinzip von etwas, das dann der Analysegegenstand ist, etwa „Weltanschauung" oder „Standortgebundenheit des Denkens" (vgl. Mannheim 1925), sondern als eigenständiges Prinzip: Kommunikation ist nicht eine Funktion der Vergesellschaftung, Kommunikation *ist das Prinzip der Vergesellschaftung schlechthin* (vgl. Manheim 1979 [1933]). Erst dieser Perspektivwechsel ermöglichte Ernst Manheim seine Rede von der „Mediatisierung" oder der „publizistischen Vergesellschaftung" (siehe oben).

Warum aber ist Kommunikation der Ursprungsprozess der Gesellschaft? Weil durch sie „geistige Objekte" – Symbole – geschaffen werden, und zwar indem man miteinander *situativ* kommuniziert: Diese „Objekte" seien nicht nur „Anzeigen" (von etwas), sondern „geäußerte, irgendwann, irgendwo und an irgendwen mitgeteilte Gehalte" bzw. selbst „Realitäten" (Manheim 1979 [1933]: 27). Gesellschaftliche Kommunikation muss daher selbst zum Untersuchungsgegenstand werden und kann nicht – wie Ernst Manheim dies Karl Mannheim vorwarf – lediglich als Indiz, als Spur für soziale Seinslagen und geistige Produkte dienen.

Es geht dann nicht nur darum, *dass Wissen* die Kommunikation transformiert (wie bei Karl Mannheim), sondern umgekehrt *Kommunikation auch Wissen transformiert.* Keine Art des Wissens kann einfach übermittelt oder transportiert werden. Dokumente oder Überlieferungen (von Wissen) geben nur wenig Auskunft über die Art und Weise, *wie* dieses Wissen kommunikativ entstanden ist. Damit zweifelte Manheim auch an, dass die von Karl Mannheim propagierte „Dokumentenanalyse" eine geeignete Herangehensweise sein könne, Kommunikationsprozesse zu untersuchen:

> Im Rahmen jener schon vorliegenden Analysen [Karl Mannheims und seiner Schüler] werden die objektiv gewordenen und deutbaren Fakta des Wissens auf ihren dokumentarischen Gehalt hin untersucht; sie erscheinen in jenem Zusammenhang als Ausdruckscharaktere, als Symptome und Anzeichen eines dahinter gelagerten Seins. So vollzieht sich hier [bei Karl Mannheim] eine stille methodische Einklammerung, durch die der Gegenstand (der immer zugleich schon ein publizistisches Faktum: eine irgendwo realisierte Mitteilung ist) sich auf sein mentales Innengefüge reduziert. Damit wird nun [...] unser Weg einer soziologischen Erfassung publizistischer Vorgänge sichtbar. (Manheim 1979 [1933]: 27) [18]

Anders als sein berühmter Cousin Karl fragte Ernst nicht nur nach der „Seinsverbundenheit des Denkens", sondern zunächst einmal *nach der Seinsverbundenheit von Kommunikationsformen* (was sich als logische Folge schon aus dem Thema seiner Dissertation zu den „konkreten Begriffen" ergab). In diese Kommunikationsformen

---

[18] In Anlehnung an das Konzept der „Dokumentenanalyse" unternahm der Karl-Mannheim-Schüler Wilhelm Carlé Ende der 1920er-Jahre eine qualitative Inhaltsanalyse von Beiträgen zum Mord an Walter Rathenau in zehn Tageszeitungen, was sowohl in der Intention (nachzuweisen, dass die Berichte je nach weltanschaulichem Standort der Blätter variieren) und in der Methode (eine der ersten qualitativen Presse-Inhaltsanalysen) von heute aus als wegweisend betrachtet werden darf (vgl. Averbeck 1999: 345–354).

und -situationen ist das Denken selbst wiederum eingebettet. Die Kommunikationsformen beeinflussen das Denken und umgekehrt: Es ist nicht egal, ob man einen Brief schreibt oder von der Kanzel herunter spricht oder gar in der Presse publiziert: Dies ändert das ganze Gefüge der Absichten (also auch der Adressierung) und der Inhalte, die ggf. „transponiert", nämlich an ihre Empfänger angepasst werden müssen. Ideen sind dann nicht nur (statisch) Ausdruck von „Seinslagen", sondern verändern solche ihrerseits – und zwar gerade, weil sie *situativ* kommunikative und damit dynamische Wirkungen entfalten. Karl Mannheim habe diese Frage, warum neue Ideen entstehen oder bisweilen *dieselben Personen unterschiedliche Meinungen, Einstellungen und Ideologien annehmen,* nicht beantworten können (vgl. Manheim/Kecskemeti 1956; Manheim 1972; 1979 [1933]: 26 ff.).

Manheims Aufhänger, sich mit Fragen des Meinungs- und Einstellungswandels zu beschäftigen, war empirischer Natur. Er fragte sich 1932, warum die Anhänger etablierter Parteien (wie der Deutsch Nationalen Volkspartei, DNVP) zu Wechselwählern wurden und die NSDAP wählten und zugleich die NSDAP große Bevölkerungsschichten hinter sich bringen konnte.[19] Die Antwort auf die dahinterliegende Frage nach dem Erfolg von politischer Propaganda fand er in einem Wechselspiel von – mehr oder weniger bewussten – Publikumserwartungen und Antizipation dieser Erwartungen durch die Kommunikatoren sowie interpersonale Kommunikationsstrategien („intimate propaganda") in den zahlreichen, Gruppendruck erzeugenden Organisationen, die der Nationalsozialismus entweder vereinnahmte oder begründete. Der Aufstieg der Nationalsozialisten sei eben nicht maßgeblich durch ihre eigene Publizistik mit geringer Reichweite, noch allein durch ihre wiederholte massenhafte Propaganda, sondern nachhaltig durch ihre Bildung von neuen und die Infiltrierung von bestehenden Organisationen und ihren Institutionen und Riten, insbesondere innerhalb und durch die Jugendorganisationen, bewerkstelligt worden. Das Ergebnis waren Organisationen, die sich gegen die pluralistische Gesellschaft wendeten und „völkische" Einheit propagierten, die das „Deutschtum" universell setzten und Diversität nicht mehr anerkannten (vgl. Manheim 2005 [1939]; 2005 [1953], 1981).

Dass jede Form der strategischen Kommunikation, auch Propaganda, eine Kommunikationssituation und nicht etwa eine Textsorte sei, hat sechzig Jahre später der Kommunikationswissenschaftler Klaus Merten (2000) plausibel und aus einer allgemeinen Kommunikationstheorie heraus dargelegt. Bernd Sösemann (2011) hat auf einer breiten Quellenbasis andere Forschungen zur Propaganda des Dritten Reiches bestätigt, die nicht von einer Gesamtdurchdringung mit der NS-Ideologie oder einer

---

19 Manheim 1981: 316 im Interview mit Greffrath: „Der Impuls zu dieser Arbeit [Die Träger der öffentlichen Meinung, 1933] kam aus dem Verhältnis der Nationalsozialisten zu den Deutschnationalen. Ursprünglich war die DNVP die führende Partei, und schließlich hat sie doch das Spiel verloren. Die Deutschnationalen konnten nur eine kleine Schicht erreichen, während die Nationalsozialisten dieselben politischen Inhalte an sehr viel breitere [auch kommunistische] Schichten vermitteln konnten. Das [dieser Wandel von Meinungen] ist das eigentliche Thema meiner Arbeit über die öffentliche Meinung, allerdings in dem historischen Kostüm des 18. und 19. Jahrhunderts."

„total" kontrollierten Öffentlichkeit ausgehen, sondern von einem vielkanaligen und diverse Öffentlichkeitsebenen umspannenden heterogenen Netz von Kommunikationen auch im NS-Staat.

Kommunikationstheoretisch bedeutet das, dass Mitteilungen immer zugleich intentional und nonintentional strukturiert sind, also als relationaler Prozess zwischen Menschen(-gruppen) zu erforschen sind (vgl. insbesondere Manheim 1979 [1933]: 29). Karl Mannheim betont genau dies als hochrelevant im Werk seines Cousins Ernst:

> His [Ernst Manheims] self-selected problem is concerned to elicit a question which as been formerly been very largely neglected by scholars in this field, namely the significance of small groups in the formation [...] of public opinion and for the integration of society. (Karl Mannheim: Testimonial for Ernest Manheim 1934, Archiv Univrsity of Kansas City, Missouri)

Die Gruppenkommunikation ist es, die Manheim dann in den USA stärker betrachtete, einerseits als Verstärker für bestimmte Ideen und Ideologien, zugleich als möglichen Träger von Opposition.

Interpersonale Kommunikation und deren weitreichende Konsequenzen für gesellschaftliche Kommunikation, insbesondere für Einstellungswandel und Einstellungsfestigung, gerieten Manheim in den Blick, bevor Paul F. Lazarsfeld, Bernhard Berelson und Hazel Gaudet ihre Ergebnisse zum „Zwei-Stufen-Fluß der Kommunikation" („Two Step Flow") veröffentlicht hatten. Später hat Ernst Manheim Lazarsfelds und Katz' „Personal Influence" kollegial gegengelesen, wofür Lazarsfeld sich in einem kurzen Brief bedankte. Dessen Unterton in diesem Brief, der eher einer Notiz gleichkommt, ist aufschlussreich, denn Lazarsfeld kennzeichnet Manheims Lektüreperspektive als einer ‚typisch deutschen', deduktiven Soziologie verhaftet, die er offensichtlich als wenig empirisch und daher für amerikanische LeserInnen als eher ungeeignete Kost einschätzte:

> Dear Ernest, thanks a lot for your letter of September 15. I am grateful to you for having read the whole manuscript and very interested in your additional suggestions. You certainly clearly understood the main point I tried to make with my manuscript. Unfortunately, I am not sure that American readers who don't know anything about the German tradition will be as perceptive [...]. Very sincerely, yours, Paul.[20]

Unterdessen arbeitete Manheim zu diesem Zeitpunkt längst selbst, und dabei der Chicago School of Sociology verhaftet, als empirischer, quanitativ orientierter Sozialforscher. Bald verband er in seinen Vorlesungen über „Public Opinion" an der

---

20 Vgl. Brief von Paul F. Lazarsfeld an Ernest Manheim in Kansas City, Mo. New York, 17.9. 1957. In: Archiv für die Geschichte der Soziologie in Österreich. http://www-classic.uni-graz.at/sozwww/agsoe/manheim/dt/8_down/dlfiles/lazarsfe.pdf (9.3.2015).

University of Kansas City (Missouri)[21] die eigenen frühen Entwürfe einer „publizisti-schen Soziologie" und die Ergebnisse der empirischen Kommunikationsforschung mit der Gatekeeper-Forschung, die Journalisten als „Schleusenwärter" der über die Nachrichtenticker einkommenden Informationen ansieht und die aktive Rolle von Journalisten in öffentlichen Kommunikationsprozessen betont (inzwischen haben Konzepte des „Gatewatching" die des „Gatekeepings" teilweise abgelöst, vgl. Bruns 2005). Überdies bezog sich Manheim auf das Konzept „Selective Exposure", das davon ausgeht, dass Rezipienten sich Medieninhalten konform zu ihren Einstellungen und Interessen aussetzen, außerdem auf den „Two-Step-Flow of Communication", wie ihn Lazarsfeld vertrat, und der die interpersonale Kommunikation als relevant für die Bewertung von Informationen ansieht (vgl. weiterführend zu diesen Konzepten der US-amerikanischen Wirkungs- und Nutzungsforschung Schenk 2007). Indes hatte Man-heim selbst schon 1932/33 Ideen des Two-Step-Flow-Konzepts vorweggenommen, al-lerdings weniger bezogen auf die Diffusion von Informationen als auf deren kognitive Selektion:

> Die Mitteilungsform birgt inhaltlich ein Zwei- oder Mehrstufengefüge in sich. Welche Bedeutung die Mitteilung annimmt, hängt von der Willens- und Verstehensstruktur des jeweiligen Adres-satenkreises ab. (Manheim 1979 [1933]: 48)

Lazarsfelds Grundthese, die er empirisch erforschte, lag in der Annahme, dass Men-schen innerhalb von Gruppen einer Art kommunikativer Kontrolle unterliegen, die einen potenziell stärkeren Einfluss als massenmediale Kommunikation ausübt, da die Glaubwürdigkeit eines „Opinion Leaders" in seiner Gruppe höher ist als die medial vermittelter Kommunikation; Meinungen verstärken sich also gerade dadurch, dass sie kollektiv geteilt werden. Manheims frühe Schriften (insbesondere Manheim 2005 [1939]) stützen diese Perspektive, damals noch ohne Bezug auf Lazarsfeld. Manheims Schriften weisen aber stets über eine sozialpsychologische Perspektive hinaus und nehmen „Gesellschaft" als übergreifenden kommunikativen, medial vermittelten Prozess jenseits individual- oder sozialpsychologischer Dimensionen wahr: Konkret bedeutet das, dass symbolische Gehalte sowohl dekontextualisiert als auch neu kontextualisiert werden können. Manheim zeigt dies für zahlreiche von den Natio-nalsozialisten aufgegriffene Begriffe und Symbole. Er nennt einen solchen Begriffs-wandel „Transposition" (Manheim 1979[1933]: 30). Inhalte können dann transponiert werden, wenn sich die (implizite) Aufforderung, wie sie zu dekodieren sind (man könnte auch von der dominanten Lesart im Sinne Stuart Halls, 1973, sprechen), *gleichzeitig* mit ihrer publizistischen Sphäre, also ihrer Gebundenheit sowohl an be-stimmte Trägermedien, an bestimmte Kommunikatoren, an bestimmte Rezeptions-positionen und -situationen verändert. Wenn etwa der literarische Antisemitismus des

---

21 Die Vorlesungsskripte Manheims aus seiner amerikanischen Phase sind aufbewahrt im Manheim-Nachlass des Archivs für die Geschichte der Soziologie in Österreich (AGSÖ) in Graz. Die Verfasserin des vorliegenden Buches hat sie dort eingesehen.

19. Jahrhunderts „transponiert", also in einen anderen Kontext gestellt wird, so durch seine Verbrämung mit einer „völkisch" motivierten Literatur und Presse, und so neue Adressatenkreise erschließen und alte halten kann. Die Richtung von „Transpositionen" (heute würde man wohl von Framing-Prozessen sprechen) kann ebenso der Intention von Kommunikatoren entsprechen als auch den wiederum unterbewussten latenten Befindlichkeiten des Publikums (so der großmachtsehnenden Deutschen nach dem Versailler Vertrag mit ihrem Bedürfnis, sich selbst wieder zu überhöhen, vgl. Manheim 1999). Ein ‚guter' Propagandist weiß solche Publikumsbefindlichkeiten rhetorisch und strategisch für sich (und seine Frames) auszunutzen (vgl. ebd.). Erfolgreiche Propaganda nutze immer eine Doppelstrategie: Nach innen kohäsive Kommunikation und nach außen überzeugende, jeweils situativ angepasst an die formalen und inhaltlichen Erwartungen der Adressaten (vgl. Manheim 2005 [1964]: 235 f.). Manheim bezog das grundsätzliche Problem der Adressierung, das die Kommunikation von parteilichen Interessen via Massenmedien mit sich bringe, auf politische Kommunikation in Demokratien, die einerseits darauf angewiesen sei, die Ziele des Kommunikators (etwa der Partei X vermittelt über den Journalisten X) konsistent zu formulieren, *gleichzeitig* die Kohäsion der Partei nach innen (auch gegen Kritiker der Botschaft) aufrechtzuerhalten sowie drittens das breite Publikum zu überzeugen. Das sei im folgenden Abschnitt ausgeführt.

4.2.4 Denkmotiv: Typologie der Öffentlichkeit – plural, qualitativ, transzendental?

Manheim geht Bernhard Peters Auffassung, politische Kommunikation in der demokratischen Gesellschaft vollziehe sich über „Diskurskoalitionen" (Wessler/Peters 2008: 6), voraus. Pluralität ist bei Manheim nicht in Konsens auflösbar. Historischer Kontext seiner Auffassung sind die Parteiendemokratie der Weimarer Republik, Legitimationskrisen, Regierungswechsel in kurzer Folge, der Aufstieg der Nationalsozialisten, Vertrustung und Konzernbildung im Pressebereich.

Dissens und Konflikt als Formen öffentlicher Kommunikation, die bei Tönnies zwar als empirisch gegeben, doch aber als in *Der* Öffentlichen Meinung (der Gelehrtenrepublik), als konsensual überwindbar galten (vgl. Kap. 3 dieses Buches), werden seitens Manheim in einen Normaltypus demokratischer Öffentlichkeit überführt. Dieser kommt ohne Widerstreit *nicht* aus und noch mehr: *Widerstreit* ist kein Symptom, sondern *Basis demokratischer Gemeinwesen*. Mit anderen Worten: Die Wurzel der Demokratie ist die Akzeptanz von Dissens als Normaltypus öffentlicher Kommunikation. Manheim kam entsprechend ohne die Tönnies'sche Denkfigur einer das ‚einfache' Volk erziehenden „Gelehrtenrepublik" aus, begriff diese vielmehr als historisch überkommen, nämlich als Denkfigur des 18. Jahrhunderts.

Manheim ist meines Erachtens der erste Öffentlichkeitstheoretiker in Deutschland, dem es gelingt – und zwar explizit im Rekurs auf Webers Idealtypenlehre und die Kritik der Tönnies'schen Gelehrtenrepublik –, Abstand zu nehmen von einem elitentheoretischen Öffentlichkeitskonzept und zu einem analytischen zu gelangen.

Öffentlichkeit ist insofern nicht mehr elitentheoretisch zu denken, da sie sich in Großgesellschaften und deren engmaschig vernetzte diskutierenden Zirkeln (darunter auch die Eliten) mit ihren spezifischen Presseorganen nicht mehr übergreifend perpetuieren kann. Ernst Manheim bezog sich in seiner Studie zur „Soziologie der Öffentlichkeit" 1933 noch nicht auf Rundfunk, auch nicht auf Fernsehen – dann wäre er möglicherweise zu anderen Ergebnissen gekommen (Noelle-Neumann etwa galt später das Fernsehen als das vereinheitlichende Medium der öffentlichen Meinungsbildung schlechthin). Ähnlich wie bei Habermas bleibt der Strukturwandel der Öffentlichkeit, den Manheim zwischen dem Ende des 17. und dem ersten Drittel des 20. Jahrhunderts beobachtete, dem Medium Presse und dessen sozialen und gesellschaftlichen Folgen verhaftet. Anders als Jürgen Habermas (vgl. Kap. 5 in diesem Buch) beklagte Manheim aber keinen Zerfall homogener bürgerlicher Öffentlichkeit (die es Manheim folgend allenfalls in deren Hochphase im 18. Jahrhundert gab).

Das Manheimsche Öffentlichkeitskonzept ist komplex und beinhaltet drei Typen, die „transzendentale" Öffentlichkeit, die „pluralistische" und die „qualitative". Die Typenbildung ist wiederum ein Konstrukt, denn diese Typen können sich in konkreten Gesellschaften alle drei zur gleichen Zeit finden oder aber historisch wechselnde Dominanzen ausbilden. Diskursivität und Deliberation sind dabei, Manheim folgend, immer nur die eine Seite von Öffentlichkeit, den reinen transzendentalen Typus, der diese Norm erfüllen würde, gibt es ihm folgend nicht. Zentral ist: Interpersonale und mediatisierte Kommunikation gehen in allen drei Typen Mischverhältnisse ein und können ohne einander nicht existieren.

Typologie interdependenter Öffentlichkeitstypen nach Manheim

Transzendentaler Typus	deliberativ, verständigungsorientiert-konsensual; Einverständnis über gemeinsame Werte und Normen kann diskursiv ausgehandelt werden
Pluralistischer Typus	polemisch-konfliktär; Einverständnis unsicher, strategische Kommunikation ist Normalfall
Qualitativer Typus	autoritativ; Einverständnis wird repräsentiert und Dissens kommunikativ oder mit Gewalt unterdrückt

Quelle: Manheim 1979 [1933]

Manheim beschrieb Idealtypen, die sich aber in der Realität überlappen. So wird der pluralistische Typus abgemildert durch den transzendentalen: Die Mischungen beider Typen sind unterschiedlich, aber das (transzendentale) Einverständnis, *dass überhaupt öffentlich, also transparent um Argumente gestritten werden soll*, darin kann man übereinkommen. Seinerseits kann das repräsentativ-qualitative Einverständnis seine Legitimation sehr schnell verlieren und so auch politische Macht delegitimieren, wenn es sich nicht mehr auf „transzendentale", heißt anerkannte Inhalte und Werte bezieht (diese allerdings können historisch relativ, also epochaltypisch different sein, vgl. Manheim 1979 [1933]: 54). Transparenz und Deliberation sind also bei Manheim immer nur die eine Seite von Öffentlichkeit. Den reinen transzendentalen Typus, der diese Norm erfüllen würde, gibt es nicht. Und auch dann nicht, wenn Manheim, ähnlich wie später Habermas, das Leitbild der bürgerlichen Öffentlichkeit des 18. Jahrhunderts immer wieder bemüht und zitiert, nicht zuletzt bemessen an den Statuten und Denkschriften der aufklärerischen Bünde und Gemeinschaften. Dies bleiben Selbstaussagen, keine empirischen Befunde. Das wusste auch Manheim.

Der Aspekt der gesellschaftlichen Gerechtigkeit samt einer ausgeglichenen, ausgehandelten Kommunikation ist im 18. Jahrhundert noch an weitgehend nach innen geschlossene Gemeinschaften wie die Tischgesellschaften in ihrer bürgerlichen Blüte gebunden. Mit der *publizistischen Vergesellschaftung*, die die bürgerliche Gesellschaft prozesshaft hervorbringt (und in der sie sich selbst hervorbringt), wird (kommunikative) Gerechtigkeit allerdings immer weiter *depersonalisiert*. Sie ist nicht mehr an spezifische Personen oder Gruppen (Gelehrte und bündische Zirkel) gebunden, *sondern an die Mitteilbarkeit von (divergierenden) Interessen. Publizität wird so zu einer normativen Verfahrenskonstante.* Gerechtigkeit ist – mit Kant – die öffentliche, vor allem die *öffentlich sichtbare* Gerechtigkeit: Justitia selbst ist zwar Interessen gegenüber blind; Gerechtigkeit aber ist vor allen und für alle (nicht mehr nur vor Gott oder dem König, sondern eben vor den Bürgern) sichtbar. Alle sollen mindestens potenziell über alle(s) Bescheid wissen können. Veröffentlichung als „universale Publizität" (Manheim 1979 [1933]: 22), und damit *Transparenz*, ist dann Grundbedingung für soziale und politische Gerechtigkeit. Sowohl Manheim als auch später Habermas (1996 [1962]) sehen hier den Kern der bürgerlichen Freiheits- und Gerechtigkeitsidee. Beide berufen sich auf Kants Schrift „Zum Ewigen Frieden", der darin schreibt, dass nur solche Handlungen in Einklang mit der Gerechtigkeit stünden, über die öffentlich (von einem Publikum) geurteilt werden kann. Wie Manheim (1979 [1933]) ausführlich belegt, haben sich schon die Denker des 18. Jahrhunderts auf diese Kantsche Maxime bezogen. Somit stehen Manheim und Habermas beide in der Traditionslinie, die sie analysieren wollen, und sind ihr selbst zuzurechnen: dem Humanismus der Aufklärung.

Kants Schrift hatte vor allem rechtsphilosophische Qualität, und zwar in zweierlei Hinsicht, einmal ordnete seine Idee des „öffentlichen Rechts" den Staat genau diesem Recht *unter*, andererseits stellte es die Bürger als Menschen mit (eigenen) Rechten dem Staat als Anspruchseigner gegenüber (vgl. Hölscher 1979: 66 f.).

Der *transzendentale Typus* der Öffentlichkeit entspricht bei Manheim diesem Aufklärungsideal einander gleichberechtigter, sich gegenseitig anerkennender Rechtssubjekte, die miteinander kommunizieren, das im Werk von Habermas (vgl. Kap. 5) erkenntnisleitend wird. Zunächst bezeichnet der transzendentale Typus nach Manheim die Struktur privater Kommunikation mit ihrem hohen Grad an Identifikation zwischen den einzelnen Kommunikanden; so liege „ein Minimum solcher Identifikation schon in jeder sinnvollen Unterredung vor – gleichgültig, in welcher gesellschaftlichen oder personellen Schicht der Partner sie sich vollzieht" (Manheim 1979 [1933]: 31). Das ist die Ulitma Ratio der Kommunikation, die sich auch im transzendentalen Typus der Öffentlichkeit bei Kant schon findet und die später – wie Liesegang betont – Habermas von Kant aufgreift:

> Vorbedingung einer Öffentlichkeit, die den Austausch der Subjekte vermittelt, ist eine allgemein gültige Kommunikationsfähigkeit des individuellen Bewusstseins. Diese Einheit des empirischen Bewusstseins auf einer subjektiven wie intersubjektiven Ebene ist, wie schon Habermas darlegt, zentrale Denkfigur und notwendige Voraussetzung von Kants Vernunftbegriff. (Liesegang 2004: 64)

Als Zielnorm bleibt diese Identifikation Manheim folgend auch in Großgesellschaften erhalten:

> In der öffentlichen Diskussion erweitert sich der Raum der Gruppenidentifikation zum transzen-dentalen Gesamtraum der Öffentlichkeit. Bei einem sinnvollen und in diesem publizistischen Raum allein legitimen Ablauf stiftet die Diskussion in ihrem Felde einen öffentlichen Konsensus. Man diskutiert aufgrund verschiedener Meinungen, aber gleichen Wollens. (Manheim 1979 [1933]: 53)

Die *Struktur* der öffentlichen Kommunikation, im Sinne ihrer Konfliktfähigkeit, die gleichzeitig die Möglichkeit zum Konsens bedeutet, wird bei Manheim immer (auch) vom Typus „transzendentale Öffentlichkeit" mitbestimmt. Außerdem verweist dieses Zitat wiederum auf Manheims Vorstellung, dass *Meinungsdivergenz* eine Normal-funktion ausdifferenzierter Gesellschaften ist. Gleichwohl müssen diese dadurch nicht zerfallen, soweit sie durch gleiches „Wollen", also etwa durch die Akzeptanz einer pluralen Demokratie mit freier Presse und gegenseitiger Achtung divergierender (Partei-)Interessen, aneinander gebunden sind. Dann sind die „Kleingebilde", die „engeren publizistischen Formen des zwischenmenschlichen Konsensus", etwa die Parteien, erstens nach innen wenigstens ansatzweise homogen und nach außen kompromissbereit. „Reine" zweckfreie Transzendenz gibt es indes nie im öffentlichen, sondern allein im weniger durch Strategien (oder „Kürwillen" bei Tönnies bzw. „Zweckrationalität" bei Weber) als durch Emotionen (oder „Wesenwillen" bei Tönnies bzw. „emotionales Handeln" bei Weber) bestimmten *privaten Raum*, in dem sich „individuelle Personen in ihrer Unmittelbarkeit" äußern. Das private Gespräch gilt Manheim folglich als die Sphäre des (potenziell) Authentischen:

> Denn nur für die Verständigung im privaten Nexus kann es typisch sein, dass sie frei von aller akuten Zwecksetzung ist, dass sie absichtsfrei gemeint und das mentale Abbild eines schlechtweg sozialverhafteten Seins ist: „So denk ich, so bin ich" ist das stillschweigende Motto des privaten Austausches. (Manheim 1979 [1933]: 29)

Dass auch private Kommunikation strategisch ist oder sein kann und Beziehungsaspekte den Inhaltsaspekt überlagern, auch private Kommunikation eine „Vorder"- und eine „Hinterbühne" hat, also von der Darstellung und der Imagesicherung lebt, wissen wir heute, wir haben es von Erving Goffman gelernt und wir beobachten das täglich im Social Web. Der Soziologe Manheim aber ist mit seinen an politischer Kommunikation orientierten Begriffen von Privatheit und Öffentlichkeit noch traditionell orientiert: Die

Begriffe sind dichotomisch, *Öffentlichkeit und Privatheit funktional different*.[22] Der Privatmann kann zwar öffentliche Ämter annehmen, diese sind aber von seiner Privatsphäre streng zu unterscheiden, funktional sollen sie nicht seinen Eigeninteressen unterliegen, sondern dem Gemeinwohl. Dass das Private das Öffentliche in einem bürgerlich-diskursiven Sinne ja erst ermöglicht und umgekehrt das Öffentliche das Private beeinflusst, indem es Institutionen und Regelleitungen schafft, die die bürgerliche Wertegemeinschaft umgreifen, darauf macht 1962 Jürgen Habermas aufmerksam. Obwohl Manheim (1979 [1933]) die Ausdifferenzierung des Öffentlichen aus dem privaten Raum der Bürger heraus selbst empirisch anhand der Quellen frühbürgerlicher Öffentlichkeit zeigt, wird ihm die Dichotomie Privatheit-Öffentlichkeit noch nicht zum eigentlichen Forschungsthema.

Privatheit ist bei ihm keine zentrale Kategorie. Er interessierte sich dafür, warum *Öffentlichkeit* und *Gemeinwohl* – wie dies die Denktradition seit dem 17. Jahrhundert vorsah (vgl. auch Hölscher 1979; Steininger 2007: 20 – 27) – spätestens seit dem Ende des 18. Jahrhunderts nicht mehr in eins zu setzen seien. In dem öffentlichen Raum, der durch publizistische Vergesellschaftung geschaffen und von Manheim nachgezeichnet wird, ist sogar ein kompletter Zerfall des Aufeinander-Bezogenseins der Kommunikanden möglich, nämlich dann, wenn kein Konsens mehr erreicht werden kann und der gegenseitigen Anerkennung streitender Parteimeinungen der Boden entzogen ist:

> Im Zeichen des Pluralismus steht eine Öffentlichkeit dann, wenn sich das öffentliche Einverständnis um eine Mehrzahl qualitativ verschiedener Willensgehalte gruppiert. Pluralistisch wird das Gefüge dieser Öffentlichkeit grundsätzlich dadurch, dass in ihr im radikalen Grenzfall keine affirmativen Willensgehalte vorhanden sind, die zur Grundlage einer durchgängigen homogenen Gemeinsamkeit werden könnten. [...] Die Öffentlichkeit beginnt nicht erst jenseits der Grenzen des geschiedenen Gruppenkonsensus, sondern umgekehrt. Sie beruht qualitativ auf diesen polaren Scheidungen. (Manheim 1979 [1933]: 54)

Den „radikalen Grenzfall" konnte er am Ende der Weimarer Republik selbst beobachten, als die politischen Auseinandersetzungen sich in Straßenschlachten und politischen Morden auf offener Straße manifestierten. Generell aber kann es – *und das ist der Faktor der Transzendenz auch in der pluralistischen Öffentlichkeit* – Kompromisse zwischen Partikularinteressen geben: Man vertritt unterschiedliche Meinungen, will aber zugleich einen Kompromiss erreichen.

Konsens auf der Basis von Kompromiss meint in der pluralistischen Öffentlichkeit nicht per se das Sich-Durchsetzen des besseren Arguments (wie bei Tönnies und später wieder bei Habermas), sondern *die Durchsetzung des situativ geeigneten Arguments* (Manheim 1979 [1933]: 25). Der Minimalkonsens besteht hier lediglich darin, dass eine diskursive öffentliche Sphäre des Widerstreits als notwendig für politisches und soziales Leben angesehen wird: „Die Öffentlichkeit beginnt nicht erst jenseits der Grenzen des

---

22 Ein Begriff wie „persönliche Öffentlichkeit" – wie der Web-2.0-Forscher Jan-Hendrik Schmidt (2006, 2013) ihn formuliert und der inzwischen im Fach Kommunikationswissenschaft häufig verwendet wird, ist mit Manheims Terminologie noch nicht vereinbar.

geschiedenen Gruppenkonsensus, sondern umgekehrt: Sie beruht [...] auf diesen polaren Scheidungen." (Manheim 1979 [1933]: 55) Alles politische Handeln geschieht vor der Öffentlichkeit und hat als öffentliches Handeln eine spezifische kommunikativ-strategische Struktur. Dieser „öffentliche Status als Generalnenner des Politischen" mache die neue politische Kultur jenseits der Verlautbarungsöffentlichkeiten aus. Relevante korporative Akteure von der Presse bis zur Partei können nicht mehr immanent definiert werden, sondern nur noch „im Funktionszusammenhang des öffentlichen Wesen". „Publizität" sei zur „Kategorie" des Sozialen geworden (ebd.: 23).

Die „öffentliche Diskussion" ist bei Manheim kein Verfahren, das per se moralisch positive, also im weitesten Sinne gerechte Formen von Kommunikation erzeugt. Vielmehr haben die Mitteilungen in der pluralistischen Öffentlichkeit den Charakter von Überredungskommunikation. Michael Beetz fasst seine Manheim-Lektüre diesbezüglich so zusammen:

> „Pluralistisch" heißt in diesem Zusammenhang, dass die öffentliche Kommunikation die dreifache Struktur hat, die Parteigenossen symbolisch zu einen, den Gegner anzugreifen und die Unentschiedenen auf die eigene Seite zu ziehen. Mit anderen Worten: verständigungsorientierte Kommunikation wird durch Polemik ersetzt. (Beetz 2005a: 156)

Bei Manheim heißt es: „So bekommt eine öffentliche Kundgebung gleichzeitig einen mehr oder weniger affirmativen, einen imperativen und einen antithetisch-polemischen Sinn." (Manheim 1979 [1933]: 56)

Beetz (2005b) übernimmt in seinem eigenen Buch zur „Rationalität von Öffentlichkeit" explizit Manheims Annahme, dass „Mitteilungen im pluralistischen Raum polemischen Charakter" haben (Manheim 1979 [1933]: 55]. Diese Überlegung treibt Beetz seinerseits weiter und bezieht sie auf zeitgenössische Medien ebenso wie auf strategische Kommunikationsformen: Öffentlichkeitsarbeit, Public Relations, Marketing, Parlamentsreden. Der Terminus Technicus, den Beetz selbst diesbezüglich einführt, lautet: „Konkurrenzförmiger Pluralismus" (Beetz 2005b: 22).

Der *demokratische Dissens* geht mit der Konkurrenz um Einfluss und Macht ebenso einher wie dies umgekehrt gilt: Die Konkurrenz um Einfluss und Macht zwingen konkurrierende (politische) Gruppierungen und ihre Medien zur strategischen Kommunikation, zur Überzeugung und Überredung. Deren Erfolg beruht auf *Adressierungen* (von Kommunikatoren an Rezipienten) und *Glaubwürdigkeitszuweisungen* (bzw. -vorschüssen) von Rezipienten (vgl. vor allem Manheim 1979 [1933]: 55 f.). Und *zugewiesene* Glaubwürdigkeit schafft langfristig Autorität – Autorität kann sich also dauerhaft eben nicht durch Zwang oder Terror ergeben, auch wenn dies kurzfristig funktionieren mag: Sie widersprechen dem Wesen der Autorität, die *zugewiesen* werden muss. Legitime Herrschaft ist, Manheim folgend, der hier an Weber anschließt, immer akzeptierte Herrschaft – beruht diese nun auf Gewaltenteilung oder auf einer wie auch immer organisierten und strukturierten Obrigkeit (vgl. Bahmeie 1997).

Mit der Frage, was Autorität ist, hat sich Manheim sowohl empirisch als auch theoretisch befasst: Er prüfte die Autoritätstypologie von Max Weber in seiner zweiten Dissertation über südwestafrikanische Stammesgesellschaften in Bezug darauf, wem

Autorität zukomme, wer sie sich nimmt und wem sie unter welchen Umständen wieder entzogen wird (vgl. Bahmeie 1997; Averbeck 1998). Kollektiver Ungehorsam ergibt sich (unabhängig) vom Gesellschaftstypus Manheim folgend dann, wenn diejenigen Normen, die die jeweiligen Autoritäten repräsentieren oder zu erzwingen versuchen, *nicht mehr adressierungsfähig sind*, mit anderen Worten sie keine Antwort im Sinne einer Glaubwürdigkeitszuweisung mehr finden:

> Autorität besteht nicht ohne soziale Funktion. Sie kann nur bestehen, indem sie gewisse Dienste leistet. Wenn ein Handeln nach Normen, mit denen man leben will, nicht [mehr] möglich ist, sträubt man sich gegen diejenigen, die die Norm erzwingen, und in solchen Fällen ist der einzige Ausweg Ungehorsam. (Manheim zitiert nach seiner Biografin Welzig 1997: 204 f.)

Dies kann sowohl für charismatische und traditionale Herrschaft im Sinne Webers gelten (vgl. Bahmeie 1979) als auch für rationalisierte Formen von Herrschaft in Demokratien. Dann aber sind die Hauptadressaten nicht nur PolitikerInnen, sondern auch *andere* BürgerInnen, die sich ggf. sozialen (Gegen-)Bewegungen anschließen sollen.

Den umgekehrten Fall stellt die *qualitative Öffentlichkeit* dar, in der Konsens nicht durch vermittelnde Instanzen bewirkt werden kann, sondern vielmehr den ganzen Prozess öffentlicher Kommunikation bereits bestimmt bzw. diesem zugrunde liegt: „Im Rahmen dieses Typus der Öffentlichkeit ist umgekehrt die qualitativ fundierte Wahrheit die Bedingung für die Publizität." (Manheim 1979 [1933]: 62)

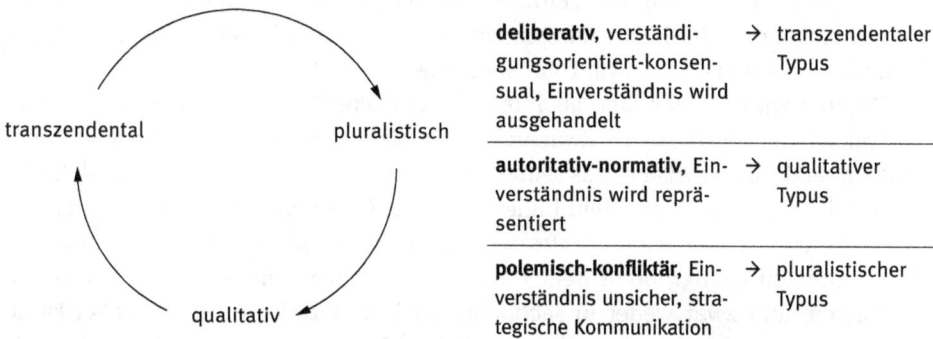

Abb. 1: Freiheitsgrad von Öffentlichkeit (in Anlehnung an Manheim 1979 [1933], Stöber 2009)

Das prägnanteste Zitat Manheims für den ersten Typus, der das Denkmotiv der Theorie des Kommunikativen Handelns, die „ideale Sprechsituation" von Habermas vorweg nimmt, ist wohl jenes, dass der Disput der „Diskussionsgemeinschaft" im transzendentalen Modus nur in der „gemeinsamen Erwartung" möglich sei,

> [...] dass die inhaltliche Entscheidung über die richtige, legitime Willenseinstellung vom Ausgang des Gesprächs abhängt und dort auch tatsächlich für alle verpflichtend vollzogen wird. (Manheim 1979 [1933]: 57)

Die einzige Norm, die ex ante (formal) anerkannt wird, ist die, dass Freie und Gleiche überhaupt in einen argumentativen Diskurs eintreten. In seinen Vorlesungen über Propaganda in den 1950er-Jahren in Kansas City hatte Manheim, allerdings etwas breiter gefasste, englischsprachige Übersetzungen für seine Typen gefunden: die „authoritarian types of communication" für die qualitative Öffentlichkeit und „libertarian types of communication" für die pluralistische (dazu Averbeck 1997: 148).

4.3 Anwendung: Öffentlichkeit in der späten DDR

Hilfreich sind Manheims Typen „pluralistischer" und „qualitativer" Öffentlichkeit (siehe voranstehendes Kap. 4.2.1) auch und gerade für die Frage nach den Anteilen „pluraler" und „qualitativer" Dimensionen innerhalb von nationalen Öffentlichkeiten und Mediensystemen. Auch wenn Mediensysteme heute weitgehend transnational entgrenzt sind (vgl. Wessler/Averbeck-Lietz 2012), sind sie doch zugleich weiterhin national typisch, historisch gewachsen und unterschiedlich normativ verfasst (vgl. Thomaß 2007). Hat ein Mediensystem vorwiegend plurale Züge? Welche dominanten oder auch ideellen Positionen weisen die Medien in ihrer Organisiertheit, also auf struktureller und institutioneller Ebene auf? Bilden sich *Gegenöffentlichkeiten?* Wer adressiert welche Mitteilungen warum über welche Medien in welcher Form an wen? Schon Manheim benannte die „Einverstandenen, die Unentschiedenen als direkte und die Gegner als indirekte Adressaten" strategischer politischer Kommunikation (Manheim 1979 [1933]: 56 sowie voranstehendes Kap. 4.2.1).

Gegenöffentlichkeiten sind als interessengeleitete Teilöffentlichkeiten zu verstehen (vgl. Wimmer 2007: 154 ff.). Zwar analysierte Manheim „Gegenöffentlichkeit" nicht dezidiert, erklärbar wird aber aus seiner Darstellung (vgl. Manheim 1979 [1933]; 1964), wann sich Gegenöffentlichkeiten bilden bzw. aus (anderen) Teilöffentlichkeiten abspalten können: Wenn es den professionellen Kommunikatoren aus Politik und Medien nicht mehr gelingt, breite Teile oder bestimmte Segmente einer Gesellschaft zu adressieren, und zwar weder in sachlicher noch in sozialer Hinsicht. Dabei ist zu bemerken, dass Manheim schon die bürgerliche Öffentlichkeit des 18. Jahrhunderts als Gegenöffentlichkeit zur feudalen Herrschaft beschrieb (vgl. Kap. 4.2). Bürgerliche Öffentlichkeit bleibt Manheim folgend immer dynamisch, heißt offen für das Entstehen (gegenöffentlicher) Teilöffentlichkeiten: Indem die bürgerliche Öffentlichkeit Partikularinteressen (nämlich zunächst: bürgerlichen versus feudalen) *systematisch* den Vorrang vor holistischen Gemeinschaftsvorstellungen gibt, *ist ihr der Modus des Widerstreits inhärent.* Manheim beschrieb dies als den „pluralistischen" Zug der Öffentlichkeit (siehe voranstehendes Abschnittskapitel). Holistische Konzeptionen von Öffentlichkeit sind damit streng genommen antibürgerlich, da sie den pluralistischen Charakter aufgeben. Holistische Öffentlichkeitsvorstellungen beziehen sich auf eigene oder adressierte Wir-/Ihr-Vorstellungen (Wir/die Anderen)[23] – sie schließen zwangsläufig die „Anderen" aus. So kommt es zu dem Paradoxon, dass nicht etwa ‚ganzheitliche' (holistische), sondern *partikularistische Öffentlichkeitskonzepte* am ehesten für Integrationsdebatten (welche Gruppierungen sie auch immer betreffen mögen) relevant sind. Dies bleibt bis heute aktuell.

Wer oder welche Gruppe hat Zutritt zur öffentlichen Sphäre und wird in Bezug auf welche Probleme gehört? Wer oder welche Gruppe oder Teilöffentlichkeit nicht? (Politische) Partizipation bleibt als Problem auch dann bestehen, wenn die technisch-medialen Bedingungen des Einbezugs breiter Bevölkerungsschichten gegeben sind. In westlichen Ländern sind heute nicht so sehr Digital Divides, sondern Kompetenz-, Bildungs- und Machtklüfte, oft einhergehend der Verlust des Vertrauens in klassische Bildungsinstitutionen ebenso wie in politische Parteien, drängend. Hier hilft uns die Begriffsbildung, Ernst Manheims politische Öffentlichkeit genauer einzuordnen:

Wenn man unter qualitativer Öffentlichkeit „hierarchische bzw. zentrale" Vorgaben versteht, wie dies Beetz (2005: 157) im Anschluss an Manheim tut, so können auch vordergründig demokratische politische Systeme hintergründig qualitativ monopolisierte Öffentlichkeitsstrukturen aufweisen. Beetz führt als ein Beispiel die Verschmelzung von politischem und Mediensystem unter der Regierung Berlusconi in Italien an (vgl. ebd.). Das „Monopol der offiziellen, veröffentlichten Meinung", wie es Manheim beschreibt, weist Beetz, der einer der wenigen Soziologen ist, die heute auf Manheim zurückgreifen, auch sozialistischen Staaten zu. Erinnern wir uns, wie Manheim qualitative Öffentlichkeit definierte: als eine Öffentlichkeit, in der der Grundkonsens darüber, was publikationsfähig ist (wie auch immer dieser gefunden oder festgelegt wurde) für lange Zeit feststeht, *also nicht mehr zur Debatte steht* – gleichwohl braucht auch das Dynamik, nämlich mindestens die Dynamik einer glaubwürdigen Repräsentation und Legitimation (vgl. Kap. 4.2.4 sowie unten). Gerät diese – wie in der späten DDR – ins ‚Stocken', bekommt die qualitative Öffentlichkeit Risse, es entwickeln sich plurale Anteile.

4.3.1 Öffentlichkeit und Gegenöffentlichkeit in der DDR

> Gestörte Kommunikation zwischen Staat und Gesellschaft, die Diskrepanz zwischen „öffentlicher" und „veröffentlichter" Meinung – dessen konnte man sich [in der DDR] immer weniger erwehren. (Wilke 2007: 309)

Erfolgreiche Propaganda nutzt Manheim folgend eine Doppelstrategie: nach innen kohäsive Kommunikation und nach außen beeinflussende, jeweils situativ angepasst

---

23 Zeitungswissenschaftler der NS-Zeit ersetzten entsprechend den Begriff „Öffentlichkeit" durch „Volksgemeinschaft", „öffentliche Meinung" wurde zur „Volksmeinung" (dazu Averbeck 1999: 134 – 141).

an die formalen und inhaltlichen Erwartungen der jeweiligen Adressaten.[24] Ende der 1950er-Jahre wies Manheim diese „bi-functionality"-Strategie kommunistischen und sozialistischen Staatsparteien zu. Diese müssten den Spagat der Codierung gleicher Botschaften an verschiedene Adressaten, nämlich Überzeugte und nicht Überzeugte, leisten, um sich legitimieren zu können. Da sie aber für interne und externe Strategien häufig „the same public media" nutzten, und zugleich die elitären Zirkel, in denen „internal messages" kursieren, korparativ geschlossen seien, sei der langfristige Misserfolg vorprogrammiert (vgl. Manheim 2005 [1964]: 235 f.). Der Misserfolg beruht dann letztlich auf einem Glaubwürdigkeitsproblem der staatlichen Kommunikation und der Staatsmedien in Bezug auf auch in staatssozialistischen Gesellschaften langfristig heterogene Bevölkerungsschichten und deren politische Meinungen bzw. deren politische Sozialisation (die sich allein schon generativ unterschiedlich darstellt). Es handelte sich ja nicht um ein geschlossenes Mediensystem: Der größte Teil der Bevölkerung hatte Zugang zu den Medien des Westens, speziell der BRD. Propagandastrategien musste dies zwangsläufig erschweren, wenn nicht gar (langfristig) verunmöglichen (vgl. auch Fiedler 2014b: 27).

Ernst Manheims Idealtyp der „qualitativen Öffentlichkeit" liefert uns ein Instrumentarium, semitotalitäre oder totalitäre Öffentlichkeitsformen („Diktatur mit monopolisierter Öffentlichkeit", Manheim 1979 [1933]: 24) zu analysieren. Den Typus qualitative Öffentlichkeit kennzeichnet ein zentrales Moment: *Die Inhalte eines Konsensus können nicht diskursiv-pluralistisch gefunden werden, sondern werden ggf. (traditional, autoritär oder charismatisch) festgelegt. Gleichwohl müssen sie repräsentiert, also auch veröffentlicht werden. Der Zweck der Repräsentation ist dann Legitimation.* Legitimatorisches Gebaren der Mächtigen, etwa öffentliche Aufmärsche, wirken aber nicht auf alle ihre Adressaten oder ‚Untertanen' gleich. Mit solchen repräsentativen Bekundungen vor einer Öffentlichkeit sind vor allem die „aktiven Träger einer gegebenen oder beanspruchten Ordnung" angesprochen, erst in zweiter Linie die „mehr und mehr passiven Träger des politischen Status", also die Bevölkerung im weitesten Sinne (Manheim 1979 [1933]: 61 ff.). Die Opponenten oder Gegner eines bestimmten Einverständnisses (z. B. einer Parteidoktrin) lassen sich aber nicht einfach (und auch nicht unbedingt durch Propaganda) in eine solche Repräsentation einschließen. Sie können allerdings mundtot gemacht werden, sei es mit publizistischen oder sei es mit anderen Mitteln, nicht zuletzt Gewalt. Eines aber ist in der qualitativen Sphäre der Öffentlichkeit nicht möglich: ein freier Diskurs auf der Basis *differenter* Auffassungen. Stattdessen herrscht die Exegese eines wie auch immer a priori getroffenen „Konsensus" vor. Anspruch auf Publizität bestehe dann nicht mehr *per se und für jeden potenziell möglichen Inhalt* (wie in der pluralistischen Öffentlichkeit), sondern nur im Sinne der getroffenen Grundentscheidung (Manheim 1979 [1933]: 62). So wie ggf. Meinungs'freiheit' nominell *in den Grenzen einer bestimmten politischen*

---

24 In Bezug auf Manheim stimmt es nicht, dass Propagandatheorien meistens nicht nach der Adressierung der Botschaften fragen, wie Fiedler (2014: 28, 33) ausführt.

Doktrin einer solchen Grundentscheidung entsprechen kann – die Ahndung der Abweichung von dieser Doktrin erscheint dann öffentlich legitimierbar (auch gegen sogenannte Meinungsvergehen).

Die Wirkungsweise öffentlicher Kommunikation, einschließlich persuasiver Kommunikation und, als deren depravierte Form, Propaganda, ist, Manheim folgend, sogar in der qualitativen Öffentlichkeit mit ihren zahlreichen Publizitätstabus nicht linear: Zwar ist qualitative Öffentlichkeit weltanschaulich (ggf. sicher auch ideologisch) fixiert und an korporative und/oder personale Autoritäten gebunden. Aber selbst in ihrer politischen und persönlichen Freiheit eingeschränkte Menschen bleiben aktive RezipientInnen und damit Akteure. Das sichert der persönliche Nahraum, der auch das Private umschließt:

> Der einzelne reagiert und reflektiert auf seinen besonderen Lebensraum doch meist unmittelbar; an diesem ist er an seinem Handeln und Führwahrhalten in erster Linie orientiert [...]. Dem Tun und Denken ist es wesentlich, dass es sich nicht im Staat und in der Gesellschaft überhaupt und nicht in der Öffentlichkeit schlechtweg, sondern in bestimmten und besonderen Räumen des Miteinanderlebens vollzieht: im besonderen Verband, in der Gruppe oder auch in der partiellen, individuellen Absonderung. (Manheim 1979 [1933]: 24 f.)

Die Mediennutzungsforschung zur DDR hat entsprechend ermittelt: Die Menschen haben ihren Alltag beobachtet und das, was sie selbst wussten, ebenso wie das, was sie in Gesprächen hörten und aus den ‚Westmedien' erfuhren, mit den Inhalten der DDR-Staatsmedien abgeglichen (vgl. Meyen 2004b, zusammenfassend zum Mediensystem und zur Medienlenkung in der DDR Geserick 1989; Holzweissig 1999; Wilke 2007: 262 ff.). Diese Informationen stimmten zum Ende der DDR hin immer weniger miteinander und mit dem in der DDR erlebten Alltag überein: Die staatseigenen Medieninhalte verloren an Glaubwürdigkeit (vgl. Wilke 2007: 308).

Zugleich sorgten ab etwa 1987 die russischen Konzepte „Glasnost" und „Perestroika" für Irritationen, da sie im DDR-Fernsehen bewusst *nicht* thematisiert wurden – obwohl die Bevölkerung hohes Interesse an der russischen Dynamik zeigte (vgl. Wolf 2002: 242f). Überdies wurde die beliebte russische, deutschsprachige Publikumszeitschrift *Sputnik* im November 1988 kurzerhand verboten bzw. „nicht mehr vertrieben". Damit waren allein 130.000 Abonnenten vor den Kopf gestoßen. Grund des Verbots: Die Zeitschrift, die den sowjetischen Reformprozess in ihrer Berichterstattung begleitete, drucke „verzerrende Beiträge", so die Auffassung der DDR-Führungsriege. Andere Presseorgane wie die sowjetische Wochenzeitung *Neue Zeit* wurden mitunter nur eingeschränkt ausgeliefert (so anlässlich eines Interviews mit Lech Walesa von der polnischen „Solidarnosc"). Berichtet wurde über diese Vorgänge, auch russische Filmverbote, in den DDR-Medien nur randständig (zu allen oben stehenden Angaben Kolwalkzuc 2009: 74 – 81). Die Vorsichtsmaßnahmen gegen Glasnost trieben Blüten, die wohl in der Bevölkerung eher Spott als Vertrauen hervorriefen:

> Die SED-Führung war von einer Glasnost- und Perestroika-Phobie befallen, die sich in aberwitzigen Erscheinungen zeigte. [...] Nur noch exakt abgezählte Gorbatschow-Portraits sollten den

SED-Funktionären zugemutet werden. [...] Jugendliche riefen aus Protest „Gorbi, Gorbi". (Kowalczuk 2009: 72)

Wie und wann, unter welchen Umständen und mit welchen Folgen kommt es zur *Integration pluraler und/oder gegenöffentlicher Anteile in eine qualitative Öffentlichkeit* und damit langfristig zur Erosion (vermeintlich) holistischer Öffentlichkeiten? Mit dem analytischen Instrumentarium von Ernst Manheim gesprochen, können solche Prozesse sich nur dann entwickeln, wenn (abgewandelte/alternative/neue/gegnerische) Ideen, Argumente, aber auch (persuasive) Mitteilungen „transponiert" werden (vgl. Kap. 4.2): Wenn sie also spezifische personale und mediale „Träger" finden, die diese Inhalte zugleich in ihrer Bedeutung ändern oder mit anderen, zusätzlichen (z. B. generativ bedingten) Bedeutungen aufladen: Der „Schutzwall" gegen den Faschismus ist für diejenigen DDR-Bürger, die den Zweiten Weltkrieg miterlebten, völlig anders deutbar als für die nach 1970 Geborenen, die sich zu fragen begannen, warum die „Mauerschützen" mit dem Gesicht zu ihnen standen, also die DDR *nach Innen* absicherten (zu den politischen Generationen in der DDR weiterführend Meyen/Fiedler 2011). Man kann hier auch an die Leipziger Umweltbewegung denken, die immer stärker zu einer politischen Bewegung für mehr Transparenz und Teilhabe nicht nur in Fragen der Umweltverschmutzung wurde (vgl. Rühle 2003), und einen politischen Journalismus, der zwar im Dienste des Staates DDR handelte, zugleich aber die Distanz der Staatsführung von den Menschen längst selbst und auch als eigene „Grenze im Kopf" kritisch wahrnahm (Meyen/Fiedler 2011). In der Bevölkerung legitimierbare Formen von (massenmedialer) politischer Repräsentation sind offenbar auf ihre Glaubwürdigkeit maßgeblich angewiesen. Strategisch vom Staat gesetzte und formulierte Mitteilungen, zumal solche, die über Jahre redundant sind und sich wandelnden Lebensverhältnissen nicht anpassen, werden ggf. konturlos, auch belanglos (da nicht mehr ernst genommen wie die Ernteberichte in den DDR-Medien, vgl. ebd.) oder sie rufen widerständige Lesarten oft zunächst in Encounter-Öffentlichkeiten mit starker Verankerung im Privatleben der Menschen hervor. Encounter geraten bei Jürgen Gerhards und Friedhelm Neidhardt 1990 in ihrem heute klassischen Artikel zu den Strukturen und Funktionen von Öffentlichkeit in den Mittelpunkt der Argumentation zur öffentlichen Kommunikation in der Spätphase der DDR:

> Als Flucht-, aber auch als Startpunkt für Autonomisierungsprozesse von Öffentlichkeit sind Encounter-Systeme also nicht unwichtig. Im Verfallsprozess sowohl von feudalen als auch von sozialistischen Gesellschaften ist das Rumoren auf dieser Ebene ein erstes Anzeichen, eines dann auf höhere Ebenen [der Versammlungsöffentlichkeiten, der Samzidat-Presse, der Massenmedien ...] übergreifenden Umgestaltungsprozesses. Begleitet wird ein solcher Ausdifferenzierungsprozess i. d. R. durch die Forderung nach Meinungs- und Redefreiheit; deren Durchsetzung bildet das Korrelat der Ausdifferenzierung von Öffentlichkeit auf unterer Ebene. *(Gerhards/Neidhardt 1990: 21)*

Jörg Requate (1999: 12) und auch Michael Meyen (2011) beziehen sich auf diese und ähnliche Textstellen bei Gerhards und Neidhardt. Sie fragen beide weiter und stellen die zentrale Frage sinngemäß so: Wie waren diese kleinen Encounter-Öffentlichkeiten im politischen Prozess der DDR miteinander vernetzt, verwoben und dies möglicherweise auch mit anderen Öffentlichkeitsebenen? Existierten die ‚oberen' Ebenen von Öffentlichkeit, insbesondere die massenmediale der Staatsmedien, und die ‚unteren', die Encounter- und die Versammlungsöffentlichkeiten, *unabhängig* voneinander? Beide Autoren zeigen überzeugend, dass dem nicht so war (vgl. Requate 1999: 26 – 32; Meyen 2011). Requate verweist auf das zentrale Problem der bisherigen Forschungen zur Entstehung einer „zweiten" oder einer „Gegenöffentlichkeit" in der DDR, die darin zu kurz greifen, die gegenöffentliche Sphäre als autonom gegen den Staat zu denken. Vielmehr sei nach den Vernetzungen *zwischen den diversen Typen von Öffentlichkeiten innerhalb von Diktaturen oder autoritären Regimen zu fragen.* Hier sei die relativ statische Gegenüberstellung von inszenierter staatlicher und sich unterhalb derselben entwickelnder Ersatzöffentlichkeit nur eine Oberflächenbetrachtung. Gesucht werden müsse nach „Sektoren innerhalb der öffentlichen Kommunikationssphäre, in denen Diskursregeln galten, die von den gängigen Sprachregelungen abwichen" (Requate 1999: 27). Auch bezieht Requate die Mediennutzerperspektive und die Frage mit ein, was das DDR-Publikum eigentlich von seinen Medien wollte. Das war mehr als die „ermüdende Propaganda" von *Aktueller Kamera* und *Neuem Deutschland*, es war auch Unterhaltung und Orientierung (vgl. weiterführend Meyen 2002, 2004; Steinmetz/Viehoff 2008; Lietz/Hausstein 2008; Fiedler 2014: 34 – 35). Explizit von den Überlegungen Requates ausgehend, plausibiliert Meyen die Feststellung, dass die SED nicht nur habe repräsentieren, sondern *sich auch kommunikativ habe legitimieren müssen,* was ihr in der Endphase der DDR immer weniger gelungen sei (vgl. Meyen 2011, weiterführend auch Meyen/Fiedler 2012). Meyen abstrahiert das Ebenen-Modell von Gerhards und Neidhardt für die DDR. Allerdings muss einschränkend gesagt werden, dass in der ursprünglichen Version von Gerhards und Neidhardt die Encounter eben nicht so zentral sind wie heuristische Verwendungen und Weiterführungen ihres Modells nahelegen mögen. Die beiden Autoren haben sich ihrerseits von Luhmanns „Kommunikation au trottoir" und von Erving Goffmans Encountern inspirieren lassen, was sie aber nicht weiter ausführen (vgl. Gerhards/Neidhardt 1990: 20). Swantje Lingenberg (im gleichen Sinne Meyen 2011: 11) kritisiert entsprechend, Gerhards und Neidhardt schöpften

> [...] das inhärente Deutungspotential der Interdependenzen zwischen Encounter-, Versammlungs- und massenmedialer Öffentlichkeiten nicht voll aus. Werden die Prozesse öffentlicher Meinungsbildung doch hierarchisch im Sinne der Eigengesetzlichkeit massenmedialer Kommunikation geordnet und damit unterkomplex „vertikalisiert", während partizipative Bürgerkulturen und politisch aktive Minderheiten nur unzureichend berücksichtigt werden [...]. In der Konsequenz bleiben die Potentiale und Folgen kommunikativer Prozesse „unterhalb" der Massenmedien weitgehend unterbelichtet beziehungsweise unterschätzt. (Lingenberg 2010: 38, 39).

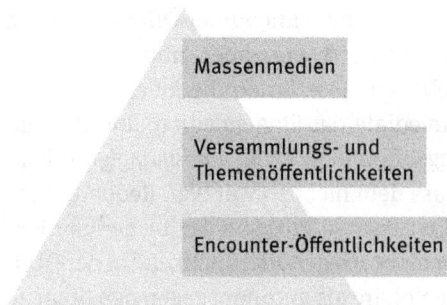

Abb. 2: Arenen-Modell der Öffentlichkeit (folgend Gerhards/Neidhardt 1990)

Diese Typen, die massenmediale, die Versammlungs- und die Encounter-Öffentlichkeiten, entsprechen der Klassifikation von Gerhards/Neidhardt (1990); wobei keine dieser Ebenen in sich ‚abgeschlossen' oder undurchlässig ist. Die Öffentlichkeitsebenen diffundieren einerseits (mittels interpersonaler Kommunikation und über Medien) ineinander, auch sind sie durch die Interessen von Teilöffentlichkeiten strukturiert, und diese Teilöffentlichkeiten können ihrerseits je mehrere Öffentlichkeitsebenen umspannen. So findet die Öffentlichkeit einer politischen Partei zugleich Absicherung in den Encounter-Öffentlichkeiten der Bevölkerung und sie wird in der massenmedialen Öffentlichkeit repräsentiert (was wiederum sowohl in die Parteien als auch in die Bevölkerung hinein Folgen zeitigt, etwa Anschlusskommunikation).

Öffentlichkeit wird in der Kommunikationswissenschaft oft als „intermediäres System" zwischen Politik und Bürgern konzeptualisiert, welches die Massenmedien überhaupt erst herstellen und ermöglichen (vgl. Gerhards/Neidhardt 1990: 35; Wendelin 2011: 256). Dabei dient Öffentlichkeit den normativen Standards der *Transparenz, der Validierung und der Orientierung* (vgl. Meyen 2011: 10 – 11; Fraas/Meier/Pentzold 2012: 31). Sie ist aber in der Vorstellung von Gerhards und Neidhardt (1990) weitgehend von massenmedialen Leitmedien dominiert. Eine Argumentation, die in Zeiten von Internet und Social Web an erklärender Qualität einbüßt, nicht nur für das Social Web selbst (vgl. Schmidt 2013), sondern auch für das Wechselspiel von massenmedialen und anders konstituierten Teilöffentlichkeiten (vgl. Wendelin 2011: 258). Andererseits können gerade die von Gerhards und Neidhardt konzipierten Encounter- und Versammlungs- oder Themenöffentlichkeiten als sogenannte persönliche oder kleine soziale Öffentlichkeiten im Netz betrachtet werden. Organisierte journalistische Öffentlichkeit und partizipatorische Praktiken im Netz bestehen nicht nebeneinander, sondern sie werden heute von der kommunikationswissenschaftlichen Forschung als komplementär, einander ergänzend und integrativ betrachtet (vgl. Fraas/Meier/ Pentzold 2012: 36; Schmidt 2013; Neuberger 2014). Das lässt sich mit dem grundlegenden Modell von Gerhards und Neidhardt durchaus noch durchdenken – wenn hier die Encounter- und Themenöffentlichkeiten eben nicht mehr nur Face-to-Face, sondern mediatisiert gedacht werden. Gerhards und Schäfer (2010: 146) erweitern den Begriff der Encounter in Bezug auf „E-Mail, messaging etc." und die Themenöffentlichkeiten auf „Discussion boards, Blogs etc.". Fest steht: „Die in Arenen gegliederte Öffentlichkeit geht nicht in den Massenmedien auf" (Imhof 2011: 92). Einen überzeugenden Beitrag, die Modellkonzeption von Gerhards und Neidhardt auf Online-Kommunikation, insbesondere auch Social Media, zu durchdenken, hat Jan Schmidt geliefert und um eine „Arena der kollaborativen Öffentlichkeit" und eine „Arena der persönlichen Öffentlichkeit" (Schmidt 2013: 42 f.) erweitert. Indes meint die Verfasserin dieses Buches, dass der Begriff „persönliche Öffentlichkeit" nicht hinreichend plausibel ist, da „Öffentlichkeit" traditionell gerade auf *Zugangsoffenheit und Transparenz* (siehe auch das Kapitel zu Habermas in diesem Buch), also ein potenziell unabgeschlossenes Publikum und potenziell unendliche Themenvielfalt abhebt – jenseits von indivuellen Interessen. Gibt man diese Kriterien, nämlich Zugangsoffenheit, Transparenz und Pluralität, analytisch auf, sind auch totalitäre Öffentlichkeitsstrukturen, die sich Zugang, Transparenz und Pluralität ihrerseits auf völlig andere Weise entgegenstellen, kaum mehr zu beschreiben.[25]

Im Zusammenhang des vorliegenden Kapitels sei die Frage nach der Anwendung der Typologie von Gerhards und Neidhardt auf *qualitative Öffentlichkeiten* im Sinne Ernst Manheims, hier der DDR, hinterfragt. Online-Kommunikation spielte dabei keine Rolle, interpersonale Kommunikation, die als zugleich abgrenzend, aber auch ‚integrativ' zur leitmedialen SED-Öffentlichkeit zu sehen ist, durchaus. Interessant ist, dass Meyen (2011) das Ebenen-Modell der Öffentlichkeit von Gerhards- und Neidhardt – genauer a) die stark strukturgebende Ebene der Massenkommunikation, b) die teilweise institutionalisierte Veranstaltungs- und Versammlungskommunikation, und c) die flüchtigen Gesprächsöffentlichkeiten – *jeweils* auf die kontrollierte *und* auf die Gegenöffentlichkeiten in der DDR bezieht. Respektive auf solche Öffentlichkeiten, die irgendwie dazwischenlagen, nämlich institutionell und/oder thematisch für die Ausbildung von Gegenöffentlichkeit bzw. die Erodierung der staatlich gelenkten Öffentlichkeit relevant waren. So nennt Meyen auf der massenmedialen Ebene nicht nur die Staatsmedien der DDR, sondern auch die „kollektive Ausreise" der DDR-Bürger zu den Fernsehprogrammen der sogenannten „Westmedien" (vgl. Meyen 2002, 2011: 7 ff.). Auf der Ebene der Versammlungskommunikation finden sich sowohl offizielle Veranstaltungen wie Sportfeste, aber auch gegenöffentliche wie Demonstrationen der DDR-Umweltorganisationen (vgl. dazu auch Rühle 2003). Innerhalb der DDR-Institutionen ordnet Meyen die „internen Öffentlichkeiten" ein und benennt als solche z. B. Partei- und Betriebsversammlungen, Redaktionsöffentlichkeiten in Medienorganisationen (einschließlich der zugehörigen Leserpost) sowie Expertenöffentlichkeiten (vgl. Meyen 2011: 11–14, 54–57). Interne Öffentlichkeiten sind aber *keine autonomen* „Teilöffentlichkeiten", sondern solche, in denen die Staatsdoktrin mehr oder weniger rigide (strukturiert über Themen und Inhalte) verfolgt werden musste, oft in der

---

25 Das von Jan Schmidt beschriebene Phänomen des Zusammenstellens persönlicher Medien- und Kommunikationspräferenzen, die über Social Media „geteilt" werden, gibt es natürlich. Infrage gestellt sei hier nur, ob der Begriff „persönliche Öffentlichkeit" dafür glücklich gewählt ist.

Spätphase der DDR im Jargon offiziös, wenn auch in der Tendenz teilweise bereits plural (vgl. auch Meyen/Fiedler 2012).

Von Meyens Begrifflichkeit der „internen Öffentlichkeit" erscheint die Abgrenzung der „Encounter" schwierig. Denn Betriebsöffentlichkeiten integrieren ihrerseits Encounter (die desintegrierend und destabilisierend wirken können, indem sie den Gruppenkonsens langfristig angreifen und aushöhlen). Solche informellen Encounteröffentlichkeiten könnten „institutionell eingebunden" sein, meint auch Meyen (2011: 7). Daraus ist abzuleiten, dass *die Erosion der staatlich legitimierten Öffentlichkeit an den Schnittstellen zwischen Institutionen und Encountern beginnt und die Aushandlung von Legitimationen betrifft* (was nicht nur für die späte DDR, sondern auch für andere Transitions- und Transformationsstaaten gelten dürfte). Auch einige der von Meyen und Fiedler geführten Interviews mit ehemaligen DDR-Journalisten legen dies für interne Redaktionsöffentlichkeiten nahe:

> Es war aber [als Journalist] schon eine Menge, wenn man eine eigene Meinung hatte. Das war auch eine gewisse Rechtfertigung und wichtig für die Selbstachtung. Es gab ja auch Kollegen, die gut fanden, wenn das ND [Neue Deutschland] wochenlang über die Ernte berichtete, und die den Spielraum überhaupt nicht genutzt haben. (Interview Adolf Kriener in Meyen/Fiedler 2012: 97)

Diverse interne, alternative und oppositionelle Teilöffentlichkeiten griffen in der Spätphase der DDR ineinander. Von hoher symbolischer Wirkung war am 9. November 1989 sowohl für die Demonstranten in den Leipziger Straßen als auch für die Sicherheitskräfte, die diese Straßen überwachten, ein Aufruf zur Besonnenheit seitens dreier Prominenter, des Dirigenten Kurt Masur, des Theologen Peter Zimmermann und des Kabarettisten Bernd-Lutz Lange gemeinsam mit drei SED-Funktionären („Aufruf der Leipziger Sechs").[26] Nicht nur verständigten diese sich überhaupt auf einen gemeinsamen Aufruf, vielmehr wurde dieser Appell über den vom Sender Leipzig betriebenen Stadtfunk über Lautsprecher in die Innenstadt und auch über dessen UKW-Frequenz übertragen (vgl. Kowalczuk 2009: 409 ff.).

Die hier nur kursorisch skizzierten Prozesse dürften nur über die strukturationstheoretische Modellierung von Akteurskonstellationen und ihrer Kommunikationszusammenhänge (vgl. Schimank 2000), dann auch ihrer „corporate communications", wie es bei Manheim (2005 [1964]) dezidiert in Bezug auf nicht-demokratische Regime heißt, erforschbar sein. Ganz ähnlich spricht Anke Fiedler (2014: 50) mit Blick auf die DDR von „DDR-Journalisten und Medienfunktionären" als „PR-Managern" und „professionellen Konstrukteuren fiktionaler Wirklichkeiten" in Staatsdiensten. Kritisierbar bleibt hier meines Erachtens (ebenso wie bei Manheims Begriff der „korporativen" Kommunikation für die DDR), dass die wissenschaftliche Definition von Öffentlichkeitsarbeit sich genuin auf die Kommunikation zwischen Unternehmen und ihren Teilöffentlichkeiten oder „Zielgruppen" bezieht, was Pluralität im Sinne „heterogener", „kontingenter" Kommunikation mit „Fremdreferenz" (Merten 2000: 151, 2008:

---

26 Vgl. http://www.ddr89.de/ddr89/texte/aufruf15.html (28.12.2014).

53–54) umfasst und einer holistisch-qualitativen Gesamtstruktur von Öffentlichkeit ebenso widerspricht wie der selbstreferenten Struktur von Propaganda (auch dann, wenn es PR für Staaten und von Staaten als spezifischen Akteuren faktisch gibt, vgl. Kunczik 1997). Die DDR-Öffentlichkeit dominant über das Konzept „politische Öffentlichkeitsarbeit" zu erklären, hier speziell des „Differenzmanagements" im Sinne der Mertenschen PR-Definition, wie Anke Fiedler (2014a: 50, 2014b: 13 f.; 44–48) dies tut, erscheint meines Erachtens nur auf den ersten Blick plausibel. Der Begriff „politische Öffentlichkeitsarbeit" kann die mediensystemischen und organisatorischen Zwänge, samt dem umfassenden System täglicher politischer Anweisungen an die Medien und ihre JournalistInnen, die Meyen und Fiedler (Meyen 2011; Meyen/Fiedler 2012: 17; Fiedler 2014: 24–26) selbst aufzeigen, meines Erachtens nicht hinreichend abbilden. Formen politischer Öffentlichkeit kann man in der DDR in der Tat nachweisen (was Fiedlers Buch in hervorragender Weise zeigt; vgl. auch Liebert 1998, auf den sie sich auch bezieht). Aber reicht das, um aus kommunikationswissenschaftlicher Perspektive „politische Öffentlichkeitsarbeit" *als systematischen wissenschaftlichen Oberbegriff*[27] für die DDR als Kommunikations- und Mediensystem zu verwenden?

Public Relations meint gemeinhin die strategische Kommunikation von Unternehmen und anderen Organisationen mit ihren Stakeholdern und Teilöffentlichkeiten, politische PR kann solche von Parteien, auch von Staaten umfassen. Dies wird oft als „Kommunikationsmanagement" beschrieben (vgl. Bentele 2012). Wenn „Kontingenz" (also das So-oder-auch-Anders-Kommunizieren) im Sinne von Merten (2008) ein strukturelles Merkmal von PR ist, dann wurde in der DDR *systemisch nur wenig Kontingenz* erzeugt, auch wenn Journalisten und andere singuläre, auch politische Akteure selbstredend kontingent gedacht und strategisch-dynamisch gehandelt haben. Letzteres zeigen auch die Interviews mit DDR-JournalistInnen, die Meyen und Fiedler (2012) geführt haben. Meyens eigene Studien, vorrangig Inhaltsanalysen von Medientexten sowie Befragungen sowohl mit JournalistInnen als auch mit RezipientInnen nach ihren Medienerfahrungen in der ehemaligen DDR, verweisen indes trotzdem auf die geringe Durchlässigkeit für Kontingenzen bzw. *die geringen Möglichkeiten der (professionellen) Konstruktion von Kontingenz:*

> Die Ziele der Medienlenkung und die Gängelung des Journalismus durch die Politik [...] haben verhindert, dass sich in der DDR ein autonomes System Öffentlichkeit ausdifferenzierte, das zwischen Politik und Gesellschaft [im Sinne des Arenen-Modells von Gerhards und Neidhardt] vermittelt. Da in der „politisch inszenierten Öffentlichkeit" über Zustimmungen zu den Entscheidungen der führenden Partei und durch den (weitgehenden) Verzicht auf jede Kritik am eigenen Lager durchweg ein positives Meinungsklima konstruiert wurde und diese Öffentlichkeitsebene dominierte, konnten sich die Bürger kaum über abweichende Ansichten und Gegen-

---

27 Damit soll gar nicht in Abrede gestellt werden, dass Fiedlers Anwendung von zeitlichem, sachlichen und sozialem Differenzmanagement in Bezug auf die DDR heuristische Relevanz hat (vgl. zusammenfassend Fiedler 2014b: 418–428) – meines Erachtens aber *nicht im Sinne einer umfassenden Öffentlichkeitstheorie für die DDR* (was auch von mir in diesem Buch nicht geleistet werden kann oder soll).

argumente informieren und gar nicht über die Verteilung der Meinungen der Bevölkerung [...].
(Meyen 2011: 30)

Meyen gibt den Faktor Deliberation für die DDR so gut wie auf, weil dessen normatives
Hintergrundkonzept in der DDR keine reale Entsprechung gefunden habe (vgl. Meyen
2011: 5).

Öffentlichkeit in der DDR war aber mit der Ausbildung „interner Öffentlichkeiten"
(vgl. Meyen 2011) auch nicht holistisch und muss für verschiedene Phasen der DDR,
ihre politische und ökonomische Verfasstheit sowie die einhergehend unterschiedlichen generativen Erfahrungen der JournalistInnen beschrieben werden (vgl. Stein-
metz/Viehoff 2008; Meyen/Fiedler 2012). Die staatliche Kontrolle der Öffentlichkeit (ob
als Differenzmanagement oder als Anleitungssystem verstanden) war durchweg
schwierig und bedurfte der Legitimation. Der Zusammenbruch der DDR als Staat,
damit auch der seiner öffentlichen Sphäre, lässt sich dabei allein über Fragen nach der
internen Beschaffenheit der DDR-Öffentlichkeit ohnehin nicht erklären – dazu ist die
politische Kultur weiter zu fassen, nämlich die politische, soziale, (medien-)kulturelle
Entwicklung in der Sowjetunion und ihrer Satelliten insgesamt zu betrachten (vgl.
dazu auch die Studie von Lauk/Kreegipuu 2010 zu den Bedingungen des Journalismus
in ehemaligen Sowjetrepubliken wie Estland).

Obwohl weder Gerhards und Neidhards funktionale Bestimmung von Öffentlichkeit noch Habermas' „emphatischer Begriff" (Dubiel 1988: 20) von Öffentlichkeit in
der DDR eine reale Entsprechung fanden (die der Habermas'sche Idealtyp im Übrigen
auch in Demokratien westlichen Typs nicht hat, dazu Dahlberg 2014), ist dieser emphatische Begriff doch *analytisch brauchbar*: Das emphatische Konzept zeigt, welche
Ideen qualitativ nicht zugelassen werden können – *einschließlich die emphatische Idee
von Öffentlichkeit selbst*. Das betrifft auch die Differenz zwischen der Faktizität der
Staatsräson (Meinungsfreiheit im Sinne der Verfassung der DDR) und der Geltung von
Allgemeinen Menschenrechten (Meinungsfreiheit als individuelles Abwehrrecht gegen
den Staat). Faktisch war in der Verfassung der DDR die Meinungsfreiheit ja festge-
schrieben, geltend war sie aber nicht als individuelles Abwehrrecht, sondern als
monopolistisches Recht des Staates, die Grenzen der Meinungsfreiheit festzusetzen,
nämlich andere Gesetze über diese zu stellen. Artikel 27 der Verfassung der DDR
(Fassung vom 7.10.1974) lautete: „Jeder Bürger der Deutschen Demokratischen Republik hat das Recht, den Grundsätzen der Verfassung gemäß seine Meinung frei und
öffentlich zu äußern."[28] Zentral ist hier der Passus „den Grundsätzen der Verfassung
gemäß", an deren erster Stelle die staatssozialistische Ordnung selbst stand. Auch vor
diesem Hintergrund erscheint es verkürzt, die DDR-Medienlenkung primär als inter-

---

28 Vgl. http://www.verfassungen.de/de/ddr/ddr74-i.htm (14.7.2012).

essengeleitet und „weniger als ideologiegeleitet" sowie an „aktuellen politischen und wirtschaftlichen Interessen" orientiert zu beschreiben (Fiedler 2014b: 37).[29]

Habermas' normatives Konzept deliberativer Öffentlichkeit beschreibt eine regulative Idee (vgl. O'Mahony 2013: 9; Dahlberg 2014) und ist gerade deshalb *ex negativo* analytisch brauchbar, und zwar sowohl für demokratische, autoritäre, terroristische oder welche Regimes auch immer, denn in ihnen allen lassen sich *Widersprüche von Faktizität und Geltung* nachvollziehen und benennen. Öffentlichkeit muss sich in empirischer Hinsicht die Frage stellen, *wie* sie beschaffen ist. Dabei spielt Habermas' Idealtyp die Rolle der *Kontrastfolie:* Was ist Öffentlichkeit, wenn man das von Habermas (und auch Manheim) in Bezug auf die Aufklärungsideale des 18. Jahrhunderts reklamierte Regulativ *nicht findet?* Dann ist sie ggf. depravierte Machtkommunikation, die sich auf „qualitative" Ideen jedweden Gehalts bezieht und sich über die Exklusion anderer Ideen, Gruppen, Menschen perpetuiert – wie sie eben *auch* in Demokratien vorkommt. Bernhard Peters, selbst ein kritischer und eigenwilliger Schüler von Habermas (vgl. Wendelin 2011: 267 f.) schreibt:

> Ich betrachte Öffentlichkeit im normativen Sinne als variables Element der Realität heutiger Gesellschaften. Es lassen sich Deutungen, Handlungsorientierungen, Praktiken und institutionelle Strukturen identifizieren, die bestimmten Gehalten des normativen Modells [in der Nachfolge von Habermas] entsprechen. (Peters 2007: 67)

Hinzuzufügen sind die Elemente, die bestimmten Gehalten des normativen Modells *nicht* entsprechen. Zur Kennzeichnung nicht-deliberativer oder autoritativer Elemente wird auch die normative Kontrastfolie à la Kant (Öffentlichkeit als Bedingung für Gerechtigkeit) allein schon aus heuristischen Gründen benötigt. Dies setzt Manheim mit seiner Typologie pluralistischer, transzendentaler und qualitativer Öffentlichkeit um.

„Öffentlichkeit" wird bei Manheim noch vor Habermas und Peters zum sozialwissenschaftlichen Begriff; was er auch bei Tönnies ansatzweise schon ist, aber grundlegend eben in einem bestimmten Sinne als „Gelehrtenrepublik" normativ überformt. Mit Manheim lässt sich fragen: *Welche Struktur oder welcher Modus von öffentlicher, politischer Kommunikation ist typisch für welche Form von Öffentlichkeit?* Verbinden lässt sich dies auch mit Manheims an Max Weber angelehnte Herrschaftssoziologie (vgl. Averbeck 1997, Bahmeie 1997): Dann ist *qualitative Öffentlichkeit* eher an personale und feudale, auch staatsfeudale Herrschaft durch Cliquen und Oligarchien gebunden. *Pluralistische Öffentlichkeit* mit ihrem Modus des akzeptierten Dissenses (der sich ggf. auf Konsens richten kann) ist eher in gewaltenteiligen, verfahrensbasierten, demokratischen Gesellschaften mit rational-legaler und repräsentativer Herrschaft zu finden. Transzendentale Gehalte finden in ihrer Abstützung über die Handlungsmotive und Ideale von Akteuren in beiden Öffentlichkeitstypen ihre

---

29 Fiedler (2014: 40) fasst ihr eigenes Konzept der „politischen Öffentlichkeitsarbeit" in der DDR so zusammen: Es stelle „eine interessegebundene vor eine ideologische Kommunikationspolitik".

Ausformung. Alle Herrschaftsformen (im Sinne Webers also charismatische, traditionale und rational-legale) sind nach Manheim auf „Transzendenz" im Sinne der Anerkennung eines überpersonalen „Einverständnisses", das die Herrschenden und die Beherrschten umfasst, angewiesen. Ansonsten kommt es zu Revolution, Bürgerkrieg oder anderen Arten von Zerfall (vgl. Manheim 1937; dazu Bahmeie 1997).

Manheim löst die Spanne zwischen Faktizität und Geltung durch den Kantschen Begriff der Transzendalität *oder des freien Einverständnisses von Individuen als Rechtssubjekten*, Habermas durch den der Deliberation, der auf der gleichen Kantschen Idee gründet. Beide meinen damit: normative Ziele von Öffentlichkeit, die zu einer gerechten oder gerechteren Gesellschaft *miteinander assoziierter Individuen* führen. Die gesellschaftspolitischen Ziele der DDR, respektive die vermeintliche Meinungsfreiheit innerhalb der Staatsdoktrin, führen eine solche kantianische Öffentlichkeitsvorstellung ad absurdum.

4.3.2 Öffentlichkeit als regulative Idee

Bei Manheim sind drei Punkte zentral, um die Dynamik von Öffentlichkeit insgesamt zu verstehen, und zwar auch und gerade als Kontinuum, das sich zwischen transzendentalem Einverständnis, pluralistischem Dissens und qualitativer Steuerung bewegt:

1. Transparenz
2. Zugänglichkeit
3. Dissens als Form sozialen Willens

Regulativ ist dies im folgenden Sinne: *Die Partikularinteressen tarieren das Gemeinwesen aus*, ihrer Vermittlung und Diskussion dient (zeitgenössisch) die Presse. Das Prinzip Dissens wird hier letztlich – und dies ist nur auf den ersten Blick widersprüchlich – *universalistisch* begründet, also im Sinne eines Menschenrechts auf subjektive Interessen: Nur wer anerkennt, dass der Mensch *Mensch als solcher ist* und Würde ihm/ihr *als solche* zukommt (unabhängig von Kriterien und Prämissen), kann auch den anderen (d. h. Menschen mit anderen Moralvorstellungen, Meinungen etc.) als gleichwertig erleben und behandeln. Letztlich teilen Habermas und Manheim diesen Anspruch, der bei beiden aufklärungsphilosophisch zu verstehen ist. Bei beiden ist die Verwurzelung der politischen Philosophie in einer philosophischen Anthropologie gegeben (Manheims Professur in Kansas City lautete auf Soziologie und Anthropologie). Soziale Konformität und sozialer Friede sind nach Manheim keine Produkte kommunikativer Manipulation oder der Kontrolle durch Meinungsmacht, sondern: „Social conformity is not the product but the precondition of publicity and of public opinion" (Manheim 1937: 51). Heißt: Ohne eine gewisse Kohärenz und positive *Zustimmung* zu einer wie auch immer ausgeprägten Gemeinschaft oder Gesellschaft (was letztlich dem Tönnies'schen Wesenwillen entspricht) ist menschliches Miteinander, das neben gemeinsamen, *eben immer auch divergente Meinungen produziert*, nicht möglich. Gesellschaft ist dann nicht einfach gegeben, sondern muss immer wieder neu – willentlich als Beitritt aus freiem Entschluss zu einem Gemeinwesen – erzeugt werden. Hier lassen sich Fragen der politischen Sozialisation in demokratischen Gesellschaften anschließen, die eben auch medial vermittelt stattfindet.

Wie schon bei Tönnies und Weber, möchte ich hier auf die kommunikationsethische Konsequenz der Überlegungen Manheims eingehen, kulminierend in der Frage, was bedeutet die Annahme, dass Demokratien „pluralistisch" sind, für ihre kommunikationsethischen Maximen? Legitimiert doch gerade auch Manheim strategische Überredungskommunikation (siehe oben). Ja, aber auf der Makroebene der ganzen Gesellschaft geht es ihm doch um einen Interessensausgleich. Ich habe nach Positionen gesucht, die Ähnliches für aktuelle Gesellschaften überdenken und bin dabei auf den lateinamerikanischen Kommunikationswissenschaftler Jésus Martín Barbero gestoßen, der argumentiert, dass nur eine Gesellschaft, die Dissens und Abweichung als *Normalfall* ansehe, konsensfähig sein kann:

> The impossibility of conceiving of a totally conflict-free human order makes the most crucial challenge facing democracy today one of how to transform itself into „pluralist democracy": it must be capable of taking the us/them distinction so that „they" are also recognized as legitimate. This, in turn, implies that the passions are not relegated to the private sphere but rather kept in play through argument: that is, by struggles which do not seek to annihilate the other, since the other has also the right to recognition and therefore, to life. When democracy requires us to maintain the tension between our identity as individuals and as citizens it becomes the site of emancipation, since only out of this tension will it be possible to sustain collectively the other tension between difference and equivalence (equality). And then we will abandon the illusory search for the reabsorption of otherness in a unified totality. Just as otherness is irreducible, so must „pluralist democracy" regard itself as an „impossible good" – a regulative idea that exists only insofar as it cannot be perfectly realized. (Barbero 2002: 630)

In diesem Zitat, das sich weder direkt auf Habermas bezieht (der bei Barbero aber als bekannt vorausgesetzt werden kann), schon gar nicht auf Manheim, sind doch ähnliche Schlagworte wie bei diesen beiden zu finden: *pluralistische Demokratie, Anerkennung des Gegenübers als legitimerweise different* (und dies als universelles Prinzip – nicht aber ein Holismus, welcher bestimmte Bevölkerungsgruppen ausgrenzt), *die Notwendigkeit einer auch institutionell durch Verfahren, einschließlich Diskursverfahren, abgesicherten regulativen Idee* (oder Transzendenz). Ein mir zentral erscheinendes Zitat Manheims sei hier diesbezüglich nochmals wiederholt:

> In der öffentlichen Diskussion erweitert sich der Raum der Gruppenidentifikation zum transzendentalen Gesamtraum der Öffentlichkeit. Bei einem sinnvollen und in diesem publizistischen Raum allein legitimen Ablauf stiftet die Diskussion in ihrem Felde einen öffentlichen Konsens. Man diskutiert aufgrund verschiedener Meinungen, aber gleichen Wollens. (Manheim 1979 [1933]: 53)

Dieses „Wollen aufgrund verschiedener Meinungen", das zu einem mehr oder weniger labilen Konsens oder auch nur Kompromiss führt, ist mindestens *zum Teil rational* oder im Sinne Tönnies' „kürwillig", man *entschließt sich willentlich und rational*, den/die anderen Meinungen anzuerkennen, um überhaupt diskurs- und konfliktfähig zu sein. Dies ist die manifeste Funktion öffentlicher Meinung, die latente Funktion ist, laut Noelle-Neumann (1992), soziale Kontrolle auf einem sozialpsychologischen Niveau.

Manheim formulierte sozialpsychologische und autoritätssoziologische Grundlagen seiner Öffentlichkeitstheorie erst in England (Manheim 1987 [1936], auch 2005 [1936]) und in den USA (Manheim 2005 [1940], 1953). Worauf beruht seine Auffassung, *soziale Kontrolle sei die Voraussetzung für öffentliche Meinung und nicht erst ihre Folge* (siehe oben)? Hier lässt sich wieder mit Manheims Lehrer Tönnies argumentieren: Menschliche Gemeinschaft/Gesellschaft in ihrer Komplexität stiftet *immer* soziale Kontrolle (vgl. Manheim 2005 [1940]; Bahmeie 1997) *und zugleich lässt sie Dissens zu*, allein deshalb, da die Möglichkeiten der Assoziation, also der Verbindung und der Lösung von Verbindungen zwischen Menschen, potenziell vielfältig sind. Auf der Mikroebene gibt es immer eine „individual response" auf die sozialen Umstände – und solche responses seien nicht universell (vgl. Manheim 1937: 51). Auf der Makroebene sind – im Sinne der regulativen Idee eines ‚Rechtes' auf Dissens – Gesellschaften offensichtlich darauf angewiesen, *divergierende Antworten auf das soziale Leben*, also miteinander inkongruente, relativ breit gefächerte Handlungsalternativen zuzulassen, wollen sie nicht scheitern. Das beginnt schon bei Kleidermoden, die sich generativ und subkulturell unterscheiden (lange Haare, kurze Röcke, Tätowierungen, Piercings). Nonkonformität in diesem Sinne ist systemisch als Normalfall von pluralen Gesellschaften zu sehen und nicht als Deprivation:

> There is, however, in every society in different degrees and at different points scope for public dissension. Legitimate and coordinated nonconformity in public is a stabilising force just as submission to social norms. (Manheim 1937: 50)

Solange die demokratische Ordnung der Gesellschaft nicht offen bedroht und abgelehnt wird, beruht sie paradoxerweise auf der Verletzung generalisierbarer Codizes.

Die Pluralistische Öffentlichkeit erscheint bei Manheim als *das* Erbe der bürgerlichen Öffentlichkeit des 18. Jahrhunderts mit ihrem Ideal eines allgemeinen Humanismus (der realiter gleichwohl Ausgrenzungen ‚Andersdenkender' und ‚Andersseiender' zuließ, wie Manheim selbst kritisch zeigt). Kontinuität bilden bei Manheim die Momente der Transparenz und der Zugänglichkeit von und zur öffentlichen Sphäre sowie der *gegenseitigen Adressierung pluraler Interessen in dieser Sphäre*. Genau auf diesen Faktoren beruht im Übrigen Barberos Skizze dessen, was *soziale Identität*, die den einzelnen als Subjekt an ein Kollektiv bindet, in Zeiten globaler Migrations-, Waren- und Informationsströme, überhaupt noch sein kann. Soziale Identität ist dann die permanente Aushandlung von Meinungen, Einstellungen und Werten durch *Kommunikation*. Postmoderne soziale Identität ist fluide und flüchtig und kann sich nur noch auf die *Akzeptanz von Differenz* („Diversity") als (universellen) Wert richten (vgl. Barbero 2002). Auch dies ist ein Idealtyp: Zugleich bleibt ein Anstieg religiöser, auch nationaler Fundamentalismen und Holismen bedrohlich.

Kommunikationsphilosophisch kann also Manheims Denken bis heute als wegweisend gelten. Dazu bedarf es nicht unbedingt eines direkten Zitationsmilieus:
Barbero kennt die Schriften von Manheim nicht – wohl aber die von Habermas.
Normative Regulative wie „Öffentlichkeit" sind ideengeschichtlich losgelöst von einzelnen Autoren wirksam geworden; nicht zuletzt, *da sie immer auch politisch-faktische
Geltung beansprucht haben* (so wie Blogger heute Kommunikationsstile entwickeln,
die Transparenz und Diskursivität einfordern, vgl. Averbeck-Lietz/Hepp/Venema
2015). Zudem sind sie auch historisch empirisch fundierbar: Die empirische Basis
der Studie Manheims über die „Träger der öffentlichen Meinung. Studien zur Soziologie der Öffentlichkeit" waren 1932/33 Traktakte, Pamphlete, Richtlinien politischer
Institutionen und Zeitschriften des 18. Jahrhunderts. Mit vergleichbaren Quellen hat
auch Jürgen Habermas, teilweise im direkten Bezug zu Ernst Manheims Studie,
gearbeitet.

5 Jürgen Habermas – Öffentlichkeit und Kommunikatives Handeln

One has to acknowledge the merits of Habermas in being the first do develop a systematic theory of communicative action. (Knoblauch 2013a: 301)

Der Auseinandersetzung mit der Gesellschaftstheorie von Jürgen Habermas sind Grenzen gesetzt: Dieses überaus umfassende und vom Verfasser stets weiter gedachte Werk kann nicht umfassend dargestellt werden. (Jäger/Baltes-Schmitt 2003: 7)

Es kann auch in diesem Buch nicht die Ambition sein, das disziplinübergreifende Werk von Jürgen Habermas sowie die ebenso umfängliche sekundärliterarische Forschung darüber, die mehrere Wissenschaftsdisziplinen umspannt (v. a. Soziologie, Politikwissenschaft, Rechtswissenschaft, Kommunikationswissenschaft, Geschichtswissenschaft), darzustellen. Ebenso wenig kann hier die bändefüllende Kritik an Jürgen Habermas' Werk (zusammenfassend Liesegang 2004: 32 ff.; Biebricher 2005: 165; Goode 2005: 29 – 54; Imhof 2011: 72 f.; O'Mahony 2013: 1 – 37 sowie Habermas selbst in Bezug auf seine Kritiker 1996 [1990]) aufgearbeitet werden. Auch kann nicht umfassend biografisch auf Jürgen Habermas, geb. 1929, als einen der bekanntesten deutschsprachigen Intellektuellen eingegangen werden. Aus den wissenschaftsbiografischen Skizzen von und zu diesem zentralen deutschen Soziologen und Philosophen (vgl. statt anderer Jäger/Baltes-Schmitt 2003: 9 – 13; Wendeln 2011: 205 – 208) sind folgende Punkte hervorzuheben:

1. Habermas' Kritik an der Elitenkontinuität in der frühen Bundesrepublik, zugleich seine politische Sozialisation durch die Re-Education-Politik der US-Amerikaner nach dem Zweiten Weltkrieg, auch seine Reflexion der Nürnberger Prozesse schon als Jugendlicher

2. Damit einhergehend zu nennen ist seine Überzeugung, dass Politik gewaltfrei zu sein habe und dialogorientiert nach Lösungen streben müsse. Dem dienen „praktische Diskurse", die moralische Probleme klären sollen, wie Habermas sie in seinem späteren Werk als theoretisches Konzept entwickelt (vgl. insbesondere Habermas 1988 [1981], 2009). Aus dieser persönlichen und theoretischen Haltung ist Habermas' Positionierung gegen die Radikalisierung der Studentenbewegung in den 1960er-Jahren gut verständlich (vgl. Kruse 2008: 293; Wendelin/Scheu 2010: 454; Scannell 2011: 281).

3. Aus solchen sowohl normativen als auch analytischen Positionen leitet sich Habermas zentrales Denkmotiv „Diskurs", also öffentliche Kommunikation *für die Gesellschaft und das soziale Miteinander insgesamt*, und zwar sowohl auf ihrer Mikro-, der Meso- und der Makroebene und in Bezug auf drängende Probleme heutiger Kommunikations- und Wissensgesellschaften ab (weiterführend O'Mahony 2013: 167 ff.). In diesem Sinne mischt Habermas sich als einer der wenigen „öffentlichen Intellektuellen" der Bundesrepublik (vgl. Scannell 2001: 281) bis heute

immer wieder in sehr aktuelle Debatten mit gewichtigen Diskursbeiträgen ein, etwa solche um eine „liberale Eugenik" (Habermas 2013).

4. Habermas hat nach dem Studium in Bonn als freier Journalist gearbeitet und so auch einen praktischen Zugang zur Herstellung von Öffentlichkeit kennengelernt (vgl. Wendelin 2011: 205 ff.).

Mit diesen wenigen biografischen Hinweisen versehen, können im vorliegenden Buch die wissenschaftlichen Debatten aufgegriffen werden, die nachhaltig in die Kommunikationssoziologie hineingewirkt haben. Diese betreffen:

1. die Geschichte der Öffentlichkeit und der öffentlichen Kommunikation.
2. die Frage nach einer generellen Theorie der Öffentlichkeit und ihrer normativen *und* empirischen Abstützung.
3. die Theorie des kommunikativen Handelns und die Diskursethik als kritische Analyseinstrumente für aktuelle Entwicklungen von Medien und Kommunikation sowie medien- und kommunikationsethische Fragen, die damit verbunden sind.

5.1 Rezeptionen und Problematisierungen des Werkes

Tobias Liesegang (2004: 18, 32 ff.) hat schlüssig dargelegt, dass in den USA vor allem das emanzipatorische Moment der Habermas'schen Konzeption betont, in Deutschland hingegen die mangelnde historische Empirie des „Strukturwandels der Öffentlichkeit" kritisiert wurde. Dies mag auch daran liegen, dass Habermas in den USA als kritischer Intellektueller und Philosoph lange bekannt war, *bevor* die Rezeption des Strukturwandels der Öffentlichkeit über die englischsprachige Übersetzung 27 Jahre (!) später als in Deutschland einsetzte (vgl. Calhoun 1992: vii).

In den „Schlüsselwerken für die Kommunikationswissenschaft", herausgegeben von Christina Holtz-Bacha und Arnulf Kutsch Anfang der 2000er-Jahre, ist Jürgen Habermas' „Strukturwandel der Öffentlichkeit" von 1962 mit einem Artikel von Gerhard Vowe (2002) ebenso verzeichnet wie die Theorie des „Kommunikativen Handelns" von 1981 mit einem Artikel von Christoph Kuhlmann (2002). Nicht eingegangen wird in den „Schlüsselwerken" auf spätere Veröffentlichungen wie „Faktizität und Geltung" (Habermas 1992) und „Diskursethik. Notizen zu einem Begründungsprogramm", die zuerst 1996 erschien. Alle genannten Texte stehen in diesem Buchabschnitt im Fokus. Dabei wird die Auffassung vertreten, dass Habermas in der Kommunikationswissenschaft, ausgenommen bestimmte Zweige der Handlungstheorie (vgl. Burkart 2002: 436–449; Pöttker 1997) sowie der Kommunikations- und Medienethik (vgl. Brosda 2008; Debatin 2005; Beck 2010) *eher reduktiv* gelesen wird und weitgehend auf seinen historischen Typus der Öffentlichkeit und die Konzeption „ideale Sprechsituation" verengt wird. Ähnlich wie in der Politikwissenschaft und der Soziologie werden Kategorien von Habermas auch kaum empirisch operationalisiert (diese Einschätzung bei Kuhlmann 2002: 184; vgl. eine solche empirische Umsetzung der Habermas'schen Geltungsansprüche mittels quantitativer Inhaltsanalyse aber etwa bei den Politikwissenschaftlern Steenbergen/Bächtiger et al. 2003; Bächtiger/ Wyss 2013). Häufig gilt das Werk von Habermas KommunikationswissenschaftlerInnen als eine Art ‚normativer Kontrast' zur empirischen Öffentlichkeitsforschung, die in der deutschsprachigen Kommunikationswissenschaft dominant auf dem u. a. an Überlegungen von Ralf Dahrendorf angelehnten repräsentativen Öffentlichkeitsmodell von Jürgen Gerhards aufsetzt (vgl. dazu in Abgrenzung zu Habermas Gerhards/ Neidhardt 1990; für die Empirie des von Gerhards mitentwickelten Arenen-Modells Gerhards/Neidhardt/Rucht 1998; Gerhards/Schäfer 2010).

Während im Ausland Habermas' „Theorie des kommunikativen Handelns" als ein Hauptwerk deutschsprachiger Kommunikationssoziologie angesehen wird (vgl. Kuhlmann 2002: 182), sparen Michael Meyens und Maria Löblichs „Klassiker der Kommunikationswissenschaft" nicht nur dieses, sondern gleich das gesamte Werk von Jürgen Habermas mit der Begründung aus, dass in der deutschsprachigen Kommunikationswissenschaft vor allem die Systemtheorie Luhmanns, nicht aber die Habermas'sche Handlungssoziologie die bestimmende Stellung innegehabt habe (vgl. Meyen/Löblich 2006: 277 f., kompatibel dazu konstatiert Steininger 2007: 24 einen systemtheoretischen Mainstream als dominant). Mag der systemtheoretische Bias für das Gros der Disziplin Kommunikationswissenschaft passend sein, *für die Kommunikationssoziologie und -ethik stimmt die Diagnose sicherlich nicht* (vgl. Brosda 2008). Über die kommunikationshistorische Perspektive weit hinaus hat Habermas das Fach mit seinem „kommunikativen Begriff der Vernunft" (Liesegang 2004: 22) beeinflusst. Ein Beleg dafür mag das fachhistorisch angelegte, inzwischen in die deutsche Sprache übersetzte Lehrbuch über „Medien und Kommunikation" von Paddy Scannell, Professor für Kommunikationswissenschaft an der University of Michigan in Ann Arbor, sein, der Habermas ein umfassendes Kapitel widmet (vgl. Scannell 2011: 271–298). Allerdings findet sich – nach meiner Recherche – kein einschlägiges kommunikationswissenschaftliches Werk im disziplinären Sinne, das Habermas' „Theorie des Kommunikativen Handelns" oder dessen „Diskursethik" (in Ansätzen bei Brosda 2008, 2010, das aber kein Lehrbuch ist) so detailliert darstellen würde wie ein vergleichbares Lehrbuch der Soziologie. Diesbezüglich sei verwiesen etwa auf Wolfgang Ludwig Schneiders umfassendes Kapitel über „Intersubjektivität und Geltung: Die Zentrierung von Intersubjektivität und Begründungsfragen und die Pluralisierung des Rationalitätsbegriffs in der Habermas'schen Theorie des Kommunikativen Handelns" (Schneider 2005: 184–249). Dieser Buchartikel kann auch jedem Studierenden der Kommunikationswissenschaft zur Lektüre weiterempfohlen werden. Ebenfalls gut verständlich ist das Kapitel zu Jürgen Habermas in Rainer Schützeichels (2004) „Soziologische Kommunikationstheorien" sowie Wieland Jägers und Marion Baltes-Schmitts (2003) Buch „Jürgen Habermas – Einführung in die Gesellschaftstheorie". Auf diese Literaturverweise wird in diesem Kapitel vielfach Bezug genommen. Hinzuzufügen ist als Nachschlagewerk das „Habermas Handbuch", herausgegeben von Hauke Brunkhorst, Regina Kreide und Christina Lafont (2009).

Eine weiterführende Kritik ergibt sich implizit aus dem Kapitel über Ernst Manheim in diesem Buch: Das Werk von Jürgen Habermas hat *keinen* Alleinstellungsanspruch darauf, eine historische Soziologie der Öffentlichkeit zu entwickeln. Scannell (2011: 273) bemerkt, dass oft übersehen wird, dass die Geschichte der Öffentlichkeit bei Habermas eben nicht mit der politischen Öffentlichkeit beginnt, sondern mit der „literarischen und kulturellen". Dies ist aber auch schon bei Ernst Manheim (1979 [1933]) und dessen Stufen bürgerlicher Publizität der Fall. Die Stufen der Öffentlichkeit, die Habermas skizziert, sind sinngemäß diejenigen, die Ernst Manheim mehr als 30 Jahre vor Habermas bereits ausgebreitet hat (vgl. Averbeck 2005). Liesegang hat diese Stufen mit Bezug auf Habermas gut zusammengefasst:

> [...] nach der Trennung von Staat und Gesellschaft erfolgt ein zweiter Polarisierungsprozess zwischen bürgerlicher Gesellschaft und Privatsphäre. Es bildet sich ein „kleinfamilialer Intimbereich" als Voraussetzung von Subjektivität. Darauf folgt die „Selbstaufklärung der Privatleute über die genuinen Erfahrungen ihrer neuen Privatheit" in Form einer literarischen Öffentlichkeit, bevor erst der Diskurs der Öffentlichkeit einen eindeutig politischen Charakter annimmt. (Liesegang 2004: 25)

Manheims Buch nimmt seinerseits als Hauptbezugspunkt das 18. Jahrhundert in den Blick, bindet dies aber immer wieder an die Kommunikationsgeschichte des 17. Jahrhunderts zurück. Problematisch, da empirisch weitgehend ungesättigt, erfolgt indes bei Habermas weder eine tiefergehende Rückbindung an das 17. noch eine Nachzeichnung des Übergangs in das 19. Jahrhundert. Habermas' recht abrupter ‚Sprung' in das 19. Jahrhundert und dessen als „vermachtet" beschriebene Öffentlichkeitsstrukturen sind nachzulesen im zweiten Teil des Buches „Strukturwandel der Öffentlichkeit" (vgl. Liesegang 2004: 28 f.; Imhof 2006a: 199). In diesem zweiten Teil des Buches wird die expansiv-massenmediale Kommunikation seit dem späten 19. Jahrhundert gegen die frühe, über den Modus des Diskurses vermittelte literarische Öffentlichkeit, die weitgehend als Face-to-Face-Öffentlichkeit zu denken ist, gestellt. Dabei argumentiert Habermas ausgehend von einer Position, die den Idealtyp „bürgerliche Öffentlichkeit" nicht nur analytisch, sondern auch empirisch in Rechnung stellt:

> Der bürgerliche Idealtypus sah vor, dass sich aus der wohlbegründeten Intimsphäre der publikumsbezogenen Subjektivität eine literarische Öffentlichkeit herausbildete. Diese wird stattdessen heute zu einem Einfallstor für die, über die konsumkulturelle Öffentlichkeit der Massenmedien in den kleinfamilialen Binnenraum eingeschleusten sozialen Kräfte. (Habermas 1996 [1962]): 250)

Als Beleg für das „Einfallstor" gelten ihm die Publikumsmedien von der Zeitschrift *Gartenlaube* in der Mitte des 19. Jahrhunderts bis zum „gemeinsamen Kinobesuch, im gemeinsamen Empfang von Radio- oder Fernsehsendungen"; denn hier habe sich das „Verhältnis der publikumsbezogenen Privatheit" aufgelöst (Habermas 1996 [1962]: 251). Das Publikum werde nun jenseits von lektürevermitteltem Räsonnement und ggf. auch ohne Anschlusskommunikation gebildet. Solche Aussagen sind historisch verkürzt, kulturpessimistisch und beschwören den Verfall bürgerlicher Tugenden. Sie verbleiben in einer Logik, die von der Produktionsseite, nicht von der Rezeptionsseite her denkt (vgl. Stöber 2013: 24). Von der frühen Familienzeitschrift *Gartenlaube* bis zum Rundfunk erscheinen alle Massenmedien mit gleichen – von politischen Inhalten *ablenkenden* – Wirkungen ausgestattet. Dass dem nicht so ist, wissen wir heute sowohl aus der medienhistorischen wie der kommunikationswissenschaftlichen Forschung, nicht zuletzt solcher über die Domestizierung der Medien in der häuslichen Privatsphäre (vgl. Röser/Peil 2012), als auch der über Anschlusskommunikation nach und in Folge von medialer Kommunikation (vgl. Sommer 2009; Friemel 2013).

Habermas schrieb 1962 über die Wirkung der modernen Massenmedien, einschließlich Rundfunk und Fernsehen, und unterstellte dabei – entgegen heutigem Wissensstand – machtvolle, negative lineare Wirkungen sowohl auf die singulären Rezipienten wie auf die Strukturen von Öffentlichkeit im Sinne eines diskursiven Zusammenhangs räsonierender Bürger insgesamt. Diese Strukturen würden erodieren und so könne es „nur schlechter werden" (Vowe 2002: 180), mit anderen Worten: Deliberation wie in der frühbürgerlichen Öffentlichkeit ist in der massenmedialkonsumorientierten nicht mehr möglich und beschränkt auf „organisationsinterne Öffentlichkeiten", dann weitgehend unter Ausschluss eines breiten Publikums (Habermas 1996 [1962]: 346–359; Vowe 2002: 180). Erhalten bleibt dabei das Verdikt, dass diese Öffentlichkeit an Privatleute zurückgebunden sein muss (später, etwa in „Faktizität und Geltung" 1998, wird Habermas daraus zivilgesellschaftliche Ansprüche ableiten):

> Eine im strengen Sinne öffentliche Meinung kann sich hingegen nur in dem Maße herstellen, in dem die beiden Kommunikationsbereiche [demonstrativ oder manipulativ entfaltete Publizität] durch jene andere, die kritische Publizität, vermittelt werden. Eine solche Vermittlung ist freilich heute [in einer Zeit der massemedialen Öffentlichkeit und des dispersen „dekomponierten" Publikums], in einer soziologisch relevanten Größenordnung, nur auf dem Wege der Teilnahme der Privatleute an einem über die organisationsinternen Öffentlichkeiten geleiteten Prozess der formellen Kommunikation möglich. Eine Minderheit der Privatleute gehört ja den Parteien und den öffentlichen Verbänden als Mitglieder schon an. Soweit diese Organisationen nicht nur auf der Ebene der Funktionäre und Manager, sondern auf allen Ebenen eine interne Öffentlichkeit gestatten, besteht dann die Möglichkeit einer wechselseitigen Korrespondenz zwischen den politischen Meinungen der Privatleute und jener quasi-öffentlichen Meinung. (Habermas 1996 [1962]: 357)

Habermas gibt 1962 zu bedenken, inwieweit die Privatmeinungen der Bürger an organisationsinterne Öffentlichkeiten überhaupt rückgebunden seien, müsse empirisch erst noch geprüft werden, und dass nur auf *diese Weise der Rückbindung an organisationsinterne Öffentlichkeiten* sich „öffentliche Meinung unter Bedingungen der sozialstaatlichen Massendemokratie" überhaupt konstituieren könne (Habermas 1996 [1962]: 357]. Was bedeutet das? Meines Erachtens sucht Habermas bereits Anfang der 1960er-Jahre nach Mechanismen, die – politisch legitimiert durch ihre Transparenz – *Teilöffentlichkeiten vernetzen*, welche dann auch über die Massenmedien sichtbar werden sollen und müssen. Dies entspricht keinem linearen Wirkungsdenken mehr (auch wenn Habermas dies ja faktisch im Sinne der Deprivation erst einmal konstatiert), sondern kommt dem vom ‚späten' Habermas in den 1990er-Jahren entfalteten

Gedanken, dass Öffentlichkeit ein kommunikatives Netzwerk sein müsse und solle (zum Netzwerkgedanken bei Habermas Baynes 1994: 322–323; Lingenberg 2010: 25 ff.) bereits nahe:

> Der Grad der Öffentlichkeit einer Meinung bemißt sich daran: in welchem Maße diese aus der organisationsinternen Öffentlichkeit eines Mitgliederpublikums hervorgeht; und wie weit die organisationsinterne Öffentlichkeit mit einer externen Öffentlichkeit kommuniziert, die sich im publizistischen Verkehr über die Massenmedien zwischen gesellschaftlichen Organisationen und staatlichen Institutionen bildet. (Habermas 1996 [1962]: 358)

Halten wir fest: Auch im „Strukturwandel der Öffentlichkeit" von 1962 finden sich Passagen, die innovativ sind, insoweit sie auf die Vernetzungsmöglichkeiten organisierter Teilöffentlichkeiten und den Einbezug des Publikums bzw. von Publikumsgliedern bereits eingehen. Dies stellt auch Luke Goode (2005: 26) fest, kritisiert aber (mit Bezug ebenfalls auf das Buch zum Strukturwandel von 1962), dass Organisationen seitens Habermas „konservativ" *als bereits bestehende Organisationen* gedacht würden und nicht etwa als alternative Organisationsformen. Offensichtlich ist das Verhältnis von Organisationen, organisationsinternen und externen Öffentlichkeiten von Habermas 1962 erkannt, aber noch wenig durchdacht worden. Dies wohl auch aufgrund der kulturpessimistischen Diagnose: Vernetzung zwischen Öffentlichkeiten – hier wiederum Habermas 1962 folgend – wird weitgehend verhindert durch „manipulative" oder „demonstrative" und *eben nicht zwischen den Ebenen der Gesellschaft vermittelte und vermittelnde Publizität*. Im manipulativen und im demonstrativen Typus der Öffentlichkeit fallen, so Habermas (1996 [1962]: 358), der „informelle" und der „formelle Kommunikationsbereich", also das Private und das Öffentliche, letztlich auseinander. Als nicht erreichte Lösung des Problems sieht er zu diesem Zeitpunkt – wie oben schon beschrieben – „eine in organisationsinternen Öffentlichkeiten entfaltete kritische Publizität" (ebd.: 359). Trotz seines Kulturpessimismus gegenüber den vermeintlich linear wirkenden, aggressiv ‚zersetzenden' Massenmedien ist Habermas hier meines Erachtens mit Blick auf Organisationskommunikation und ihre Potenziale, Öffentlichkeit zu herzustellen, bereits sehr modern.

Was ist 1962 der gesellschaftliche Kontext des wissenschaftlichen Nachdenkens und Schreibens von Jürgen Habermas? Habermas stand, als er den „Strukturwandel der Öffentlichkeit" schrieb, nicht nur unter dem damals vor allem in Deutschland noch weit verbreiteten Eindruck der NS-Rundfunk- und Filmpropaganda sowie der Presselenkung im NS-Staat, der starke Wirkungen zugeschrieben wurden (vgl. auch Hagemann 1948, dazu kritisch Stöber 2002, weiterführend Sösemann 2011). Auch schrieb Habermas sein Buch in weitgehender Unkenntnis der US-amerikanischen Kommunikationsforschung, die zu diesem Zeitpunkt mit den Forschungen von Paul F. Lazarsfeld und anderen längst die Bedeutung von interpersonaler Kommunikation im Massenkommunikationsprozess erkannt hatten und auf dieser Basis die Hypothese vom Two-Step-Flow der Massenkommunikation formuliert hatten. Der sogenannte „Two-Step-Flow of Communication" unterstellt, dass die zwischenmenschliche

Kommunikation eine Art Filter für die massenmediale ist und Einstellungen daher nicht nur über die Massenmedien in einfachen Ursache-Wirkungs-Ketten formiert werden, sondern vor allem von Meinungsführern in der interpersonalen Kommunikation verstärkt werden. Auch massenmediale Propaganda kann so durch interpersonale Kommunikation gebrochen oder auch verstärkt werden (in dem Sinne auch Manheim 2005 [1939]). Heute geht man von einem bzw. mehreren sich überlagernden Multi-Step-Flows und Opinion-Sharing, also dem Teilen von Meinungen in der interpersonalen und der öffentlichen (massen-)medialen sowie in der sozialmedialen Kommunikation, aus (vgl. weiterführend zur Ideengeschichte vom Two- zum Multi-Step-Flow Schenk 2007: 337–400). In den Blick sind dabei in den letzten dreißig Jahren Kommunikationsnetzwerke geraten (vgl. Schenk 1994; Stegbauer/Häußling 2013), die Meinungsführer in ihrem Zentrum haben, darüber hinaus aber auch wichtige (personale) Brücken zu anderen Gruppen und Netzwerken aufweisen. Ansätze zu einer solchen Vorstellung gesellschaftlicher Kommunikation, die nicht nur über Kleingruppen, sondern auch über größere soziale Netzwerke fließt, hatten Paul F. Lazarsfeld und Elihu Katz (1955) in ihrem Buch „Personal Influence" bereits vorformuliert. Solche Netzwerke stellen sich heute mehrdimensional, nämlich als offline-online-vermittelte Kommunikationsnetze dar (vgl. Schmidt 2013). Gesellschaftliche Kommunikation ist dann nicht mehr als einseitiger, durch Medienwirkungen indizierter Prozess der Meinungsbildung denkbar. Die in der Kommunikationswissenschaft breit geteilte Vorstellung, dass öffentliche Kommunikation eine Netzwerkstruktur aufweist (vgl. auch Hepp 2011: 81–88), hat auch der ‚späte' Habermas in den 1990er-Jahren in seiner Schrift „Faktizität und Geltung" entwickelt und diese damit seinerseits auch maßgeblich mit vorangetrieben (Habermas 1998: 451 f.; Lingenberg 2010: 25 ff.):

> I would note that Habermas, in his updates of his public sphere perspective, now stresses complexity, overlapping spaces, and criss-crossing media and interaction; that is, while he does not make much of the Internet per se in his analysis, he is basically now working with a network model. (Dahlgren 2009: 158)

Dahlgren fügt hinzu, dass die Netzwerk-Metapher Auffassungen über lineare Wirkungsmechanismen von Massenmedien entgegenstehe (Dahlgren 2009: 159). Scannell führt Habermas' Perspektivwechsel zu einer dann (doch) wieder aktiven Bürgerschaft auch auf Alltags- und lebensweltliche Beobachtungen zurück, denn:

> Die neuen sozialen Bewegungen der 1960er und 1970er Jahre belegten, dass die Zivilgesellschaft gesund und munter war. Sie hatte sich nicht in einen fernsehenden Stubenhocker verwandelt. (Scannell 2011: 290)

Auch Imhof konstatiert, dass sich auf der Basis von Habermas' „Strukturwandel" die zivilgesellschaftlichen Akteure der 1970er-Jahre nicht haben erwarten lassen (vgl. Imhof 2006a: 199). Aber sie waren da und Habermas hat sie dann auch wahrgenommen.

Der Rekurs auf zivilgesellschaftliche Netzwerke durchbricht zwangsläufig eine holistische Sicht auf Öffentlichkeit, wie sie Nancy Fraser (1992) Habermas' Buch über den „Strukturwandel der Öffentlichkeit" mit dem Blick auf die obigen Ausführungen zu „organisationsinternen Öffentlichkeiten" wohl nur teilweise zurecht vorgeworfen hat (zur Kritik an Habermas seitens Fraser ausführlich Goode 2005: 40 – 46; O'Mahony 2013: 18 – 23). Wie schon in der Auseinandersetzung mit Ferdinand Tönnies bemerkt werden konnte (vgl. Kap. 3 dieses Buches), ist es wesentlich, ob die Theoriebildung „*Die*" (holistisch, elitär, konsensual) oder „*eine*" (Teil-)Öffentlichkeit avisiert (Letzteres ist bei Habermas 1962 mit der organisationsinternen Öffentlichkeit meines Erachtens schon deutlich angelegt). Mit Fraser (1992) und auch Goode (2005) sowie O'Mahony (2013) lässt sich konstatieren, dass für plurale Gesellschaften nur die Option einer multiplexen, von einer nicht-holistischen öffentlichen Sphäre ausgehenden Theoriebildung bleibt (vgl. zu pluralen Öffentlichkeitsvorstellungen auch schon das Kap. 4 über Manheim):

> The second point raised by Fraser is her objection to the idea that the proliferation for competing publics within multiple public spheres is always to be regarded as democratically inferior to a single, comprehensive public sphere. This point allows her to introduce the term subaltern counterpublic, a term that closely echoes the ideas of Negt and Kluge to decades earlier. Once again, empirically, this should be regarded as an important idea. Indeed, Fraser's claim that what is needed is a critical political sociology which addresses multiple but unequal publics and to identifiy the mechanisms that render some to them subordinate to others is a clear statement of a constructivist sociological task [...]. (O'Mahony 2013: 19)

Habermas formulierte eine solche Erkenntnis – auch auf der Basis der Schriften seiner Kritiker[1] – 1990 selbst:

> Abgesehen von Differenzierungen innerhalb des bürgerlichen Publikums, die sich bei Veränderung der optischen Distanzen auch innerhalb meines Modells vornehmen lassen, entsteht ein anderes Bild, wenn man von Anfang an mit konkurrierenden Öffentlichkeiten rechnet und damit die Dynamik der von der dominierenden Öffentlichkeit ausgeschlossenen Kommunikationsprozesse berücksichtigt. (Habermas 1996 [1990]: 15)

Der andere Vorwurf, der Habermas trifft, ist seine Unkenntnis der Massenkommunikationsforschung in den 1960er-Jahren. In der Tat berief er sich in seinem Literaturapparat zum Strukturwandel der Öffentlichkeit [1996 (1962)] weitgehend *auf die alte Zeitungswissenschaft*, die sich ab 1916 in Deutschland entwickelt hatte (zu deren Inhalten vom Bruch/Roegele 1986; Hachmeister 1987; Averbeck 1999; Meyen/Löblich 2006). Maßgeblich hat ihn die Ökonomisierungsthese von Karl Bücher aus dem Jahre 1917 inspiriert (vgl. Habermas 1996 [1962]: 276 – 280). Der Leipziger Nationalökonom Bücher, zugleich Begründer der Zeitungskunde an dieser Universität, war neben Max

---

1 Dies zeigt, dass Wissenschaft keine ‚Einbahnstraße' ist. WissenschaftlerInnen stehen nicht nur „on the shoulders of giants" (Merton 1965), sie beobachten auch ihre Peers; wissenschaftliche Werke entstehen wie andere Sinngebungsprozesse auch sozial-konstruktiv (vgl. Knorr-Cetina 1994).

Weber einer der ersten, der die Kopplung von redaktionellem Text und Reklame beschrieb und darin den Warencharakter der Zeitung manifestiert sah (vgl. Kutsch 2008a). Diesen Typus Sekundärliteratur führt Habermas an, insofern er pessimistisch feststellte:

> Die Geschichte der großen Tageszeitungen in der zweiten Hälfte des 19. Jahrhunderts beweist, dass die Presse im Maße ihrer Kommerzialisierung selbst manipulierbar wird. Seitdem der Absatz des redaktionellen Teiles mit dem Absatz des Annoncenteils in Wechselwirkung steht, wird die Presse, bis dahin Institution der Privatleute als Publikum, zur Institution bestimmter Publikumsteilnehmer als Privatleuten – nämlich zum Einfallstor priveligierter Privatinteressen in die Öffentlichkeit. (Habermas 1996 [1962]: 280).

Nicht viel anders lautete der Befund bei Tönnies über die Presse in seiner Zeit (vgl. Kap. 3.2.4 dieses Buches).

Auffallend ist, wie Habermas die älteren Texte ohne jede Quellenkritik oder die Frage nach der Beschaffenheit und Ausprägung der Mediengesellschaft im ersten Drittel des 20. Jahrhunderts als empirische Grundlage für sein Buch nutzt. Entsprechend ist der „Strukturwandel der Öffentlichkeit" ein Buch, das sich vor allem auf eine Kultur der periodischen Presse und nicht der Medien bezieht – auch wenn es Anfang der 1930er-Jahre in Deutschland bereits Rundfunkforschung gab (vgl. Traub 1933; Kutsch 1985). In Ergänzung seiner Ausführungen zu Karl Bücher benennt Habermas (1962: 201–203) zwei große Gegenspieler pluraler Meinungsbildung, die sich in der Mitte des 20. Jahrhunderts weiter ausdifferenzierten: neben der Werbung (die bereits Bücher benannt hatte) die Public Relations und die mit ihr aufstrebende Markt- und Meinungsforschung.

Habermas sah es als sein großes Manko, Anfang der 1960er-Jahre noch keine eigene Erfahrung als Fernsehzuschauer gehabt zu haben (vgl. Habermas 1996 [1990]: 29 – 31). Im Zuge dessen wurde er sich selbst 1990 mit dieser inzwischen viel zitierten Äußerung (so in Lingenberg 2010: 44 f.; Scannell 2011: 293) zum scharfen Kritiker:

> Kurzum, meine Diagnose einer geradlinigen Entwicklung vom politisch aktiven zum privatistischen, vom „kulturräsonierenden" zum „kulturkonsumierenden" Publikum greift zu kurz. Die Resistenzfähigkeit und vor allem das kritische Potential eines in seinen kulturellen Gewohnheiten aus Klassenschranken hervortretenden, pluralistischen, nach innen weit differenzierten Massenpublikums habe ich seinerzeit zu pessimistisch beurteilt. (Habermas 1996 [1990]: 30)

Dabei ist zu berücksichtigen, dass auch schon historisch, in der literarischen Öffentlichkeit des ausgehenden 18. bis zur Mitte des 19. Jahrhunderts, die Interessen von Autoren, Kommunikatoren, LeserInnen sowie Verlegern nicht identisch, sondern disparat gewesen sind (vgl. Liesegang 2004: 43). Dies kalkuliert Habermas aber durchaus ein, wenn er die Trennung von Verleger- und Herausgeberrolle seit der Mitte des 19. Jahrhunderts beschreibt; allerdings vorrangig, um die Trennung publizistischer und ökonomischer Funktionen kritisch zu belegen (vgl. Habermas 1996 [1962]: 277). Währenddessen kann man diese Funktionen auch komplementär begreifen: Die Autonomisierung der Publizistik gegenüber der Politik (damit funktional die Möglichkeit

der Kontrolle der Politik durch Publizistik) hat im „Jahrhundert der Presse" nur durch
Ökonomisierung gewährleistet werden können, so Thomas Birkner (2010, 2012).

In Bezug auf die kritische Aufarbeitung des Werkes von Jürgen Habermas in den
USA sei verwiesen auf die Konferenz 1989 in Chapel Hill, organisiert von Craig Calhoun
anlässlich des Ersterscheinens der englischsprachigen Übersetzung des „Strukturwandel der Öffentlichkeit". Habermas war als Gast geladen. Er sah sich der durchaus
harten Kritik seiner US-amerikanischen Kollegen aus Departments für Politikwissenschaft, Soziologie, Geschichte, Philosophie und Literaturwissenschaft ausgesetzt
(vgl. den Konferenzband, herausgegeben und eingeleitet von Craig Calhoun 1992).
Diese Kritik wiederum habe Habermas, so Paddy Scannell, bewogen, sich mit dem
eigenen Werk sehr kritisch auseinanderzusetzen. Dies gelte insbesondere für das
Diktum einer verführbaren Masse durch Populärkultur im Sinne Adornos (vgl. Scannell 2011: 293; weiterführend zur Kulturindustriehypothese Adornos Durham Peters
2003; Meyen/Löblich 2006: 205 – 220). Eben darauf, dass in seinem Buch von 1962 der
„starke Einfluß von Adornos Theorie der Massenkultur unschwer zu erkennen" sei,
verwies Habermas (1996 [1990]: 29) später auch selbst.

Aus der Perspektive der Weiterentwicklung des Habermas'schen Werkes sowohl
durch ihn selbst wie durch seine Kritiker und – oft zugleich – kritische Folger kann man
eine Habermas-Lektüre nicht mit dem „Strukturwandel der Öffentlichkeit" abschlie-
ßen. Habermas' spätere Schriften, vor allem „Faktizität und Geltung", die „Theorie des
Kommunikativen Handelns" und die „Diskursethik" müssen berücksichtigt werden,
sonst kommt man – wie Kurt Imhof – eher dazu, Habermas' Frühwerk als nicht mehr
relevant abzuqualifizieren und damit Habermas zugleich zu vereinseitigen:

> In diesem kulturindustriellen Entdifferenzierungsprozess von Staat, Parteien und organisierten
> Privatinteressen mitsamt den Seinsordnungen Öffentlichkeit und Privatheit verlieren die sozial-
> strukturellen Differenzierungen ihre sozialpolitische Energie, ihre Thematisierung erodiert, die
> Moderne reproduziert hinter diesem Verblendungszusammenhang bloß noch ihre Sozialstruk-
> turen. (Imhof 2006a: 199)

Ohne Habermas' „Strukturwandel der Öffentlichkeit" allerdings könnte Imhof auch
seinen „Neuen Strukturwandel der Öffentlichkeit", evoziert durch neoliberale Dere-
gulierungen und branchenfremdes Kapital im Medienmarkt (vgl. Imhof 2011: 108 – 148,
dazu auch Averbeck-Lietz 2014b; Imhof 2014) nicht argumentieren.

Soziologische Ausführungen zu Massenkommunikation und Medien sowie öf-
fentlicher Kommunikation aus der deutschsprachigen wie der englischsprachigen
Literatur (auch der British Cultural Studies) berücksichtigt Habermas in „Faktizität
und Geltung" (1998 [1992]) dezidiert und kommt auf dieser Basis zu einer Reformu-
lierung von Öffentlichkeit als „Netzwerk für die Kommunikationen von Inhalten und
Stellungnahmen, also von Meinungen" (Habermas 1998: 436). Auch Wolfgang Ludwig
Schneider (2005: 234) weist darauf hin, dass Habermas das Konzept „Netzwerk"
Anfang der 1990er-Jahre für die Öffentlichkeitsebenen des episodischen Zusammen-
treffens von Menschen im lockeren Gespräch, für organisierte Versammlungen und für
Massenmedien differenzierte. Die gleichen Ebenen treffen wir bei Jürgen Gerhards und

Friedhelm Neidhardt (1990) wieder. Das Netzwerk für die Kommunikation von Inhalten und Stellungnahmen umschließt beim späten Habermas die Zivilgesellschaft im Sinne des „Eigensinns von lebensweltlichen Deutungsmustern" (Vowe 2002: 180), gerade auch *gegen* systemische Imperative und deren Rationalisierungen:

> Grundlage für die Gültigkeit moderner Politik in ihrer institutionalisierten Form des National-
> staates können nur die gewöhnlichen Leute, die allgemeine Öffentlichkeit und deren wohlüber-
> legte Meinungen sein – nicht aber Politiker, Verwaltungsbeamte oder Akademiker, die allesamt
> Teil des institutionellen Apparates moderner Gesellschaften sind, den Habermas später als Sys-
> temwelt bezeichnete. (Scannell 2011: 283).

Die zivilgesellschaftlichen Akteure sind also vorrangig lebensweltlich verankert, *nicht* systemisch. Ulrich Saxer (2012: 565 f.) allerdings bestreitet dies und sieht Lebenswelt und System, anders als Habermas und explizit gegen ihn, als hochgradig interpene-trativ. Allerdings ist hier die Genese im Werk von Habermas selbst einzurechnen: Die rigide analytische Trennung von System und Lebenswelt gelte nur für Habermas' Frühwerk in den 1970er-Jahren, so Jäger und Baltes-Schmitt (2003: 24 f.). Später sieht Habermas Lebenswelt und System als miteinander in Austauschbeziehungen ste-hende „Entität" (ebd.: 62), die Lebenswelt wird nicht mehr nur kolonisiert noch durch systemische Imperative „mediatisiert": „Lebensweltliche Aspekte gelangen in die systemische Sphäre, d. h. Mediatisierungsprozesse sind auch in umgekehrter Richtung denkbar." (Jäger/Baltes-Schmitt 2003: 28) Die Autoren Wieland Jäger und Marion Baltes-Schmitt (2003: 205) greifen genau diesen Aspekt des Habermas'schen Werkes als zukunftsweisend heraus. Die These der gegenseitigen Mediatisierung, der gegen-seitigen Vermitteltheit von System und Lebenswelt müsse von einer kommenden Gesellschaftstheorie genauer untersucht werden.

Eine der bekanntesten Kritiken gegen Habermas ist wohl die, die Theorie der Öffentlichkeit auf einem *Idealtyp* aufzubauen (vgl. Wendelin 2011: 212) oder einer „utopischen Hoffnung" (Knoblauch 2005b: 185, im gleichen Sinne Knoblauch 2013a: 301). Zu solchen Vorwürfen hat Habermas intensiv Stellung genommen. Der Idealtyp hat nämlich neben der normativen Komponente eine eminent *epistemologische* (die gar nicht auf utopische Hoffnungen zielt), nämlich den, eine „operativ wirksame Fiktion" (Wendelin 2011: 212) abzubilden. Genau hier treffen die empirische Argu-mentation (es gibt faktisch keine völlig gewaltfreie Kommunikation) und die normative (es *soll* gewaltfreie Kommunikation geben) aufeinander. Die „ideale Sprechsituation" (siehe Kasten unten) ist nicht als empirische Beschreibung oder normative Forderung (die tatsächlich jemals eintreten wird, soll oder muss), sondern als analytische Fiktion zu sehen, „die in einer konkreten Handlungssituation als kontrafaktische Unterstel-lung dennoch Wirkung entfaltet" (Brosda 2010: 87). Dies verlangt im Grunde eine sozialkonstruktivistische Sicht auf die Welt (dies als Vorgriff auf Kap. 6 zu Thomas Luckmann): Die Einigung auf eine kontrafaktische Situation – also die Idee, eine solche als Gedankenkonstrukt anzuerkennen, die dann im realen Handeln durchaus Folgen zeigen kann – ist selbst eine soziale Konstruktion. Deshalb können auch verfeindete Staaten in (kontrafaktische) institutionalisierte Diskurse (etwa innerhalb der UN) eintreten und langfristig zu Kompromissen oder auch zu (weiterem) Dissens kommen (vgl. Niesen/Herborth 2007). Christoph Kuhlmann (1999) erläutert Szenarien solchen Typs:

> Es würde [...] ein völliges Mißverständnis bedeuten, Habermas die Utopie zu unterstellen, Streitfragen könnten und sollten in real herrrschaftsfreien Sprechsituationen geklärt werden. Habermas versucht vielmehr zu erklären, warum trotz der realen Asymmetrie der meisten Sprechsituationen rationale Argumentation mit dem Ziel der Verständigung stattfinden kann. (Kuhlmann 1999: 45)

Es ist empirisch richtig, dass die Geschichte der bürgerlichen Öffentlichkeit (auch) eine Gewaltgeschichte ist (vgl. Liesegang 2004: 10), dass sie patriarchalisch formiert war (vgl. Manheim 2005 [1936]), überdies antiproletarisch und einseitig interessengeleitet (vgl. Negt/Kluge 1972), dabei die Frauen ausschließend (vgl. Fraser 1992). Dies können wir aber überhaupt nur im Lichte der operativen Fiktion, *dass es auch anders sein könnte*, erkennen und benennen. Und diese Fiktion hält uns Habermas systematisch vor Augen. Missstände können immer nur von ihrem – wenn auch fiktivem – Gegenteil her gedacht werden und fordern Menschen zu einer Handlungsumkehr auf, so auch hier: Diskurse zu ermöglichen. O'Mahony (2013: 12) verweist darauf, dass kontrafaktische Ideale in Bevölkerungen und bei einzelnen Menschen durch Erfahrung abgestützt sein müssen, um wirksam zu werden. Oder: *Ideale können sich gesellschaftlich entfalten*, wie Manuel Wendelin in Anlehnung an Bernhard Peters' Auseinandersetzung mit dessen Lehrer Habermas schreibt (Wendelin 2011: 263). Und wenn sie es nicht tun, lassen sie sich heuristisch-analytisch für die Untersuchung des Ist-Zustandes öffentlicher Kommunikation nutzen (vgl. Steininger 2007: 184).

Der sehr grundsätzlichen Kritik, so von Goode (2005), auch von Knoblauch (2013: 301), Habermas privilegiere Sprache und Wort vor anderen menschlichen Ausdrucksformen (also anderen Zeichentypen wie Ikonen, also Bildern und Indizien, z. B. in der nonverbalen Kommunikation) kann ich mich hier nicht anschließen. Habermas – und dies teilt er mit Manheim (1930), auch mit Luckmann (vgl. dazu Kap. 6 dieses Buches) sieht gerade *das Vermögen zur sprachlichen Abstraktion* als dasjenige, das den Menschen anthropologisch ausmacht und verständigungsorientierte Kommunikation ermöglicht. Das ist sein Thema, das er als Untersuchungsgegenstand wählt.

Im Folgenden sollen Habermas' Denkmotive detaillierter nachgezeichnet werden als in diesem voranstehenden Einblick in die Habermas-Rezeption und die Debatten über ihn und seine theoretische Verortung. Dabei wird vor allem auf die Entstehung und Entwicklung von Öffentlichkeit als zugleich historisches Phänomen und ideengeschichtliches Konzept eingegangen; außerdem auf den Idealtypus des verständigungsorientierten Handelns als Modus pluraler Gesellschaften – darauf wiederum baut der Anwendungsbereich zur Kommunikations- und Medienethik auf.

5.2 Jürgen Habermas: Denkmotive für eine Kommunikationssoziologie

Als Denkmotive im Werk von Jürgen Habermas können ganz ähnliche beschrieben werden wie für seinen Vorläufer Ernst Manheim. Sie beziehen sich auf die Dopplung von historischer und systematischer Öffentlichkeitstheorie – über Manheim hinaus aber insbesondere auch auf eine Theorie des interpersonalen kommunikativen Handelns, und damit verwoben die Diskursethik als eine spezifische Formalethik der Kommunikation.

Kommunikationssoziologisch relevante Denkmotive im Werk von Jürgen Habermas
1. Geschichte der Öffentlichkeit
2. Theorie der Öffentlichkeit und verständigungsorientiertes Handeln
3. Ethik des Diskurses

Angewendet werden das zweite und das dritte Denkmotiv in diesem Buch auf Fragen einer Ethik der Online-Kommunikation, die sich aus dem Habermas'schen Werk ableiten lassen.

Noch einmal sei darauf verwiesen, dass die „Denkmotive" analytische Konstrukte der Verfasserin sind, abgeleitet von Peter Weingarts Begriff des Denkmotivs bzw. „kognitiven Orientierungskomplexes" als Topos wissenschaftlicher Forschung unterhalb der Paradigmenebene (vgl. weiterführend Weingart 1976: 40 – 51, auch Averbeck 2008, hier v.a. 268). Die „Denkmotive" dienen der Systematik der gelesenen Literatur durch die Autorin des Buches und der Übersicht über die Ideengeschichte. Habermas werden in diesem Kapitel – zusammenfassend – nur drei Denkmotive zugewiesen (siehe Kasten oben). Dies liegt darin begründet, dass er sowohl auf dem Gebiet der Geschichte der Öffentlichkeit, insbesondere in dem Buch „Strukturwandel der Öffentlichkeit" 1962, als auch in der „Theorie des kommunikativen Handelns" große *Synthesen* zu diesen Denkmotiven vorlegt – und dabei selbst zahlreiche Klassiker, nicht zuletzt Weber und Mead, aufgreift. Im Folgenden wird ausgeführt, welche langjährigen, teils Jahrzehnte währenden, komplexen Überlegungen sich bei Habermas hinter diesen Denkmotiven verbergen.

5.2.1 Denkmotiv: Geschichte der Öffentlichkeit

> Der politisch-öffentliche Diskurs, den Habermas zum Ausgang seiner Betrachtung nimmt, war […] selbst eine Folge eines Strukturwandels, der sich zwischen dem 15. und dem 18. Jahrhundert abgespielt hat. (Stöber 2000: 286; im gleichen Sinne Dröge 1993)

Als der Begriff „Öffentlichkeit" erstmals in den Wörterbüchern erschien, hatte das Phänomen, das er bezeichnete, bereits eine lange Geschichte. Lucian Hölscher hat 1979 seine Dissertation zur Begriffsgeschichte des Terminus Öffentlichkeit vorgelegt.

Dabei machte er die zentrale Entdeckung, dass sich der Begriff und die Entwicklung des Phänomens Öffentlichkeit zwar aufeinander beziehen, *aber nicht identisch* sind. Als der Begriff „Öffentlichkeit" im späten 18. Jahrhundert als Nomen in die deutsche Sprache einzog, bezeichnete er das, was Ernst Manheim und Jürgen Habermas geschildert hatten: die (relativ gesehen) frei zugängliche Sphäre bürgerlicher Diskussionen, Debatten und Diskurse. Dem ging allerdings eine Begriffsgeschichte voraus, die zwar lediglich über das Adjektiv „öffentlich" verfügte (schon im 16. Jahrhundert für die „Bewertung einer Handlung als aufrichtig und vorbehaltlos, berechtigt und wahrhaftig", so Hölscher 1979: 36), die aber *de facto die Institutionen und Werte moderner Öffentlichkeit erst mit schuf.* Sprache und Wirklichkeit konstituieren sich auch in diesem Falle gegenseitig. So ist der Begriff „Öffentlichkeit" bis in die Mitte des 19. Jahrhunderts hinein nicht mit einem großen „Publikum" gleichgesetzt worden, erst im 20. Jahrhundert, also *nachdem* das Bürgertum sich emanzipiert hatte, wurden die Begriffe Publikum und Öffentlichkeit zu Synonymen (vgl. ebd.: 118, 138).

Hölscher schreibt, der Bedeutungswandel von „öffentlich" im Sinne der Bewertung einer legitimierbaren Handlung hin zum Verständnis „Öffentlichkeit" als urteilender und berichtender Instanz *über* diese Handlung, sei erst „registriert" worden „als er nach Jahrzehnten unbemerkter Entfaltung schon fast abgeschlossen" gewesen sei (Hölscher 1979: 36). Dabei verband sich das Adjektiv „öffentlich" – was heute vielfach vergessen wird – in Deutschland zunächst eben nicht mit dem „großen Publikum" als einer Art Kollektiv-Akteur, sondern mit dem *Staat.* Hölscher weist gar für das 17. Jahrhundert „öffentlich" und „staatlich" weitgehend als gleichbedeutend aus (vgl. ebd.: 57, auch Habermas 1996 [1990]: 71). Obrigkeit indes war allerdings zumal in Deutschland (bis 1871) kein nationalstaatliches Gebilde, sondern splittete sich auf in diverse fürstliche Mächte. Öffentliches Wohl, öffentliche Sicherheit und öffentlicher Nutzen waren somit identisch mit dem Wohl eines (fürstlichen) Gemeinwesens und wurden zunächst *nicht gegen dieses, sondern als Aufgaben für dieses bzw. ihm gegenüber gedacht* (vgl. Hölscher 1979: 57 ff.). Die bürgerliche Gesellschaft, die sich ex negativo zu einer absolutistischen Doktrin definiert, nämlich als freier Zusammenschluss assoziierter Rechtssubjekte, existierte noch nicht. Staat und Öffentlichkeit bildeten im 17. und 18. Jahrhundert noch keine Gegensätze. Erst im 19. Jahrhundert zerbrach die „staatsrechtliche Fiktion" (vgl. Hölscher 1979: 126), also die Annahme, dass Öffentlichkeit und Staat identisch sein können oder sollen. Öffentlichkeit wird nun auch in Deutschland zu einer gesellschaftlichen Idee, die sich auch *gegen den Staat richten kann.* Damit ist Öffentlichkeit potenziell plural, den Segmenten der Gesellschaft, ihren Klassen, Schichten und Interessengruppen entsprechend, strukturiert. Es muss daher von einem holistischen Öffentlichkeitsbegriff Abstand genommen werden (vgl. auch Steininger 2007: 13 – 44). Eine Erkenntnis, die schon Tönnies' „Kritik der Öffentlichen Meinung" (1922) nahelegt. Teilöffentlichkeit („eine" öffentliche Meinung bei Tönnies) wird zum *Normalfall,* „Die" einheitliche öffentliche Meinung im Sinne von Tönnies ist dann lediglich noch *das normative Regulativ* als bindende Idee für auseinanderdriftende Interessen und Ideen (zu Tönnies vgl. Kap. 3 dieses Buches). In ähnlicher Weise schreibt Slavko Splichal (1999: 105), Tönnies' Konzept „Die Öffentliche Meinung" habe einen „counterfactual normative character" und epistemologisch den Wert eines intellektuellen „tools". Später wird Jürgen Habermas in seinem Buch „Theorie des Kommunikativen Handelns", in dieser Traditionslinie stehend, von verständigungsorientierter, auf Konsens zielender Deliberation um das bessere Argument von einem „kontrafaktischen" Prozess sprechen und dies auf die „ideale Sprechsituation" zuspitzen (siehe unten).

In der historischen Darstellung von Öffentlichkeit können wir uns heute für Deutschland insbesondere auf die Forschungen der Deutschen Presseforschung in Bremen verlassen (das tut auch der schon zitierte Liesegang 2004: 16, 42). Die Forschungen der Bremer Presseforschung zeigen quellengesättigt, was schon Lucian Hölscher (siehe oben) beschrieb, dass:

1. der Diskurs um Öffentlichkeit und das Phänomen Öffentlichkeit nicht identisch sind und sich
2. das Phänomen weit eher entwickelt hat als der Diskurs darüber.

Jürgen Habermas unterliegt also 1962 einem Fehlschluss, wenn er schreibt:

> Im Deutschen wird das Substantiv aus dem älteren Adjektiv „öffentlich" erst während des 18. Jahrhunderts [...] gebildet. [...] Wenn Öffentlichkeit erst in dieser Periode nach ihrem Namen verlangt, dürfen wir annehmen, daß sich diese Sphäre, jedenfalls in Deutschland, erst damals gebildet und ihre Funktion übernommen hat [...]. (Habermas 1996 [1962]: 56)

Abweichend davon kann schon die Ständeordnung des Mittelalters als „Gesamtsystem unterschiedlicher Teil- oder Binnenöffentlichkeiten verstanden werden" (Steininger 2007: 42). Seitens Habermas aber wird diese auf den „Typus repräsentative Öffentlichkeit" reduziert (Habermas 1996 [1990]: 58). Dies meint *nicht* die Repräsentation von Herrschaft „für das Volk", sondern „vor" dem Volk. Denn der Fürst und seine Landesstände vertraten das Land im Mittelalter nicht nur, „sie waren das Land" (Wendelin 2011: 214). Hier setzt Esther-Beate Körber kritisch an, indem sie beschreibt, wie Debatten *für* das Volk bereits früher stattfanden:

> [...] dass es auch in vormoderner Zeit schon eine Art herrschaftskritischen Diskurs gab, wie ihn Habermas erst in der Aufklärung gefunden hatte. Auseinandersetzungen in Flugschriften seit Humanismus und Reformation werden von der (medien-)geschichtlichen Forschung nicht mehr nur als kultur- und religionsgeschichtlich bedeutsame Ereignisse registriert, sondern auch als politische Debatten ernst genommen. (Körber 2008: 9)

Hier ist allerdings einzukalkulieren, dass „herrschaftsfreier Diskurs" bei Habermas normative Prämissen hat (vgl. Kap. 5.2.2), die mit dem Aufstieg des Bürgertums zur tragenden gesellschaftlichen Schicht überhaupt erst ermöglicht wurden – und dieses Bürgertum gibt es in der Reformationszeit so noch nicht. Die kommunikationsgeschichtliche Presseforschung vertritt hingegen – wie im obigen Zitat Körber – keinen normativen Ansatz, der auf bestimmte Qualitäten von ‚guter' Öffentlichkeit abhebt.

Kriterium der bürgerlichen Öffentlichkeit nach Habermas ist, dass sie Privatheit zugleich als ihr Reservoir wie auch als von ihr unterschieden denkt:

> Öffentlichkeit als ein eigener, von einer privaten Sphäre geschiedener Bereich läßt sich für die feudale Herrschaft des hohen Mittelalters soziologisch, nämlich anhand institutioneller Kriterien, nicht nachweisen. (Habermas 1996 [1990]: 60)

Zu überdenken ist, ob die Unterscheidung Privatheit/Öffentlichkeit wirklich ein trennscharfes Kriterium ist, um den Beginn einer *autonomen Öffentlichkeitssphäre* anzunehmen, wie dies Habermas tut. Historisch funktioniert das offenbar dann nicht, wenn man, wie die Bremer Presseforscher, das (bürgerliche) Privatheitskriterium *nicht* zurate zieht, sondern vorderhand die *Debatten* vor einer und für eine breite Öffentlichkeit.

Körber betont, dass bei allen Vorwürfen, Habermas habe historisch „unempirisch" argumentiert, er doch derjenige gewesen sei, der auf vormoderne Öffentlichkeiten und deren Strukturierung durch Repräsentanz aufmerksam gemacht habe (Körber 2008: 8).

Die nach Werner Faulstich fünf mittelalterlichen Teilöffentlichkeiten (Hof/Burg, Kloster/Universität, Kirchenraum, Stadt und Dorf) waren maßgeblich interpersonal und über Versammlungskommunikation vermittelt (vgl. Steininger 2007: 42). Diese Teilöffentlichkeiten differenzierten sich mit Beginn der Neuzeit und einhergehend der Drucktechniken über Medien der öffentlichen Kommunikation mit ihren spezifischen Charakteristika weiter aus. Eine zentrale Rolle spielte dabei die Publizistik der Reformation (vgl. Steininger 2007: 43; Körber 2008). Überdies weist der ehemalige Bremer Presseforscher Johannes Weber nach, dass die etwa 200 Zeitungsunternehmen an 80 Druckorten im Deutschland des 17. Jahrhunderts Öffentlichkeit hergestellt haben, allein, indem sie überhaupt *informierten*. Meinungsbildung, zumal herrschaftskritische, stand in den Druckgeschäften des 17. Jahrhunderts noch nicht explizit auf der Agenda der Zeitungsmacher. Gleichwohl rückten die Herrscher „von Gottes Gnaden", über die da informiert wurde, ihrem aufstrebenden bürgerlichen Publikum näher, erschienen menschlicher und mussten sich bald *anders*, nämlich in einem sehr viel schnelleren periodischen Takt legitimieren als noch im 16. Jahrhundert mit der noch kaum periodischen Presse der Neuen Zeitungen, Flugblätter und Flugschriften. Die Presse machte Herrschaft nun *periodisch,* in regelmäßiger Wiederkehr sichtbar (vgl. J. Weber 2004a, b, 2008). Zwar habe die Gattung der frühen Nachrichtenblätter keinen direkten Anteil an der Entwicklung von der „repräsentativen zur räsonierenden Öffentlichkeit gehabt", so Johannes Weber, aber sie sei doch deren Fundament gewesen: Denn über wen oder was hätte man räsonieren sollen, wenn nicht zuvor schon ein Netzwerk an Informationen geknüpft worden wäre? (vgl. Weber 2008: 45). Der Kommunikationshistoriker Jürgen Wilke verweist darauf, dass die Auslandsberichterstattung in diesem Ausdifferenzierungs- und Diffusionsprozess der Ware Information eine zentrale Rolle spielte: Lange bevor Deutschland eigene parlamentarische Formen im frühen 19. Jahrhundert überhaupt erst aufbaute, berichtete die deutschsprachige Presse aus dem Englischen Parlament – samt der dort geführten Kontroversen – und bald auch aus dem Jakobinerklub in Frankreich (vgl. Wilke 2000b: 27). Habermas selbst verweist – im Rückgriff auf die pressehistorischen und -kritischen Schriften des frühen 20. Jahrhunderts, wie sie im Umfeld der aufkommenden Zeitungskunde und Zeitungswissenschaft entstanden (von Karl Bücher, Erich Everth, Walter Schöne und anderen) – ebenfalls auf diese Frühgeschichte der Presse seit dem 17. Jahrhundert (vgl. Habermas 1996 [1990]: 77). Er bewertet sie allerdings als weit weniger relevant als Johannes Weber. Habermas geht es vor allem um die Schwelle vom 17. zum 18. Jahrhundert, erst zu dieser Zeit habe sich ein breites Lesepublikum formiert (Habermas 1996 [1990]: 72).

Die Kritik an Habermas bleibt meines Erachtens mit Blick auf die Gesamtgenese seines Werkes vorsichtig zu formulieren: Die Referenzen von Habermas, die alte Zeitungskunde und Zeitungswissenschaft zwischen 1900 und 1933, hatten die Presse des 17. Jahrhunderts ja noch nicht in einer tiefgehenden Weise erforscht (vgl. Groth 1948: 339; weiterführend auch vom Bruch/Roegele 1986). Solche Forschungen lagen erst weit nach Habermas' Buchklassiker zum „Strukturwandel der Öffentlichkeit", 1962 erstmals erschienen, mit den ausdifferenzierten quellenbasierten Forschungen des Referats Frühgeschichte der Presse in der Deutschen Presseforschung Bremen mit seiner Spezialisierung auf das 17. Jahrhundert vor (vgl. Böning/Bouba/Körber et al. 2013).

Im 17. Jahrhundert, so Holger Böning, sei mit der Entstehung und flächendeckenden Verbreitung der Zeitung sowie mit dem daraus hervorgegangenen Mediensystem die Voraussetzung für „jene Informiertheit eines breiteren Publikums" entstanden, die die „grundlegende Voraussetzung für die Aufklärung wurde" (Böning 2008: 143). Das gebildete Publikum waren Räte, Diplomaten, Lehrer, Geistliche, Professoren, Studenten und – diese Dimension fehlt bei Habermas – es entgrenzte sich allmählich bis in die Bauern- und Landarbeiterschaft hinein (vgl. Böning 2009). Deren Lektüreverhalten und -präferenzen wurden hingegen bereits Max Weber und dem Verein für Socialpolitik am Ende des 19. Jahrhunderts zu einem Forschungsgegenstand (vgl. Schulz 2005). Schon die Presse des 17. Jahrhunderts (Kalender, geschriebene und gedruckte Zeitungen, Zeitschriften) leistete *Volksaufklärung* (vgl. Böning 2008, 2009). Die kommunikationshistorische Nutzungsforschung bis heute hat gezeigt, dass das Konzept *einer exklusiven bürgerlichen Öffentlichkeit eine Engführung ist.* Aufgrund der Forschungen zur Leser- und Leserinnengeschichte der Presse (Zeitung, Zeitschrift, diverse Druckmedien) weiß man, dass die Mediennutzung schon früh wesentlich breitere soziale Schichten betraf (vgl. Schulz 2005; Böning 2009).

Das 17. Jahrhundert wird heute neu bewertet – nämlich nicht mehr als ‚abgespalten' von der Epoche der Aufklärung, sondern *als Brücke zum 18. Jahrhundert*, und zwar gerade durch die kommunikationshistorischen Entwicklungen in diesem 17. Jahrhundert. Die diesbezüglich empirisch gesättigte Forschungsarbeit der Deutschen Presseforschung bietet ein zentrales Fundament der Habermas-Kritik. Dass diese pressehistorisch geschulte Kritik an Habermas' „Strukturwandel" der Öffentlichkeit *die normativen Ableitungen,* die Habermas aus einem bürgerlichen Idealtyp von Öffentlichkeit zieht, allerdings nur marginal tangieren, sei hier schon angedeutet.

Auch Ernst Manheims 1932/33 verfasstes Buch über die „Träger der Öffentlichen Meinung" (vgl. dazu Kap. 4 dieses Buches) beginnt mit der Frühaufklärung und spannt den Bogen zur „publizistischen Vergesellschaftung", damit den neuen Formen der Macht, die *vertrags-* und nicht mehr gnaden- oder ehrgebunden sind und Autorität neu definieren (vgl. Manheim 1979 [1933], besonders 20 – 35). Letztlich hätten die Herrscher die Presse wohl (noch) stärker unterdrücken müssen, was sie nicht taten, da sie die Gefahr von Legitimationskrisen, die die Presse langfristig mit sich brachte, in ihrem Ausmaß offenbar unterschätzten (vgl. Weber 2008: 47).

Bis ins 18. Jahrhundert wird die Presse (in Westeuropa und in den USA) nachhaltig und unwiederbringlich Teil der politischen Legitimation von Herrschaft. In diesem Sinne ist das Medium Zeitung selbst die Message, wie Johannes Weber (2008) in Anlehnung an Marshall McLuhan schreibt. Dieses Medium verändert etwas und zugleich verändert es sich (bis heute permanent). Wobei man erst ex post sieht, was sich seit dem 17. Jahrhundert verändert hat, nämlich das Verhältnis von Macht und Legitimation: „Die Politik hat begonnen, aus dem Arkanbereich zu treten" (Böning 2008: 155). Dies hat normative Gültigkeit bis heute, und eben in dieser normativen Denktradition steht Jürgen Habermas. Kurt Imhof beschreibt die theorienhistorische Dimension der Idee der bürgerlichen Freiheitsrechte, die auch Abwehrrechte gegen den Staat sind und dabei zugleich Garanten seiner Legitimität:

> Die öffentliche Deliberation führt in dieser Perspektive [der Aufklärung] [...] 1.) zur Vernunft und Tugend, 2.) zur rechtsförmigen Ausgestaltung der Gesellschaft und 3.) zur Integration der zur Bürger emanzipierten Untertanen. [...] In politischer Hinsicht wird dadurch die Meinungs- und Redefreiheit zur Bedingung von Vernunft und Tugend, der Konstitution und Ausgestaltung des bürgerlichen Rechts und zur Bedingung der Vergemeinschaftung [...]. Eine freie Öffentlichkeit wird auf dieser Basis zur zentralen Forderung der Aufklärungsbewegung gegenüber der geheimen (und allein schon deshalb) unsittlichen Kabinettspolitik der ancien régimes. (Imhof 2011: 46)

Als Prämisse dieser Entwicklung ist die Presse des 17. Jahrhunderts zu sehen:

> Erstmals in der Geschichte wird ein größerer Kreis von Privatleuten mit den Prinzipien bekannt gemacht, nach denen Staat, Politik, internationale Beziehungen und Militär strukturiert sind und gelenkt werden. Indem der Leser mit den Unterschieden vertraut wird, die zwischen verschiedenen Ländern bestehen, werden göttliche Legitimierungen und Unabänderlichkeit gesellschaftlicher Strukturen in Frage gestellt, auch erschließt sich ihm die Welt als geographischer Raum. Noch sind die Zeitungen keine Medien des kritischen Räsonnements durch ein Publikum von Privatleuten, doch liefern sie jene Informationen, die dafür Voraussetzung sind. Über den Zeitraum fast eines Jahrhunderts entstehen durch Information die Grundlagen für eine Urteilsfähigkeit, ohne die Aufklärung nicht denkbar ist. (Böning 2008: 155)

Die Zeitungen werden, so Böning weiter, zum Ausdruck von „Weltbezogenheit" (ebd.). Das periodische Medium als solches, nicht nur die konkrete Nachricht, wird zum Zentrum der öffentlichen Beschaffung von Legitimität (vgl. Weber 2008: 46 f).

Habermas seinerseits definiert die bürgerliche Öffentlichkeit des darauffolgenden 18. Jahrhunderts wie folgt:

> Bürgerliche Öffentlichkeit läßt sich vorerst als Sphäre der zum Publikum versammelten Privatleute begreifen; diese beanspruchen die obrigkeitlich reglementierte Öffentlichkeit alsbald gegen die öffentliche Gewalt selbst, um sich mit dieser über die allgemeinen Regeln des Verkehrs in der grundsätzlich privatisierten, aber öffentlich relevanten Sphäre des Warenverkehrs und der gesellschaftlichen Arbeit auseinanderzusetzen. (Habermas 1996 [1962]: 86)

Habermas (ebd.: 28) verweist weiterhin darauf, dass die Ausdifferenzierung der Gattung Presse auch eine marktlich-ökonomische ist – das allerdings durchaus im Widerspruch zu der Annahme, Presse könne marktfrei reguliert werden, wie der zweite Teil des Buches zum „Strukturwandel der Öffentlichkeit" es nahelegt. Viel später hat Habermas (2010) Vorschläge dazu gemacht, wie der Markt der Qualitätspresse mit Subventionen und/oder über Stiftungsgelder zumindest austarieren lasse, also *reguliert* werden könnte. Solche Vorschläge wurden in Deutschland bisher allerdings bislang nie umgesetzt.

Habermas [1996 [1990]: 86) bestimmt als das „Medium" der „öffentlichen Auseinandersetzung" das öffentliche Räsonnement. Dies muss also nicht per se gebunden sein an ein *bestimmtes* (Massen-)Medium. Die Wurzel des räsonierenden Publikums liegt dabei in der Privatheit der „publikumsbezogenen Subjektivität der kleinfamilialen Intimsphäre", die Habermas zum „geschichtlichen Ursprungsort von Privatheit" erhebt (ebd.: 87). Genau diese Fokussierung auf bürgerlich-patriachale Strukturen hat ihm viel Kritik eingebracht:

> Es stellt sich heraus, dass die klassische männliche bürgerliche Öffentlichkeit viel eher über eine normalisierende Wirkung (im Foucault'schen Sinne) verfügt, als über die normative Kraft des besseren Arguments. (Scannell 2011: 292 f.)

Bereits 1936 verfasste Ernst Manheim für die Autoritätsstudien des Frankfurter Instituts für Sozialforschung eine Geschichte und zugleich Kritik der patriarchialischen Familie des 18. und 19. Jahrhunderts, einschließlich ihrer *moralischen Wochenschriften*, die dieses Familienideal propagierten. Die Harmonie privater literarischer Innerlichkeit in der bürgerlichen Kleinfamilie wird hier konterkariert:

> Die Ehe wurde als freiwilliger Pakt ausgelegt und die Reste der patriachalen Mannesbefugnisse wurden aus dem beiderseitigen Interesse und den freiwillig übernommenen Verpflichtungen der Frau abgeleitet. (Manheim 2005 [1936]: 173)

Habermas seinerseits sieht die bürgerliche Kleinfamilie zugleich als Ursprung *und* Gegenpol zur „gesellschaftlichen Reproduktion" – ohne sich dabei viel über die Frauen zu äußern, was im Übrigen auch für andere Öffentlichkeitstheorien typisch ist (vgl. Lingenberg 2010: 39; alternative, auf eine weibliche Öffentlichkeit ausgerichtete Ansätze bieten Fraser 1992 und Benhabib 1995). Die Identität von Privatmann/Familienvater/Eigentümer verkörpert bei Habermas den Ursprung des Privaten wie des Gesellschaftlichen. Die Klammer zwischen privat und öffentlich bildet jedenfalls die Belesenheit, die „literarische Öffentlichkeit", die das idealiter humanistische

Räsonnement der und über die Gesellschaft im weitesten Sinne enthält (vgl. Habermas 1996 [1962]: 89 f.). Habermas selbst stimmt der Kritik seitens der feministischen Öffentlichkeitstheorie 1990 im neuen Vorwort zum Strukturwandel der Öffentlichkeit zu und sieht die patriarchalischen Öffentlichkeitsstrukturen im modernen Sozialstaat fortwirken (vgl. ebd.: 19). Dies ist sein faktisches Zugeständnis, normativ allerdings seien auch Frauenrechte Teil universaler Bürgerrechte (ebd.).

Wiederum (wie schon im Falle der Kritik seitens einiger Historiker) stimmt Habermas der Kritik an ihm in empirischer Hinsicht zu, behält aber seine normative Position der kontrafaktischen Geltung des Ideals bei. Die „einleuchtenden" feministischen Überlegungen dementierten „nicht die ins Selbstverständnis der liberalen Öffentlichkeit eingebauten Rechte auf uneingeschränkte Inklusion und Gleichheit" (Habermas 1996 [1990]: 20). Die Geschichte habe gezeigt, dass die feministische Bewegung an die bürgerliche Öffentlichkeit anschließen konnte und damit die Strukturen von Öffentlichkeit von innen hat transformieren können (ebd.).[2]

Ein anderer Punkt der historischen Öffentlichkeitssoziologie von Jürgen Habermas ist besonders heute, unter neuen Medienbedingungen, anregend: Bei Habermas beginnt moderne Öffentlichkeit mit der Frage nach der Relevanz der Assoziation von Privatleuten. Diese kann heute onlinebasiert, insbesondere über Soziale Netzwerke, verstärkt stattfinden (vgl. Schmidt 2013) – aber mit welcher Relevanz für öffentliche Diskurse insgesamt? Das Netz der Kommunikationen, das Privatleute öffentlich erstellen, in dem sie sich und andere sowie ihre Meinungen präsentieren und formulieren, hat Folgen für die öffentliche Medienkommunikation, auch in ihrer massenkommunikativen Variante. So sieht Bernhard Debatin dieses Netz der Privatkommunikation als tragend für die Aushandlung und Repräsentation lebensweltlicher Erfahrung in und vor der Öffentlichkeit an (vgl. Debatin 2011: 824). Liesegang beschreibt einhergehende Hoffnungen auf eine höhere Partizipation von Bürgern in der webbasierten Öffentlichkeit gegenüber der überkommenen nur massenmedialen Ordnung:

> Die Protagonisten eines „digitalen Diskurses" sehen mit einem dezentralen digitalen Netzwerk erstmals die Chance einer herrschaftsfreien Kommunikation mit freiem Zugang zur Information gegeben, in der bisherige Reglements und Diskursordnungen aufgehoben sind. Ihre Hoffnung auf den gesellschaftspolitischen Effekt einer anderen „Schaltung der Medien" beruht auf der Synchronisation von gesellschaftlicher und medialer Ordnung, die bereits den frühbürgerlichen Begriff von Öffentlichkeit prägt; sie gleicht erstaunlich vielen Hoffnungen, die in Zeiten fehlender Pressefreiheit auf die freie Zirkulation der Druckwerke gesetzt wurden. (Liesegang 2004: 8)

Nicht unterschätzt werden sollte gegenüber solchen, fast utopischen Hoffnungen auf eine plebiszitäre „Cyberdemocracy", die heute in dieser Einfachheit wissenschaftlich nicht mehr geteilt werden (vgl. Fraas/Meier/Pentzold 2012: 108–112), die Ökonomie des Internets und deren im Sinne von Habermas vermachteten Strukturen,

---

2 Dies erscheint der Autorin dieses Buches dann doch recht optimistisch.

durch Konzerninteressen ebenso wie durch Staaten und ihre Überwachungsinteressen. Gerade in Zeiten von Social Media mit ihrem hochpartizipativem Charakter zeitigt Online-Kommunikation neue Möglichkeiten für eine interpersonale Kanäle durchdringende Propaganda (man denke an die Kommunikationsstrategien von transnational agierenden Terroristen). Wir haben es im Internet nicht nur mit assoziativen Netzwerken transparenter Kommunikation zu tun. In historischer Hinsicht stellt Habermas ja gerade den Prozess der Vermachtung von assoziierten Privatinteressen als Kehrseite der Medaille der strukturellen Ausifferenzierung von Öffentlichkeit dar – und darf hier wohl auch weiter als Mahner gehört werden.

Inwiefern die Kommunikation im Web 2.0, insbesondere Soziale Netzwerke und Blogs, hier wiederum Gegenstrukturen schaffen können, muss in diesem Buch dahingestellt bleiben (vgl. weiterführend Castells 2012). Jedenfalls dürfte die aktuelle Empörung der BürgerInnen über Abhörmethoden von Geheimdiensten auch deshalb so stark sein, weil die Bevölkerung ihre Kommunikationsrechte längst auch als Freiheitsrechte internalisiert hat. Habermas seinerseits kann keinesfalls (nur) für utopische Positionen eines freien Netzes reklamiert werden, wie Fraas, Meier und Pentzold (2012: 109) etwas einseitig betonen; er eröffnet uns zugleich das analytische Potenzial, differenziert auf Vermachtungs- und Freiheitsstrukturen in der öffentlichen Kommunikation zu blicken, *gerade weil er beides historisch und systematisch ausgearbeitet hat.*

5.2.2 Denkmotiv: Theorie der Öffentlichkeit und verständigungsorientiertes Handeln

> Habermas stimmt Webers düsterer Analyse von der Deformation wahrer Vernunft zu, glaubt sie aber auf zwei Arten retten zu können: durch den Schritt vom Individuellen zum Sozialen und zweitens durch den Schritt von der substantiellen zur prozesshaften Vernunft. (Scannell 20: 287)

> Kommunikative Rationalität drückt sich in der vereinigenden Kraft der verständigungsorientierten Rede aus. (Habermas 2007: 410)

KritikerInnen von Habermas soll hier zunächst eine Überlegung des Politikwissenschaftlers Frank Nullmeier entgegengesetzt werden, die einem Gedankenexperiment gleichkommt: Was, wenn die von Habermas geforderte „ideale Sprechsituation" mit Chancengleichheit, gegenseitiger Anerkennung und zwangloser, gewaltfreier Argumentation guter Gründe (statt unreflektierter Emotionen) eines Tages erreicht sei? Dann müssten „selbst unter den Bedingungen des idealen Diskurses Ergebnisse produziert werden, die die normativen Ansprüche des Diskurses dementieren" (Nullmeier 1995: 86) – denn sonst wäre der Diskurs ja an sein Ende gekommen. Oder: Der Diskurs bringt sein Ergebnis immer erst selbst hervor, er setzt es nicht voraus. Empirisch zu belegen ist dieses Gedankenexperiment nicht, wohl aber sein Gegenteil: Auch in strategischer, stark interessengeleiteter Kommunikation, die keine große Rücksicht auf die Interessen von ‚Gegnern' nimmt, sind rationale Argumente und Elemente diskursiver Kommunikation im Sinne von Habermas strukturell enthalten,

teils strategisch, teils aber auch, um überhaupt Anschlusskommunikation aufrecht-
erhalten zu können (vgl. Deitelhoff 2005). DiskutantInnen antizipieren Kommunika-
tionsregeln, sobald sie in einen Diskurs eintreten (Goode 2005: 66), und in gewisser
Weise, ob sie es wollen oder nicht. Der Kern des Habermas'schen Denkens besteht,
Klaus Günther (1988: 88) folgend, darin, die „idealisierte Diskursregel" praktisch „in
Anspruch zu nehmen". Oder einfacher: Wenn Menschen Diskursnormen einfordern
und umsetzen ist dies als solches machtvoll. Hier spielt der Faktor *Zeit* eine Rolle,
Diskurse sind als in der Zeit und über die Zeit zu denken, sie brauchen geradezu Zeit,
um sich zu entfalten und so ihre Orientierungs- und Reflexionsleistung als Debatten
über Normen (vgl. Goode 2005: 47) erbringen zu können:

> Von „Diskursen" will ich nur dann sprechen, wenn der Sinn des problematisierten Geltungsan-
> spruches die Teilnehmer konzeptuell zu der Unterstellung nötigt, dass grundsätzlich ein rational
> motiviertes Einverständnis erzielt werden könnte, wobei „grundsätzlich" den idealisierenden
> Vorbehalt ausdrückt: wenn die Argumentation nur offen genug geführt und lange genug fortge-
> setzt werden könnte. (Habermas 1999 zitiert nach Jäger/Baltes-Schmitt 2003: 64)

Dass öffentliche Kommunikation defizitär ist, sich also nur annäherungsweise diskursiv vollzieht, zweifelt Habermas nicht an. Faktisch bilde sich Zustimmung zu
Themen und Beiträgen oft

> [...] erst als Resultat einer mehr oder weniger erschöpfenden Kontroverse, in der Vorschläge,
> Informationen und Gründe mehr oder weniger rational verarbeitet werden können. Mit diesem
> „Mehr oder weniger" an „rationaler" Verarbeitung [...] variieren allgemein das diskursive Niveau
> der Meinungsbildung und die „Qualität" der Ergebnisse. (Habermas 1998: 438)

Jäger und Baltes-Schmitt (2003: 63) betonen, dass Habermas zwar die Möglichkeiten
kommunikativer Rationalität auslote und einfordere, allerdings im Laufe der Zeit die
Kategorie „Konsens" (der nicht nur rational bewirkt wird) gegenüber der Kategorie
„Rationalität" im Habermas'schen Werk an Bedeutung gewinne.

Die „ideale Sprechsituation" als Prototypus gewaltfreier Kommunikation (vgl.
Burkart 2002: 441) ist ein Idealtyp im Sinne Max Webers, also stets abweichend
vom empirischen Realtyp oder – in Habermas' eigener Terminologie „kontrafaktisch"
(ebd.). Dieser Idealtypus der idealen Kommunikationssituation erlaubt es (vgl.
Dahlgren 2002: 9; Burkart 2002: 443 f.; Müller 2007: 201 ff.; Jäger/Baltes-Schmitt 2003:
75), den empirischen Ist-Zustand ex negativo zu beschreiben. Gerade auf die empirische Forschung bezogen kontrafaktisch liest auch Bernhard Peters seinen Lehrer
Jürgen Habermas:

> Ich betrachte Öffentlichkeit im normativen Sinne als variables Element der Realität heutiger
> Gesellschaften. Es lassen sich Deutungen, Handlungsorientierungen, Praktiken und institutio-
> nelle Strukturen identifizieren, die bestimmten Gehalten des normativen Modells [im Sinne von
> Habermas] entsprechen. (Peters 2007: 67)

Gleichheit, Offenheit und Diskursivität (vgl. ebd. 68) können dann als Qualitäts-merkmale öffentlicher Diskurse (ex negativo auch in empirischer Forschung, um Öf-fentlichkeitsdefizite festzustellen, vgl. Bächtiger/Wyss 2013) genutzt werden. Im gleichen Sinne rechtfertigt auch der irische Soziologe Patrick O'Mahony Habermas' kontrafaktisches Ideal, das immer „only partial" realisiert werden könne, als Maßstab „to identify the pathologies and blockages that have impeded the full realization of available potentials" (O'Mahony 2013: 198). Die kategorische Aussage über Öffent-lichkeit sei dabei stets: (Diverse) Publika konstruieren Öffentlichkeit und bilden dabei Normen und Regeln aus und zwar *eben auch für diese Aushandlungsprozesse selbst* (vgl. Averbeck-Lietz/Hepp/Venema 2015). Das ist ein Prozess, der ständig abläuft, so defizitär er im Einzelfall sein mag (O'Mahony 2013: 197 ff.). Wie diese auch wider-streitenden Prozesse allerdings konkret ablaufen, dazu sage Habermas leider wenig (ebd.: 199).

Hilfreich ist es, Habermas im Lichte von Mead zu lesen (weiterführend Schluchter 2015: 471– 477)[3]: Verständigungsversuche haben (realiter) insbesondere dann eine Chance, wenn gegenseitige Perspektivübernahmen stattfinden (vgl. Jäger/Baltes-Schmitt 2003: 215). Das aber ist keine Frage bloßen Verhaltens, sondern letztlich auch eine solche des (gemeinsamen) Willens zur Kommunikation, der, wenn auch ggf. nur strategischen Bezugnahme auf die ideale Sprechsituation und ihre Diskursregeln (siehe Kasten unten). Wer in einen Diskurs eintritt, kommt womöglich anders wieder heraus, als er oder sie hereinging; das Eingehen von Kompromissen soll hier geradezu strukturell erzeugt werden:

> Der Diskurs, in dem moralische Gründe ausgetauscht werden, strukturiert eine soziale Situation ungeachtet der Ausgangsmotivationen der Akteure. Was immer ihre strategischen Absichten sein mögen, sie können sich dieser Strukturierung nur um den Preis der sozialen Isolierung entziehen. (Müller 2007: 208)

Habermas schreibt im gleichen Sinne:

> Wer sich auf Diskurse einlässt muss mit Informationen und Gründen operieren, die einen un-parteilichen Dritten überzeugen können, auch wenn der Sprecher damit strategische Hinterge-danken verfolgt. (Habermas 2007: 422)

Unbenommen ist dabei, dass – idealtypisch – Argumente und nicht etwa Beleidi-gungen ausgetauscht werden sollen, um Ziele zu erreichen:

> Unter Argumentation verstehe ich einen Kommunikationsmodus, der u. a. verlangt, dass Argu-mente in der Absicht der Überzeugung, nicht der Überredung oder Irreführung anderer Personen verwendet werden. (Habermas 2007: 411)

---

3 „Habermas nimmt Mead für die kommunikationstheoretische Grundlegung der Soziologie in An-spruch." (Schluchter 2015: 471)

Verständigungsorientierte Kommunikation soll also *begründenden Charakter* aufweisen:

Ideale Sprechsituation und Diskursregeln nach Habermas 1981
- Jedes sprach- und handlungsfähige Subjekt darf an (öffentlich geführten) Diskursen teilnehmen.
- Alle Personen, die von dem zu verhandelnden Thema betroffen sind, müssen die gleiche Chance haben, den Diskurs zu eröffnen und in Gang zu halten.
- Alle Personen, die an einem Diskurs teilnehmen, sollen die gleichen Möglichkeiten haben, Erklärungen, Empfehlungen und Behauptungen zu äußern sowie Rechtfertigungen und Begründungen einzufordern.
- Jede/r darf jede Behauptung problematisieren.
- Subjektivität und subjektive Interessen sind zugelassen.
- Kein/e SprecherIn darf durch innerhalb oder außerhalb des Diskurses herrschenden Zwang daran gehindert werden, seine/ihre [in den anderen Punkten] festgelegten Rechte wahrzunehmen.

folgend Biebricher 2005: 16; Jäger/Baltes-Schmitt 2003: 75

Die ideale Sprechsituation universalisiert die Standpunkte zwischen mindestens zwei Personen. Sie ist niemals monologisch, immer dialogisch (vgl. Günther 1988: 38). Weiterhin gilt:

> Als ein Begründungsprinzip trennt (U) [Universalisierungsgrundsatz] Normen und Handlungsweisen aus ihrer jeweiligen Lebensform und Situation heraus, um ihren Geltungsanspruch zur Disposition der Interessen der Betroffenen zu stellen. (Günther 1988: 79)

Kontrafaktische Verfahren der Normbegründung können „als kritischer Maßstab für reale Normbegründungsverfahren fungieren" (Biebricher 2005: 165). Aber wie kann das konkret vonstattengehen? Aus der Auseinandersetzung von Klaus Günther mit Habermas' Theorie des kommunikativen Handelns lassen sich diesbezüglich mehrere zentrale Fragen bzw. Kritikpunkte aufwerfen:

1. Wie kann die Universalisierung *situationsadäquat* gelingen? Ein Konsens unter idealen Bedingungen ergibt noch kein Kriterium der Wahrheit/Richtigkeit unter faktischen Bedingungen. Zumal dann nicht, wenn
2. Diskurse auf sprachlich verbalisierte Geltungsansprüche spezialisiert sind und nicht auf spezifische Anwendungsprobleme und es
3. unmöglich ist, alle voraussichtlichen Anwendungsfälle, deren Merkmale und ihre gleichbleibenden (?) Umstände mittels einer universalisierten Begründung ex ante einzukalkulieren (vgl. Günther 1988: 49, 53, 318).
4. Die Interessen aller (möglichen) Betroffenen sollen zwangsfrei gegeneinander abgewogen werden. Was, wenn eine/r der Beteiligten seine Interessen aber nicht kennt oder aus anderen Gründen nicht wahrnehmen oder nicht einfordern kann? (vgl. Günther 1988: 48).
5. Was kommt nach der Universalisierung, werden die guten Gründe, die erkannt wurden, auch angenommen und vom wem (zuerst) warum und mit welchen Folgen? (vgl. ebd.: 314)

Die wissenschaftliche Kritik, die an den Diskursregeln geäußert wurde, ist vielfältig. Sie betrifft formallogische Defizite (vgl. ausführlich Biebricher 2005: 167 ff.) in Bezug auf Widersprüchlichkeiten im Modus der Diskursregeln: Der Punkt „Jeder darf seine Einstellungen, Wünsche und Bedürfnisse äußern" trifft zwar *in praktischen Diskursen* über moralische Probleme ggf. zu, nicht aber in *theoretischen*, also solchen über Wissens- und Theorieprobleme. Dann jedoch kann die Regel nicht universell sein, weil spezialisiertes Wissen erforderlich ist. Wolfgang Schluchter kritisiert, dass sich in realen Kommunikationen eine strenge Trennung zwischen kommunikativem und strategischem Handeln nicht aufrechterhalten lässt und Habermas selbst diese immer wieder aufweiche (vgl. Schluchter 2015: 496 f.).

Verwiesen wird auch in noch einem generelleren Sinn auf das Problem des Zirkelschlusses: Der Diskurs soll Vernunft schaffen, setzt aber mindestens Vernunft darin voraus, den anderen Menschen überhaupt als DiskursteilnehmerIn anzuerkennen (vgl. Horster 1999: 56).

Dies sind schwerwiegende Fragen, denen sich die Habermas'sche Diskursethik stellen muss. Überdies ist mit der Antwort auf solche Fragen ein logisches Problem verbunden: Letztendlich müsste die Zulässigkeit dieser Fragen wieder in einem Diskurs universalisiert werden – ad infinitum. Dies zeigt uns, dass die Habermas'sche Diskursethik sicher nicht geeignet ist, alle philosophischen Sollens- und Seins-Fragen ein für allemal zu klären (und dies auch gar nicht intendiert), sondern eher ein Handlungsvorschlag ist. Die letzten Fragen des Sollens und Seins lassen sich aus einer sozialwissenschaftlichen Perspektive nicht ontologisch klären (jedenfalls nicht für Habermas), es „darf kein moralisches Urteil schon deswegen gültig sein, weil es einen bestimmten Inhalt hat" (Günther 1988: 83). Dann aber bleibt nur der Ausweg *den Prozess der Klärung solcher Sollens-Fragen selbst zum Thema zu machen,* und zwar in *praktischen Diskursen über normative Probleme.* Oftmals mögen sie das kontrafaktische Ideal der idealen Sprechsituation zwar bestenfalls antizipieren und imitieren können, dadurch aber gleichwohl ein Minimum von Konsens und Ausgleich zwischen verschiedenen Ansprüchen, Normen und Wertvorstellungen in pluralistischen Gesellschaften herstellen können.

Es ist nicht zu unterschätzen, dass Habermas wesentliche Punkte seiner Diskursethik, damals noch ohne sie so zu nennen, schon 1962 im Strukturwandel der Öffentlichkeit entwickelt hat. Dies bezieht sich auf diejenigen Forderungen und ideellen Konzepte, die er im bürgerlichen Idealtypus der Öffentlichkeit *im Sinne der humanistischen Ideale des Bürgertums bereits vorfand* und deshalb im Sinne einer textuellen Überlieferung als empirisch gegeben annahm. Auch wenn dieses Ideal niemals umgesetzt wurde, so schrieben es sich die bürgerlichen Gesellschaften des 18. Jahrhunderts doch in ihre Traktate und Annalen hinein (vgl. auch Manheim 1979 [1933]). Realtypisch betrachtet, war die bürgerliche Öffentlichkeit nie eine friedliche Diskursgemeinschaft, gleichwohl gab sie sich idealtypisch die folgenden Regeln:

Idealtyp: Diskursive Offenheit einer Gesellschaft der Bürger

Prinzipielle Gleichwertigkeit der Teilnehmer	Jeder hat das gleiche Recht zu sprechen und Anspruch auf Aufmerksamkeit. Innerhalb der bürgerlichen Kreise sollen Einkommens- oder Standesunterschiede keine Rolle spielen.
Prinzipielle Problematisierbarkeit aller Themen	Politische Belange werden nicht länger geheim behandelt (Arkanpolitik), sondern dürfen und sollen öffentlich verhandelt und diskutiert werden.
Prinzipielle Unabgeschlossenheit des Publikums	Jeder kann zum Publikum werden, es gibt keine verbindlichen Mitgliedschaftsrollen im „breiten" Publikum. Das Publikum ist durch eine „literarische Öffentlichkeit" (einschließlich Presse) miteinander verbunden.

Quelle: Habermas 1996 [1962]

Wieweit das „Jeder" auch schon eine „Jede" war, ist dabei, wie schon erwähnt, fraglich. Hier ist der feministischen Kritik, Habermas habe patriarchialische Strukturen beschrieben, zumindest empirisch für die frühe Bürgergesellschaft zutreffend – auch wenn er gerade die Potenzialität dieses „jede/r" gegenüber der feministischen Kritik betont hat; dem männlichen Idealtyp seien auch die Frauen zuordnungsfähig, gerade entgegen der Faktizität:

> Beiden Kategorien [„Frauen" und „Arbeiter"] wurde die gleichberechtigte aktive Teilnahme an der politischen Meinungs- und Willensbildung verweigert. Unter Bedingungen einer Klassengesellschaft geriet so die bürgerliche Demokratie von Anbeginn in Widerspruch zu wesentlichen Prämissen ihres Selbstverständnisses. (Habermas 1996 [1990]: 18)

Trotz der faktischen Missachtung der BürgerInnen bleibt die *Geltung* des Dreiklangs von *Gleichwertigkeit/Transparenz/Offenheit* der bürgerlichen Gesellschaft und ihrer (potenziellen) Mitglieder bestehen. Habermas folgend entfaltet sich diese Vernunft *kommunikativ*, als verständigungsorientiertes Kommunikationshandeln zwischen den Mitgliedern der Bürgergesellschaft.

Dieses Denkmotiv einer der Kommunikation (und *nicht der Sprache als solcher*, vgl. Habermas 2007: 410) inhärenten Vernunft systematisiert Habermas Anfang der 1980er-Jahre zur „Theorie des kommunikativen Handelns" (1988 [1981]) und spezifiziert es in „Faktizität und Geltung" (1998 [1992]) und in der „Diskursethik" (2009 [1996]). Diese Arbeiten (wobei die zweite eine Rekapitulation der ersten enthält und die Diskursethik eine Weiterführung der zweiten ist, vgl. Biebricher 2005: 75) stehen daher im Mittelpunkt der Theoriebetrachtung in diesem Kapitel. Im Zuge dessen ist abzugrenzen, was Habermas' Theorie des Kommunikativen Handelns von der Sprechakttheorie in der Nachfolge John Austins (1911–1960), auf der sie aufbaut, unterscheidet. Die Sprechakttheorie befasst sich mit der Struktur von perlokutiven, illokutionären oder performativen Akten in ihrem sprachlichen Ausdruck.

Sprechakte nach Austin (1962) und Habermas (1988)

Lokution	→	Sachverhalt	Aussageaspekt eines Sprechaktes	*etwas sagen* („Wasser ist nass.")
Illokution	→	Sprachhandlung	Handlungsaspekt eines Sprechaktes	*handeln, indem man spricht* *(„Ich verspreche Dir, dass ich komme.")*
Perlokution	→	Wirkung durch Sprachhandlung	Willensaspekt eines Sprechaktes	*etwas in der sozialen Welt bewirken, indem man sprachhandelnd etwas sagt* *(„Ich schwöre es Dir.")*

vgl. Burkart 2002: 79–83; Jäger/Baltes-Schmitt 2003: 106–111; Schützeichel 2004: 195–197, 208; Schneider 2005: 187–194

Der perlokutive Sprechakt entspricht einer Handlung mit spezifischer Wirksamkeit: „Ich schwöre", und der Schwur gilt. Ein auf dem Standesamt ausgesprochenes „Ja" vollzieht die Eheschließung. Der Sprechakt zeitigt Folgen, er bewirkt etwas in der sozialen Welt. Illokutionäre Sprechakte verweisen auf die implizit mitgenannte Handlungsanweisung: „Ich habe Dir doch gesagt, dass ich morgen komme". Das soll ggf. heißen: Frag mich doch nicht dauernd. Oder der Nachdruck gilt in umgekehrter Art: Vergiss bloß nicht schon wieder, dass ich morgen komme. Das spricht man nicht aus, meint es aber mit. Man bezieht sich auf den gemeinsamen lebensweltlichen „Kontext" (Burkart 2002: 83, auch Schützeichel 2004: 229). Die/der Sprechende und die/der Angesprochene weisen der Situation (jeweils) einen Handlungsrahmen zu. Das kann über Worte geschehen oder Gestik, Mimik, Intonation. Verben, welche auf illokutionäre Akte verweisen, sind in der deutschen Sprache z. B. feststellen, behaupten, beschreiben, warnen, befehlen, fordern, kritisieren, bejahen, versprechen. Der oder die SprecherIn gibt mithilfe des illokutionären Aktes an, was sie oder er als Gruß, Befehl, Ermahnung, Erklärung usw. *verstanden wissen will.* Dahinter steht eine Absicht (vgl. Schützeichel 2004: 200). Es geht darum, in diesem (einen) gemeinten Sinn verstanden zu werden. Dieses Ziel kann indes oft nur erschlossen werden; der/die SprecherIn benennt seine/ihre wirkliche Intention nicht mit. Niemand würde sagen: „Ich überrede Dich jetzt, indem ich an Dein schlechtes Gewissen appelliere" oder „Ich erschrecke Dich sehr, wenn ich Dir jetzt erzähle, was wirklich passiert ist". Der Erzähler erzählt und die Erzählung selbst erschreckt. Das Gegenüber appelliert an das Unbewusste, an ein schlechtes Gewissen, um zu überreden. Die Perlokution ist dagegen offen manifest. Ich schwöre und ich habe geschworen. In der Handlung selbst liegt das oder zumindest ein Ziel.

Habermas geht es nun aber nicht um *jeden* Sprechakt, sondern nur die spezifisch verständigungsorientierte „kommunikative Kompetenz" (Burkart 2002: 437). Sprache und Interaktion kommen hier regelbildend zusammen, denn der Sprecher einer Aussage

> [...] will seinem Gegenüber klar machen, dass gilt, was er sagt, dass seine Aussage wahr, richtig oder wahrhaftig ist. Ohne einen Geltungsanspruch zu erheben, ist Sprechen gar nicht möglich. (Horster 1999: 52)

Der Kern der kommunikativen Kompetenz im Sinne von Habermas fällt also mit der Einlösung und der Einforderung dieser Geltungsansprüche, nämlich Wahrheit, Wahrhaftigkeit, Richtigkeit und Verständlichkeit, zusammen (vgl. Burkart 2002: 437 f.). Was dies für Online-Kommunikation oder Journalismus bedeutet, werden wir später diskutieren (vgl. Kap. 5.4.1 dieses Buches). Wichtig ist: Habermas geht es um die Möglichkeit intentionaler Verständigung, die regelgeleitet und auf Dauer gestellt entlang der Geltungsansprüche abläuft und so soziale Ordnung herstellen kann (vgl. auch Schützeichel 2004: 204 ff.). Hier würde die diskursanalytische Forschung widersprechen: Ihr folgend sind Akteure nicht in der Lage, Sprache und Bedeutung in der Weise rational zu handhaben, wie Habermas dies unterstellt (vgl. weiterführend Keller/Truschkat 2012).

Habermas hat (wie schon Manheim vor ihm) kein ontologisches Verhältnis zur Sprache, der Mensch ist nicht Sprache, sondern verwendet sie (und deshalb ist Sprache ein *Medium*, im gleichen Sinne auch Schützeichel 2004: 208). Menschen verwenden sie und können sie reflektieren (einschließlich wissenschaftlicher Sprach- und Begriffskritik wie in diesem Buch). Daher, so Habermas, müsse „das Paradigma der Erkenntnis von Gegenständen durch das Paradigma der Verständigung zwischen sprach- und handlungsfähigen Subjekten abgelöst werden" (Habermas 1985: 345). Weder Hegel noch Marx hätten das vollzogen und selbst Foucault lasse sowohl die *Idee* des Subjekts als auch die *Tatsache* des Subjekts in einer Machttheorie verschwinden. Er selbst, so Habermas, entlasse das Subjekt hingegen (mit Mead, Peirce, Luckmann und anderen, vgl. Habermas 1988 [1981]) in die Interaktion:

> Im Verständigungsparadigma ist vielmehr grundlegend die performative Einstellung von Interaktionsteilnehmern, die ihre Handlungspläne koordinieren, in dem sie sich miteinander über etwas in der Welt verständigen. Indem Ego eine Sprechhandlung ausführt und Alter dazu Stellung nimmt, gehen beide eine interpersonale Beziehung ein. Diese ist durch das System der wechselseitig verschränkten Perspektiven von Sprechern, Hörern und aktuell unbeteiligten Anwesenden strukturiert. (Habermas 1985: 346 f.)

Und hier werden Mead oder das Diktum vom „generalisierten Anderen" (vgl. zu Habermas' Rückgriff auf Mead auch Kim 1995: 41–43) bzw. Schütz und das Diktum der „Lebenswelt" relevant. Habermas vollzieht in dem Buch „Theorie des kommunikativen Handelns" den Paradigmenwechsel von der „subjektzentrierten zur kommunikativen Vernunft" (Habermas 1985: 351). Das Konzept der Lebenswelt hat Habermas dezidiert in Bezug auf Schütz und auch auf Luckmann entworfen (vgl. Schützeichel 2004: 229). Der zentrale Aspekt dieses Konzepts ist, dass „Lebenswelt" zwar den

Kommunikationsprozess maßgeblich und als Sinnhorizont sowohl individuell als auch kollektiv mitbestimmt, aber dieser Bezug eher vorbewusst bleibt. Die Akteure reflektieren diese Lebenswelt, von der ausgehend sie handeln und kommunizieren, nicht immer mit (vgl. ebd.).

Vor- und parasprachliche Koordination von sozialem Verhalten (wie wir sie bei Luckmann finden werden, vgl. Kap. 6, oder Jo Reichertz' (2010) Konzept der unbewusst wirkenden „Kommunikationsmacht" entnehmen können), liegen allerdings nicht im Untersuchungsinteresse von Habermas (vgl. auch Burkart 2002: 436). Daher ist es müßig, ihm vorzuwerfen, dass er sie nicht berücksichtige. Allerdings können gerade vor- oder unbewusst bleibende Kommunikationsäußerungen faktisch wirksam sein: Ob jemand körperlich Raum einnimmt, mit sehr lauter Stimme spricht und eine drohende Mine aufsetzt, kann in einer Sprechsituation eine Bedeutung haben. Es macht aber sicher noch keine verständigungsorientierte Kommunikation aus, vielmehr gilt:

> Er [der/die SprecherIn] weiß, dass er eine Äußerung wählen muss, die es erlaubt, dass Sprecher und Hörer sich miteinander verständigen. Eine derartige Äußerung hat im Hinblick auf die gesellschaftliche bzw. interindividuell anerkannten Werte und Normen ‚richtig' zu sein [...]. (Burkart 2002: 438)

Was aber, wenn der/die SprecherIn körperlich zugewandt und aufmerksam ist sowie eine kooperative Haltung auch nonsprachlich manifestiert? Das wäre durchaus im Sinne einer verständigungsorientierten Situation – es geht aber gleichwohl über sprachliche Symbole hinaus, will man dies analysieren. Hier bleibt spannend, über Habermas hinaus auch andere, stärker auf das nicht reflektierte menschliche Verhalten gerichtete Kommunikationstheorien (so Watzlawick/Beavin/Jackson 1974; Reichertz 2010; Mucchielli/Corbalan/Ferrandez 2004) zurate zu ziehen, um menschliche Kommunikation in ihrer Komplexität und Situativität zu verstehen.

Warum kommen Menschen Regeln des verständigungsorientierten Miteinanders überhaupt nach? Auch bei Habermas tun Menschen dies nicht (nur) zweckrational, eher traditonal-habitualisiert. Habermas folgend liegt die Fähigkeit zur kommunikativen Kompetenz letztlich in der menschlichen Anthropologie, die potenzielle Sprachkompetenz und auf dieser Basis auch koorientierte Formen des Lernens mit beinhaltet. Roland Burkart spricht im gleichen Sinne von „Kommunikation als anthropologischer Grundkonstante" (Burkart 2002: 131). Menschen teilen sich durch Sprache mit. Aber sie teilen ihre Lebenswelten nicht nur sprachlich vermittelt, sondern auch – und zugleich (!) – durch gegenseitige Handlungskoordinierung, verstanden als Interaktion (vgl. mit Bezug auf Habermas Schützeichel 2004: 204). Um dies zu können, sind sie mit der Fähigkeit zu einer mindestens potenziell auf den Anderen, das menschliche Gegenüber, hin orientierten empathischen Vernunft geboren (vgl. Tomasello 2002). Auch Habermas geht über rein kognitive Vernunftaspekte hinaus, mit Mead konzipiert er ein Ich, das fähig ist, im anderen sich selbst zu erkennen und – anzuerkennen: „Liebe kann es ohne Erkenntnis in einem anderen, Freiheit ohne gegenseitige Anerkennung nicht geben." (Habermas 2001: 7) Aus diesem Grund trägt der Vorwurf der Tautologie, der da lautet, Habermas erkläre Vernunft durch (schon vorhandene) Vernunft, nicht. Er ist an der menschlichen Ontogenese, der Entwicklung der Gattung interessiert. Interaktionsbeziehungen tragen damit das Moment der potenziellen Weiterentwicklung auf eine verständigungsorientierte Hinwendung zum anderen immer schon in sich, nur so kann sich „moralisch-praktisches Bewusstsein" überhaupt entwickeln. Habermas rekurriert hier u. a. auf Jean Piaget und Lawrence Kohlberg (vgl. Jäger/Baltes-Schmitt 2003: 38–39).

> Es gibt keine reine Vernunft, die erst nachträglich sprachliche Kleider anlegte. Sie ist eine von Haus aus in Zusammmenhängen kommunikativen Handelns wie in Strukturen der Lebenswelt inkarnierte Vernunft. (Habermas 1985: 374)

Die Lebenswelt ist Habermas folgend ein „kultureller Wissensspeicher" und erfüllt die Funktionen der „Sozialisation, Vergesellschaftung und Ich-Formierung von Individuen" (Biebricher 2005: 76). Lebensweltliche Impulse bringen Relativität (denn es gilt nicht in jeder Lebenswelt die gleiche kulturelle Regel) und Relationalität (Orientierung von Menschen aneinander) mit sich.

Allerdings kann Habermas das Problem einer kommunikativen Vernunft als einer der komplexen Mischungen von Kognition und Emotion nicht völlig überzeugend lösen, dies sei im folgenden Unterkapitel betrachtet.

5.2.3 Denkmotiv: Ethik des Diskurses

Im Sinne eines formalen Verfahrens, das sich auf relationale und relative Probleme in der Lebenswelt bezieht, ist die Diskursethik universell konzipiert. Denn sie legt jeder Gesellschaft nahe, Geltungsansprüche in Diskursen zu prüfen, also ihre (moralischen) Regeln im Diskurs selbst erst ermitteln und zu prüfen (vgl. Heeg 2002: 84; Biebricher 2005: 157 ff.).

Diskurse sind dabei keineswegs als spontane Face-to-Face-Assoziierungen zu denken (auch wenn sie das bisweilen sein können), vielmehr tendieren sie (allein schon in zeitlicher Hinsicht durch Wiederholungen und Anschlusskommunikationen) zur Institutionalisierung und sollen institutionellen Charakter annehmen:

> [...] [Die] Bürde [von Täuschung und Zwang] wird den Aktoren abgenommen, wenn Diskurse als solche rechtlich institutionalisiert sind und institutionalisierte Verfahren die Vermutung begründen, dass alle potentiell Betroffenen hinreichend vertreten sind, dass die richtigen Themen behandelt werden sowie alle relevanten Beiträge zur Sprache gebracht und diskursiv verarbeitet, das heißt nach akzeptierten Begründungsmustern gefiltert und mit dem Ziel eines rational motivierten Einverständnisses selegiert werden. (Habermas 2007: 418)

Das bedeutet auch, dass Diskurse ggf. rechtsstaatlich abgesicherte (vgl. O'Mahony 2013: 197) *Verfahren und Prozeduren* sind, die Kommunikation über subjektive Interessen hinaus regulieren:

> Dieses Problem [strategischen Handelns] wird entschärft, wenn wir von der Ebene informeller Praktiken zur Ebene formal organisierten Handelns und institutionalisierten Verhandlungen übergehen. Denn formale Bedingungen fordern von Fall zu Fall eine relative Entkopplung des Kommunikationsmodus von den Einstellungen der beteiligten Aktoren. In dem Maße, wie politische Macht und soziale Gewalt intervenieren, wächst das Bedürfnis nach formaler Organisation und rechtlicher Bindung der Interaktionsbeziehungen. Insbesondere der hohe Legitmiationsbedarf des demokratischen Rechststaates ist auf die Institutionalisierung von Verhandlungen und Beratungen angewiesen. Hier läßt sich auch ohne Rekurs auf die verständigungsorientierten Einstellungen einzelner Teilnehmer beobachten, wie kommunikative Rationalität in der Meinungs- und Willensbildung zum Zuge kommt. (Habermas 2007: 417)

Habermas hat schon im *Strukturwandel der Öffentlichkeit* (1962) Diskursivität nicht lediglich an das aufgeklärte Publikum der Bürger, sondern klar auch an *Strukturen und Verfahren der öffentlichen Kommunikation,* damals auch die (versagenden) Massenmedien, gebunden. Medienversagen ist in der „Theorie des kommunikativen Handelns", in der es Habermas um die verständigungsorientierte interpersonale Kommunikation geht, kein Thema. Das kommunikative Handeln wird vom Sprechen bis in die *Interaktion der Sprechenden* und von deren Interaktion bis zum *regelgeleiteten Diskurs* nachvollzogen (vgl. Habermas 1988 [1981]).

Am Diskurs teilnehmen kann nach Habermas „jedes sprach- und handlungsfähige Subjekt" (Biebricher 2005: 183). Was sind aber die Kriterien der Bestimmung eines solchen Subjekts? Ist das potenzielle oder das faktische Subjekt gemeint, die Potenzialität zu Kognition und Vernunft oder nur die faktisch ausgereifte Vernunftfähigkeit, und wie soll und kann dies innerhalb diskursiver Verfahren festgestellt werden?

> Letztlich geht es hier um eine Definition von Mündigkeit: Mündig ist, wer zu einer autonomen Entscheidung fähig ist („handlungsfähig") und sich in der Lage zeigt, diese sprachlich zu artikulieren („sprachfähig"). Nur Mündigkeit in diesem Sinn verbürgt den Zugang zum Diskurs. (Biebricher 2005: 183)

Die Möglichkeit von advokatorischen (anwaltschaftlichen) Diskursen (etwa für ungeborenes Leben, vgl. Habermas 2013) oder einfach nur für jemanden, der sich aktuell nicht „autonom", also nicht handlungsfähig *fühlt*, bleibt daher in ihrem Status unklar. Denn wer führt solche für wen und wer soll, kann und/oder darf dies? (vgl. auch Biebricher 2005: 185). *Advokation und Repräsentation sind keine zentralen Ideen der Diskursethik* (vgl. Gerhards 1998), aber: Repräsentation soll durch „ideale Rollenübernahme" gewährleistet werden (vgl. Biebricher 2005: 185). Dieses Konstrukt wiederum entleiht Habermas der Meadschen Sozialphilosophie, was das Problem aber nur verdoppelt: Denn Rollenübernahme kann kognitiv und/oder affektiv erfolgen (vgl. Honneth 1994: 206). Honneth sieht Habermas dabei auf der kognitivistischen Seite (ebd.: 207). Nicht zuletzt aufgrund dieser kognitivistisch-rationalistischen Position wurde Habermas Eurozentrismus vorgeworfen (vgl. detailliert Gunaratne 2006). Habermas sucht dies zu entkräften mit dem Verweis, dass Diskurse über Moral stets relative kontext- und kulturgebunden Probleme verhandeln und nur die Diskursregeln selbst universell seien. Lebenswelten und diskursive Verfahren strukturieren sich gegenseitig und verändern sich dabei auch. So

> [...] bringen wir die soziale Welt interpersonaler Beziehungen, die wir unter dem moralischen Gesichtspunkt beurteilen, gewissermaßen selbst erst hervor. Die moralischen Urteile und praktischen Diskurse bilden ihrerseits einen Bestandteil dieser fortlaufend konstruktiven Tätigkeit. (Habermas 2009: 26)

Weniger allerdings gilt die Entkräftung des Eurozentrismus-Vorwurfs
a) für den Vorrang des Kognitiven vor dem Affektiven und Intuitiven (vgl. Gunaratne 2006: 120 – 124),
b) für den universellen Anspruch, *dass es überhaupt gleichberechtigte Diskurse zwischen potenziell allen Menschen geben soll* (die also weder durch Geschlecht noch durch Herkunft in ihrer Struktur vordeterminiert sind).

Sowohl Option a) als auch b) stehen auf dem historischen Fundament der westlichen Aufklärung, Individualisierung und Säkularisierung, insbesondere die Trennlinie zwischen Privatem/Familiärem und Öffentlichem, die sich nach der Aufklärung ausdifferenziert hat. Gerade diese „division of Public Sphere and Private Sphere" kann Gunaratne (2006: 113) für Asien, insbesondere den Konfuzianismus, aber nicht bestätigen. Nancy Fraser (2007) zeigt dazu passend, dass die Idee eines „nationalen" Staates, von der aus zumindest der frühe Habermas analytisch agiert, ebenso eurozentrisch ist. Solche Vorwürfe treffen gerade Habermas' historische Analysen, die diese Vorwürfe ebenso enthüllen wie belegen: Denn Habermas bezieht sich dezidiert auf die Schriftstücke und Selbsterklärungen, die in europäischen bürgerlichen Assoziationen verfasst wurden (ebenso verfährt Manheim 1979 [1933]) und die oftmals nicht nur eurozentrisch, sondern klar nationalistisch waren (vgl. auch Kap. 4 zu Manheim).

Gleichwohl (und paradox dazu) geht das aufgeklärte Menschenbild des 18. Jahrhunderts von der Möglichkeit, der Wünschbarkeit und der Implementierung der verständigungsorientiernen Selbstentfaltung des Menschen in einer Gemeinschaft der Gleichberechtigten *als unhintergehbar aus.* Weitere Prämissen sind Leistung und Pluralität (vgl. Honneth 1994: 200). Genauer fasst dies Gunaratne (2006: 131), der plurale, zugleich kompetetive westliche Gesellschaftskonzepte[4] asiatischen Loyalitäts-, Harmonie- und holistischen Einheitsvorstellungen entgegenstellt. Indes sieht

---

4 „Der demokratisch aufgeklärte Commonsense ist kein Singular, sondern beschreibt die mentale Verfassung einer vielstimmigen Öffentlichkeit." (Habermas 2001: 13, auch zitiert in Jäger/Baltes-Schmitt 2001: 81)

Gunaratne gerade die buddhistischen Konzepte von normativer Richtigkeit und sozialem Konsens als vermittelbar mit der Habermas'schen Diskursethik. Genauer sei dies zu analysieren u. a. mittels transnational angelegter Studien zu einer asiatischen Kommunikationsgeschichte („literary sphere in China and India"), die der bürgerlichen literatrischen Sphäre in Europa zeitlich vorauslag (vgl. Gunaratne 2006: 138 – 139).

Aber passen solche religiösen Konzepte überhaupt zu Habermas' Argumentation? Er verzichtet auf Letztbegründungen (*Warum* ist der Mensch gut?) und Fundamentalnormen (*Was soll* der Mensch tun?) im Sinne einer religiösen Ethik (die ja nicht christlich-abendländisch sein muss) (vgl. Jäger/Baltes-Schmitt 2003: 74).[5] Er verzichtet auch bewusst auf die nähere Bestimmung sub- oder unbewusst bleibender *Verhaltensaspekte des moralischen Handelns*, die nicht rationalisiert werden (wie sie sich etwa zum Teil in der Fürsorge für Säuglinge durch ihre Eltern findet – was dem Wesenwillen bei Tönnies, vgl. Kap. 3 nahekommen würde). In diesem Sinne werfen Gerechtigkeits- und GendertheoretikerInnen Habermas, vor, dass *Emphathie, Anteilnahme und Fürsorge*, nicht aber Vernunft, die primäre Voraussetzung der Anerkennung des anderen Menschen (und zwar gerade in seiner Unterschiedenheit) ausmache (vgl. weiterführend Honneth 1994: 217 ff.; Benhabib 1995: 194 ff.; O'Mahony 2013: 179 ff.). Dann aber müsse Moral stärker an emotionale Ebenen und nicht vorrangig an kognitive geknüpft werden. Dagegen wiederum lässt sich ein starkes Argument anführen, das meines Erachtens durchaus – jedenfalls in Situationen, die privat motivierte Entscheidungen übersteigen – *für* Habermas formal-prozedurale universalistische Verfahrensethik spricht:

> Eine Ethik der Anteilnahme [...] ist von einem moralischen Standpunkt aus letztlich inadäquat, weil niemals die gesamte Menschheit das Objekt unserer Anteilnahme und unseres Mitgefühls sein kann, weshalb Anteilnahme und Mitgefühl immer partikularistisch und persönlich bleiben. (Benhabib 1995: 196)

Verantwortung oder „Solidarität", so der eingeführte Begriff von Honneth (vgl. Richter 2008), für einen kranken Vater spürt die Tochter des Vaters, aber nicht deren ArbeitskollegInnen. Dies ist die persönliche Dimension: Verantwortung, Solidarität oder Anerkennung auf einer inter-individuellen Ebene sind nicht per se auf eine andere Ebene transferierbar (dazu auch Richter 2008). Benhabib verweist darüber hinausgehend auf Dysfunktionalitäten zwischen individueller oder gruppenbezogener und sozialer Makroebene: Ethiken der Anteilnahme laufen Gefahr, in eine ethnozentrische Gruppenmoral zu zerfallen (im Sinne von: Wir ja, die anderen nicht, oder „Was ist für meinesgleichen das Beste?", vgl. Benhabib 1995: 205; Richter 2008: 51f. gegen Honneths Anerkennungs- und Solidaritätskonzept). Genau diese Gefahr des Othering hält Habermas seinen KritikerInnen konsequent entgegen: Die Diskursethik verfolgt

---

5 Klaus Günther (1988: 89) kritisiert gerade diesen Verzicht, denn „unsere Lebensformen gehen nicht in einem praktischen Diskurs auf; der Stachel des Sollens bleibt".

keinen universalistischen Proceduralismus als l'Art pour l'Art, sondern stelle sich gerade gegen einen „affektgestützten Partikularismus" (Honneth 1994: 207). Allerdings lässt sich hier entgegnen: Menschenfreundlichkeit ist nicht abstrakt-formal, ist keine Prozedur und kein Verfahren, sondern entwickelt sich in konkreten Situationen in einer Spannung zwischen Egozentrismus und Empathie, wenn auch durchaus in Bezug auf abstrakte Werte (dies lässt sich auch dem Werk von Tönnies entnehmen, vgl. weiterführend Merz-Benz 1995). Die situative Ebene der Anwendung von Normen aber spart Habermas ebenso wie die der Fundamentalnormen weitgehend aus. Daraus ergeben sich Folgeprobleme:

Eine Norm wie „Toleranz", aufgegeben an eine Gesellschaft, ist nicht gleichzusetzen mit Toleranz auf einer individuellen Handlungs- und Verhaltensebene, die z. B. Anteile der eigenen Abwehr (etwa Angst vor Fremdem oder Unsicherheitsgefühle gegenüber anderen Sitten und Bräuchen) integrieren muss. Das setzt eine subjektive Auseinandersetzung mit den kognitiven Anforderungen von (Konflikt-)Toleranz ebenso voraus wie (verarbeitete) emotionale Erfahrungen damit. Zwischen Habermas (Diskursverfahren) und Honneth (gegenseitige Anerkennung als Grundpostulat) muss die Debatte wohl vorerst als ungelöst gelten, sie verweist aber auf das zentrale Problem der Sozialtheorie, wie der Kitt der Gesellschaft, die Identifikation mit dem „Generalized Other" (Mead) ebenso wie mit dem der Solidarität bedürftigen konkreten Anderen (nicht zuletzt der Bettler an der nächsten Straßenecke) theoretisch und empirisch zu begründen ist.

Für Honneth ist „Solidarität die wechselseitige Anteilnahme am Geschick des jeweils anderen" (Honneth et al. 2008: 56). Er begründet dies allerdings hochindividualistisch: Der/die andere tut etwas auch für ‚mich' bzw. ich schätze seine/ihre „Leistungen und Handlungen als gut für einen [mich] selbst" ein (vgl. Honneth 2008 et al.: 56) oder als sinnvollen Beitrag zum „Erhalt des Gemeinwesens" (ebd. 57). Wie lässt sich damit die (freiwillige) Fürsorge für Schwerkranke, die sich möglicherweise nicht einmal mehr sprachlich äußern können, begründen? (Honneth 2008: 57 argumentiert mit „Mitleid").

Die Philosophin und Politikwissenschaftlerin Seyla Benhabib, die an der Yale University forscht und lehrt, versucht in ihrem Werk eine Ethik zu entwickeln, die beide Positionen, die der individuellen Anteilnahme und die universaler Gerechtigkeit (und zwar durchaus ambivalent mit und gegen Habermas), integriert.[6] Ihr Kunstgriff liegt darin, die emotionalen Anteile an moralischem Handeln des „konkreten Anderen" (gefühlsmäßige Anteilnahme mit eben jenem/jener in einer spezifischen Situation) nicht von den analytischen (wie Gerechtigkeit aus universalen Prinzipien heraus, etwa Menschenwürde für jeden/jede, also dem „verallgemeinerten Anderen") zu trennen,

---

6 Ähnlich auch Axel Honneth: „[...] denn nur die Art von Verantwortung, die in einer liebevollen Zuwendung zu einzelnen Personen ausgebildet wird, läßt das moralische Sensorium entstehen, mit dem auch das mögliche Leiden aller anderen Menschen wahrgenommen werden kann." (Honneth 1994: 216 f.). Hier sei wiederum an Tönnies' Konzept des Wesenwillens erinnert, das stark auf Empathie setzt (vgl. Kap. 3 dieses Buches).

sondern Mechanismen zu suchen, wie diese gemeinsam wirksam werden können (vgl. Benhabib 1995: 203 – 206). Sie kommt damit einem Realtypus lebensweltlich gebundenen menschlichen Handelns (das gleichwohl von abstrakten Werten angeleitet ist) sehr nahe.

Auch auf diese Kritik, den „konkreten Anderen" in seiner Konzeption der Diskursethik gegenüber dem „generalisierten Anderen" (von Mead) zu vernachlässigen, hat Habermas früh geantwortet, nämlich mit dem Prinzip der „Solidarität", in dem sich die Beteiligten nicht nur wechselseitig als gleichwertig, sondern zugleich auch als „unvertretbare Einzelne" (Honneth 1994: 218) anerkennen (sollen). Kommunikationswissenschaftlich gesehen ist dies ein wichtiges Konzept, weil es jenseits der Diskursregeln dann doch wieder spontan-intuitive Kommunikationsformen als relevant für (öffentliche) Kommunikationsprozesse ins Auge fasst. Diese nehmen nicht zuletzt in der Kommunikation im Social Web zu (mit allen Problemen der spontanen Moralisierung, Diffamierung, Hate-Speech, die das Gegenteil von „Solidarität" sind). Honneth wirft recht nüchtern ein, dass die „ideale Kommunikationsgemeinschaft", die im Sinne des späten Habermas aus der Solidarität erwachsen solle bzw. diese hervorbringt, das Wertproblem der Diskursethik (dass nämlich über die jeweilige Relevanz von Werten erst im Diskurs entschieden werden kann und soll) nicht löse: Wie soll Solidarität erzeugt werden, wenn Menschen unterschiedliche, gar konfligierende Werte haben, sie sich aber zugleich als eine Kommunikationsgesellschaft wahrnehmen sollen? (vgl. Honneth 1994: 219)[7] Hier wiederholt sich das Problem mit der „idealen Sprechsituation": Sie ‚ist' nur kontrafaktisch möglich und genau daraus muss man ihre analytisch-empirische Qualität entwickeln. Habermas hat uns indessen keine ‚Weltformel' gegeben, mit der wir Wertekonflikte kurzfristig und langfristig ganz auflösen könnten. Wir können uns Wertekonflikten und moralischen Problemen mit der Diskursethik nähern, um Schlimmeres zu vermeiden und manchmal auch um Konstruktives zu entwickeln (auch in der Diplomatie und in der internationalen Politik, dabei zugleich strategisch und verständigungsorientiert, vgl. Niesen/Herbroth 2007).

Als ein solches Mittel der Annäherung an gelingende Kommunikation wird die Diskursethik in der Kommunikationswissenschaft trotz aller Kritik gesehen und findet ihre Anwendungen auch auf ganz aktuelle Fragen nach öffentlicher Kommunikation im sogenannten Web 2.0.

---

7 „Ich halte den Habermas'schen Solidaritätsbegriff [...] für unbrauchbar, weil er die Quelle solidarischer, wechselseitiger Zustimmung nicht benennen kann" (Honneth 2008: 55).

5.3 Anwendung: Kommunikationsethik unter neuen Medienbedingungen

> Wenn Du (verständigungsorientiert) kommunizieren willst, dann unterstelle Deinem Kommunikationspartner, dass er sich verständlich ausdrücken kann, dass er wahre Aussagen macht, dass er wahrhaftig ist und dass er sich (normativ) richtig verhält. Wenn Du an einem dieser Ansprüche zweifelst, dann initiiere einen Diskurs, in dem diese Zweifel selbst zum Thema von Kommunikation erhoben werden. (Burkart 2013: 147)

> The public sphere in the Habermasian sense is an arena in which the possibility of understanding and agreement is tested. (Goode 2005: 47)

Den ‚Testcharakter' diskursiver Öffentlichkeit (Welche Normen sollen universalisierbar sein?) betont auch Günther (1988: 25). Man könnte also diverse Anwendungsfälle allein bezogen auf das Prozedere von öffentlich geführten Diskursen in und über Normbildungsprozesse rekonstruieren. Jürgen Gerhards, Friedhelm Neidhardt und Dieter Rucht (1998) haben das für die Frage nach der öffentlichen Normbildung in Fragen um den Paragraphen 218 getan und sind dabei zu anderen Ergebnissen als Habermas gekommen, nämlich einer funktional differenzierten, vermachteten Öffentlichkeitstruktur, die sich in festgelegten machtvollen und segmentierten Sprecherrollen mit wiederkehrenden Argumenten (es sprechen insbesondere die Vertreter von Kirchen, Verbänden etc., weniger die beteiligten Frauen) manifestiert.

Eine neben der Frage nach der Konstruktion von Normen in öffentlichen Diskursen andere Möglichkeit der Anwendung des Werkes von Jürgen Habermas auf akute gesellschaftliche Fragen wäre es, sich über dessen Schriften zur europäischen Öffentlichkeit der Problematik der Transnationalisierung von Öffentlichkeite(n) anzunähern (vgl. übergreifend zu neueren Befunden der Erforschung europäischer Öffentlichkeit Hepp/Brüggemann/Kleinen von Königslöw 2012). Auch verständigungsorientierte Öffentlichkeitsarbeit wäre ein mögliches Anwendungsfeld (vgl. Burkart 2002: 446 – 449; Wehmeier 2013).

Ich konzentriere mich im Folgenden auf Fragen einer Kommunikationsethik unter neuen Medienbedingungen, die sich durch eine – von Habermas selbst noch nicht angemessen beschriebene – Entgrenzung von Privatheit und Öffentlichkeit und von Öffentlichkeit und professionellen Kommunikatoren im Web bezieht. Habermas selbst hat bisher wenig über Online-Kommunikation geschrieben (vgl. Dahlgren 2009: 158), indes hält Dahlgren gerade das Habermas'sche Denken auf mehrfache Weise für geeignet, über Online-Kommunikation nachzudenken:

1. Er konzipiert öffentliche Kommunikation seit Anfang der 1990er-Jahre als „Netzwerk für die Kommunikationen von Inhalten und Stellungnahmen, also von *Meinungen*" (Habermas 1998: 436) (vgl. Dahlgren 2009: 158).
2. Habermas denkt Öffentlichkeit mehrschichtig, nämlich sowohl als organisatorisch ‚fest' und mit regelhaften Institutionen und Verfahren, etwa in Parlamenten oder in der Presse, aber zugleich auch fluide (diese Zweigleisigkeit erinnert an Tönnies' „feste" und „flüssige" Aggregatzustände der öffentlichen Meinung, vgl.

Kap. 3) sowie als spontane Publikumsöffentlichkeiten. Beide sind Input füreinander (vgl. Habermas 1998 sowie Dahlgren 2009: 73).

3. Habermas Idealtypus einer verständigungsorientierten Kommunikation im Sinne von Deliberation kann auf Fragen nach der Qualität von Online-Kommunikation Anwendung finden (vgl. Averbeck-Lietz/Hepp/Venema 2015).

Schon Tönnies hatte wichtige Fundamente für eine Presseethik gelegt. Die Klassiker der Öffentlichkeitssoziologie stoßen uns bis heute auf relevante Überlegungen für medien- und kommunikationsethische Fragen (dazu auch das Kapitel 4.3.2, die Anwendung der Öffentlichkeitssoziologie von Ernst Manheim auf dysfunktionale, nicht demokratische Strukturen von Öffentlichkeit). Wie also wird Habermas von der deutschsprachigen Kommunikations- und Medienethik genutzt?

5.3.1 Ethik der Online-Kommunikation

Natürlich erlauben die wilden Kommunikationsflüsse einer von Massenmedien beherrschten Öffentlichkeit nicht die Art von geregelten Diskussionen oder gar Beratungen, wie sie in Gerichten oder parlamentarischen Ausschüssen stattfinden. Das ist auch nicht nötig, weil die politische Öffentlichkeit nur ein Bindeglied darstellt. Sie vermittelt zwischen den institutionalisierten Diskursen und Verhandlungen in staatlichen Arenen auf der einen Seite, den episodischen und informellen Alltagsgesprächen auf der anderen Seite. (Habermas 2010: 5 – 6)

Episodische Kommunikation findet heute zunehmend als Online-Kommunikation statt. Die hier folgenden Überlegungen schließen daher an einen Aufsatz von Klaus Beck zur „Ethik der Online-Kommunikation" an, in dem er sich dezidiert auf die von Habermas eingeführten Geltungsansprüche diskursiver Kommunikation stützt (vgl. Beck 2010: 136 ff.; auch bereits Beck 2006: 188). Darüber hinausgehend frage ich nach der Anwendbarkeit der Habermas'schen Diskursethik auf die Online-Ethik unter Bedingungen *anonym* bleibender Kommunikation bzw. Kommunikatoren.

Medienethik wird gemeinhin differenziert in Felder wie die Ethik der Kommunikatoren, sprich die Berufsethik der Journalisten, aber auch die PR-Ethik, die Ethik der Distribution von Inhalten und die sogenannte Nutzer- oder Publikumsethik. Letztere umfasst Überlegungen zum eigenen Mediengebrauch, zur Verantwortung für Schutzbefohlene (Kinder) und zur Medienkompetenz (vgl. Funiok 2007: 155 – 162; Beck 2010: 141). Kommunikationsethik geht darüber hinaus: Sie rechnet nicht nur die Strukturen und Institutionen der Massenmedien ein, sondern die Strukturen der Öffentlichkeit insgesamt, also auch Encounter- und Themenöffentlichkeiten (vgl. Debatin 2001; Wunden 2006), letztlich – mit Habermas – die Relevanz von sozialer, verständigungsorientierter Kommunikation auf allen Ebenen des interpersonalen und medial vermittelten Austauschs zwischen Menschen (vgl. Brosda 2008, 2010). Mit dem Wandel von Öffentlichkeit in und durch Online-Kommunikation laufen Medien- und Kommunikationsethik immer weiter aufeinander zu: Erstens kann nicht mehr nur das Handeln in massenmedialen Arenen durch professionelle Akteure allein berücksichtigt werden, sondern es müssen auch relevante öffentliche Kommunikation von nichtorganisierten Akteuren und ihre flüchtigen Kommunikationsnetze wie Twitter oder Blogs mitbetrachtet werden (vgl. Neuberger 2009; Schmidt 2013). Zweitens wird dabei unsicher, auf was sich Medienethik im engeren Sinne noch bezieht, wenn dies nicht mehr nur die Kodizes, Selbst- und Fremdregulierungen der Massenmedien sind.

Bernhard Debatin (2011) folgend werden dabei klassische journalistische Werte (wie etwa Neutralität) neu formuliert. Entsprechend macht er einen Vorschlag zur Systematik von Blogs. Er unterscheidet:

a) individuelle Blogs,
b) gemeinschaftsorientierte, spezifisch interessegeleitete Blogs,
c) institutionalisierte Blogs, die gebunden sind an klassische Organisationen, auch solche der Massenmedien.

Alle drei Ausprägungen haben eine je unterschiedliche und potenziell andere Ethik als die professionell-journalistische. Debatin (2011: 383) beschreibt sie als changierend zwischen „transparency, accuracy and advocacy". Advokation, also das öffentliche Eintreten für ggf. begrenzte und strategisch motivierte Interessen, bestätigen auch andere Studien als typisch für Webblog-Kommunikation (vgl. Gerhards und Schäfer 2010: 151; Neuberger et al. 2009: 163). Dass dies nicht per se verständigungsorientiert verläuft und abläuft, versteht sich von selbst. Gleichwohl fordern Kommunikations-ethikerInnen auch diesbezüglich den kontrafaktischen idealen Diskurstyp von Habermas ein. Ein wichtiger Anker der Analyse sind dabei die sogenannten „Geltungsansprüche":

Geltungsansprüche nach Habermas (1981)

Wahrheit	in der objektiven Welt der Tatsachen	*Objektbezug, Sinnbezug, Wahrheitsansprüche anderer anerkennen*	→ theoretischer Diskurs
Richtigkeit	in der sozialen Welt der interpersonalen Beziehungen	*eigene Wertbezüge und die anderer respektieren*	→ praktischer Diskurs
Wahrhaftigkeit	in der subjektiven Welt	*sich selbst und anderen glauben*	→ therapeutischer Diskurs
Verständlichkeit	bezogen auf die Sprache	*Wortbedeutung, Sinnbedeutung verstehen*	

vgl. Habermas 1988 [1981]: 25–71; Schützeichel 2004: 211–214; Schluchter 2015: 480, 484, 507–510

Nur in der idealen Sprechsituation können diese Geltungsansprüche überhaupt als ‚vollendet' gedacht werden, dann als gleichberechtigtes und gleichwertiges verständigungsorientiertes kommunikatives Handeln aller Teilnehmenden mit dem Ziel der Verständigung über theoretische, praktische und/oder ästhetische Probleme. Lebensweltlich erheben wir immerzu Geltungsansprüche in allen drei Welten gleichzeitig (Schluchter 2015: 490).

Idealtypisch unterscheidet Habermas die folgenden *vier Diskurstypen* (vgl. zu den folgenden Punkten Habermas 1988 [1981]: Bd. 1: 45):

1. den *theoretischen Diskurs* über Probleme in der objektiven Welt, der kognitiv-instrumentell geführt wird. Ein Beispiel wäre ein analytisch geleiteter Diskurs über theoretische Fragen der Wirtschaftsordnung.

2. den *praktischen Diskurs* über Handlungsnormen in der sozialen Welt. Das sind Richtigkeitsdiskurse über moralische Probleme. Ein Beispiel wäre ein Diskurs über moralisches Versagen von Institutionen und Akteuren in Wirtschaftskrisen.

3. den *ästhetischen Diskurs* über Fragen des Geschmacks und der Normierung von gestaltendem Ausdruck in der sozialen Welt. Beispiele sind die Kunstkritik und Literaturbesprechungen, welche etwa Wirtschaftskrisen in der Interpretation der darstellenden Künste zum Thema machen können.

4. den *therapeutischen Diskurs* über Probleme in der subjektiv-psychischen Welt, insbesondere über die „Wahrhaftigkeit von expressiven Handlungen" (Schützeichel 2004: 217). Ein Beispiel wäre eine wahrhaftig geführte Aussprache zwischen zwei Eheleuten, die sich über ihre ökonomischen Probleme streiten.

In allen vier Fällen bemisst sich der „illokutionäre Erfolg, den ein Sprechakt haben kann [daran], ob die Geltungsansprüche, die mit ihm formuliert werden, auf intersubjektive Anerkennung stoßen" (Schützeichel 2004: 216). Andernfalls bedarf es des Diskurses wiederum über die „problematischen Geltungsansprüche" selbst (ebd.: 217).

Für eine Öffentlichkeitstheorie sind auf den ersten Blick vor allem Fragen theoretischer Diskurse relevant: Denn sie betreffen *Information und Wissen*. Zweitens aber sind es Fragen *praktischer Diskurse*, denn sie betreffen solche nach der Moral in der Lebenswelt und in der Öffentlichkeit (vgl. auch Wehmeier 2013). Beide Diskurstypen überlappen sich, denkt man etwa an Fragen des Klimaschutzes.

Auf die moralische Aufgeladenheit öffentlicher Debatten hatte u. a. Tönnies schon vor Habermas verwiesen. Problematisch ist allerdings, dass Habermas im Grunde keine Indikatoren benennt, wie diese diversen Diskurse (theoretisch, moralisch, ästhetisch, therapeutisch) analytisch voneinander getrennt werden können, um sie für konkrete empirische Untersuchungen fruchtbar zu machen. Untersucht man etwa öffentliche Debatten über Moral in der Wirtschaft, findet man beides – theoretische und praktische Diskurse, die sich ebenso miteinander vermischen wie Debatten über Moral teils Geltungsansprüche im Sinne von Habermas erheben, teils aber bloße „Moralisierungen" im Sinne von ‚gut/böse'-Bewertungen bleiben, frei nach dem Motto: „Bangsters are Gangsters" (vgl. Averbeck-Lietz/Sanko 2015; Averbeck-Lietz/ Hepp/Venema 2015). *Moralisierende Bewertungen sind aber genau genommen keine praktischen Diskurse über Moral im Sinne von Habermas*, die ja stets argumentativ geführt werden müssen, dann also dem Typus „Begründung" im Sinne von „Deliberation" zuzuordnen sind. Damit bleibt das Problem bestehen, dass man mit Habermas real ablaufende moralische Debatten in der Öffentlichkeit, *die nicht primär begründend verlaufen*, nur schwer untersuchen kann (weiterführend zu dieser Kritik auch Deitelhoff 2005).

Die ideale Sprechsituation ist in Bezug auf jeden der oben genannten Diskurstypen ein Gedankenkonstrukt, ein Idealtyp. Gleichwohl wird doch auch deutlich, dass diese Geltungsansprüche empirische Qualität haben, da wir sie zumindest potenziell in Gesprächssituationen, aber auch in der Medienkommunikation faktisch erheben, einfordern oder schlichtweg deren Verletzung, deren Fehlen oder deren bloß strategisch motivierten Einsatz beklagen (können). Das gilt auch dann, wenn es für die empirische Sozialforschung schwer zu ermitteln ist, *wie* sich das genau vollzieht.

Üblicherweise werden Geltungsansprüche in der Kommunikations- und Medienwissenschaft nicht bis auf die Diskurstypen (praktisch, theoretisch, ästhetisch oder therapeutisch) herunterdifferenziert und auch nicht auf Habermas Drei-Welten-Lehre in der Auseinandersetzung mit Karl Poppers diesbezüglichen Formulierungen (Habermas folgend ist die „erste Welt" die objektive Welt der Tatsachen, die „zweite" die soziale Welt der interpersonalen Beziehungen und die „dritte Welt" die subjektive Welt des Psychischen, vgl. ausführlich Schützeichel 2004: 213).[8] Vielmehr werden die Habermas'schen Geltungsansprüche zum Bezugspunkt, um Heuristiken etwa für eine journalistische Berufsethik zu entwickeln (vgl. übergreifend Brosda 2008).

Die Geltungsansprüche in der journalistischen Berufsethik

Wahrheit der Informationen	Qualität und Sorgfalt der Recherche, Transparenz und Glaubwürdigkeit der Quellen, Vollständigkeit der Darstellung, Vielfalt der Anbieter, Inhalte und Meinungen
Richtigkeit in Bezug auf berufsspezifische Kodizes, Informanten, Kollegen und Publikum	Einhaltung des Berufsethos, z. B. der Trennungsregeln (Meinung von Bericht, Werbung von Information), Informantenschutz, Achtung von Persönlichkeitsrechten (vgl. auch Thomaß 2003)
Wahrhaftigkeit der Mitteilung	Authentizität der Darstellung, offene Selbstpositionierung des Journalisten in seiner Berufsrolle (vgl. auch Haller 2004)
Verständlichkeit des Geäußerten	Journalistischer Stil (Verständlichkeit für Laien) (vgl. auch Gerhards/Neidhardt 1990)

in Anlehnung an Brosda 2008 sowie den Pressekodex des Deutschen Presserats

Klaus Beck verwendet die Geltungsansprüche in ähnlicher Weise, weitet sie aber auf andere, auch Laienakteure, die im Internet Kommunikation herstellen, aus, etwa auf

8 Habermas verfolgt mit der Benennung einer „objektiven Welt" keinen konsequent rationalistischen Positivismus: ‚Tatsachen' können ja nur von Menschen erkannt werden, die darüber Übereinkünfte in der sozialen Welt der Beziehungen erzielen (müssen).

Wahrheitsansprüche in persönlichen E-Mails oder Blogs (vgl. Beck 2010: 137). Der Transfer von Wahrhaftigkeits-, Richtigkeits- und Verständlichkeitsaspekten auf Probleme der Online-Kommunikation gelingt Beck schlüssig an vielen Beispielen. Den Geltungsanspruch der „Richtigkeit" – also des normativ angemessenen Handelns gegenüber Mitmenschen – bezieht er dabei vor allem auf die *Menschenwürde* (vgl. ebd. 138 – 140). Allerdings tritt hier die Schwierigkeit auf, dass Blogs von „publizistischen Laien" (vgl. Schönhagen/Kopp 2007) Wahrheits- und auch Wahrhaftigkeitsansprüche nicht im gleichen Maße über Vertrauens- und Glaubwürdigkeitsvorschüsse wie die klassischen (massenmedialen) Leitmedien (einschließlich ihrer Onlineauftritte) einlösen können. Für Richtigkeitsansprüche ist dies im Einzelnen zu prüfen – in Zeiten potenziell anonymer Kommunikation dürfte dies insbesondere für die *Herkunft und Adressierung kommunikativer Inhalte* gelten. Klaus Beck stellt entsprechend fest, dass sich die „Positionen im Kommunikationsprozess und die daran geknüpften Rollen, aber auch die normativen Erwartungen und Verantwortlichkeiten" verändern (Beck 2010: 145). Diese Problematik lässt sich nicht mehr allein aus Habermas' Geltungsansprüchen ableiten, sondern hier muss genauer auf die Struktur von Kommunikation in sich entwickelnden und dynamisierenden Mediensystemen eingegangen werden (vgl. Schmidt 2013).

Ein großes Problem, das sich ForscherInnen dabei stellt, ist die Zuschreibung von Verantwortung für die Inhalte: Wie ist das publizierte Material entstanden? Wer kann dafür Verantwortung übernehmen? Wer sind die Autoren, die Handlungsträger? Ändern sich Verantwortungsstrukturen, wenn NutzerInnen Inhalte zwar nicht selbst herstellen, sondern sie ‚nur' weiterleiten oder in Sozialen Medien teilen? Welche Verantwortlichkeiten schreiben sich Akteure selbst zu, welche weisen sie anderen zu? Wie bauen Akteure in der Online-Kommunikation gegenseitig Vertrauen und Glaubwürdigkeit auf? Vertrauen in glaubwürdige Akteure und Zutrauen in deren Verantwortungsfähigkeit dürften dabei zusammenhängen (vgl. Bentele/Seidenglanz 2005).

Verantwortung übernehmen gemeinhin singuläre Personen oder korporative Akteure, wobei dann die Verantwortungslast ‚kettenartig' auf diverse Akteure in bestimmten Positionen und Rollen verteilt wird, so im Journalismus etwa im Verhältnis von Chefredaktion und einzelnem Redakteur (vgl. Debatin 2005). Welche Probleme tun sich diesbezüglich in der Online-Ethik auf? Ändern sich Verantwortungsketten? Fest steht, dass sie in vielfacher Hinsicht *undurchschaubarer* werden und zwar allein deshalb, da die Distribution von Inhalten und deren Erstellung oft in keinem ursächlichen Zusammenhang mehr stehen und/oder Trennungsregeln zwischen recherchierter Information und Meinung und/oder – bei professionellen Blogs auch Trennungsregeln zu Formen der Public Relations – nicht eingehalten werden (vgl. Beck 2010:141). Hier spielt das Problem der *Anonymität* eine Rolle. Auf dieses hat Thomas Luckmann als generelles kommunikationstheoretisches Problem, das durch die „hochgradigen Vermittlungstechnologien" moderner Gesellschaften entstehe und „verwickelte Handlungssyteme" zeitige, schon in einer Zeit verwiesen, in der die meisten Menschen keinen Zugang zu Computern hatten (vgl. Luckmann 1984a: 81). Ihm folgend ist mit der „Anonymisierung vieler für den Bestand der Gesellschaft wesentlichen Sozialbeziehungen" (ebd.), ja sogar „hochgradigen Anonymisierungen" in einer Gesellschaft mit „systematischer Mittelbarkeit" zu rechnen (Luckmann 1992: 138). Hubert Knoblauch (2007b: 186 f.) hat die „systematische Anonymisierung der Kommunikation" durch technisch vermittelte Kommunikation digitaler Prägung später wieder aufgegriffen. Julian Gebhardt (2008: 127–132) hat Faktoren der Anonymisierung im Rekurs auf Luckmann und Schütz für den Bereich der Telekommunikation untersucht.

An der Herstellung von Inhalten im Internet sind oft viele namenlose, sogenannte kollaborative Akteure unterschiedlich beteiligt: teils als Kommunikatoren, teils als Distributeure, teils als beides zugleich. Ihnen kann Handlungsverantwortung nur noch schwer zugeschrieben werden, wenn weder sie noch die Handlungsketten, in denen sie stehen, personal oder formal für Dritte kenntlich sind. Wie kann ein anonym bleibender Kommunikator *wahrhaftig* im Sinne des Habermas'schen Geltungsanspruchs sein? Der ‚Normalfall' des Diskurses im Sinne von Habermas impliziert *die Transparenz aller DiskursteilnehmerInnen füreinander*. Verantwortung wird rückgeführt auf singuläre oder kollektive, jedenfalls (einander) *kenntliche* Akteure. Allerdings bedürfen aus einer kommunikationsethischen und -rechtlichen Perspektive „sozial erwünschte Formen anonymer Kommunikation als Ausnahme von der allgemeinen Regel besonderer ethischer oder rechtlicher Legitimation, insbesondere, um sie von illegitimen Formen anonymer Kommunikation (Erpressung, sog. ‚schwarze' und ‚graue' Propaganda mit unklaren oder falschen Absenderangaben etc.) zu unterscheiden" (Beck 2006: 149).

Welche Formen anonymer Kommunikation im Netz erfüllen diese von Beck reklamierte soziale Erwünschtheit? Er nennt beispielhaft den anonymen Austausch von TeilnehmerInnen in Selbsthilfegruppen (vgl. Beck 2006:149). Wie aber ist es – vor dem Hintergrund der Diskursethik (und nur auf diesen Hintergrund beziehe ich mich) – einzuordnen, wenn Leaking Transparenz herstellt, um Kriegsverbrechen aufzudecken, wenn sogenannte ‚Schwarmintelligenz' Plagiate in Doktorarbeiten aufdeckt? *Transparenz scheint dann geradezu die Folge von anonymer Kommunikation zu sein.* Letztlich steht dahinter neben der Wahrhaftigkeits- auch die Wahrheitsfrage, die sich hier in den Vordergrund drängt, aber unter welchen medienstrukturellen Prämissen?

Im historischen Prozess differenzierte ein professionelles Vermittlungssystem für Nachrichten und Meinungen heraus: der Journalismus, eingebettet in die Organisationsform des Verlags. Später entwickelten sich die Rundfunkstrukturen der jeweiligen nationalen Mediensysteme, die bis heute unterschiedlich organisiert sind, teils privatwirtschaftlich, teils öffentlich-rechtlich oder Mischformen davon. Trotz des Medienwandels blieb dabei eines konstant: Die *primären Akteure einer kommunizierenden Öffentlichkeit waren bis zum Ende des 20. Jahrhunderts die organisierten und korporativen*, die die Repräsentation von Wirklichkeit in einer Gesellschaft bestimmten und darüber miteinander konkurrierten – weitgehend sichtbar und kenntlich für das große Publikum und die diversen Teilöffentlichkeiten, die sich je an bestimmte Leitmedien gebunden fühlten (vgl. Jarren/Vogel 2011). Eingegangen ist dies in diverse Modellvorstellungen von Öffentlichkeit, wie das sogenannte Arenen-Modell (vgl. Gerhards/

Neidhardt 1990), das das Publikum weitgehend auf die Ränge der Galerien der öffentlichen Kommunikation verweist, verbunden allenfalls durch Encounter- und Themenöffentlichkeiten. Ethik wurde diesbezüglich vor allem auf zwei Ebenen diskutiert:

1. als deontologische Professionsethik für Journalisten und/oder andere Kommunikationsberufe sowie
2. als allgemeine Kommunikationsethik einer verständigungsorientierten öffentlichen Kommunikation.

Der Faktor Anonymität wurde hier kaum berücksichtigt. Das ist durchaus naheliegend: Ist doch im kommunikationswissenschaftlichen Diskurs der Verantwortungsbegriff gekoppelt an Theorien des sozialen Handelns – und damit letztlich immer an die Frage nach der Akteurskonstellation oder der Verkettungen von Handlungen, gerade in ethischer Hinsicht, aber auch der *konkreten Person*, die im Sinne Max Webers handelt, und zwar auch im Sinne von „Dulden" und „Unterlassen" (vgl. Kap. 2 zu Weber). Verantwortung ist dann (auch) teilbar, etwa zwischen Chefredaktion und einzelnen Redakteuren, wenn es um bestimmte Handlungskoordinationen zwischen diesen geht (vgl. Haller 2004; Debatin 2005). Ebenso ist Verantwortung dann zuschreibbar. Wo aber keine kenntlichen oder sichtbaren Akteure sind, wie dies in der Online-Kommunikation häufig der Fall ist, kann nur schwer Verantwortungsübernahme eingefordert werden.

Eher als bei den KommunikationswissenschaftlerInnen findet sich die Frage nach der Anonymität in der juristischen Debatte über die Beschaffenheit von öffentlicher Kommunikation, hier wird Anonymität als Teil der freien öffentlichen Rede begriffen:

> Dies ist der Ausgestaltung grundrechtlicher Freiheit im Grundgesetz immanent: Niemand kann wirksam zur Teilnahme und Mitwirkung an einem derartigen offenen Diskurs mit entsprechendem Bekenntnis zur eigenen personalen Identität gezwungen werden. (von Mutius 2003: 22)

Die Nicht-Teilnahme an öffentlicher Kommunikation bzw. die Teilnahme daran nebst Verschleierung der eigenen Identität (etwa durch Nicknames in Foren und Blogs) ist eine Seite dieser Anonymität. Eine andere ist die Angewiesenheit des Journalismus in seiner Kritik- und Kontrollfunktion auf Informationen und Informanten auch jenseits offizieller Kommunikationskanäle. Dazu bedarf es einer Schutzfunktion eben für jene InformantInnen. Der Medienjurist Udo Branahl schreibt:

> Das Bemühen der Massenmedien, potentielle Informanten dazu zu bewegen, ihre Kenntnisse an sie weiterzugeben, wäre deshalb von vornherein zum Scheitern verurteilt, könnten sich die Informanten nicht darauf verlassen, dass die Massenmedien das „Redaktionsgeheimnis" wahren, d. h. die Quellen nicht preisgeben, aus denen sie ihre Informationen bezogen haben. (Branahl 2006: 39)

Dem dienen Informantenschutz und Zeugnisverweigerungsrecht (vgl. ebd.: 39 ff.). Ziel ist (auch) die Anonymisierung von Quellen, die vom Journalismus eben nicht preisgegeben werden.[9] Grundlegende Rechtsauffassungen dazu führen in Deutschland bis zur sogenannten „Spiegel-Affaire" 1962 und zur damaligen Rechtsprechung des Bundesverfassungsgerichts im „Spiegel-Urteil" 1966 zurück. In diesem Urteil wird der Öffentlichkeitsaspekt oder die „öffentliche Aufgabe" der Presse in einer Weise betont, die sich trifft mit der klassischen Öffentlichkeitssoziologie, welche Öffentlichkeit zugleich als rechtsstaatliches Fundament, als vermittelt durch Presse und als den Diskurs der Bürger untereinander begreift:

> Eine freie, nicht von der öffentlichen Gewalt gelenkte, keiner Zensur unterworfene Presse ist ein Wesenselement des freiheitlichen Staates; insbesondere ist eine freie, regelmäßig erscheinende politische Presse für die moderne Demokratie unentbehrlich. Soll der Bürger politische Entscheidungen treffen, muß er umfassend informiert sein, aber auch die Meinungen kennen und gegeneinander abwägen können, die andere sich gebildet haben. Die Presse hält diese ständige Diskussion in Gang; sie beschafft die Informationen, nimmt selbst dazu Stellung und wirkt damit als orientierende Kraft in der öffentlichen Auseinandersetzung. In ihr artikuliert sich die öffentliche Meinung; die Argumente klären sich in Rede und Gegenrede, gewinnen deutliche Konturen und erleichtern so dem Bürger Urteil und Entscheidung. In der repräsentativen Demokratie steht die Presse zugleich als ständiges Verbindungs- und Kontrollorgan zwischen dem Volk und seinen gewählten Vertretern in Parlament und Regierung. Sie faßt die in der Gesellschaft und ihren Gruppen unaufhörlich sich neu bildenden Meinungen und Forderungen kritisch zusammen, stellt sie zur Erörterung und trägt sie an die politisch handelnden Staatsorgane heran, die auf diese Weise ihre Entscheidungen auch in Einzelfragen der Tagespolitik ständig am Maßstab der im Volk tatsächlich vertretenen Auffassungen messen können. (BVerfG 1966).[10]

Im Grunde beschreibt das Spiegel-Urteil eine für die BürgerInnen mittels ihrer Medien transparent gemachte Gesellschaft, also Medien als Vermittlungssystem zwischen BürgerInnen und Politik (ähnlich Gerhards/Neidhardt 1990). Diese Transparenz allerdings bedarf (im Sinne eines Fundaments) auch der Anonymität, wie im Falle der InformantInnen des professionellen Journalismus.

Den Umgang mit Anonymität kennt der Journalismus seit Langem, er hat seine Geschichte von der anonymen Autorschaft früherer Jahrhunderte, die vor Repressalien des starken Staates schützen sollte (Stichwort: ‚Sitzredakteur', der dann statt der anderen ins Gefängnis wandern konnte), bis zum gesetzlich legitimierten Informantenschutz begleitet. BloggerInnen, die nicht innerhalb von Medienorganisationen bloggen, steht ein Zeugnisverweigerungsrecht bis heute nicht zu (vgl. Rentsch/Mothes 2013: 83).

Anonymität betrifft zudem die Abwägungen seitens professioneller journalistischer Akteure, wie mit Privat- und Intimsphäre im Einzelfall umzugehen ist: Überwiegt der Schutz der Person oder das öffentliche Interesse?[11]

---

9 Hier sei das berühmte Beispiel Watergate-Affäre angeführt: Die damalige Quelle der Journalisten der Washington Post, FBI-Agent William Mark Felt, enttarnte sich 2005 selbst.
10 Vgl. http://www.servat.unibe.ch/dfr/bv020162.html# (26. 2. 2015)
11 Solche Erwägungen finden sich etwa unter Ziffer 8.1. des Deutschen Pressekodex.

KommunikationswissenschaftlerInnen sind im Allgemeinen eher skeptisch, ob sich der Begriff der Verantwortung bzw. der Verantwortungsübernahme für eine öffentliche publizistische Mitteilung überhaupt an den der Anonymität binden lässt. Gemeint ist die *nachvollziehbare Übernahme von Verantwortung für eine bestimmte Mitteilung und ihren Herstellungsprozess* (was auch dem herkömmlichen Transparenzgebot im Journalismus entspricht, vgl. Haller 2004). Einher geht die Reflexion der eigenen Verantwortung in individual- und sozialethischer Hinsicht sowie ihre Begründung (vor sich selbst und anderen), damit ggf. auch ihre Verbalisierung und Rückführbarkeit auf einen Kommunikator/Autor. Verantwortung wird nicht nur übernommen, sie wird auch kommuniziert und ggf. ihrerseits durch Kommunikation eingefordert (vgl. Debatin 2005). Damit aber muss Verantwortung zurechenbar sein: „Wichtig ist [...] die Zurechnung der Handlung zu einem bestimmten Akteur, der bewusst und freiwillig handelt (accountability)." (Beck 2010, S. 132; im gleichen Sinne Wunden 2006) Denis McQuail (2003: 302 ff.) verweist darauf, dass die Verantwortung für anonyme Kommunikation öffentlich nicht eingefordert werden kann. Daher greife in der Internetregulierung letztlich nur das Recht, nicht die Ethik. Das Argument ist nicht von der Hand zu weisen. Allerdings geht McQuails Konzept von der Außen-Perspektive der juristisch angeleiteten Regulierung aus. Meines Erachtens können auch anonym bleibende Akteure Rechenschaft vor sich selbst oder vor weiteren anonym bleibenden Personen/Institutionen ablegen (etwa im Falle des sogenannten „Leakens", vgl. auch Averbeck-Lietz 2014c). Im Sinne Max Webers, der auch – anonym bleibendes – Dulden und Unterlassen als moralfähige Handlungen beschrieben hat (vgl. Weber 1964 [1922]: 16), kann anonyme Kommunikation durchaus moralische Gründe haben und muss daher mindestens individualethisch überdacht werden. Zumal eine komplette Anonymität von Akteuren in den meisten Fällen nicht gegeben sein dürfte, *füreinander* können solche Akteure ja durchaus kenntlich sein, die (jeweils) öffentlich anonym bleiben. Professionellen Journalisten stellen sich solche Fragen i. A. nicht: Sie sind *keine* anonymen Akteure. Vielmehr ist es für sie besonders wichtig, sich zu fragen, wie sie ihrerseits mit anonymen Akteuren umgehen wollen und können – denn die Legitimation der durch den Journalismus gefilterten Informationen und Meinungen wird weiterhin an professioneller Tätigkeit gemessen werden. Schon allein deshalb, *da JournalistInnen die sichtbaren Akteure sind, die institutionell klar zugeordnet werden können.* Unterdessen geben anonym bleibende Informanten und Informantinnen oder Kommuikatoren und Kommunikatorinnen Verantwortung ab sowie auch Kontrolle darüber, was mit den von ihnen vermittelten Inhalten überhaupt geschieht. Wie sich hier die Grenzen zwischen professionellem und semi-professionellem Journalismus neu ausloten, muss in Zukunft weiter beobachtet werden (vgl. Engesser 2011; Neuberger 2014).

6 Thomas Luckmann –
Sozialkonstruktivismus und Kommunikation

von Marijana Tomin und Stefanie Averbeck-Lietz[1]

> Objektivität gewinnt die Welt erst dadurch, dass sie für eine Gemeinschaft sprach- und handlungsfähiger Subjekte als ein und dieselbe Welt gilt. (Habermas 1988: 31)

> Daß die „Daten" der Sozialwissenschaften als kommunikative Konstruktion zweiten Grades bereits Ergebnisse sozialer, meist kommunikativer Konstruktionen sind, bevor sie zu „Daten" werden, diese Ansicht hatte es schwer, Anerkennung zu finden. (Luckmann 2006: 22)

Sowohl Habermas als auch Luckmann beziehen sich mit diesen Zitaten auf das Objektivitätsproblem im Alltag und in den Sozialwissenschaften. In beiden Fällen interessiert hier nicht das ‚Wesen' eines Objekts, sondern *dessen Bedeutung in der sozialen Welt* (einhergehend die universale Gestalt des Phänomens in der Wahrnehmung des Subjekts, dann zugleich vieler Subjekte). Das ist einzuordnen in eine paradigmatische (wissenschaftliche) Orientierung, die wir u. a. dem Symbolischen Interaktionismus verdanken (vgl. Burkart 2002: 46–60). Auf diesen hat Thomas Luckmann schon gemeinsam mit Peter Berger 1966 aufgebaut (vgl. Gertenbach/Kahlert et al. 2009: 79).

Thomas Luckmann geht es anders als Jürgen Habermas nicht um die Rationalität von Kommunikationsprozessen in „Argumentationsgemeinschaften" (Jäger/Baltes-Schmitt 2003: 128 f.), sondern ganz basal um die Grundlagen dafür, dass überhaupt sinnvoll geredet und in der Folge dann auch argumentiert werden kann: Luckmanns Thema ist *die Interaktionsgemeinschaft selbst* und vor allem deren habitualisierte und *institutionalisierte* Formen von Kommunikation. Gleichzeitig steht er einem Kommunikationsbegriff nahe, wie er auch in der Kommunikationswissenschaft weithin als gültig verstanden wird, nämlich als zeichenbasiertes Mitteilungs- und Verstehenshandeln (vgl. Burkart 2002: 60; Beck 2007: 51). Luckmann zeigt, dass Kommunikation nicht in zweckrationalem Handeln aufgeht, sondern durch subbewusste, gerade auch die leiblichen Ebenen von Kommunikation (Gestik, Mimik, Paraverbales) mitstrukturiert wird. Dies geschieht durch routinisiertes Typisieren (vgl. Averbeck-Lietz/Tomin/Künzler 2010: 568). Stabile „Typisierungen" (wie sie schon Alfred Schütz beschrieben hat, vgl. Schneider 2008: 247) bringen wiederum die sogenannten „kommunikativen Gattungen" hervor, ein analytisch-empirisches Konstrukt, das Thomas Luckmann in die Sozialwissenschaften einführte (vgl. Knoblauch/Luckmann 2009; Knoblauch/Schnettler 2010 sowie Kap. 6.4 dieses Buches).

---

1 Diesem Kapitel liegt die unpublizierte kommunikationswissenschaftliche Leipziger Magisterarbeit von Marijana Tomin (2008), eine Publikation derselben Autorin zur Gattungsanalyse (vgl. Tomin 2010) sowie ein gemeinsamer Artikel von Stefanie Averbeck-Lietz, Marijana Tomin und Matthias Künzler (2010) zu Thomas Luckmann als „Klassiker für die Kommunikationswissenschaft" zugrunde.

Luckmann steht in einer Tradition mit Habermas, indem er die generelle Relevanz der Lebenswelt für Kommunikationsprozesse betont, weicht aber insofern von ihm ab, als er nicht speziell an verständigungsorientierter Kommunikation zwischen Akteuren, sondern am Potenzial von *Kommunikation als Organisations- und Konstruktionsform menschlicher Gesellschaften schlechthin* interessiert ist. Dies wird deutlich nicht zuletzt in der unterschiedlichen Analyse der Sprache durch Habermas (bei ihm v. a. im Sinne der Sprechakttheorie, vgl. Habermas 1988) und bei Luckmann und Schütz im Sinne der anthropologischen Befähigung des Menschen, sich selbst und seine Gedanken und Motive sprachlich in reziproken Vorgängen mitzuteilen:

> [...] whereas Habermas assumes language to provide understanding, Schütz considers the basic intersubjective principle of reciprocity to lie at the heart of common understanding. (Knoblauch 2001: 7)

Mit dem Aspekt der „Reziprozität", so führt der Wissens- und Kommunikationssoziologe Hubert Knoblauch aus, gehe Luckmann klar über eine linguistische Perspektive hinaus zur soziologischen Frage der „Koordination von Handlungen" durch Institutionalisierung mittels Sprache und deren Verfestigung in kommunikativen Gattungen (vgl. Knoblauch 2005a: 139; auch Luckmann 1992: 101). Dies wird im vorliegenden Kapitel dargestellt.

6.1 Kommunikationswissenschaftliche Rezeptionen von Luckmanns Werk

Thomas Luckmann (geb. 1927) ist kein genuiner (Massen-)Medientheoretiker. Vermittelte Kommunikation ist nicht das, was ihn eigentlich interessiert, sondern die Herstellung von Gesellschaft über primäre Formen der Kommunikation, angefangen bei der Face-to-Face-Kommunikation. Klaus Beck (2002) hat diese Orientierung auf die primäre Kommunikationsform schon für Peter Berger und Thomas Luckmanns Schrift über die „Soziale Konstruktion der Wirklichkeit" (1966) als Rezeptionshindernis in der Kommunikationswissenschaft benannt. So ist es sicher kein Zufall, dass gerade Wissenschaftler wie Beck selbst, die an Humankommunikation interessiert sind, auf Luckmann zurückgreifen. Beck (2002: 56) bestätigt Luckmanns Werk „grundlegende Bedeutung für die Kommunikationswissenschaft". Stefanie Averbeck-Lietz, Matthias Künzler und Marijana Tomin (2010) haben Luckmann als einen soziologischen Klassiker *für* die Kommunikationswissenschaft gelesen. Luckmanns umfangreiches Werk liefert uns maßgebliche Anregungen zu einem Verständnis sozialer Kommunikation auf der individuellen (mikro), der Organisationsebene mit ihren Institutionalisierungen (meso) sowie der Ebene der gesamten Gesellschaft (makro) und ihrer Bedeutungskonstruktionen, etwa von „Moral" (vgl. dazu Kap. 6.4.1; zu Mikro-Meso-Makro-Links in der Kommunikationswissenschaft und -forschung weiterführend Quandt/ Scheufele 2011). Mit Luckmann in einem Atemzuge ist diesbezüglich sowohl seine

Zusammenarbeit mit seinem Lehrer Alfred Schütz und wiederum dessen weiterem prominenten Schüler Peter Berger sowie mit Luckmanns eigenen Schülern, so Jörg Bergmann, zu nennen (vgl. Ayaß/Meyer 2012).

Als lesenswerte Einführung für Studierende auch der Kommunikationswissenschaft in das Werk von Luckmann kann der Artikel von Rainer Schützeichel (2004) in dessen Monografie über „Soziologische Kommunikationstheorien" gelten. Leben und Werk Luckmanns finden sich übergreifend sehr gut dargestellt bei Knoblauch (2005a) und Schnettler (2006a, b). Im Folgenden soll es vor allem um die Frage nach der sozialen und kommunikativen Konstruktion von gesellschaftlicher Wirklichkeit sowie – in zweiter Linie – um technisch medial vermittelte Kommunikation gehen.

Luckmann sah Sprache schon in den 1960er-Jahren gemeinsam mit Peter Berger (2004 [1966]) als tragendes Element der „sozialen Konstruktion der Wirklichkeit" an (vgl. Gertenbach/Kahlert et al. 2009: 84) und beschrieb diese soziale Konstruktion später als „kommunikative Konstruktion" (Luckmann 2006). Darauf bauen Luckmanns Schüler und Adepten in der heutigen Fachsoziologie, vor allem der Wissenssoziologie, wie Hubert Knoblauch mit dem „kommunikativen Konstruktivismus", maßgeblich auf (vgl. Keller/Knoblauch/Reichertz 2013). Auch prominente Forschungsstränge in der Kommunikations- und Medienwissenschaft, so das überdies an Norbert Elias geschulte Konzept der „Kommunikativen Figuration" von Andreas Hepp und Uwe Hasebrink (2014 sowie Hepp 2015) beziehen sich grundlegend auf den sozialen und kommunikativen Konstruktivismus.

In der Sekundärliteratur sind zwei diesbezüglich zentrale Aussagen über die Kommunikationsforschung Luckmanns auffindbar:[2]

1. Bernt Schnettler (2006a: 121) weist darauf hin, dass Luckmanns sprach- und kommunikationstheoretische Überlegungen nie „ihren Anschluss an die Gesellschaftstheorie" verlieren. Deshalb müssen die Grundzüge dieser mit dem Werk von Schütz verwobenen Handlungs- und Gesellschaftstheorie dargestellt werden (im gleichen Sinne Schützeichel 2004).

2. Hubert Knoblauch (2005a: 169) betont, dass Luckmanns Beschäftigung mit Kommunikation in zwei Phasen eingeteilt werden kann: Zunächst wird die Sprache als objektives System, als übergreifende und von den Akteuren relativ unabhängige Struktur, betrachtet. In der zweiten Phase wendet sich Luckmann schließlich der Untersuchung der Sprache „im Verwendungszusammenhang" zu, und benutzt in der Folge verstärkt den Begriff des „kommunikativen Handelns".

In der späten Phase geht Luckmann vom Konzept der „sozialen Konstruktion der Wirklichkeit" zum Begriff der „kommunikativen Konstruktion der Wirklichkeit" (Luckmann 2006) fließend über. Die Aufsätze zur „Konstitution der Sprache in der Welt des Alltags", die Luckmann im Laufe der 1970er-Jahre veröffentlicht hat, können als

---

2 Das bestätigt eine eigene Literaturanalyse auf der Basis von 36 Artikeln und 3 Monografien Luckmanns (vgl. Tomin 2008).

Übergang von der ersten in die zweite Phase Luckmanns angesehen werden (vgl. Tomin 2008). Denn über die Frage, wie Zeichen ihre intersubjektive Bedeutung erlangen, stößt er auf das kommunikative Handeln (vgl. ebd.). Ausgangspunkte seines Denkens bilden dabei Grundgedanken der philosophischen Anthropologie Gehlens und Plessners, der Phänomenologie Husserls sowie die Schütz'sche Protosoziologie. Prominent zu nennen ist auch die Handlungstheorie Max Webers (vgl. Luckmann 1992).[3]

Unter „Protosoziologie" versteht man die typologische Konzeption der Gesellschaft aus deren sozialen Vorstufen heraus, also die Befassung mit der Frage nach der generellen (sozialen) ‚Beschaffenheit' des Mensch-Seins (vgl. weiterführend Schützeichel 2004: 119–122). Tänzler, Knoblauch und Soeffner (2006: 10) sprechen diesbezüglich von den „menschlichen Voraussetzungen", die Gesellschaft ermöglichen.

Im weiteren Verlauf dieses Kapitels wird das auf diesen Prämissen beruhende Luckmannsche Kommunikationsverständnis erarbeitet. Es mündet im Konzept der „kommunikativen Gattung" und der Methode der „Gattungsanalyse", die in diesem Buchkapitel mit Bezug auf moralische Kommunikationsformen als Anwendungsbeispiel dient.

6.2 Luckmanns Bezug auf Husserl und Schütz

In der vorliegenden Darstellung und auch schon in Kap. 2 über Max Weber konnten immer wieder Bezüge zwischen Weber und Luckmann bzw. Bezugnahmen von Luckmann auf Webers Theorie sozialen Handels dargestellt werden. Auch Berger und Luckmann (2004 [1966]) haben maßgeblich auf Weber zurückgegriffen, wiederum auf dessen Handlungstheorie. Diese wird im weiteren Verlauf dieses Buches nun vorausgesetzt. Hier wird auf andere Einflüsse im Luckmannschen Werk eingegangen, insbesondere auf solche, die das Verhältnis von *Denken* bzw. *Bewusstsein* und Handeln betreffen und die dem auch schon von Weber angesprochenen „subjektiven Sinn" als Grundlage und Folge von Handeln näherkommen wollen (vgl. insbesondere Luckmann 1992: 103 ff.). Um die Struktur von Sinn und Bewusstsein verstehen zu können, wendete sich Luckmann der Phänomenologie zu. Die Entwicklung des Luckmannschen Werkes (vgl. Dreher 2007: 7–23) kann diesbezüglich grafisch wie folgt dargestellt werden:[4]

---

3 Dies sind allerdings nicht die einzigen Wissenschaftler und Werke, die Luckmann beeinflusst haben. Er selbst nennt und zitiert in seinen Arbeiten so unterschiedliche Namen wie Weber, Marx, Husserl, Schütz, Gehlen, Plessner, Mead, Cooley, Halbwachs, Humboldt, Durkheim, Vološinov und Bakhtin. Von seinen direkten Lehrern erwähnt er neben Alfred Schütz Karl Löwith, Albert Salomon sowie Carl Meyer als wichtige Einflüsse. Außerdem hebt er den kanadischen Soziologen Erving Goffman hervor (vgl. Schnettler 2006a: 42).

4 Es handelt sich hier um eine vereinfachende Darstellung, die nur die engsten Bezüge darstellt, zu weiteren Einflüssen vgl. auch die vorherige Fußnote sowie weiterführend Schnettler 2006a: 41 ff.

Philosophische Anthropologie
(Gehlen, Plessner)

Husserl	Schütz bzw. Schütz/Luckmann	Berger/Luckmann
Konstitution ——▶	Konstitution ——▶	Konstruktion
Phänomenologie	präsoziologisch (phänomenologische Begründung der Soziologie)	soziologisch (theoretische Aussagen darüber, wie gesellschaftliche Wirklichkeiten im Allgemeinen entstehen)
	Sprache – Mittel zur Überwindung von Transzendenzen – als Struktur (Korrelat zum Wissensvorrat)	Sprache – als Struktur – im Ansatz bereits „Sprache im Verwendungs- zusammenhang" (Konversationsmaschine)

Abb. 3: Schematische Darstellung der Entwicklung des Luckmannschen Denkens (Quelle: Tomin 2008)

Die „Phänomenologie" geht auf Edmund Husserl (1859 – 1939) zurück und zählt zu den prägenden Strömungen der Philosophie des 20. Jahrhunderts. Husserls Ziel war es, eine Ausgangsbasis für menschliche Erkenntnis darzulegen, die notwendig und überall gelte und zugleich im Bewusstsein des Einzelnen verankert sei (zur Einführung in das Werk Husserls vgl. Prechtl 2012; zur Einführung in die Phänomenologie vgl. generell Fellmann 2006). Denn eben jenes Bewusstsein ist für (einzelne) Menschen der ausschließlich verfügbare Zugang zur Wirklichkeit (vgl. Luckmann 1999).

Fragt man nach den Bewusstseinsleistungen der (einzelnen) Menschen, geht es nicht darum, ontologische Fragestellungen nach dem ‚Wesen' der Dinge zu beantworten. Die Phänomenologie macht keine Aussagen darüber, wie die Gegenstände, die uns umgeben, ‚wirklich' sind. Vielmehr versucht sie herauszufinden, wie die Menschen die Gegenstände in ihrem Bewusstsein wahrnehmen oder wie die ‚Dinge' bzw. Vorstellungen und Gedankeninhalte jedweder Art als „Bewusstseinsakte im Bewusstsein erscheinen" (Schützeichel 2004: 120). Ausgangspunkt einer solchen Phänomenologie ist also die jedem zugängliche, unmittelbare Erfahrung (dazu umfassend Schütz 1971, 1974 [1932]). Für eine phänomenologische Konstitutionsanalyse im Sinne von Schütz und aufbauend auf Husserl heißt das:

> Die wissenschaftlichen, aber auch die alltäglichen objektiven Vorstellungen, Vorurteile, Ideali-
> sierungen sollen eingeklammert werden, und der Blick soll unverstellt auf die fundierenden,
> ursprünglichen Erfahrungen im Bewusstseinsleben gerichtet werden. (Schützeichel 2004: 121)

Die Auffassung einer vermeintlich ursprünglichen Wahrnehmung ist problematisch: Wir alle wissen, dass nicht jedes Objekt für jeden von uns dieselbe Bedeutung hat. Das ist eine der zentralen Prämissen des Symbolischen Interaktionismus. Diesem Ansatz geht es nicht um das „Ding an sich", sondern um das „Ding für mich", also die soziale, wandelbare Bedeutung der ‚Dinge', die in diesem Sinne auch geistige Erlebnisse sein können (vgl. Burkart 2004: 55). Die Wahrnehmung bestimmter Gegebenheiten oder Situationen kann von Mensch zu Mensch, aber auch kulturell, von Gesellschaft zu Gesellschaft variieren (vgl. weiterführend Maletzke 1996; Bolten 2007).

Edmund Husserl ging gleichwohl davon aus, dass jeder Bewusstseinsgegenstand einen sinnspezifischen „*Kern*" habe (vgl. Prechtl 2012: 75). Dieser Kern der Bewusstseinsgegenstände ist von verschiedenen Sinnschichten umgeben, die dem Bewusstseinsphänomen seine besondere (z. B. kulturell spezifische) Erscheinungsweise verleihen. Der Vorgang dieses stufenhaften Aufbaus eines Phänomens im Bewusstsein wird in der Phänomenologie *Konstitution* genannt. Eine Konstitutionsanalyse, so Luckmann, zeige, dass es möglich sei, an einem Gegenstand „formale Strukturen" zu erkennen, ohne welche die konkrete menschliche Erfahrung nicht möglich sei (vgl. Luckmann 1999: 19 – 20). Um Aussagen treffen zu können, die diesbezüglich intersubjektiv gültig sind, muss man folglich zu den universalen Kernen bzw. universalen Strukturen der Bewusstseinsphänomene vordringen. Der Phänomenologe setzt dies mittels *Reduktion* oder „Einklammerung" um (vgl. Prechtl 2012: 57).

Dies soll anhand eines von Luckmann (1992: 20 – 23) gewählten Beispiels in gekürzter und leicht abgewandelter Form dargestellt werden: Angenommen, ich möchte konstitutionsanalytisch zu dem universalen Kern des Holztischs vordringen, der in meinem Esszimmer steht – was bleibt nach einer phänomenologischen Einklammerung dann noch „übrig" (Luckmann ebd.: 22, 24)? In einem ersten Schritt klammere ich mein Vorwissen über diesen Tisch aus (bzw. ein): Ich weiß, dass es Tische aus verschiedenen Materialien (Holz, Glas, Plastik, Metall) gibt. Das ist ein erlerntes und durch Erfahrung sozialisiertes Wissen. Wenn ich dieses Wissen ausklammere, so habe ich zwar keinen Holztisch mehr, aber dennoch bleibt etwas „Tischhaftes" (ebd.: 23): eine Platte mit vier Beinen, auf die ich etwas stellen kann. Neben dem allgemeinen Wissen über Tische, Plastiktische, Holztische oder Steintische steht noch die Erinnerung an die besondere Geschichte dieses einen Tisches. Ich erinnere mich, dass mein Mann und ich diesen Tisch zur Hochzeit geschenkt bekommen haben. Ich weiß, dass mein Sohn sich mithilfe eines Messers in einem der Tischbeine verewigt hat. Auch diese singuläre Geschichte kann ich als Sinnschicht ausklammern, ohne dass der Tisch seinen Tisch-Charakter verliert. Er hat immer noch eine „typische Gestalt"; er bleibt noch immer etwas Hergestelltes und ist durch einen „typischen Gebrauch" gekennzeichnet. Er ist eben nur nicht mehr „dieser mein Tisch" (Luckmann 1992: 23). Ähnliche Beispiele für Typisierungen finden sich auch schon bei Mead, der hier für Luckmann ebenfalls anregend gewesen sein dürfte (vgl. Mead 1975 [1934]: 122 – 124). Für Luckmann kann der Bezug auf Mead generell als bestätigt gelten (vgl. Schnettler 2006b: 177).

Wichtig ist, zu erwähnen, dass man die Reduktion *nicht beliebig fortsetzen kann*: Wenn ich das „Tischhafte am Tisch" erkennen will, so darf ich den „typischen Gebrauch in Verbindung mit der typischen Gestalt" eines Tisches gerade nicht ausklammern (vgl. Luckmann 1992: 23). Würde ich das tun, so hätte ich nur noch ein stoffliches „Etwas" aus Holz vor Augen, das *keine typische Gestalt* mehr hat (vgl. ebd.: 24). Husserl ging es in eben diesem Sinne um die „Befreiung vom Faktum und die Bestimmung der reinen Möglichkeiten" (Prechtl 2012: 70), also die Beibehaltung der *typischen Gestalt* eines Etwas oder Gedankeninhalts.

Zusammenfassend lässt sich sagen, dass das Ziel der Phänomenologie die Beschreibung der Konstitution, d.h. des Aufbaus von „Bewusstseinsgegenständen in Bewusstseinsleistungen" ist (Luckmann 1992: 25). Das Verfahren wird als „Konstitutionsanalyse" (ebd.: 25; Gertenbach/Kahlert et al. 2009: 69) bezeichnet. Diese bedient sich der Methode der „Ausklammerung", die „stufenweise reduziert, was sich im Bewusstsein konstituiert" (Luckmann 1992: 19–25).

Die Werke von Alfred Schütz (1899–1959), der sich ebenfalls intensiv mit Husserls Phänomenologie auseinandersetzte, und von Thomas Luckmann sind eng verwoben. Luckmann selbst verweist darauf, dass es

> [...] ganze Bereiche in meinem Denken, besonders auf dem Gebiet der Handlungs- und Kommunikationstheorie [gibt], bei denen ich schwerlich mit Sicherheit sagen könnte, was nicht von Schütz stammt. (Luckmann 2003: 24, Hervorhebung im Original)

Schütz war Luckmanns Lehrer und Doktorvater. Nach dessen Tod 1959, mitten in den Vorbereitungen zu seinem Buch über die „Strukturen der Lebenswelt", war es Luckmann, der das Werk auf der Basis der von Schütz hinterlassenen fragmentarischen Manuskripte vollendete (vgl. Schnettler 2006a: 43–44).

Alfred Schütz wollte der Soziologie ein phänomenologisches Fundament geben (vgl. Luckmann 1971).[5] Ziel war es dabei auch, die Webersche Handlungslehre zu erweitern (vgl. Luckmann 1992: 25). Dies betrifft insbesondere die kognitiven und motivationalen Aspekte der Handlung: Um zu verstehen, *warum*, also aufgrund welcher Motive und Bewusstseinsinhalte, Menschen auf eine bestimmte Art und Weise handeln, ist, Schütz folgend, nachzuvollziehen, wie sie ihre Lebenswelt wahrnehmen, ihrem Handeln und ihren Erfahrungen mit und gegenüber Mitmenschen durch ihre aktiven Bewusstseinsleistungen „Relevanz" verleihen und *handelnd in die Welt hineinwirken* (vgl. Schütz 1971: 41). Dazu ist nachzuvollziehen, wie Menschen ihre eigene Lebenswelt in ihrem Bewusstsein wahrnehmen. Dies eben ist erreichbar mittels der oben genannten konstitutionsanalytischen Mechanismen. Das Schütz-Luckmannsche Gemeinschaftswerk „Die Strukturen der Lebenswelt" stellt selbst solch eine Konstitutionsanalyse der menschlichen Lebenswelt dar. Es beschreibt die universalen lebensweltlichen Strukturen, so wie sie sich im Bewusstsein eines jeden menschlichen

---

5 Einführend in Schütz sind für Studierende empfehlenswert zu lesen: Krallmann/Ziemann 2001: 177–200; Schneider 2008: 234–289; Gehrtenbach/Kahlert et al. 2009: 66–79.

Wesens (nach Ausklammerung aller kulturellen Spezifika etc.) konstituieren. Es ist zu betonen, dass es sich hierbei also *nicht* um eine Beschreibung empirischer Lebenswelten handelt. Denn die universalen Strukturen der Lebenswelt entfalten sich in konkreten, historischen Gesellschaften in teils sehr unterschiedlicher Ausprägung. Diese erst werden für SoziologInnen, HistorikerInnen und KommunikationswissenschaftlerInnen dann zum Gegenstand empirischer Untersuchungen (z. B. in Gattungsanalysen, siehe Kap. 6.4). Solche Analysen sind also auf einer anderen Ebene angesiedelt als die Konstitutionsanalyse. Um diesen Unterschied deutlich zu machen, wird die Schützsche Konstitutionsanalyse der Alltagswelt häufig auch als „prä-" oder „protosoziologisch" bezeichnet (vgl. Schützeichel 2002: 119 – 122).

Luckmann insistiert, dass, anders als Jürgen Habermas „unberechtigt" meine, Schütz sehr wohl Bewusstseinsanalyse und Kommunikationsphänomene schon zusammengebracht habe (vgl. Luckmann 1971: 17). Im Zusammenhang dieses Vorwurfs sei hier auf ein lesenswertes Schütz-Zitat verwiesen:

> Mit sozialem Handeln ist Kommunikation verbunden, und jegliche Kommunikation ist notwendigerweise auf Akte des Wirkens gegründet. Um mit anderen zu kommunizieren, muss ich offene Handlungen in der Außenwelt vollziehen, die von den anderen als Zeichen dessen interpretiert werden sollen, was ich übermitteln will. (Schütz 1945 zitiert nach Schützeichel 2004: 136)

Den gleichen Vorwurf, nämlich kommunikatives Handeln auf „Interpretationsvorgänge" zu reduzieren, brachte Habermas (1988 [1981]: 211) auch Luckmann selbst entgegen (zur Habermas-Luckmann-Kontroverse vgl. Averbeck-Lietz/Tomin/Künzler 2010: 570 – 572). Allerdings ist das Kommunikationsverständnis von Luckmann und von Habermas – wie oben einleitend angemerkt – tatsächlich ein anderes. Während Habermas' Thema Argumentations- und Begründungsleistungen sind, ist dasjenige von Schütz und auch von Luckmann die Frage danach, wie Kommunikation und Bewusstsein *einander gegenseitig* strukturieren (vgl. ebd.). Luckmann weist Schütz schon 1971 in seinem Vorwort zu dessen Monografie zum „Problem der Relevanz", – die Schütz auf Empfehlung von Jürgen Habermas in der Suhrkamp-Reihe „Theorie" veröffentlichen konnte (so schildert es Luckmann 1971: 22 f.) – als ein „Hauptthema" das „Problem der intersubjektiven Kommunikation" im Verhältnis zur „Konstitution verschiedener Sinnbezirke in der sozialen und der vor-sozialen Wirklichkeit" zu (vgl. ebd.: 19).

Wir sehen jedenfalls, anders als Schützeichel (2004: 161) dies tut, weder bei Schütz noch bei Luckmann Kommunikation als auf Bewusstsein *reduziert* an. Im gleichen Sinne schreibt Knoblauch (1995: 41), Habermas als Kritiker von Luckmann übergehe die schon von Schütz vollzogene und von Luckmann wiederholte Unterscheidung zwischen der „phänomenologischen Analyse der (sozusagen ‚kontrafaktischen') Konstitution subjektiven Sinns und der soziologischen Untersuchung schon konstruierter Wirklichkeit", also letztlich der Unterscheidung zwischen „Konstitution durch Bewusstseinsakte und Konstruktion durch soziales Handeln" (ebd.). Luckmann selbst thematisiert die ganze Problematik, was ‚zuerst' gegeben sei, Kommunikation oder Bewusstsein, sich dabei explizit an Husserl anlehnend, wie folgt:

> [...] dass sich Bewusstsein und Mitteilung, Mitteilung und Intersubjektivität und Intersubjektivität und Gesellschaft wechselseitig – und vielleicht in dieser Stufenfolge – bedingen. (Luckmann 1980: 30)

Die „verschlungene Beziehungsstruktur" zwischen Bewusstsein, Kommunikation, Intersubjektivität und Gesellschaft als ‚objektiver' Welt sei spezifisch menschlich (ebd.). Zwar sei Bewusstsein von Kommunikation zu unterscheiden (ein Denkschritt, den später auch Niklas Luhmann geht), denn es entspreche „nicht den Strukturprinzipien der Kommunikation" (ebd.: 28). Bewusstsein ist Luckmann folgend aber auch nicht „monadisch" (ebd.) in sich abgeschlossen, da es sich selbst durch Mitteilungshandeln überhaupt erst erfahren kann: „Sie [die Menschen] handeln und sprechen mit-, für- und gegeneinander." (Luckmann 2007: 148) Luckmann stützt sich hier auf das bekannte handlungstheoretische Vokabular Webers. Kommunikatives Handeln ist überdies deshalb Interaktion, da *es während des Vollzugs wechselseitig* ist (vgl. Schütz/Luckmann 2003 [1974]: 571; auch Knoblauch 1995: 52). Ausgeführt wird diese Argumentation detailliert über insgesamt 672 Textseiten in der von Schütz begonnenen und von Luckmann vollendeten Monografie „Strukturen der Lebenswelt" (Schütz/Luckmann 2003 [1974]). In diesem Buch beschreibt das Autorenteam die universalen lebensweltlichen Strukturen, so wie sie sich im Bewusstsein eines jeden menschlichen Wesens (nach Ausklammerung aller kulturellen Spezifika etc.) konstituieren. Parallel dazu lässt sich auch Luckmanns Schrift „Theorie des sozialen Handelns" (1992) lesen, die ebenfalls auf Schütz, aber auch auf Weber aufbaut.

Schütz folgend (und von ihm durch Konstitutionsanalysen ermittelt), besteht die Lebenswelt aus unterschiedlichen „Wirklichkeitsbereichen" wie der Alltags-, der Traumwelt, diversen Fantasiewelten oder dem Bereich der Wissenschaft. Vom erlebenden Subjekt aus gesehen zeichnen sich diese Sinngebiete durch unterschiedliche Erkenntnis- und Erlebnisstile aus. Sie gründen auf einer spezifischen „Bewusstseinsspannung" (Schütz/Luckmann 2003 [1974]: 70). Dabei ist das Handeln in der Alltagswelt mit der höchsten Bewusstseinsspannung, nämlich „heller Wachheit" (ebd.: 58) gekoppelt. Unter Alltagswelt wird jener Bereich der Wirklichkeit verstanden, den der „wache und normale Erwachsene in der Einstellung des gesunden Menschenverstandes als schlicht gegeben vorfindet" (ebd.: 29). Die Alltagswelt stellt daher unter allen Wirklichkeitsbereichen der Lebenswelt die „Vorzugsrealität" (ebd.: 69) dar: Sie ist die „Wirklichkeitsregion" (ebd.), in die der Mensch handelnd oder „wirkend" eingreifen kann und an der er unausweichlich und immer wieder *teilnehmen muss*. Der Alltag stellt vor „Aufgaben" und erfordert „Planung". Im Alltag sammeln wir Erfahrungen mit uns selbst und anderen. Hier trifft der Mensch auf andere Menschen, auf ihre Handlungen, Handlungserwartungen und Handlungsergebnisse. Die „Lebenswelt des Alltags" ist die Wirklichkeitsregion, in der *kommuniziert* wird – und zwar im

Sinne „wechselseitiger [semantischer] Verständigung" im Zusammenhang gemeinsam vollzogener Handlungen (vgl. ebd.: 69).

Die Einstellung, mit der wir uns der Alltagswelt zuwenden, wird in Anlehnung an Husserl „natürliche Einstellung" genannt (vgl. Luckmann 1992: 34; Prechtl 2012: 56). Hiermit ist gemeint, dass Menschen die sie umgebende Alltagswelt als gegeben hinnehmen und gemeinhin nicht (ständig) hinterfragen (der Modus des Reflektierens und des Hinterfragens wird im Gegensatz dazu als „theoretische Einstellung" bezeichnet und kennzeichnet z. B. die Wirklichkeitsregion der Wissenschaft). In der natürlichen Einstellung wird also jeglicher Zweifel an die Welt und ihre Objekte ausgeklammert. Die natürliche Einstellung ist durch Grundannahmen gekennzeichnet, von denen wir im Alltag „idealisierend" ausgehen. Es sind dies die Idealität des „Und-so-weiter", die Idealität des „Ich-kann-immer-wieder" sowie die von Schütz übernommene „Generalthese der Reziprozität (oder Wechselseitigkeit) der Perspektiven" (Luckmann 1992: 35, im gleichen Sinne Knoblauch 2007b: 180).

Mit der Idealisierung des „Und-so-weiter" (auch Luckmann 1992: 120) ist gemeint, dass Menschen in der natürlichen Einstellung darauf vertrauen, dass die Welt so bleiben wird, wie sie ihnen bisher bekannt ist (vgl. Schütz/Luckmann 2003 [1974]: 34). Daraus folgt die weitere grundsätzliche Annahme, dass Menschen bisher erfolgreich verübte Handlungen wiederholen („Ich-kann-immer-wieder", Luckmann 1992: 121). Solange die Alltagsstruktur als (weitgehend) konstant wahrgenommen wird, bleibt das Vermögen, auf die Welt in gewohnter Weise zu wirken, grundsätzlich erhalten (vgl. Schütz/Luckmann 2003 [1974]: 34).

Des Weiteren weiß der Mensch aus Erfahrung, dass er/sie nicht alleine auf der Welt ist. Die Lebenswelt ist „von vornherein intersubjektiv" (ebd.: 98). Da andere ebenso wie ich (augenscheinlich) über Bewusstsein verfügen, darf ich (relativ) sicher sein, dass sie die Gegenstände der Lebenswelt grundsätzlich, wenn auch mit gewisser Varianz, wie ich erfahren und wahrnehmen (können) und überdies, dass ich mich mit ihnen *verständigen kann* (vgl. ebd.). Luckmann bezieht sich hier auf die schon von Schütz formulierten „Idealisierungen" im Handlungsverlauf, welche zusammen die „Generalthese der wechselseitigen Perspektiven" (ebd.: 99) bilden (weiterführend auch Krallmann/Ziemann 2001: 178, 189; Schneider 2008: 249–260):

1. Die „Idealisierung der Vertauschbarkeit der Standpunkte" (Schütz/Luckmann 2003 [1974]: 99): Sie bezeichnet die Annahme, dass ich, wenn ich in der „Lage" oder an der „Stelle" des Gegenübers wäre, die Dinge in der gleichen Perspektive, Distanz etc. erfahren *würde* wie er/sie – und umgekehrt (vgl. Luckmann 1992: 117; auch Schützeichel 2004: 133; Krallmann/Ziemann 2001: 189). Allerdings bleibt dies bei Schütz immer verwiesen auf eine „Rekonstruktion der Handlungen anderer in meinem eigenen Erleben und auf der Basis meiner eigenen Erfahrungen" (Schützeichel 2004: 125). Das sah schon Mead so: „Wir versetzen uns unbewusst in die Rolle anderer und handeln so wie sie" (Mead 1975 [1934]: 108). Gemeint sein kann dann nicht einfach ein psychologisches ‚Einfühlen' in den anderen, sondern vielmehr bezieht sich das Diktum der Vertauschbarkeit der Perspektiven auf die,

ggf. unbewusst bleibende, Kognitionsleistung: Ein Bewusstsein versetzt sich *auf der Basis seiner eigenen Kognitionen* in ein anderes hinein.

2. Die „Idealisierung der Kongruenz der Relevanzsysteme" (Schütz/Luckmann 2003 [1974]: 99): Luckmann (1992: 32) umschreibt das Relevanzsystem als „lebensweltlich bestimmten Gesamtzusammenhang der Interessen, Wichtigkeiten und Dringlichkeiten" eines Individuums. Vereinfacht gesagt gehört dazu alles, was unser Handeln motiviert und beeinflusst (also Werte und Einstellungen, aber auch äußere Zwänge). In der natürlichen Einstellung gehen wir bis auf Weiteres (bis es z. B. zu weltanschaulichen oder anderen Konflikten kommt) von einer grundsätzlichen Ähnlichkeit der Relevanzsysteme aus. Wir nehmen es als gegeben hin, dass die Unterschiede in der Auffassung und Auslegung von der Welt, die sich aus der Verschiedenheit biografischer, kultureller, ökonomischer etc. Situationen ergeben, für unsere gegenwärtigen praktischen Zwecke weitgehend irrelevant sind (vgl. Schütz/Luckmann 2003 [1974]: 99; auch Gebhardt 2008: 94). Kurz, wir gehen idealisierend davon aus, dass wir die Objekte in unserer Reichweite in identischer Weise erfahren und auslegen wie unsere Mitmenschen. Das dies faktisch-empirisch *nicht* so sein muss, wie wir dies idealisieren, sei hier dahingestellt.

Menschen handeln folglich immer auf der Basis ihres Wissens von der Welt. Möchte man also verstehen, warum sie auf bestimmte Art und Weise handeln, so muss man zunächst ihre Deutungen und Erfahrungen in der und über die Welt nachvollziehen. Wie Schütz und Luckmann schreiben, ist die Welt „zur Auslegung aufgegeben" (Schütz/Luckmann 2003 [1974]: 33). Die Menschen erwerben Wissen, indem aktuelle Erfahrungen gedeutet und im Bewusstsein abgelagert werden. Die Gesamtheit der im Bewusstsein sedimentierten Erfahrungen wird „subjektiver Wissensvorrat" (ebd.: 162) genannt. Nach Schütz und Luckmann ist es grundsätzlich so, dass unser Bewusstsein Erfahrungen in ihrer Typenhaftigkeit (und nicht in ihrer Einzigartigkeit) erfasst. Ein Typ wird definiert als eine „in vorangegangenen Erfahrungen sedimentierte, einheitliche Bestimmungsrelation" (ebd.: 314, vgl. auch das Beispiel mit dem Tisch oben). Typen können allgemein oder spezifisch sein. Ein lebensweltliches Objekt kann mir in meiner Bewusstseinswahrnehmung ganz allgemein als „Tier", aber auch spezieller als „Vogel" oder als „Amsel" entgegentreten (vgl. ebd.: 33 sowie ähnliche Beispiele schon bei Mead 1975 [1934]: 122 über „typische Merkmale eines Hundes").

Wann etwas hinreichend konkret bestimmt ist, hängt von den jeweiligen Relevanzen und Handlungszielen des erfahrenden Subjekts ab. Jeder subjektive Wissensvorrat ist einzigartig „biographisch artikuliert" (vgl. Schütz/Luckmann 2003 [1974]: 163–166). Was für den Einen relevant ist, muss es für den Anderen nicht sein. Schütz und Luckmann zeigen auf, dass es grundsätzlich unmöglich ist, dass auch nur zwei Personen denselben subjektiven Wissensvorrat haben. Denn das würde voraussetzen, dass sie genau die gleichen Erfahrungen in genau der gleichen „Reihenfolge" gemacht und in ihrem Bewusstsein „sedimentiert" hätten (vgl. ebd.).

Der größte Teil des Wissensvorrats des erwachsenen Menschen ist erlernt, er wurde aus dem „gesellschaftlichen Wissensvorrat", also der Gesamtheit des in einer

Gesellschaft vorhandenen Wissens, adaptiert. Jedoch darf dieser Wissensvorrat nicht vereinfachend als „Summe" subjektiver Wissensvorräte missverstanden werden (vgl. Schütz/Luckmann 2003 [1974]: 356). Der individuelle Wissensvorrat eines Menschen kann nämlich Elemente enthalten, die gesellschaftlich *nicht* relevant sind, und daher auch nicht in den gesellschaftlichen Wissensvorrat übernommen werden (wie eine individuelle Vorliebe oder Abneigung für ein bestimmtes Nahrungsmittel oder gegen eine bestimmte Musikrichtung).

Auch haben nicht alle Menschen gleichermaßen am gesellschaftlichen Wissensvorrat teil. Schütz und Luckmann weisen nach, dass es keine „völlig gleichmäßige soziale Verteilung des Wissens" geben kann (ebd.: 414). Dies allein deshalb nicht, da nicht alle Menschen in einer Gesellschaft dieselben Probleme haben, und deshalb nicht über das gleiche Wissen verfügen müssen. Spezialisierungen und „Expertenwissen", also *strukturelle* Wissensausdifferenzierungen, sind in modernen Gesellschaften die Norm (vgl. ebd.: 412–428, auch Luckmann 1992: 97).

Schütz und Luckmann fassen den Wissensbegriff in den „Strukturen der Lebenswelt" weit: Neben spezifischen Wissenselementen, die explizit vom Bewusstsein bearbeitet werden, enthält der subjektive Wissensvorrat auch routinisierte Wissensformen, derer man sich gewohnheitsmäßig und daher fast unbewusst bedient. Hierzu gehören Fertigkeiten wie Gehen oder Fahrrad fahren, auch das sedimentierte Wissen um gesellschaftliche Bräuche (zur „Routine im Wissensvorrat" vgl. Schütz/Luckmann 2003 [1974]: 156–163). Ebenso ist das Wissen um sogenannte „kommunikative Gattungen" zu einem großen Teil in Form von Routinewissen im Bewusstsein abgelagert (vgl. Kap. 6.4).

6.3 Thomas Luckmann – Denkmotive für eine Kommunikationssoziologie

Der zentrale Unterschied zu Habermas liegt darin, dass Luckmann anders als jener nicht aus einer normativen Position auf die Kommunikation in der Lebenswelt blickt, sondern aus einer ausschließlich analytischen (allerdings die Analyse von Normen, Regeln und deren Institutionalisierung eingeschlossen). In Kap. 6.4 über „Moralisierung" wird das klarer werden: Es geht Luckmann nicht darum, zu zeigen, wie Moralisierung oder strategische Kommunikation je diskursiv überwunden werden können (so bei Habermas im praktischen Diskurs vgl. Kap. 5.4), sondern wie Kommunikation Moralisierung als soziales Phänomen konstruiert. Mit anderen Worten: Ohne (moralische) Kommunikation gibt es keine soziale Welt. Luckmann interessiert sich dabei sowohl für die Soziologie der menschlichen Kommunikation als auch für deren anthropologische Grundlagen. Das teilt er mit Tönnies, bei dem diese Orientierung allerdings noch rudimentär blieb, und in hohem Maße mit Habermas (1988, 2009 a, b), zieht aber anders als jener nicht die Konsequenz, aus der Beschaffenheit menschlicher Kommunikation Sollnormen eines ‚guten' kommunikativen Handelns abzuleiten. Ob die soziale Welt schlecht ist oder gut, ist aus der analytischen Perspektive von Luckmann erst einmal zweitrangig. Er möchte erforschen, *wie* sie sich kommunikativ konstituiert und konstruiert.

Kommunikationssoziologisch relevante Denkmotive im Werk von Luckmann
1. Die soziale Konstruktion der Wirklichkeit
2. (Lebens-)Erfahrung als sozialer Sinn (Transzendenz)
3. Menschen als sprechend handelnde Wesen
4. Die kommunikative Konstruktion der sozialen Wirklichkeit

Diese Denkmotive machen sichtbar, dass sich andere Denkmotive – wie symbolische Interaktion (Mead und seine Schüler) und soziales Handeln (Weber) bei Luckmann zu einer Sozialtheorie der Kommunikation verdichten, die „Kommunikation" dezidiert zu ihrem Mittelpunkt macht. Dies geschieht, wie schon erwähnt, in starkem Rekurs auf das Werk seines Lehrers Alfred Schütz.

6.3.1 Denkmotiv: Die soziale Konstruktion der Wirklichkeit

Die bisher referierten spezifisch menschlichen Bewusstseinsfähigkeiten und die anthropologischen Grundkonstanten (dazu im Folgenden) bilden den universellen Rahmen, *innerhalb dessen die gesellschaftliche Konstruktion einer bestimmten Wirklichkeit erfolgen kann* (vgl. Knoblauch/Raab/Schnettler 2002: 19). Was immer Menschen tun, sie tun es in den Grenzen ihres Leibes und den Strukturen des menschlichen Bewusstseins (vgl. ebd.).

Während das Verhältnis nichtmenschlicher Lebewesen zu ihrer Umwelt weitgehend durch ihren Instinktapparat festgelegt ist (zur Lernfähigkeit und Sozialität von Primaten im Vergleich zu Menschen vgl. Tomasello 2002), ist der Mensch im Sinne der philosophischen Anthropologie durch Instinktarmut gekennzeichnet. Berger und Luckmann (2004 [1966]: vi) beziehen sich in dieser Aussage vor allem auf Arnold Gehlens und Helmuth Plessners anthropologische Annahmen (diese Bezüge auch ausführlich in Luckmann 1992). Demzufolge hat der Mensch Triebe, diese sind jedoch weitgehend ungerichtet und daher sozial prägbar. Das betrifft die Gattung Mensch ebenso wie jedes einzelne Individuum, das aktiv und kommunikativ in seine/ihre (soziale) Umwelt gestellt ist:

> Die frühen Erfahrungen des Säuglings sind alles andere als passiv. [...] Der wesentliche Punkt ist, daß das Kind zunächst in eine Konversation der Gebärden verwickelt wird, dann in einen genuinen Dialog, und dabei zunehmend zu einer Person reift, wenn in ihm ein Verantwortungsgefühl für sein Handeln erwacht. Der Alltag eines Erwachsenen besteht großenteils aus der Verknüpfung sozialer Handlungen, die meist kommunikativer Natur sind. (Luckmann 2006: 23)

Die „Bildbarkeit des Instinktapparates" bedingt die „Weltoffenheit" des Menschen in Bezug auf seine natürliche und soziale Umwelt (vgl. Berger/Luckmann 2004 [1966]: 50). Dann ist *Homo sapiens* „immer und im gleichen Maßstab auch Homo socius" (ebd.: 54). Die Tatsache, dass die Beziehungen des Menschen zur Umwelt sowie zu den Mitmenschen eben nicht biologisch festgelegt sind, zwingt menschliche Gemeinschaften und Gesellschaften dazu, sich eine eigene Ordnung zu geben. Um nicht im „Chaos" zu leben, muss der Mensch sich seine Welt zwangsläufig erschaffen (vgl. Schnettler 2006a: 91). Berger und Luckmann binden also eine der „Urfragen der Gesellschaftstheorie, nämlich die nach der Genese gesellschaftlicher Ordnung", an die Anthropologie zurück (vgl. ebd.). Um den aktuellen Forschungsstand der Anthropologie deutlicher zu machen, lassen wir im Folgenden Bezüge zum Werk des Paläo-Anthropologen und Primatenforschers Michael Tomasello (2002, 2009) einfließen.

Als gesellschaftlich wird ein Handeln bezeichnet, dessen „subjektiver Sinn ausdrücklich an anderen Menschen oder ihren Handlungen ausgerichtet ist" (Luckmann 1992: 103 hier einmal mehr explizit Max Weber resümierend). Die Menschen, an denen sich das soziale Handeln ausrichtet, können *Mitmenschen oder Zeitgenossen* sein. Als „Mitmensch" wird der oder diejenige bezeichnet, die/der sich „in Reichweite" des Handelnden befindet, d. h. der oder die andere kann gleichzeitig gehört oder gesehen, gerochen und gespürt werden, oder aber nur gehört oder nur gesehen werden etc. (vgl. Luckmann 1992: 107). „Zeitgenossen" sind hingegen Menschen, deren Leben in der gleichen gegenwärtigen Lebenszeit abläuft wie das meinige, die für mich aber nicht (mehr) unmittelbar erfahrbar sind oder es nie waren (vgl. ebd.: 108; auch Schütz/Luckmann 2003 [1974]: 110 f.). Mitmenschen und Zeitgenossen können im Handlungsentwurf als lebendige und konkrete Erinnerungen (mein Freund Ewald) oder als anonyme „Typisierungen" sowohl in der Sach- als auch in der Sozialdimension (‚der Finanzbeamte') vorgestellt werden. Als „kondensierte Erfahrungen" (Gertenbach/Kahlert et al. 2009: 77) etwa mit Steuerbehörden entwickeln Typisierungen *habituellen*, sprich wiederkehrenden und regelbildenden Charakter (zur Verortung des Prinzips der Typisierung im Werk von Schütz vgl. Schneider 2008: 247; Gertenbach/Kahlert et al. 2009: 76 – 77).

Gesellschaftliches Handeln kann in seinem Vollzug mittelbar oder unmittelbar sein (vgl. Luckmann 1992: 109 – 125; Schütz/Luckmann 2003 [1974]: 548 ff.). *Unmittelbar* ist ein Handeln, wenn es auf einen Mitmenschen, also jemanden „in Reichweite", gerichtet ist. *Mittelbares* Handeln richte sich, so Luckmann, dagegen an Zeitgenossen, Nachfahren oder Vorfahren aus (vgl. Luckmann 1992: 109). Damit ändert sich zwangsläufig auch der Kommunikationsmodus und die „Handlungskette" von interpersonaler zu (technisch) medial vermittelter (interpersonaler) Kommunikation (dazu im Folgenden).

Ferner könne soziales Handeln ein- oder wechselseitig sein. Entscheidend dafür, ob eine Handlung als ein- oder wechselseitig bezeichnet werden muss, sei ihr „Vollzug", nicht ihr „Entwurf" (Luckmann 1992: 110). Auch eine als wechselseitig geplante Handlung könne ohne „Antwort" bleiben; dann ist sie „einseitig" (ebd.). Ganz ähnlich definiert Burkart (2004: 62) kommunikatives Handeln nur in dem Fall als wechselseitig, wenn eine Antworthandlung, also das Teilen von Bedeutung erfolgt.

Berger und Luckmann sprechen häufig von „Externalisierung", und definieren diese als „Entäußerung von subjektiv gemeintem Sinn" (Berger/Luckmann 2004

[1969]: 53). Auch diese ist anthropologisch notwendig, da der Mensch sich ständig „äußern und durch Aktivität verkörpern" (ebd.: 56) müsse. Durch Externalisierung „wirkt der Mensch ununterbrochen in die Welt hinein" (Schnettler 2006a: 91). Man kann den Begriff des „Wirkens" direkt an den der Kommunikation anschließen. So sieht auch Knoblauch (2005b: 174) kommunikatives Handeln als „eine Form des wechselseitigen sozialen Wirkhandelns". Oder wie es Luckmann (1992: 42) ausdrückt: Wirken ist ein Handeln „das in die Umwelt eingreift".

Externalisierung, dann auch im Sinne von kommunikativem Wirken in die All-tagswelt, ist nur *ein* Moment des dialektischen Dreischrittes von „Externalisierung, Objektivierung und Internalisierung" (vgl. Schnettler 2006a: 91), die – zusammen-genommen – *Institutionalisierung* – und damit soziale Ordnung – ermöglichen und hervorbringen (vgl. Berger/Luckmann 2004 [1966]: 65, auch Knoblauch 2005a: 137–138). Schnettler fasst zusammen: „Institutionen stellen das ‚objektivierte' Ergebnis früherer Handlungsketten dar." (Schnettler 2006a: 103) Der „Vorgang der Institutio-nalisierung" bestehe aus „gesellschaftlichem Handeln", so schreibt es Luckmann (1992: 131) selbst. Dieser Vorgang produziert Institutionenen als gesellschaftliche „Objektivationen". Internalisierung (etwa von sozialen Regeln, die mit Institutiona-lisierung einhergehen) meint in der folgenden Abbildung die Verinnerlichung von Objektivationen in der Sozialisation (vgl. Luckmann 1992: 132 f.). Externalisierung meint ihre Entäußerung durch Sprache und ihre angewandten Formen im Sprechen und innerhalb von kommunikativen Gattungen (vgl. Kap. 6.4). Institutionen sind also tradierte Objektivationen, die sich in dem Prozess von Internalisierung/Externalisie-rung ständig verändern.

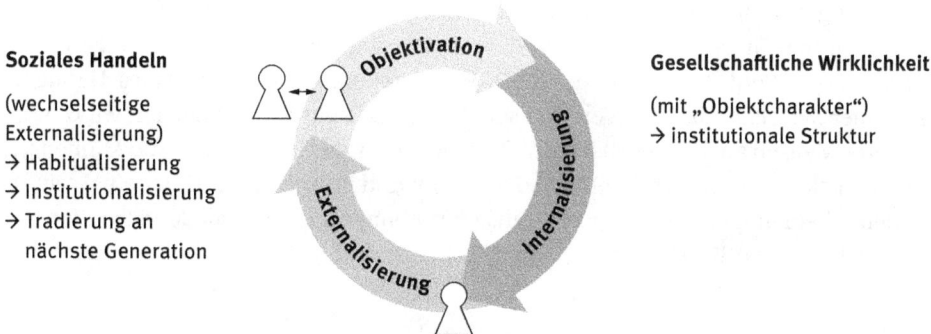

Soziales Handeln

(wechselseitige Externalisierung)
→ Habitualisierung
→ Institutionalisierung
→ Tradierung an
    nächste Generation

Gesellschaftliche Wirklichkeit

(mit „Objektcharakter")
→ institutionale Struktur

Abb. 4: Dialektik der gesellschaftlichen Konstruktion (Tomin 2008)

Im Verweis auf eine Robinsonade zeigen Berger und Luckmann anschaulich, wie der Institutionalisierungsprozess abläuft (vgl. Berger/Luckmann 2004 [1966]: 59 ff.): Man stelle sich zwei Gestrandete aus unterschiedlichen Kulturen vor, die auf einer Insel zusammentreffen. Sie haben (noch) keine gemeinsamen Verhaltensmuster oder Wirklichkeitsvorstellungen. Doch sobald sie interagieren, „produzieren sie sehr bald wechselseitige Typisierungen" (ebd.: 60). Der eine beobachtet den/die Andere(n), unterstellt deren Handlungen bestimmte Motive (einen bestimmten „Sinn") und typisiert diese. Wiederholen sich die Handlungen des Gegenübers, so werden sie als „wiederkehrend" typisiert und *routinisiert*. Dabei unterstellen die beiden gegenseitig die Reziprozität ihrer Typisierungen (ebd.: 60). Im Laufe der Zeit bilden sich so Routinen heraus, das soziale Handeln beider wird (wechselseitig) *erwartbar*. Typisierung entsteht in der Interaktion und wirkt zugleich auf anschließende Interaktionen ein. Dies ist ein unabgeschlossener, dynamischer und transaktionaler Prozess (vgl. Berger/Luckmann 2004 [1966]: 60 – 66; Schützeichel 2004: 147). Diese wechselseitige Typisierung habitualisierter Handlungen ist jedoch noch keine volle Institutionalisierung: Hiervon ist erst zu sprechen, wenn die wechselseitigen Gewohnheitshandlungen tradiert, also an andere Menschen, insbesondere intergenerativ, weitergegeben werden (vgl. Berger/Luckmann 2004 [1966]: 62 f.). Dadurch werden sie zu „historischen Institutionen" (ebd.). Dem Kind der beiden Gestrandeten präsentiert sich so die institutionale Struktur, in die es hineingeboren wird, als objektive Wirklichkeit („So macht man das", Berger/Luckmann 2004 [1966]: 63; auch Luckmann 1992: 162). Kinder internalisieren diese objektivierte gesellschaftliche Wirklichkeit im Laufe ihrer Sozialisation. Die institutionalisierte Welt, in die wir alle hineingeboren werden, wird daher von uns als objektive Wirklichkeit erlebt, wir sind konfrontiert mit dem Paradoxon: „[...] daß der Mensch fähig ist, eine Welt zu produzieren, die er dann anders denn als ein menschliches Produkt erlebt." (Berger/Luckmann 2004 [1966]: 65) Auch im Falle von Institutionen, egal welchen verfestigten Grades, handelt es sich immer um gemachte, konstruierte Objektivität, die auf „gesicherten und bewährten Typisierungen" aufbaut (vgl. Bonß/Dimbath/Maurer 2013: 186). Diese können durch menschliches Handeln und Kommunizieren *verändert* werden (vgl. Luckmann 1992: 153). Die Beziehung zwischen menschlichem Handeln und der gesellschaftlichen Wirklichkeit ist also grundsätzlich nicht deterministisch, sondern dialektisch (vgl. Berger/Luckmann 2004 [1966]: 65; Luckmann 1992: 94). Voraussetzung für „soziales Handeln" einzelner Menschen ist die „Vergesellschaftung des Menschen", zugleich wirkt jeder einzelne Mensch auf die Gesellschaft, in der er oder sie als Zeitgenosse und Mitmensch lebt, zurück (vgl. Luckmann 1992: 94). Menschen und ihre gesellschaftliche(n) Welt(en) stehen miteinander in vielfältigen Wechselbeziehungen. Die soziale Konstruktion der gesellschaftlichen Wirklichkeit erfolgt dabei „kommunikativ" (Luckmann 2006).

6.3.2 Denkmotiv: (Lebens-)Erfahrung als sozialer Sinn (Transzendenz)

> Jedermann stößt immer wieder an die räumlichen und zeitlichen Schranken seiner Erfahrung, überschreitet sie aber in Erinnerung und Handlungsentwurf mit der größten – selten erschütterten – Selbstverständlichkeit. (Schütz/Luckmann 2003 [1974]: 591)

Ein Denkmotiv, das sich durch dieses gesamte Buch zieht, ist das Entstehen sozial verbindlichen Sinns durch kommunikatives Handeln. Dieses ist insbesondere bei Luckmann und bei Luckmann/Schütz in hervorragender Weise aufgearbeitet. Das nicht zuletzt, da die

Sinnbezirke, die sie benennen, nicht nur die Alltagswelt betreffen, sondern auch andere, transzendente Erfahrungswelten, in denen Menschen Sinn erfahren und entwickeln (und der dann wiederum in der Alltagswelt Folgen zeitigen kann). Dabei stoßen Menschen an Grenzen der Erfahrung, die sie aber zugleich erweitern und überschreiten, indem sie ihrer eigenen Erfahrung – oft retrospektiv – (sozialen) Sinn zuweisen.

Luckmanns Überlegungen zur zwischenmenschlichen Verständigung sind eng an die Ausführungen zu den verschiedenen Grenz- oder Transzendenzerfahrungen gebunden, wie er und Alfred Schütz sie in den „Strukturen der Lebenswelt" beruhend auf Schütz' früheren Arbeiten formuliert haben. „Transzendenz" meint in diesem Zusammenhang nicht nur den Verweis auf etwas Außerweltliches. Der Begriff meint auch innerweltliche Transzendenzen, die der Erfahrung zugänglich sind oder die umgekehrt „Grenzen der Erfahrung" (ebd.: 597) markieren: Jeder Mensch lerne schon in der Kindheit die Schranken kennen, die seinem Handeln und Erfahren gesetzt sind: Im Allgemeinen glaube niemand, er könne in die Vergangenheit zurückkehren oder den Mond vom Himmel herunterholen oder gar in die Haut eines anderen Menschen schlüpfen (vgl. Schütz/Luckmann 2003 [1974]: 593). Wie aber entsteht dieses Bewusstsein von eigenen und fremden Grenzen?

Phänomenologisch gesprochen, liegt die Quelle aller Grenzerfahrungen, ob inneroder außerweltlich, in der kognitiven Struktur der Erfahrung. Sie beruht auf der Unterscheidung zwischen dem „in der [aktuellen] Erfahrung gerade Gegebenen und dem nur irgendwie ‚Mit-Gegebenen'" (Schütz/Luckmann 2003 [1974: 595, übergreifend auch Schütz 1971: 50 – 56). Jede Erfahrung, hier argumentieren Schütz und Luckmann wiederum deutlich phänomenologisch, bestehe aus einem Inhalt, der von einem „thematischen Feld" umgeben sei (vgl. Schütz/Luckmann 2003 [1974]: 596). Ein „gegenwärtiger Erfahrungskern" führe in seinem thematischen Feld immer „Verweisungen" mit sich, die inhaltlich bestimmt seien, aber aktuell nicht mitvergegenwärtigt werden (ebd.: 595) und daher akut (relativ) bedeutungslos bleiben. So kann beim wissenschaftlichen Arbeiten im eigenen Garten das Kindergelächter auf dem Nachbarsgrundstück zwar wahrgenommen, aber auch vom Bewusstsein ausgeblendet werden, um sich dem „thematischen Kern" eines wissenschaftlichen Aufsatzes zuzuwenden. Mit diesem Beispiel beschreibt Schütz seine eigene Erfahrung von Zeitgleichheit, aber Unterschiedlichkeit der Relevanzhorizonte: Jahre später kann der/die WissenschaftlerIn sich dieses Geschehen in die Erinnerung zurückholen, und zwar auch das damals – thematisch nicht relevante, aber vorhandene – Kindergelächter und die Geräusche des Sommers (vgl. Schütz 1971: 29 ff.).

Schütz und Luckmann (2004 [1974]: 597 – 619) unterscheiden „kleine", „mittlere" und „große" Transzendenzen: *Kleine* seien dadurch gekennzeichnet, dass der Mensch an solche räumlichen und zeitlichen Grenzen seiner Erfahrung und seines Handelns stoße, die grundsätzlich überschreitbar seien (ebd.: 603). Das Grunderlebnis der kleinen Transzendenz ist das „Außer-Reichweite-Sein" von Erfahrungsgegenständen, die einmal in Reichweite waren (vgl. ebd.: 600). Schütz und Luckmann führen hier ihr bekanntes Beispiel des zwar vergessenen, aber später zu holenden Buches für einen Freund an (ebd.: 601). Wir konstruieren ein ähnliches Beispiel: Eine Frau geht aus dem Haus, um eine Freundin zu besuchen. In der Straßenbahn sieht sie flüchtig ein Plakat, auf dem ein

Blumenstrauß abgebildet ist. Dieses aktuell gegebene Abbild des Blumenstraußes (gegenwärtiger Erfahrungskern) verweist die Frau auf den Blumenstrauß, der nun leider noch zu Hause auf dem Tisch steht – das Geschenk für die Freundin. Die Schenkende „stößt" geradezu (vgl. Schütz/Luckmann 2003 [1974]: 602) an eine kleine lebensweltliche Transzendenz, denn im Moment ist der Strauß ja nicht zugänglich. Sie weiß jedoch, dass sie nur aussteigen, die Bahn in die andere Richtung nehmen und nach Hause gehen muss, um wieder in die Reichweite des Blumenstraußes auf dem Tisch zu kommen. Die „mittleren" Transzendenzen sind gesetzt durch die Grenzen der „Anderen":

> Die Erfahrung des anderen beruht auf der Wahrnehmung der typischen Gestalt eines Körpers, aber sie erschöpft sich nicht darin. Der Körper, den ich wahrnehme, verweist auf etwas, das ich nicht wahrnehmen kann, von dem ich aber „weiß", daß es mit-gegenwärtig ist: ein Innen. In dem Wahrnehmungskern der Erfahrung ist mir der Andere von außen gegeben, aber eben nicht als ein bloßes Außen; in der vollen Erfahrung ist mir sein Innen mit-gegeben. (Schütz/Luckmann 2003 [1974]: 604)

In den *mittleren Transzendenzen* verweise die jeweils aktuelle Erfahrung auf etwas, „das grundsätzlich nicht unmittelbar erfahren werden kann", obwohl es sich innerhalb der Lebenswelt des Alltags befindet. Es gilt sogar: „Es kann immer nur mittelbar erfahren werden" (ebd.: 604, im gleichen Sinne Knoblauch 2005a: 134; 2005b: 177). Diese Art von Transzendenzen betrifft die *zwischenmenschliche Verständigung*. Wir können Mitmenschen (ihr Denken, ihr Fühlen, etc.) *nur mittelbar erfassen*, über das, was sie sagen, über ihre Gesten, über ihren Gesichtsausdruck (vgl. Schütz/Luckmann 2003 [1974]: 597, 604). Die Erfahrung eines anderen Menschen „ist nur über Kundgabe und Kundnahme möglich" (Knoblauch 2005a: 134).

Die *großen Transzendenzen* richten sich hingegen auf die „Abkehr vom täglichen Leben" (Schütz/Luckmann 2003 [1974]: 615). Hier verweist also das gegenwärtig in einer Erfahrung Gegebene auf etwas aus einem anderen Wirklichkeitsbereich. Dies sind Bereiche von Traum und Ekstase, die Alltagserfahrungen überschreiten (vgl. Knoblauch 2005a: 134, 2005b: 177).

Um nachzuvollziehen, wie Menschen Transzendenzen zu überschreiten versuchen, muss eine weitere, grundlegende Bewusstseinsleistung beleuchtet werden, ohne die solche „Grenzüberschreitungen" zwischen den Transzendenzen gar nicht möglich wären: die „Appräsentation". Hier greift Schütz (vgl. Schützeichel 2004: 134) ebenso wie Luckmann (1980: 31) wieder auf Edmund Husserl zurück: Bei einer Appräsentationsbeziehung ruft ein in der subjektiven Wahrnehmung Gegebenes (also „Präsentes") ein Nichtpräsentes hervor (vgl. Luckmann 1980: 32). Sieht man von einem Gegenstand, z. B. einer Schachtel, nur die Vorderseite, so appräsentiert das Bewusstsein gleichwohl auch eine typische Rückseite mit (vgl. Schütz/Luckmann 2003 [1974]: 38). Appräsentation kann also als „Mitvergegenwärtigung" (Schützeichel 2004: 134) übersetzt werden. Bei der Überschreitung der Transzendenzen bedient sich der Mensch spezifischer Appräsentationen, nämlich Anzeichen (Indizien), Merkzeichen, Zeichen und Symbolen (vgl. Krallmann/Ziemann 2001: 191; Schützeichel 2004: 135).

Ein *Anzeichen* verweist Schütz und Luckmann (2003 [1974]: 635] folgend auf etwas „Verstelltes, Verstecktes oder Abwesendes, und macht es im Hinweis der Erfahrung zugänglich". Wie Schützeichel (2004: 135) erläutert: „Anzeichen transzendieren Erfahrungen des Raumes". Das Anzeichen (Indiz) wird jedoch nicht absichtlich von jemandem gesetzt; vielmehr weist es auf eine schon vorhandene, typische Verbindung hin. Beispielsweise kann ein Rascheln im hohen Gras ein Anzeichen sein, das auf ein Tier hinweist, und Rauch ein Anzeichen für Feuer. Eine besondere Form des Anzeichens, der „leibliche Ausdruck" (Gestik, Mimik), appräsentiert das „Bewusstsein des Anderen", welches ich nicht unmittelbar wahrnehmen kann (vgl. Schütz/Luckmann (2003 [1974]: 635]).

Merkzeichen werden dagegen absichtlich gesetzt (vgl. ebd.: 643, 645). Sie dienen der Erinnerung, wie der Knoten im Taschentuch. Damit überwinden sie „die Schranke zur Zukunft" (ebd.: 635). Merkzeichen beziehen sich auf „zeitlich Abwesendes" (Schützeichel 2004: 135), sie überschreiten zeitliche Grenzen (vgl. Krallmann/Ziemann 2001: 191).

Zeichen werden gesetzt mit der Absicht, dass sie von einem anderen Menschen gedeutet werden (vgl. Schütz/Luckmann 2003 [1974]: 650). Ihre wesentliche Funktion ist Verständigung (d. h. die Überbrückung mittlerer Transzendenzen) und damit die Erfüllung der „Bedeutungs- und Ausdrucksfunktion" (wie sie auch Karl Bühler beschrieben hat, dazu Schützeichel 2004: 136, 238). Zeichen definiert Luckmann ganz grundsätzlich wie folgt:

> Zeichen sind mit typisch gleicher Deutungschance wechselseitig verwendbare, intersubjektiv in Erinnerung und Handlungsentwurf festgelegte Verkörperungen von Deutungsschemata. (Luckmann 1983: 1571)

Die Sprache basiert auf Zeichen. Von einem Zeichen kann man immer dann sprechen, wenn die Verbindung zwischen dem in der aktuellen Erfahrung Gegebenen und dem, worauf es verweist, gesellschaftlich geregelt und damit intersubjektiv gültig ist (vgl. Schütz/Luckmann 2003 [1974]: 648) oder genauer:

> Wir bleiben also dabei, dass wir nur solche appräsentative Beziehungen für zeichenhaft halten, die wechselseitig und gleichartig gesetzt und gedeutet werden – und zwar so, daß schon die Setzung grundsätzlich auf die Deutung (mit-)angelegt ist. Zeichen verbinden die Wesensmerkmale von Anzeichen (Erfassung typischer Verbindungen) und Merkzeichen (Setzung) im wechselseitigen sozialen Handeln. (Schütz/Luckmann 2003 [1974]: 650)

Der von den Konzepten „Zeichen", „Anzeichen" und „Merkzeichen" unterschiedene Begriff des *Symbols* wird von Schütz/Luckmann sehr spezifisch verwendet. Viele andere Wissenschaftler hingegen sehen auch das, was im Voranstehenden als „Zeichen" definiert wird, nämlich *eine intentional verwendbare Konventionalisierung*, bereits als „Symbol" (vgl. Beck 2007: 23 f.). Schütz und Luckmann (2003 [1974]: 653) folgend, schlagen ausschließlich Symbole „eine Brücke von einem Wirklichkeitsbereich der Lebenswelt zum anderen und spielen eine bedeutsame Rolle bei der ‚Überwindung' der großen Transzendenzen". In der symbolischen Appräsentationsbeziehung gehört dann dasjenige, auf das verwiesen wird, „einem anderen Wirklichkeitsbereich an als der Bedeutungsträger selbst" (ebd.: 654). Symbole „gehören der Alltagswelt an, aber sie verweisen auf etwas, das die Alltagswelt transzendiert" (Schützeichel 2004: 139). Ein Beispiel ist das Kreuz im Christentum (vgl. ebd.).

Sinnbereiche außerhalb der Alltagswelt sind z. B. Religion, Kunst oder Wissenschaft (vgl. Schützeichel 2004: 139).

Objektivierung und Transzendenz bei Luckmann

Appräsentationstyp	Transzendenz	Handlungstyp	Horizont
Anzeichen/Merkzeichen	klein	unmittelbar	Alltagswelt
Zeichen	mittel	mittelbar	Alltagswelt
Symbol	groß	mittelbar	außerhalb der Alltagswelt

folgend Knoblauch 2005b: 182; Schützeichel 2004: 134–140

Luckmanns Zeichentheorie hat viele Ähnlichkeiten mit anderen Zeichentheorien, denen es auch um die Erforschung der Zeichenverwendung in der menschlichen Interaktion geht, aber sie ist doch auch originär, so vor allem in Bezug auf die Theorie des Symbols im Zusammenhang mit den „Transzendenzen", also in ihrer dezidierten Ausrichtung auf zeitliche und räumliche „Grenzen" eines Sinngehalts.

Vorbilder einer allgemeinen Zeichentheorie finden sich etwa bei Charles Sanders Peirce mit seiner Unterscheidung von Indiz, Ikon und Symbol, wie sie heute auch von KommunikationswissenschaftlerInnen verwendet wird, um Kommunikation mittels Zeichen zu erklären (vgl. Beck 2007: 22–28). Dabei gelten Indizien als verweisende Zeichen (Rauch für Feuer), Ikonen als Ähnlichkeitszeichen (Portrait, das für einen Menschen steht) und Symbole als konventionalisierte, arbiträre Zeichen (das Wort bzw. Lautbild Baum für jeden möglichen vorgestellten Baum). Der Verweis auf das Beispiel mit „Baum" (oder „tree", „arbre" usw.) macht schon deutlich, dass Zeichen (phänomenologische) Verweisungshorizonte eröffnen: Man kann bei „Baum" (ob nun in der einen Sprache oder in einer anderen) an „Weihnachtsbaum", „Apfelbaum" oder an „Palme" denken. Das arbiträre Zeichen „Baum/tree/arbre" usw. entfaltet seine Bedeutung *in der Zeichenverwendung* (dazu ausführlich in der kommunikationswissenschaftlichen Einführungsliteratur wiederum Burkart 2004: 46–60).

6.3.3 Denkmotiv: Menschen als sprechend handelnde Wesen

Die Sprache dient vor allem der Überwindung mittlerer Transzendenzen, d. h. der Verständigung der Menschen untereinander (siehe Kap. 6.3.2). Sie wird so zum zentralen „Typisierungsschema" (Schützeichel 2004: 131):

> Intersubjektiv hat Sprache die Funktion, die Bewusstseinsströme zu verschränken und zu synchronisieren und das Erleben und Handeln durch stabile Relevanzsysteme zu koordinieren, in-

trasubjektiv hat Sprache die Funktion, das Bewusstsein mit zeitlich stabilen Typisierungsmöglichkeiten auszustatten. (Schützeichel 2004: 151)

Die *Sprache* ist „das wichtigste Reservoir gesellschaftlich verfügbarer Typisierungen" (Knoblauch 2005a: 138). Der „weitaus größte Bereich lebensweltlicher Typisierungen sei, so Schütz/Luckmann (2003 [1974]: 319) „sprachlich objektiviert" und damit im gesellschaftlichen „Wissensvorrat" abgelagert und tradiert. Das, was für mich „typisch relevant" ist, war für meine Vorfahren meist auch schon typisch relevant und hat folglich in der Sprache „semantische Entsprechungen abgelagert" (ebd.). Die Sprache kann daher aufgefasst werden als „Sedimentierung typischer Erfahrungsschemata" (ebd.). Sprachwandel ist dann folglich immer auch ein Wandel der Erfahrungsschemata. Das trifft z. B. auf das in Kap. 2 über Max Weber dargestellte Beispiel zu, das zeigte, dass die Zeitungssprache zu Beginn des 20. Jahrhunderts die Alltagssprache veränderte. Es trifft wohl ebenso für heutige mediale und kommunikative Gattungen zu:

> Manche Erfahrungsschemata werden irrelevant und verschwinden aus der „lebenden" Sprache, neue Erfahrungsschemata werden zunehmend relevant für einzelne, neue Gruppen, Klassen usw. (Schütz/Luckmann 2003 [1974]: 319)

Durch ihren objektiven Charakter bzw. ihre intersubjektive Gültigkeit hat Sprache die Fähigkeit, räumliche und zeitliche Grenzen zu überbrücken. So kann man über Personen reden, die nicht anwesend sind oder über Gegebenheiten, die lange vorbei sind. Bei symbolhafter Verwendung kann die Sprache sogar die Grenzen zwischen unterschiedlichen Wirklichkeitsbereichen transzendieren. Außerdem beruht das „Gebäude der Legitimationen" (Berger/Luckmann 2004 [1966]: 69) auf der Sprache. Dies gilt für die Legitimation einzelner Institutionen genauso wie für die gesamte gesellschaftliche Wirklichkeit. So sind Lebensweisheiten, Schöpfungsgeschichten, Verhaltensgebote und -verbote, aber auch explizite Legitimationstheorien und religiöse Symbolwelten sprachlich verfestigt und werden sprachlich vermittelt. Mit Bezug auf die Akteursebene kann gesagt werden, dass als Sprache und mittels Sprache „beliebige institutionell festgesetzte Begründungs- und Auslegungszusammenhänge" internalisiert werden können (vgl. Berger/Luckmann 2004 [1966]: 145 f.). Die Sprache ist also „sowohl der wichtigste Inhalt, als auch das wichtigste Mittel der Sozialisation" (ebd. 144).

Der Sprung zur Meso- und Makro-Ebene der Kommunikation, die raum-zeitlich entgrenzt ist, gelingt über *Typisierung durch Sprache* (vgl. Berger/Luckmann 2004 [1966]: 33, 60 f.).[6] Allerdings ist die Sprache protosoziologisch betrachtet *nicht der Grund der Typisierung, sondern ihre Folge* bzw. ein „nachträgliches Phänomen" (Schützeichel 2004: 131). Der Sprache geht die *Fähigkeit*, kommunikativ zu handeln, voraus (im gleichen Sinne Tomasello 2002 und auch Habermas 2009 in Bezug auf Tomasello). Denn in der menschlichen Onto-, ebenso der Phylogenese werden kör-

---

6 Auch Gattungen übernehmen die Funktion der „Typisierung" (vgl. Kap. 6.4).

perliche Ausdrucksbewegungen, also gestische und mimische Anzeichen, als typische fixiert (vgl. Luckmann 1972: 226–237). Die nonverbale Typisierung ist eine aus der Interaktionssituation (und ihrer Wiederholung, damit Einübung) heraus standardisierte vokale, mimische oder gestische Ausdrucksbewegung. Sie entspricht also indizieller Kommunikation. Der Standardisierungsprozess solcher Ausdrucksbewegungen führt zur Konventionalisierung. Beispiele sind das gestische Zeichen des anzeigenden Richtungsverweises mit dem Zeigefinger oder das Kopfnicken. Damit ist indizielle Kommunikation bei Luckmann (anders als in der systemischen Kommunikationspsychologie etwa von Paul Watzlawick, wie auch Gebhardt 2008: 155–156 bemerkt) potenziell *mehr als bloßes Verhalten, da es graduell intentional ist* (vgl. Luckmann 1972: 233, auch Gebhardt 2008: 138). Mit anderen Worten: Ein Gähnen kann Müdigkeit signalisieren oder Müdigkeit absichtlich vortäuschen:

> Auch beim Gesichtsausdruck und bei vielen Gebärden ist die Schwelle zwischen beabsichtigtem und nicht beabsichtigtem Verhalten – also zwischen bloßem Verhalten und Handeln – schwer zu ziehen. (Luckmann 1972: 1570)

Ausdrucksbewegungen sind Luckmann folgend ggf. absichtlich und damit kommunikativ verwendbar; etwa wenn man beim Tragen schwerer Gegenstände das Gesicht nicht nur unwillkürlich verzieht, sondern ganz willkürlich, etwa um jemanden zur Mithilfe zu veranlassen oder seinen Unmut kundzutun (vgl. Luckmann 1992: 115). Julian Gebhardt wendet das von Luckmann aufgemachte Anzeichenproblem (Wann ist eine Ausdrucksbewegung intentional, wann nicht?) auf Telekommunikation an: So werden in E-Mails Emoticons als Ersatz für indizielle Kommunikation über Gestik und Mimik eben *ganz bewusst* eingesetzt (vgl. Gebhardt 2008: 139–140).

Berger und Luckmann sehen die „Vis-à-Vis-Situation", also die zeit- und raumgebundene Blick-zu-Blick-Situation als Ursprungssituation oder „Prototyp aller gesellschaftlichen Interaktion" (vgl. Berger/Luckmann 2004 [1966]: 31). Hier hat eine Soziologie der Kommunikation anzusetzen (im gleichen Sinne Krallmann/Ziemann 2001: 178). Luckmann begründet die interpersonale Kommunikationssituation mit der Schützschen Denkfigur der „Reziprozität der Perspektiven" (Luckmann 1980: 31, 35 f.; 1992: 113, 117): Die direkte Interaktionssituation lässt das gleichzeitige, *vor allem das parallele und gemeinschaftliche lautliche Erleben* zu (vgl. Luckmann 1980: 231), also die gegenseitige direkte Beobachtung der Handelnden im gleichen „Gesichtsfeld" (Schützeichel 2004: 149). Dies lässt sich im Denkmotiv auf Meads „vokale Geste" zurückführen (vgl. Mead 1975 [1934]: 108, dazu Krallmann/Ziemann 2001: 202) und stimmt mit Michael Tomasellos paläo-anthropologischen Forschungen zur Zeigegeste unter Hominiden überein (vgl. Tomasello 2009: 71–120; Habermas 2009).

Anders als Luckmann in den 1970er-Jahren, als er weitsichtige Passagen zur menschlichen Entwicklungs- und Kommunikationsgeschichte schrieb, dürfen wir uns über bestimmte Grundlagen der Phylogenese der Gattung Mensch heute sicherer sein. Dies betrifft auch die Zeigegeste und den mit ihr zusammenhängenden direkten Blickkontakt sowohl zwischen Hominiden als auch *ihren gemeinsamen Blick auf etwas,*

z. B. Nahrung („gemeinsame Aufmerksamkeitslenkung", Tomasello 2002: 19). Dieser Blick ist wiederum für zwei oder mehr Akteure kenntlich. Er dürfte ein maßgeblicher Schritt hin sowohl zur Sprachentwicklung als auch zu menschlicher Interaktion und Empathie gewesen sein (vgl. ebd.: 77–172). Schon Luckmann (1984: 78) hat die Besonderheit des menschlichen „Augenkontaktes" als Grundlage für Kommunikation betont. Nicht-menschliche Primaten, so Tomasello (2002: 234), deuten ihren Artgenossen gegenüber nicht auf äußere Gegenstände, sie „zeigen" nicht. Menschen hingegen können „Dinge aus der Perspektive des anderen sehen" (ebd.: 26) und *interpretieren*, sie weisen Bedeutung zu, *während sie gemeinsam sehen:*

> Nichtmenschliche Primaten haben zweifellos ein Verständnis aller möglichen komplexen physischen und sozialen Ereignisse, sie besitzen und verwenden Begriffe und kognitive Repräsentationen, sie unterscheiden deutlich zwischen belebten und unbelebten Gegenständen und sie setzen komplexe und einsichtsvolle Problemlösungsstrategien bei ihren Interaktionen mit der Umwelt ein. Nur betrachten sie die Welt nicht in Begriffen mittelbarer und oftmals verborgener „Kräfte", zugrundeliegender Ursachen und intentionaler und geistiger Zustände, die für das menschliche Leben so wichtig sind: Nichtmenschliche Primaten sind zwar selbst intentionale und kausale Wesen, aber sie verstehen die Welt nicht in intentionalen und kausalen Begriffen. (Tomasello 2002: 32)

Schon Mead, auf den auch Tomasello sich oft bezieht, hielt in den frühen 1930er-Jahren fest: „Sinn ist, was anderen aufgezeigt werden kann, während es durch den gleichen Prozess [der Wahrnehmung] auch dem aufzeigenden Individuum aufgezeigt wird." (Mead 1975 [1934]: 129) Damit entstehen nach Mead „signifikante Symbole" (ebd.), also solche, die innerhalb kultureller und sozialer Kontexte interaktiv entstehen und allgemein gedeutet werden können. Solche sind wiederum nichts anderes als Typisierungen.

Zeichengebung entsteht in der sozialen Interaktion – ohne eine solche würde es keine Zeichengebung geben können. Menschen sind – anders als Primaten – dabei in der Lage, „etwas auszudrücken, das der Partner wissen soll" (Luckmann 1972: 233). Sie können also intentional handeln. Vielmehr noch: Sie *wissen*, dass sie das können und es *immer wieder tun können*. Menschen handeln aufgrund der (abstrakten) „Idealisierungen" des „Ich-kann-immer-wieder" und des „Und-so-weiter" (Schütz/Luckmann 2003 [1974]: 599), von denen die Menschen in der „natürlichen Einstellung" (ebd.: 589), die sie in ihrem Alltagsleben üblicherweise einnehmen, in ihrem konkreten Handeln, geprägt sind und die sie je an ihre Nachfahren sowohl kommunikativ als auch durch das Vor-Leben von konkreten Handlungen und Handlungsmustern weitervermitteln.

Genau diese natürliche Einstellung des Menschen als eines kulturellen Wesens teilen Primaten nicht, so können sich z. B. Makaken zwar gegenseitig durch Imitation durchaus anspruchsvolle Tätigkeiten wie das Waschen von Kartoffeln beibringen, aber sie *tradieren dieses nicht intergenerativ* (also über den Tod der Mitglieder einer Gruppe von Affen hinaus). Es fehlt ihnen die Möglichkeit zum „kulturellen Lernen" (dazu ausführlich Tomasello 2002: 41–42), die dem Menschen durch die zumal sprachlichen, insbesondere schriftlichen Tradierungsvorgänge gegeben ist. Luckmann, der sich selbst häufig auf die Primatenforschung seiner Zeit bezog (etwa Luckmann 1980: 30, 1983: 1570, 1992: 6), bezeichnet die Grenze zwischen Mensch und Tier mit ganz ähnlichen Worten wie der Anthropologe Michael Tomasello dies in unserer Zeit tut:

> [...] die weitaus differenzierteste und leistungsfähigste Stufe der Kommunikation wird erst in der gleichzeitigen Verschränkung hochgradiger Wechselseitigkeit, Gesellschaftlichkeit, Abstraktion und Intentionalität erreicht. Mit Sicherheit findet man diese nur beim Menschen [...]. (Luckmann 1984a: 78)

Schimpansen, so Luckmann, seien zwar fähig, von Forschern einfache Zeichensprachen zu lernen, aber sie vermitteln sie ihren Artgenossen weder weiter noch erzeugen sie selbst „syntaktische kommunikative Systeme" (Luckmann 1980: 30).

Hingegen ist menschliche Kommunikation als „biologisch" oder „biogenetisch" begründete soziale Kommunikation, die gesellschaftlich-geschichtlich reproduziert wird (vgl. Luckmann 1983: 1569, 1572), gekennzeichnet durch potenziell intentionale Wechselseitigkeit (also nicht nur Imitation wie im Falle anderer höherer Primaten), durch Abstraktion (via Zeichen im Sinne von „Code"), durch Intention und Gesellschaftlichkeit, also Tradierung, die Kultur erst ermöglicht (vgl. Luckmann 1983: 1570; 1984a: 77–78).

Es ist dieser Kommunikationsbegriff, der der Gattungstheorie Luckmanns (vgl. Kap. 6.4) vorausgeht. Gattungen sind nicht beliebig. Sie sind, da sie auf sozialer Kommunikation beruhen, auch nicht statisch, sondern tradiert und dabei gleichwohl dynamisch. Denn sie können intentional verwendet werden (auch wenn sie teils unbewusst bleiben) und sie strukturieren Kommunikation als kulturelle und kulturspezifische Handlungspraxis (vgl. auch Günthner/Luckmann 2001).

6.3.4 Denkmotiv: Die kommunikative Konstruktion der Wirklichkeit

> Kommunikation [...] weist sowohl in phylo- wie ontogenetischer Perspektive einen konstanten Rahmen von Bedingungen – Gesellschaftlichkeit, Wechselseitigkeit, Systemhaftigkeit, Abstraktion und Intentionalität – auf, ein Rahmen, der beim Menschen letzten Endes durch die Sprache vorgegeben ist. Sprache jedoch tritt immer nur in einer bestimmten Form des Handelns, als kommunikatives Handeln, in Erscheinung. (Luckmann 1984a: 75)

Thomas Luckmann gilt als derjenige Denker, der die „kommunikative Wende der Wissenssoziologie" (Tänzler/Knoblauch/Soeffner 2006: 10) einläutete (im gleichen Sinne Schützeichel 2004: 147 f.; Schnettler 2006a: 123; Dreher 2007). Wir dürfen begründet argumentieren, dass Ernst Manheim mit seiner Kritik an den kommunikationstheoretischen Leerstellen der Wissenssoziologie seines Cousins Karl Mannheim dem Denkmotiv, Gesellschaft *als elementar kommunikativ vermittelte* zu denken, bereits vorausging (vgl. Kap. 4 dieses Buches). Dem aktuellen kommunikativen Konstruktivismus, der auf Luckmann und auf Schütz aufbaut, ging dieser Luckmannsche

Kommunikationskonstruktivismus wiederum klar voraus und wies neueren Strömungen den Weg (vgl. Knoblauch 1995, 2001, 2013; Schnettler 2006a: 128; Keller/ Knoblauch/Reichertz 2013). Ein Weg, der noch unabgeschlossen ist: „Communicative constructivism is still a developing approach." (Knoblauch 2013a: 298)

Das wichtigste Momentum des kommunikativen Konstruktivismus ist wohl, dass er Institutionalisierung und die damit verbundenen Prozesse als „communicative in nature" (ebd.: 306) ansieht. Den Zusammenhang zwischen Typisierung durch Kommunikation via Sprache und Institutionalisierung zeigen aber auch schon Berger und Luckmann (2004 [1966] sehr klar (dies eingängig zusammenfassend Gertenbach/ Kahlert et al. 2009: 79–87).

Wie Hubert Knoblauch (2005a: 138) nachvollziehbar feststellt, kann Luckmanns Beschäftigung mit Kommunikation in zwei große Phasen eingeteilt werden. In der ersten Phase betone er die Rolle der Sprache als „abstrakt-objektivistische Struktur", während er sich in der zweiten vor allem mit den „Prozessen der Sprachverwendung" beschäftigt (vgl. ebd.: 138). Die Werkanalyse von Tomin (2008) von 37 Aufsätzen und drei Monografien Luckmanns ergab entsprechend, dass die Aufsätze zur Konstitution der Sprache in der Alltagswelt, die in den 1970er-Jahren geschrieben wurden, den Übergang von der ersten in die zweite Phase markieren: Hier trifft Luckmann Aussagen zum kommunikativen Handeln, jedoch ohne den Begriff bereits systematisch zu verwenden. Ab Ende der 1970er-Jahre beschäftigt er sich dann verstärkt mit der Analyse kommunikativer Vorgänge. Aus der These der „gesellschaftlichen Konstruktion der Wirklichkeit" wird dann auch nominell die der „kommunikativen Konstruktion der Wirklichkeit" (Luckmann 2006). Dabei betont Luckmann, dass es selbstredend non-kommunikative Handlungspraxen gebe, meistens allerdings werden sie von kommunikativem Handeln mindestens begleitet:

> Gewiß besteht nicht alle menschliche Praxis aus kommunikativem Handeln im überkommenen Sinne des Wortes. Man jagt Tiere, bestellt Felder, errichtet Unterkünfte, zieht Kinder auf und bekämpft Feinde. Wie diese einfachen Beispiele jedoch zeigen, ist selbst nicht eigentlich kommunikatives Handeln in der Regel durch kommunikatives Handeln geplant, eingeleitet, besprochen. (Luckmann 2006: 22)

Nicht viel anders ausgedrückt meint Knoblauch (2013b: 27), das zentrale Argument des kommunikativen Konstruktivismus bestehe darin, „dass alles, was am sozialen Handeln relevant ist, notwendig auch kommuniziert werden muss". Schon Luckmann folgert, dass gesellschaftliche Wirklichkeit – von SozialwissenschaftlerInnen – nur über die „Rekonstruktion" der kommunikativen Prozesse erkannt werden könne (Luckmann 2006: 25). Für diese Aufgabe der Rekonstruktion versucht er uns das analytische Instrumentarium an die Hand zu geben – mit dem Hinweis versehen, dass WissenschaftlerInnen dabei notwendig selbst kommunikativ vorgehen und Teil ihrer sozialen Konstruktion der Wirklichkeit sind (vgl. Luckmann 2006).[7]

---

7 Auf die wissenschafts- und wissenssoziologischen Konsequenzen, die das hat, kann hier nicht

Ähnlich wie beim gesellschaftlichen Handeln (siehe oben) unterscheidet Luckmann beim spezifisch kommunikativen Handeln zwei Dimensionen, nämlich Unmittelbarkeit/Mittelbarkeit und Wechselseitigkeit/Einseitigkeit. Aus der Kombination derselben ergeben sich vier Formen kommunikativen Handelns: das *einseitig-mittelbare*, das *einseitig-unmittelbare*, das *wechselseitig-mittelbare* und das *wechselseitig-unmittelbare* kommunikative Handeln (vgl. Luckmann 1992: 110 – 124).

Wechselseitig-unmittelbar ist kommunikatives Handeln dann, wenn der oder diejenige, auf den/die der kommunikative Handlungsentwurf gerichtet ist, während des Handlungsvollzugs in Reichweite „aller Erfahrungsmodalitäten" (Luckmann 1996: 50) ist. Hiermit ist gemeint, dass man den Anderen ggf. sehen, hören und sogar berühren kann (vgl. Luckmann 1984a: 80), also die Face-to-Face-Situation. Besonderheit ist hier, dass der Vollzug des Handelns *im Verlauf* ggf. besondere Relevanz entfaltet (vgl. Luckmann 1992: 119): In der gleichen Raum-Zeit-Situation beobachten sich die Handelnden gegenseitig und reagieren darauf ggf. spontan sowie potenziell anders als es vorher im Handlungsentwurf (je) geplant wurde und geplant werden konnte (zwei ‚Streithähne' kommen z. B. entgegen ihrer Absichten oder Annahmen zu einer Versöhnung). Sogar gegenseitige Vorurteile kann man wechselseitig irritieren und relativieren. So wohne man nicht nur dem „schrittweisen Aufbau" der Handlung eines anderen bei und beobachte diesen, man prüfe auch wechselseitig „handlungsrelevante Typisierungen" (wie Stereotype) am Mitmenschen (vgl. Luckmann 1992: 119).

Wechselseitig-mittelbar hingegen ist kommunikatives Handeln dann, wenn es sich entweder „sprachabhängiger oder begriffs- bzw. bildbezogener ikonischer Zeichensysteme" oder anderer „raum- und zeitüberwindender technischer Mittel" bediene (Luckmann 1996: 50). Es richtet sich also an einen räumlich und/oder zeitlich Abwesenden (vgl. Luckmann 1992: 119). Ein zur gleichen Zeit (wenn auch nicht zur gleichen physikalischen *Uhrzeit*) quasi-anwesender (zugleich physisch abwesender) Mensch, der 1000 km entfernt in Tokio mit jemand anderem in Rom skypt, dürfte für Luckmann 1992 schwer vorstellbar gewesen sein. Mit neuen technologischen Möglichkeiten ist dies aber zumindest virtuell möglich: Ich kann per Bildtelefonie im gleichen Raum gesehen werden, in dem man mich zeitgleich hört, obwohl ich faktisch nicht da bin (das zeitgleiche Hören einer zugleich abwesenden Person ermöglichte indes schon das herkömmliche Telefon).

Unter wechselseitig-mittelbare Kommunikation fällt Kommunikation per Rauchsignal genauso wie ein Briefwechsel, wie massen- oder sozialmediale Kommunikation. Nicht einmal das Kriterium, dass der Sender den Empfänger persönlich kennt oder wahrnimmt, ist hier relevant (vgl. Luckmann 1992: 119). Allerdings bemerkt Luckmann, dass Rauchzeichen und Telefonieren doch nicht ganz die gleichen Charakteristika aufweisen: Gewiss habe es mittelbare Kommunikation auch früher gegeben, eben „als Rauchsignale, Trommelsprache, Briefeschreiben". Dies sei aber nicht gleichzusetzen mit

---

eingegangen werden. Nur so viel und geltend auch für das vorliegende Buch: Wissenschaft kann dann für sich keine objektive ‚Wahrheit' mehr beanspruchen, wohl aber Objektivierungen auf der Basis ihrer Standards, Verfahren und Kommunikationsroutinen (vgl. weiterführend Weingart 2003).

[...] vielen modernen, quasi-unmittelbaren Formen mittelbarer Kommunikation, z.B. dem Telefonge-spräch, das durch gleichzeitige Wechselseitigkeit gekennzeichnet ist, obwohl es auf die Lautdimension beschränkt ist und der technischen Vermittlung bedarf. Zwischen den Extremen mittelbarer und mittelbarer Kommunikation gibt es also offenbar vielfältige Übergangsformen. (Luckmann 1984a: 81)

Hubert Knoblauchs kommunikativer Konstruktivismus baut auf eben dieser Frage nach der „Nutzung von Technologien, die eine Überschreitung der primären Wirkzone erlauben" auf (vgl. Knoblauch 2005b: 185) und unterscheidet ebenfalls zwischen „immediate and mediated forms of social actions" (Knoblauch 2013a: 308).

Daraus können wir heute einen Forschungsauftrag ablesen: Was etwa unter-scheidet die Eltern-Kind-Beziehung in der Unmittelbarkeit der gleichen Wohnung von der via Telefon und Skype geführte Beziehung Millionen philippinischer Gastarbei-terInnen, die ihre Kontinente entfernten Kinder ‚anrufen' und sie über diese Form der Bildtelefonie auch erziehen? (vgl. Mandianou 2014). Gemeinsam ist diesen beiden Kommunikationstypen die Sprache als „Zeitobjekt" (Luckmann 1978: 184, 1980: 34), die in ihrer unmittelbaren Aktualität, so Luckmann, augenblicklich wieder vergehe.

Wechselseitig ist kommunikatives Handeln dann, wenn es auf „Antwort" seitens eines Adressaten angelegt ist und auch eine Antwort erhält (vgl. Luckmann 1984a: 81). Das kann *sowohl* in der unmittelbaren *als auch* in der mittelbaren Situation der Fall sein. Um das Kriterium der Wechselseitigkeit zu erfüllen, sind dabei *Entwurf und Vollzug* wichtig (vgl. Luckmann 1978: 183; 1992: 52ff.; diesbezüglich mit konkreten Beispielen zur Telekom-munikation in Anlehnung an Luckmann Gebhardt 2008: 206f.). Erst der Vollzug macht Wechselseitigkeit möglich. Die Auffassung, dass Wechselseitigkeit aus der Adressierung und der Annahme sowie dem Feedback von Kommunikation besteht, ist heute Standard auch in der Kommunikationswissenschaft (vgl. Burkart 2002: 30 – 14; Beck 2007: 15).

Stellen wir uns wiederum eine Situation über Skype vor: Hier ist die gleichzeitige Zeit-Raum-Situation technisch hergestellt, aber eben nur ‚quasi', denn wie in allen technisch vermittelten interpersonalen Kommunikationssituationen (vgl. Beck 2006: 171; Gebhardt 2008: 167), kommt es zu einer folgenreichen *Kanalreduktion* – oder, um hier Luckmann weiterzuführen: In einer solchen Kommunikationssituation sind die „Er-fahrungsmodalitäten" begrenzt. Ich sehe den anderen zwar, aber ich kann ihm/ihr *nicht* in die Augen sehen. Vielmehr sehe ich lediglich die Augen – aber eben nicht *hinein*. Ich agiere also zwar zeitgleich, aber *nicht in der gleichen Weise wechselseitig wie in einer räumlich gebunden Face-to-Face- als einer Eye-to-Eye-Situation.* Ein romantisches ‚Ver-senken' in die Augen eines anderen ist nicht möglich. Für Berührungen und Geruchs-wahrnehmungen gilt das Gleiche. Immerhin lässt Skype das Sich-Selbst-Sehen (als Film in einem zweiten Fenster) zu. Ich sehe also meine eigene Gestik und Mimik (und kann versuchen ‚besser rüberzukommen'). Ich kann mich also beim Skypen selbst beobachten (und kontrollieren). Der eigene Gesichtsausdruck gerät in Reichweite – was vom Kom-munikationspartner durchaus ablenken dürfte. Dies ist aber gerade *nicht* typisch für eine situativ raum-zeitgebundene Face-to-Face-Situation, *in der man sich normalerweise eben nicht selbst sieht*, sondern nur selbst hört. Denn im direkten Gespräch in gegenseitiger räumlicher und zeitlicher Anwesenheit gilt Luckmann folgend:

> Du siehst meinen Gesichtsausdruck und erfaßt ihn als Anzeichen eines „inneren Zustandes" bei mir. Mein Gesichtsausdruck ist in Deiner Reichweite. Aber weder Dein noch mein Gesichtsausdruck ist in unserer Reichweite. Ich kann auch meine Gesten in gar keiner Weise beobachten, wie sie Dir zugänglich sind. Der Laut aber, gleichgültig von wem er erzeugt wird, ist in gemeinsamer Reichweite beider Partner in einer Face-to-Face-Situation, und er ist beiden in grundsätzlich gleicher Weise gegeben. (Luckmann 1972: 231)

Luckmann kannte 1972 kein Skype (und mag sich daher noch nicht vorgestellt haben, dass man zwar die Augen des anderen sehen, aber gleichwohl keinen direkten Blickkontakt aufnehmen kann). Er kannte noch nicht einmal VHS-Kassetten. Erst neuerdings werden Schütz und Luckmann von KommunikationswissenschaftlerInnen zurate gezogen, die sich dezidiert mit digitaler Medienkommunikation befassen. Verwiesen sei auf die an Schütz und Luckmann angelehnte „Konstitutionsanalyse telekommunikativen Handelns" in der Dissertation von Julian Gebhardt (2008), die die räumliche und zeitliche Gliederung des Alltags durch Telekommunikation beschreibt. Gebhardt (2008: 117–120) greift dezidiert Luckmanns Unterscheidung von Mittelbarkeit/Unmittelbarkeit als systematisches Theorem auf, um die „raum-zeitliche Vermitteltheit" (ebd.: 118, 220) von Telekommunikation (oder digitaler Kommunikation) zu zeigen.

Luckmanns Überlegungen zum Begriff des kommunikativen Handelns lassen sich zusammenfassend wie folgt darstellen:

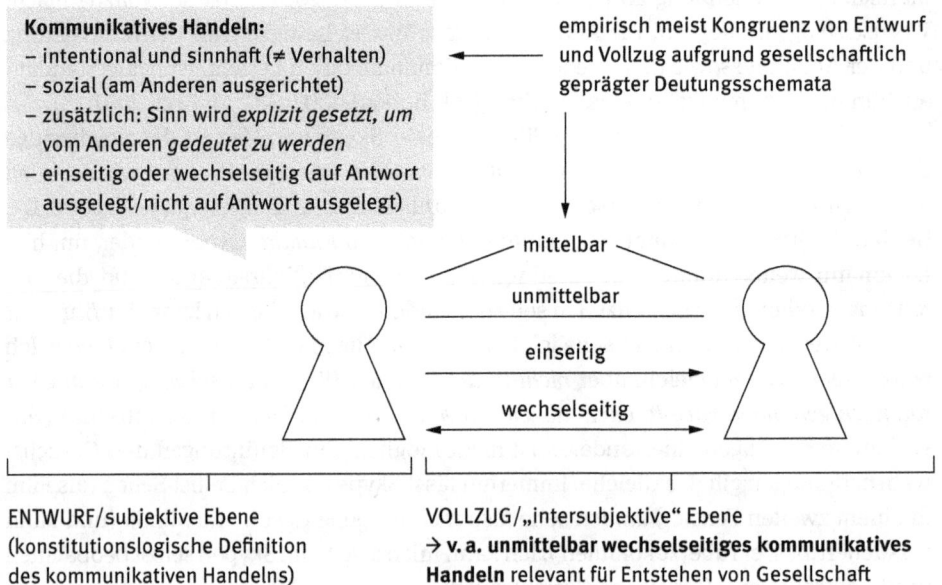

Kommunikatives Handeln:
- intentional und sinnhaft (≠ Verhalten)
- sozial (am Anderen ausgerichtet)
- zusätzlich: Sinn wird *explizit gesetzt, um* vom Anderen *gedeutet zu werden*
- einseitig oder wechselseitig (auf Antwort ausgelegt/nicht auf Antwort ausgelegt)

empirisch meist Kongruenz von Entwurf und Vollzug aufgrund gesellschaftlich geprägter Deutungsschemata

mittelbar
unmittelbar
einseitig
wechselseitig

ENTWURF/subjektive Ebene
(konstitutionslogische Definition
des kommunikativen Handelns)

VOLLZUG/„intersubjektive" Ebene
→ **v. a. unmittelbar wechselseitiges kommunikatives Handeln** relevant für Entstehen von Gesellschaft

Abb. 5: Kommunikatives Handeln nach Luckmann (Tomin 2008)

6.4 Anwendung: Die Erforschung kommunikativer Gattungen (Moral)

> Als kommunikative Gattungen werden diejenigen kommunikativen Vorgänge bezeichnet, die sich gesellschaftlich verfestigt haben. Kommunikative Muster und Gattungen können also gleichsam als Institutionen der Kommunikation aufgefasst werden. (Knoblauch/Luckmann 2009: 539)

Die kommunikationssoziologische Gattungsforschung wurde von Thomas Luckmann begründet (vgl. Tänzler/Knoblauch/Soeffner 2006: 9). Bei den Gattungen handelt es sich um institutionalisierte (verbale und/oder sprachlich bzw. technisch-medial vermittelte) typische und spezifische Muster ausbildende Kommunikationsformen (vgl. Schnettler 2006a: 121–129). Kommunikative Gattungen entstehen durch die Habitualisierung wechselseitiger kommunikativer Handlungen und sind in diesem Sinne Konstruktionen von und für Handlungsrealitäten. Ähnlich wie Institutionen übernehmen Gattungen für Individuen, Gruppen und größere Akteursformationen von Gesellschaften eine Funktion der „Entlastung" (Luckmann 1992: 155–158) von immer neuen Entscheidungen über die Adäquanz von Kommunikationsformen:

> Sie erleichtern die Kommunikation, indem sie die Synchronisation der Handelnden und die Koordination der Handlungsschritte über vorgeprägte Muster in einigermaßen verlässliche und gewohnte Bahnen lenken. (Knoblauch/Luckmann 2009: 539)

Die Verbindung zur Gesellschaftstheorie ergibt sich aus der Annahme, dass Gattungen überall dort entstehen, wo „wiederkehrende kommunikative Probleme" von sozialer Relevanz gelöst werden müssen (vgl. Bergmann/Luckmann 1999: 31; auch Schnettler 2006: 121). In Luckmanns eigenem Schaffen betrifft die Untersuchung der Gattungen vorwiegend die Rolle der mündlichen Kommunikation. Insbesondere seine Schüler und Adepten gingen und gehen hier aber weiter und haben die Gattungsanalyse auf „Medien der Massenkommunikation und der elektronischen Kommunikation", auch der digitalen, übertragen (vgl. Knoblauch/Luckmann 2009: 545). Verwiesen sei hier auf die Forschungen von Angela Keppler und Ruth Ayaß zu Fernsehgattungen (vgl. Keppler 1985, 1994, 2006 sowie Ayaß 1997 Untersuchung des „Wortes zum Sonntag" und 2002 zur Fernsehwerbung) oder die von Bernt Schnettler und Hubert Knoblauch (2007, 2014) zur Powerpoint-Präsentation als Gattung.

Mit dem Aufbau und der Funktion von Mediengattungen befasst sich darüber hinaus auch der Kommunikationswissenschaftler und -philosoph Siegfried J. Schmidt. Ihm folgend sind solche ein Bestandteil des kollektiven und kulturellen Wissens. Sie sind kognitiv und kommunikativ strukturiert, aber keine „objektiven Merkmale von Medienprodukten" (sie sind vielmehr Konstrukte):

> In Abhängigkeit von Mediensozialisation, beruflicher Tätigkeit und sozialer Stellung dürften Medienschemata und Gattungsbezeichnungen unterschiedlich ausgeprägt, elaboriert und verbalisierbar sein. (Schmidt 2003: 198)

Solche Gattungen fassen diverse kommunikative Elemente zusammen (formal-strukturelle und thematische) und sind damit „Modi des Wirklichkeitsbezugs", z. B. als Merkmale von Fernsehkrimis oder Talkshows. Sie schaffen „verbindlich gewordene Modelle für Wirklichkeit", sind aber wiederum historisch geworden, wandelbar und dynamisch (vgl. Schmidt 2003: 164–198).

Wir alle orientieren uns in der Alltagswelt mehr oder minder bewusst an solchen gesellschaftlich verfestigten Mustern. Interessant bleibt indes weiterhin die Frage, wie, warum und wann „spontane" *gattungsabweichende* Kommunikation entsteht und sich über einen Zeitraum dann (möglicherweise) zu einer neuen Gattung zwischen den Polen „schwächer verfestigt und kanonisch" (hier Knoblauch/Luckmann 2009: 539, auch Schnettler 206: 126) entwickeln kann.

Gattungen stellen also habitualisierte, routinisierte und latent verpflichtende kommunikative Muster mit Sanktionspotenzial dar, die in sozialen Situationen genutzt werden können. Oder wie Schnettler es prägnant ausdrückt:

> Kommunikative Gattungen bilden den harten institutionellen Kern im gesellschaftlichen Leben, sie sind Instrumente der Vermittlung zwischen Sozialstruktur und individuellem Wissensvorrat und Medium zur Wirklichkeitskonstruktion. (Schnettler 2006a: 122)

In manchen typischen Situationen wird die/der Handelnde geradezu genötigt, eine bestimmte Gattung zu verwenden, in anderen bleiben Wahlmöglichkeiten (vgl. Luckmann 1988: 282–283). So ist eine Tischrede bei einer Hochzeit formalisierter als ein Smalltalk am Rande derselben Hochzeit und ein Gespräch mit engen Freunden abseits der Hochzeitsgesellschaft noch einmal weniger. Gattungen sind hierarchisiert und segmentiert. So steuern beispielsweise Redeabfolgen und journalistische Interviewtechniken (vgl. Knoblauch/Luckmann 2009: 539).

Die hochgradig verfestigten und „institutionalisierten" Gattungen sind typischerweise in den entsprechenden „gesellschaftlichen Wissensvorräten" deutlich markiert (vgl. Luckmann 1984b: 61). Damit ist aber kein explizites Regelwissen gemeint, vielmehr auch „Rezeptwissen" zwecks Umsetzung mehr oder weniger intuitiver Orientierungen (vgl. ebd.: 60). Kommunikative Gattungen sind also ‚wirklich', insofern sie *für die Beteiligten wirklich oder bedeutsam sind* – d. h., insofern sie mehr oder weniger bewusst um die betreffende Gattung ‚wissen' und sie anwenden. Wie auch das Wissen im Allgemeinen ist das Wissen um kommunikative Gattungen in einer Gesellschaft ungleich verteilt. So kann es in manchen Gesellschaften neben allgemein gebräuchlichen kommunikativen Gattungen (Klatsch, Witz, Gerücht etc. und einhergehenden Problemen wie dem falschen Witz zur falschen Zeit am falschen Ort), auch solche geben, die nur von bestimmten Experten verwendet werden (vgl. ebd.: 60) – z. B. Powerpoint-Präsentationen (siehe oben).

Luckmann unterscheidet zwischen der Binnen-, der Außen- sowie einer intersubjektiv-situativen Zwischenstruktur von kommunikativen Gattungen. Die *Binnenstruktur* kommunikativer Gattungen enthält textliche Merkmale und „sprachliche Codes" im engeren Sinn (vgl. Knoblauch 2005a: 140; Luckmann/Knoblauch 2009: 542).

Diese Regeln können Semantik oder Syntax, Phonologie, Prosodie (Intonation, Lautstärke etc.), aber auch Stilformen einer Sprache und mimische oder gestische kommunikative Formen betreffen (vgl. Knoblauch 2005a: 240). Die Binnenstruktur einer Gattung besteht somit aus einer Verbindung verschiedenartiger Elemente: aus Worten, Phrasen, rhetorischen Figuren, Lautmelodien, Handbewegungen, Körperhaltungen, Mienen sowie „Klein- und Kleinstformen" wie Sprichwörter, Redewendungen und Gemeinplätzen (vgl. Luckmann/Knoblauch 2009: 542).

Auf der *situativen Zwischenebene* stehen „jene Merkmale im Vordergrund, die sich auf die Koordination der kommunikativen Handlungen und ihren situativen Kontext beziehen" (Luckmann/Knoblauch 2009: 543). Solche sind (ritualisierte) Begrüßungen, Entschuldigungen, Einladungen, Danksagungen (vgl. ebd.). Zu dieser Ebene gehören auch die Merkmale der „Interaktionsordnung", so lassen sich hier etwa Rederecht nach Statusfolge oder Arzt-Patienten-Beziehungen einordnen (vgl. Knoblauch/Luckmann 2009: 543–544).

Als *Außenstruktur* einer kommunikativen Gattung wird jene Strukturebene bezeichnet, die sich aus der Beziehung zwischen kommunikativen Handlungen und der Sozialstruktur ableiten lässt. Dies kann die Frage nach dem Zusammenhang zwischen sozialen Milieus und der Verwendung kommunikativer Gattungen betreffen, aber auch die Frage nach bestimmten Gattungen in spezifischen institutionellen Kontexten (vgl. Knoblauch 2005a: 140), etwa „Meetings" in Unternehmen (vgl. Knoblauch/Luckmann 2009: 544). Religionen sind durch stark „kanonisierte Gattungen" wie Gebete, Predigten und Rituale gekennzeichnet (vgl. ebd.: 544). Kommunikative Gattungen sind also durchaus zu verstehen als „Indikatoren für soziale Kategorien" (ebd.: 545). Gleichzeitig aber werden Milieus und Institutionen mittels kommunikativer Gattungen erst „konstituiert" (ebd.).

Das langfristige Ziel von Gattungsanalysen ist die systematische Beschreibung des „kommunikativen Haushalts" einer Gesellschaft (vgl. Luckmann 2007c: 292; Knoblauch/Luckmann 2009: 545). Er umfasst die „gesellschaftlich relevanten und entsprechend standardisierten" Gattungen der Kommunikation sowie Unterschiede zwischen Milieus, Organisationen und Arenen (vgl. Knoblauch 2005b: 190).

Luckmann hat aus seinen theoretischen Überlegungen auch eine Methode, die „Gattungsanalyse", entwickelt (zur detaillierten Vorgehensweise vgl. Luckmann/Knoblauch 2009: 540 f.; Tomin 2010: 84 ff.). Sie untersucht auf der Grundlage korpusbildender Sammlungen natürlicher Kommunikationsdaten die Struktur kommunikativer Abläufe und Interaktionen und ist dabei ein wesentlich interpretatives und essenziell vergleichend vorgehendes Verfahren (vgl. Knoblauch/Schnettler 2010: 291–294).

Gattungsanalysen basieren auf „natürlichen" Daten, erhoben zumeist durch Audio- oder Videoaufzeichnungen. Die grundsätzliche Forderung der Gattungsanalyse lautet, dass die Interpretation der so etablierten Daten sequenzanalytisch erfolgen muss (zu beiden Punkten vgl. auch Knoblauch/Luckmann 2009: 540). Letzteres soll dem Postulat der subjektiven Adäquanz Rechnung tragen. Da die Menschen im Alltag bei Beginn einer Konversation nicht wissen, wie das weitere Gespräch verlaufen wird, und weil der Sinn der Interaktion ja erst intersubjektiv im Laufe des Gesprächs aufgebaut wird, versuchen die ForscherInnen, meist in Teams, mittels Sequenzanalyse die Konstruktion des Sinns ebenfalls Schritt für Schritt nachzuvollziehen (ausführlich Tomin 2010).

Diese Vorgehensweise teilt die Gattungsanalyse durchaus mit anderen qualitativen Forschungsrichtungen wie der ethnomethodologischen Konversationsanalyse (vgl. Schnettler 2006a: 124). Die Gattungsanalyse unterscheidet sich vor allem dadurch, dass sie sich nicht auf Einzelfallanalysen beschränkt, sondern komparativ operiert (vgl. Luckmann/Knoblauch 2009: 540). Sie vergleicht kommunikative Handlungen, um typische Ähnlichkeiten und Unterschiede herauszustellen (vgl. ebd.; dazu auch unten das Beispiel Moralforschung). Sie legt zudem Wert auf den historischen und (inter-, sub-)kulturellen Vergleich (vgl. ebd., in Bezug auf interkulturelle Kommunikation Günthner/Luckmann 2001).

6.4.1 Sozialkonstruktivistische Moralforschung

> Beleidigungen, Beschuldigungen, Vorwürfe, Vorhaltungen, Beschwerden, Entschuldigungen, Rechtfertigungen, Flüche, Entrüstung und Gejammer und zahlreiche andere Aktivitätstypen machen einen beträchtlichen Anteil des täglichen Kommunikationsgeschehens aus und sind intuitiv leicht als moralische Handlungen zu erkennen. (Bergmann/Luckmann 1999: 13)

Es wurde bereits darauf hingewiesen, dass die Gattungsanalyse auch Vergleiche zwischen verschiedenen Kulturen und Epochen anstrebt. Die Frage, die sich im Zusammenhang mit Moral daher zunächst stellt ist, ob es – als gemeinsamen Ausgangspunkt der Moralentwicklung in diversen Gesellschaften – eine universal menschliche Protomoral gibt (vgl. Bergmann/Luckmann 1999: 25). Eine Antwort auf diese Frage ist nach Luckmann auf dem Wege empirischer Induktion nicht ermittelbar (Luckmann 1995: 80). Die Suche nach kulturellen Universalien kann zwar Hinweise auf eine gemeinsame Basis der Moral geben, im Grunde setzt sie aber ihrerseits bereits eine Antwort auf diese Frage voraus (vgl. ebd.). Die invariante Kernstruktur aller empirischen Varianten der Moral kann nur im Modus einer Konstitutionsanalyse freigelegt werden. Eine solche Analyse kann an dieser Stelle nicht Schritt für Schritt nachvollzogen werden (vgl. hierzu Luckmann 1995; 1996). Stattdessen werden hier nur die Ergebnisse zusammengefasst.

Jörg Bergmann und Thomas Luckmann (1999: 27) zeigen mittels Konstitutionsanalyse auf, dass die Protomoral „jenes universal zu verstehende Moment der Lebenswelt" ist (ebd.), die allen möglichen Gesellschaftssystemen zugrunde liegt. Sie beschreiben ein System wechselseitiger Verpflichtungen, welches in sozialer Interaktion (vor allem in kommunikativen Vorgängen) konstituiert wird (vgl. auch Luckmann 1995: 77). Es sind vor allem die folgenden drei Momente, die von spezifischer Bedeutung für die Protomoral sind (vgl. Bergmann/Luckmann 1999: 25–27):

1. Bewertungsleistungen: Grundlegende Bewusstseinsleistungen wie die Konstitution von typischem Sinn sind vorauszusetzen. *Wertende Bewusstseinsakte* verdienen besondere Beachtung, da sie spezifisch an der Konstitution von Moral beteiligt sind. „Moralische Urteile" kommen Bewertungen gleich, weshalb *soziale Bewertungen als Konstitutionsmerkmal der Protomoral* bezeichnet werden können. Es braucht indes weitere konstitutive Komponenten:

2. Akteursbezug: Hiermit ist gemeint, dass sich moralische Urteile nicht auf einen Gegenstand oder eine „isolierte Handlung", sondern – direkt oder indirekt – auf „einen Akteur oder auf eine Gruppe von Akteuren" (ebd.: 26) beziehen. Dies begründet auch, warum Moralisierung oft mit „Personalisierung" einhergeht (vgl. ebd.: 29).

3. Wahlmöglichkeit: Dieser Punkt steht in engem Zusammenhang mit dem Akteursbezug. Hier geht es darum, dass wertende Urteile erst dann zu moralischen Urteilen werden, wenn „den Akteuren die Möglichkeit und Fähigkeit zugeschrieben wird, zwischen verschiedenen Handlungsprojekten zu wählen" (ebd.: 26 f.). Nur so kann ihnen auch die Verantwortung für ihre Handlung zugeschrieben werden. Die Freiheit etwas zu tun und die Verantwortung dafür zu übernehmen, stehen in engem, wechselseitigem Zusammenhang (im gleichen Sinne Debatin 2005).

Es stellt sich die Frage, inwiefern eine solche Bestimmung von Protomoral für die kulturell oder epochal vergleichende Forschung eine Hilfe ist. Es ist klar, dass sie nicht dazu dienlich ist, empirische Forschungen in verschiedenen kulturellen Kontexten konkret anzuleiten. Dazu ist sie inhaltlich zu unbestimmt. Der Sinn und Zweck der Bestimmung der Protomoral lässt sich also gerade aus dem ableiten, was sie *nicht* zum Ergebnis hat: Man erkennt – auf phänomenologische Weise durch Ausklammerung –, dass die universale Protomoral *nicht mehr ist als ein System intersubjektiv etablierter Verpflichtungen*, für deren Nichtbefolgung man zur Verantwortung gezogen wird oder werden kann. Diese Verpflichtung kann aber inhaltlich von Gesellschaft zu Gesellschaft erheblich differieren.

Der protomoralische Grundriss kann helfen, kritische Punkte zu identifizieren, an denen jede Kultur hinsichtlich ihres Moralkodex „bestimmte Entscheidungen" treffen muss (vgl. Luckmann/Bergmann 1999: 29). Beispielsweise kann in jeder Gesellschaft nur derjenige oder diejenige persönlich moralisch zur Verantwortung gezogen werden, der/die erst einmal *als handlungsfähig gilt*. Es mag Gesellschaften geben, bei denen manchen Tierarten diese Fähigkeit zugeschrieben wird. Es kann Kulturen geben, in denen nicht alle Menschen als verantwortungsfähig gelten; sie werden dann nicht als moralfähige Akteure wahrgenommen (die Frage, wann Verantwortung und Rationalität (individuell) beginnen, muss sich letztlich auch die Habermas'sche Diskursethik stellen lassen, vgl. dazu Kap. 5).

Analog zu der Annahme, dass der Großteil einer gesellschaftlichen Wirklichkeit kommunikativ konstruiert wird, wird davon ausgegangen, *dass Moral erst in der kommunikativen Interaktionen zu gesellschaftlicher Realität wird*. Sie ist ein fortlaufendes Resultat der kommunikativen Konstruktionsleistungen der Mitglieder einer Gesellschaft (vgl. Luckmann/ Bergmann 1999: 22). Luckmann und Bergmann sprechen von moralischer Kommunikation dann,

> [...] wenn in der Kommunikation einzelne Momente der Achtung oder Mißachtung, also der sozialen Wertschätzung einer Person, mittransportiert werden und dazu ein situativer Bezug auf übersituative Vorstellungen von „gut" und „böse" bzw. vom „guten Leben" stattfindet. (Bergmann/Luckmann 1999: 22)

Entscheidend sei, dass es in einer kommunikativen Handlung (unter anderem) zu Moralisierungshandlungen komme, also zu sozial wertenden Stellungnahmen gegenüber Handlungen und Personen, die ggf. ruf- oder ehrschädigend sein können (vgl. ebd.: 23). Als Strukturen moralisierender Kommunikation beschreiben Bergmann und Luckmann (vgl. ebd. 28–31): Personalisierung, Generalisierung („Er/sie macht immer dies/das'), Gefühlssteigerung und Übertreibung, Verzerrungen und Einseitigkeiten der Darstellung, (ggf. ,hinkende') Vergleiche, Appelle (an die ,Moral'), Referenzen auf Dritte (z. B. Experten, die – möglicherweise aber nur scheinbar – ,Bescheid wissen') (vgl. Bergmann/Luckmann 1999). Entsprechende Sätze kann man sich als Konstrukte dieser Art vorstellen: ,Er/sie macht immer dies/das soundso, das ist genauso wie ..., falsch weil ... und XY sagt das auch'.

Die empirischen Ergebnisse der Moralforschung (vgl. Luckmann/Bergmann 1999; Luckmann 2007), lassen sich in den folgenden Punkten zusammenfassen:

1. Alltagskommunikation ist moralisch stark „aufgeladen". Gattungsartig verdichtete und verfestigte Formen der moralischen Kommunikation treten jedoch zugleich seltener auf als erwartet. Es gibt zwar einzelne Gattungen, wie ,Moralpredigten' oder moralisch aufgeladene Sprichwörter – diese bilden aber eher die Ausnahme als die Regel. Die Moralforscher sehen darin ein aufschlussreiches Indiz:

    > Ganz offensichtlich wandelt sich die moderne Gesellschaft in der Weise, dass Alltagskommunikation den bekannten und überlieferten moralischen Gattungen entstrebt. (Luckmann/Bergmann 1999: 45)

2. Es ist eine starke Dominanz negativer Moralisierungen (z. B. Vorwürfe) gegenüber Formen positiver Moralisierungen (wie Komplimenten) feststellbar (vgl. Ayaß 2013 [1999]). Die Frage danach, wofür diese Asymmetrie ein Symptom sein könnte, wird wie folgt beantwortet:

    > Es ist die Pluralisierung der einen Moral von der Moral zu den Moralen, die dazu führt, daß sich Angehörige unserer Gesellschaft vorzugsweise über einen moralischen Minimalkonsens verständigen – mittels kommunikativer Formen des Achtungsentzugs. (Ayaß 2013 [1999]: 327)

Es darf also unterstellt werden, dass die in der konstruktivistischen Moralforschung beobachteten (oder eben nicht beobachteten) Phänomene damit zusammenhängen, dass es in unserer Gesellschaft nicht mehr die ‚eine', alles integrierende Moral gibt (vgl. auch Rühl/Saxer 1981). Dennoch wird nicht davon ausgegangen, dass „Moral" dabei ist, zu verschwinden. Vielmehr wird die These formuliert, dass es zu einer „Dispersion" von Moral kommt:

> Es könnte auch sein, daß Moral einen stärker lokalen Charakter annimmt, also nicht über alle Situationen hinweg proklamiert wird, sondern immer der interaktiven Absicherung, also der – vorherigen – Zustimmung aller Beteiligten bedarf. (Luckmann/Bergmann 1999: 35).

Die Ergebnisse der empirischen Studien im Umfeld von Bergmann und Luckmann, die maßgeblich in den 1990er-Jahren stattfanden, werden im Übrigen nicht als endgültig angesehen, sondern als Grundlage dafür, „weiterführende Überlegungen über das Schicksal der Moral in der Moderne anzustellen" (ebd.: 36).

Dies geschieht derzeit u. a. in einem kommunikationswissenschaftlichen Forschungsprojekt zur kommunikativen Konstruktion von Moral in öffentlich geführten Debatten im Feld der Wirtschaft seit der Finanzkrise 2008 (vgl. Averbeck-Lietz/Sanko 2015; Averbeck-Lietz/Hepp/Venema 2015). Aus den vorläufigen Ergebnissen lässt sich konstatieren: Die soziale Konstruktion vom Moral erfolgt

1. sowohl mit Bezug auf *bestehende und beharrende spezifische Wertorientierungen* (wie Gerechtigkeit, insbesondere Verteilungsgerechtigkeit sowie Verantwortung),
2. mit Bezug auf (dynamische) *kommunikative Wertorientierungen* wie Transparenz, Wahrheit und Wahrhaftigkeit — was in etwa den Geltungsansprüchen an Kommunikation seitens Habermas entspricht, dann allerdings in einer alltagsweltlichen, nicht theoretisierten Form, sowie
3. im Bezug der kommunizierenden Akteure auf *protomoralische, alltagsweltliche Inanspruchnahmen von Gut- und Böse-Zuschreibungen (‚Die gierigen Banker').*

Was „moralisch" ist – oder als solches wahrgenommen wird – ist alltagsweltlich verankert (Gier etwa gilt in der jüdisch-christlichen Tradition als eine der sogenannten Todsünden, vgl. Neckel 2010). Zugleich wird Moral ganz deutlich *kommunikativ vollzogen, sie wird aktualisiert, indem über sie gesprochen und sie damit eingefordert wird*. Unsere Forschungen können daher Luckmanns und Bergmanns zentrale Aussage bestätigen: „Moral ist im Wesentlichen gelebte Moral, die in den Handlungen und Entscheidungen der Menschen, eben in ihren kommunikativen Akten existiert." (Bergmann/Luckmann 1999: 18) Insbesondere Luckmann selbst verwies darauf, dass diese Vorstellung von Moral als in der und durch Kommunikation gelebte Moral eine wichtige Wurzel im Werk Erving Goffmans und in dessen Konzept der „interaction order" habe, das auch ihn und Bergmann inspirierte (vgl. Luckmann 2002: 25).

Moral entsteht in der und mittels Kommunikation, sie ist mitunter aggressiv und diffamierend, so in Twitter und Facebook-Kommentaren. Aber über sie kann eben auch kommuniziert und argumentiert werden. Letzteres ist das Thema von Habermas, nicht von Luckmann. Gleichwohl benennen auch er und Bergmann die Möglichkeit eines

Diskurses über moralische Fragen, welcher „gemeinhin als Ethik bezeichnet wird", vgl. Bergmann/Luckmann 1999: 22, ebenso Luckmann 2002: 20).

7 Der Metaprozess Mediatisierung – historische Dimensionen

> So what has changed – both in the world and in our conception of it [...]? Our understanding of mediatiziation is an incomplete and still unfolding process. (Livingstone 2009: 2f.)

Wie es Sonia Livingstone schreibt: Wir müssen nicht nur wissen, was sich und wie es sich gewandelt hat, sondern auch wie wir dies heute – und in der Vergangenheit – beobachtet haben. Dies allein schon deshalb, um zu verstehen, wie eine Wissenschaft zu dem Konzept „Mediatisierung" kommt und zu welcher Perspektive auf Phänomene des Medien- und Kommunikationswandels dies führt. Friedrich Krotz, der den Begriff „Mediatisierung" in der deutschsprachigen kommunikationswissenschaftlichen Forschung maßgeblich geprägt hat, schreibt, seit nunmehr „zwei Jahrzehnten" werde im Fach über den Begriff „Mediatisierung gestritten" (Krotz 2014a: 5). Der Streit kann auch an dieser Stelle sicher nicht gelöst werden; es soll aber mindestens versucht werden ihn (auch) auf ein kommunikationshistorisches Fundament zu stellen (weiterführend Averbeck-Lietz 2015b). Überdies gibt es bis heute keine systematische Theorie der Mediatisierung (vgl. Krotz 2014a: 12; Hepp 2015: 168). Eine solche kann und wird auch hier nicht vorgelegt werden. Vielmehr verwende ich Mediatisierung als ein übergreifendes *Denkmotiv*, das zwar konzeptuell-analytisch ‚erdacht' wurde, aber doch bestimmte Phänomene gut beschreiben kann (sicher aber allein nicht ausreicht, um sie zu analysieren). Wie im Falle jedes nominalen Begriffs hängen auch hier Konzept (Mediatisierung als analytischer Begriff in der Wissenschaft) und Phänomen (Medien- und Kommunikationswandel) eng und wie wir noch sehen werden durchaus variabel zusammen. Denn auf Medien- und Kommunikationswandel bezieht sich auch der verwandte Begriff der „Medialisierung" (der indes teilweise und auch strategisch der Abgrenzung vom Mediatisierungsterminus und -konzept dient, siehe Kap. 7.1 sowie Averbeck-Lietz 2015b).

Schon der Titel des vorliegenden Buches zeigt, dass die Autorin dem Konzept „Mediatisierung" nahesteht: Der Kommunikationsbegriff wird im Sinne sozialer Verständigung durch kommunikatives Handeln verwendet. Vorausgesetzt wird ein Verständnis von Menschen als befähigt, eigenes und fremdes Handeln subjektiv zu erleben, diesem Bedeutung zuzuweisen und zwar eingebettet in die symbolischen und medialen Kontexte ihrer Lebens- und Alltagswelten. So allgemein skizziert teile ich dies mit dem Mediatisierungsansatz von Krotz, der diesbezüglich seine symbolisch-interaktionistischen Wurzeln (vgl. Krotz 2015: 130) immer wieder betont und darauf aufbauend erläutert:

> Das einzige, was mediatisiert sein kann, weil es das ist, was sich durch die Verwendung von Medien verändert, ist offensichtlich Kommunikation oder kommunikatives Handeln [....]. (Krotz 2012: 45)

Die Beobachtung des verwobenen Prozesses von Kommunikations-, Medien-, Gesellschafts- und Kulturwandel (vgl. Behmer/Krotz/Winter 2003; Krotz 2014a: 10; Kinnebrock/Schwarzenegger/Birkner 2014) als Aufgabe kommunikationswissenschaftlicher und kommunikationshistorischer Forschung kann man sowohl direkt (siehe Kap. 4 zu Manheim) als auch indirekt (siehe Kap. 2 und 3 zu Weber und Tönnies) schon aus der Klassikerliteratur ableiten. Dabei liegen den nun folgenden Ausführungen zwei Argumente zugrunde, die insbesondere aus den in diesem Buch reflektierten historischen Texten entwickelt werden:

1. Die Geschichte der Kommunikation und die Ausdifferenzierung der Gesellschaftstheorie als *Theorie(n) des Wandels* hängen miteinander zusammen.
2. Sie werden *schon in der Analyse von Presse als Element gesellschaftlicher Kommunikation durch die Klassiker zusammengeführt* (und nicht erst in der Theoriengeschichte *über* die Klassiker).

Die Rolle der Presse als die eines korporativen, spezifisch institutionalisierten Agenten des sozialen, kulturellen und ökonomischen Wandels wird in den Schriften von Weber, Tönnies und Manheim erkannt und benannt.[1]

7.1 „Mediatisierung" und/oder „Medialisierung"?

Um Missverständnissen zwischen Soziologen und Historikern vorzubeugen: Der Begriff „Mediatisierung" wird in diesem Buch ausschließlich in einem sozialwissenschaftlichen Sinne und in Anlehnung an Friedrich Krotz (2007, 2009, 2012, 2015) und Knut Lundby (2009, 2014) verwendet. Er meint *die gegenseitige Durchdringung von Gesellschafts- und Medienwandel durch (technisch) mediatisierte Kommunikation* oder „das Wechselverhältnis von medienkommunikativem Wandel einerseits und soziokulturellem Wandel andererseits" (Hepp 2011: 80). Zentral ist hier das kommunikationssoziologische Fundament: Kommunikation mit und über Medien wird als menschliche Kommunikation beschrieben und nicht auf Strukturen von Massenmedien reduziert. Im Mittelpunkt steht transmediales Handeln mit und über potenziell sehr verschiedene Medien der öffentlichen Kommunikation, das sowohl handlungstheoretisch, zeichentheoretisch als auch symbolisch-interaktionistisch begründet wird (vgl. insbesondere Krotz 2001, 2007, 2009, 2012, 2014, 2015). Diese Perspektive der Mediatisierungsforschung ist dezidiert *auch historisch*, so spricht Krotz (2003: 23 f) vom „typischen kommunikativen Sozial- oder Kommunikationscharakter in einer

---

1 Die Medienentwicklung selbst forderte die wissenschaftliche Beobachtung seit Ende der 1920er-Jahre weiter heraus: „Plurimedialität" (Wilke 2000a: 304; Wendelin 2011: 141), also das Nebeneinander und Wechselspiel mehrerer Massenmedien, wird zum Thema. De facto werden ab Anfang der 1930er-Jahre Film und Rundfunk zu zentralen Gegenständen einer sich sozialwissenschaftlich fundierenden Zeitungswissenschaft, die allerdings im NS-Staat erodiert (vgl. Kutsch 1987, 2010b; Averbeck 1999).

Gesellschaft in einer historischen Epoche" und der überepochalen Mediatisierung als Metaprozess, der „nicht erst mit den digitalen Medien" begonnen habe (Krotz 2012: 37). Menschen seien darauf angewiesen, epochaltypische Kommunikations- und Nutzungskompetenzen auszubilden, wollten sie nicht von den Kommunikationsformen und damit letztlich auch den Inhalten ihrer Zeit isolieren, ganz gleich ob diese Kompetenzen „auf Papyros oder Steintafeln, Internet oder Fernsehen" gerichtet sind (Krotz 2003: 23 f.). Krotz spricht hier die Möglichkeit der Teilhabe der Menschen in einer (historischen) Zeit an einer spezifischen Kommunikationsumgebung und ihren Kommunikationsprozessen an.

Für Historiker bedeutet Mediatisierung zumeist hingegen etwas ganz anderes und richtet sich auf Entwicklungen zu Beginn des 19. Jahrhunderts:

> Fast alle Reichsstände und Reichsritter wurden durch die Mediatisierung in Territorialstaaten eingeschmolzen. Damit endete die Ära der selbständigen Stadtrepubliken, der reichsunmittelbare Kleinadel wurde politisch vernichtet. (Wehler 2008: 366)

Der Reichsdeputationshauptschluss stellte ab 1803 die gesetzliche Grundlage für diese Umschichtungen dar. In Folge der einhergehenden Säkularisierung und Mediatisierung wurden die über 1.800 politisch-kulturell pluralen Herrschaftseinheiten des Heiligen Römischen Reiches Deutscher Nation zu dann nur noch 30 zusammengefasst. Ein Siebtel der reichsdeutschen Wohnbevölkerung wechselte den Herrscher; aufgelöst wurden vor allem die geistlichen Fürstentümer. Die katholische Kirche gab ihr gesamtes weltliches Herrschaftsgebiet ab (vgl. Wehler 2008: 46 f.; 363 ff.). In diesem Verständnis bedeutet die „Mediatisierung" zuvor reichsunmittelbarer kleiner Fürstentümer deren Unterordnung (oder Vermittlung/Mediatisierung) unter die großen, zentralen Reichsstände, so Preußen, Bayern, Württemberg, Baden und Sachsen (vgl. Wehler 2008: 365).

Diese Verwendung von „Mediatisierung" im Sinne des historisch verbürgten Begriffs findet sich in der Kommunikationswissenschaft und -forschung benannt bei den Autoren Patrick Donges (2006: 164 f.), Sonia Livingstone (2009) und Rudolf Stöber (2010: 78). Sie hat also durchaus Eingang – vermittelt über die Geschichtswissenschaft – in die Kommunikationswissenschaft gefunden. In diesem Sinne der „Mediatisierung der Stände durch den Monarchen" verwendete auch Habermas (1996 [1962]: 87) den Begriff in seinem Buch über den „Strukturwandel der Öffentlichkeit" und brachte ihn mit der „Reduktion der repräsentativen Öffentlichkeit" in Verbindung. Mittelbare Machtrepräsentation habe sich in der Zeit nach dem Zerfall des Heiligen Römischen Reiches Deutscher Nation, also nach 1806, in ineinandergreifenden Prozessen der Verwaltung, des Waren- und Nachrichtenverkehrs durch Börse und Presse sowie die militärische Präsenz stehender Heere entwickelt und entpersonalisiert. Hingegen konnten die kleinen Fürstentümer personale Herrschaft noch relativ direkt vermitteln. Repräsentation wurde mit der Staatenbildung bis zur Reichsgründung 1871 dann allmählich vom „Hof" zur „öffentlichen Gewalt" abstrahiert: „Öffentlich' in diesem engeren Sinne wird synonym mit staatlich [...]." (Habermas 1996 [1990]: 75)

In dieser Verwendung kann man den Begriff „Mediatisierung" langfristig und in seiner historischen Genese auch als die Mittelbarmachung der Volkssouveränität durch Repräsentation über gewählte Vertreter im Gegensatz zur direkten Demokratie beschreiben (vgl. Schlüter-Knaur 2008: 69). In diesem Prozess wird „Publizität" (dann wiederum mit Kant) zu einem Mechanismus der „Kontrolle" von Herrschaft (vgl. Habermas 1996 [1962]: 87).

Habermas verwendete den Mediatisierungsbegriff in den 1970er- und 1980er-Jahren dann für die Annahme, dass Systemimperative die Lebenswelt „kolonisieren":

> Die Lebenswelt wird mediatisiert, wenn die kommunikative Verständigung deformiert wird, etwa dadurch, dass Ideologien oder Heilslehren es nicht mehr zulassen, dass lebensweltliche Probleme wie z. B. Fragen der Sozialisation, der Moral, der Lebensformen einer diskursiven Prüfung unterzogen werden. Sie wird darüber hinaus kolonialisiert, wenn die Steuerungsmedien Geld oder Macht in die Netze der Lebenswelt eindringen und lebensweltliche Fragen nicht mehr durch das bessere Argument, sondern durch Geld oder Macht entschieden werden. (Schützeichel 2004: 234)

Und der Habermas der späten 1990er-Jahre drückte über den Begriff der Mediatisierung Ambivalenzen und Austauschbeziehungen zwischen System und Lebenswelt aus:

> Mediatisierung muss nicht zwingend zu Kolonialisierungsprozessen führen [...]. Die Rationalisierung der Lebenswelt durch Mediatisierung kann aus der Teilnehmerperspektive als Entlastung wahrgenommen werden. (Jäger/Baltes-Schmitt 2003: 47, 56)

Wieland Jäger und Marion Baltes-Schmitt (2003: 47–68) beschreiben solche Rationalisierungsprozesse, die sich durch generalisierte Kommunikationsmedien wie Geld und Macht im Sinne von Habermas zwar systemisch ausdifferenzieren, aber *zugleich auch in der Lebenswelt kommunikativ weiterverarbeitet werden*. Solche Kommunikation kann die mit generalisierten Kommunikationsmedien verbundenen Normen auf den Prüfstand stellen (die Systemtheorie von Parsons bis Luhmann hingegen bezieht generalisierte Kommunikationsmedien nicht auf die subjektiv verantwortete, kommunizierte und empfundene Lebenswelt).

Auch wenn Habermas den Begriff der Mediatisierung zunächst klar anlehnte an den einschlägigen historischen Begriff im Sinne der „Refeudalisierung" der Öffentlichkeit und der Politik durch die Funktionslogiken der Massenmedien (vgl. Vowe 2002: 180; Liesegang 2004: 30; Schützeichel 2004: 234; Imhof 2006a: 199): Das Verständnis von Mediatisierung wird im Verlaufe der Werksgenese bei Habermas diffuser und meint schließlich eben auch *die gegenseitigen Vermittlungsleistungen, die Lebenswelt und System füreinander erbringen können* (vgl. Jäger/Baltes-Schmitt 2003: 47–68; Scheu/Wendelin 2010: 457).[2]

---

2 Schluchter (2015: 533) sieht diese Vermittlung systemtheoretischer und handlungstheoretischer Elemente in Habermas' Spätwerk hingegen skeptisch und dessen Versuch, die „Paradigmen Lebenswelt und System ineinander transformieren" zu wollen, als „gescheitert" an.

Unter *Medialisierung* (als von *Mediatisierung* abgrenzbarem Konzept) wird zumeist die Anpassung der Logik eines bestimmten sozialen Systems (etwa der Wirtschaft, des Sports, der Politik) an eine oder mehrere Medienlogiken verstanden (vgl. übergreifend Meyen 2009, 2014a, b; Wendelin 2011: 45 ff.). Gearbeitet wird weniger mit einem Begriff direkter Medienwirkungen, die sich aus der Medienlogik ergeben, als mit (nichtin-tendierten) „Folgen": „Der Begriff Medialisierung impliziert dabei, dass gesellschaft-liche Veränderungen als Folgen von massenmedial vermittelter Kommunikation ver-standen werden können." (Meyen 2014a: 380) Die Zugänge in diesem Feld sind eher system- als handlungstheoretisch und beziehen sich eher auf einen publizistischen Medienbegriff, der sich mit Saxers Definition von Medien als organisierten Kommu-nikationskanälen, die Institutionen ausbilden, weitgehend deckt (vgl. weiterführend Arnold/Classen et al. 2010, Averbeck-Lietz 2015b): „Medien sind komplexe institu-tionalisierte Systeme um organisierte Kommunikationskanäle von spezifischem Leistungsvermögen." (Saxer 1987: 73) Bei der Medialisierung des Sports etwa geht es um Fragen der Anpassung von Sportvermarktern, aber auch der SportlerInnen an die Darstellungslogiken und Nachrichtenfaktoren der Massenkommunikation (vgl. Theiss-Berglmair 2014; Meyen 2014a, b). Ein anderes zentrales Thema ist die Medialisierung des Politischen, einschließlich der politischen Institutionen, auch in einer histori-schen Perspektive (vgl. Donges 2008; Arnold/Classen et al. 2010). Meyen und Kol-legInnen führen in ihrem Ansatz einer Medialisierungsforschung in Anlehnung an Uwe Schimank System- und Akteursdynamiken zusammen (vgl. u. a. Meyen/Strenger/Thierhoff 2015).

Aus der Öffentlichkeitsforschung wissen wir, dass Exklusion von Kommunikation nicht nur ein Kompetenz-, sondern vor allem auch ein Zugangs-, Transparenz- und zugleich Machtproblem ist (vgl. Westerbarkey 2014). Hier setzt Kurt Imhof an, der „Medialisierung" an stratifikatorische, segmentäre und zugleich funktionale Ausdif-ferenzierungen von Öffentlichkeit bindet und auf einen neuen oder zweiten Struk-turwandel der Öffentlichkeit seit der Deregulierung im Gefolge der Dualisierung der europäischen Mediensysteme und der Ökonomisierung der traditionellen Verlags-häuser verweist – was zur Bedrohung für eine diskursive, journalistisch vermittelte politische Kultur werde (vgl. Imhof 2006a; 2006c; 2011; 2014).

Auch die beiden Historiker Frank Bösch und Norbert Frei beziehen sich auf epochaltypische *Medialisierung*sprozesse im Verhältnis von Medien und Politik. Sie befinden es für auffällig, dass grundlegende Veränderungen in der Medienentwick-lung parallel zu politischen Mobilisierungsschüben verliefen, die sich seit dem späten 19. Jahrhundert etwa alle 30 Jahre beobachten lassen (vgl. Bösch/Frei 2006: 7–8), wobei sie eine genauere Bestimmung dieser Schübe allerdings schuldig bleiben. Manuel Wendelin fokussiert in Anlehnung an die beiden Autoren vier solcher Schübe,

1. das Aufkommen der Massenpresse ab der Mitte des 19. Jahrhunderts,
2. die 1920er- und 30er-Jahre mit der Ausbreitung des Hörfunks als Publikumsme-dium,
3. die 1950er- und 1960er-Jahre mit der publikumswirksamen Diffusion des Fern-sehens, schließlich

4. die 1980er- und 1990er-Jahre, mit der Privatisierung des Rundfunks (in Deutschland), der Digitalisierung und der Evolution des Internets (vgl. Wendelin 2011: 76). Eine solche Einteilung in Phasen ist indes nicht allzu neu und medienhistorisch naheliegend (vgl. Wilke 1999 bereits ganz ähnlich).

Derart ausgefeilte Konzepte von Mediatisierung oder Medialisierung finden wir bei den Klassikern selbstredend nicht. Wohl aber das zentrale Denkmotiv, das ich selbst unter „Mediatisierung" begrifflich fasse: Die soziale Welt wird auf der Mikro-, Meso- und Makroebene als mediatisierte Welt – *im Sinne von medial vermittelter und auch mittels Medien erlebter und kommunizierter Welt* – thematisiert und untersucht. Bis heute interessiert KommunikationssoziologInnen, wie sich soziale Welt durch Kommunikation aufbaut, erhält und verändert.

Die begleitenden Metaprozesse Kommerzialisierung und Globalisierung, die auch Krotz reklamiert, sind damals längst im Gange und werden mitbeobachtet. Das ist für uns heute nicht neu und zwar gerade auch deshalb, *weil* schon Max Weber, Tönnies und andere diese Prozesse beobachtet haben. Krotz selbst merkt dies ebenfalls an, wenn auch ohne auf die Werke der Klassiker einzugehen, er bezieht sich vielmehr auf die Langlebigkeit der Prozesse selbst:

> Aufklärung, Industrialisierung oder Individualisierung bezeichnen [...]. Entwicklungen, die keinen klaren Anfang haben, sich auf viele Bereiche menschlichen Lebens ganz unterschiedlich auswirken und unser aller Leben verändern. Sie sollen hier Metaprozesse genannt werden. Darunter verstehe ich langandauernde, breite und viele Gesellschaftskreise betreffende gesellschaftliche und kulturelle Veränderungen, die wesentlich komplexer als einzelne, klar lokalisierbare Prozesse sind und die vielleicht als übergeordnete Prozesse von Prozessen verstanden werden können. Über ihre Existenz kann man nicht einfach über ein paar mehr oder weniger differenzierte Messergebnisse entscheiden [...]. (Krotz 2005: 23)

Metaprozesse 1870–1933
- Technisierung
- Industrialisierung
- Urbanisierung
- Alphabetisierung
- Säkularisierung
- Verwissenschaftlichung
- Rationalisierung
- Demokratisierung
- Ökonomisierung (der Medien)

vgl. Weber 1988 [1911], 2001a [1910], 1922; Tönnies 1922; Manheim 1933

Gerade die „Rationalisierung" beschreibt Dirk Kaesler (1999: 197–201) als den lang andauernden Prozess, den Max Weber kulturvergleichend untersuchte. Dessen Teilprozesse seien u. a. Säkularisierung, Bürokratisierung, Industrialisierung und Spezialisierung (ebd.: 198, vgl. auch Bonß/Dimbath/Maurer 2013: 63).

Die Prozesse, die Weber, Tönnies und in deren Nachfolge auch Ernest Manheim beschrieben, können einer bestimmten Stufe der „Globalisierung" zugewiesen werden, die Roland Robertson 1992 als „Take Off" und als „Struggle for Hegemony" beschrieben hat, wie sie dann von Terhi Rantanen in ihrer „History of Mediated Globalization" aufgegriffen und weiterentwickelt werden (Rantanen 2005: 20). Robertson und Rantanen sind nachgeborene Beobachter dieser Entwicklungen, die in diesem Buch besprochenen Klassiker sind *zeitgenössische Beobachter*. Durch ihre Schriften liefern sie uns Dokumente ihrer wissenschaftlichen Beobachtung der Veränderung der Welt. So bezog Weber sich dezidiert auf einen empirisch zu erforschenden Zusammenhang zwischen Verstädterung, Industrialisierung, Landflucht und moderner Stadtpresse als Moment und Motor dieser Urbanisierung (vgl. Weber 2001 [1910]: 323). Tönnies (1922) seinerseits beschrieb transnationale Tendenzen in der öffentlichen Meinungsbildung, wie sie nur in einer mindestens durch Presse vernetzten Welt hervorgebracht werden können (vgl. auch Kapitel 3 dieses Buches). Ernst Manheim sprach von der „Mediatisierung menschlicher Unmittelbarbeziehungen" (Manheim 1979: 24). Ko-präsente Unmittelbarbeziehungen werden nun nicht etwa aufgehoben, wohl aber verändert – und genau damit befasst sich auch die Mediatisierungstheorie von heute (vgl. Stegbauer 2001; Hepp/Krotz 2012). Wir wissen nicht, ob Manheim damals, 1932/33, den Begriff „Mediatisierung" von jemand sonst vernommen haben kann (er geht auf die Diskrepanz zum geschichtswissenschaftlichen Begriffsverständnis nicht ein). *Dass* menschliche Beziehungen virtuell werden, nämlich enträumlicht und damit der Ko-Präsenz enthoben sind, wie dies Manheim beschreibt, ist im Werk seines Lehrers Tönnies und dessen Konzepten von Gemeinschaft und Gesellschaft allerdings schon implizit:

> Gemeinschaft ist anschaulich, ist auf „Gemeinsamkeit des Ortes" und der „Erinnerung" angewiesen. Gemeinschaft ist damit auf die physische Gegenwart der Betroffenen angewiesen. Gesellschaft beruht wesentlich auf den begrifflich-analytischen Gedankenleistungen der Subjekte. (Bickel 2008: 137)

Und diese begrifflich-analytischen Gedankenleistungen müssen sprachlich virtualisiert, z. B. schriftlich über die Presse (vgl. auch Splichal/Hardt 2000: 80) vermittelt werden. Es ist dieser Gedanke der raum-zeitlichen Überbrückung oder „Vermittlung", der zentral ist für das Mediatisierungsverständnis der Klassiker der ersten Moderne (vgl. auch Averbeck-Lietz 2014a). Bezüglich dieser Vermittlungsleistung gehen wir zum Schluss nochmals zurück in die Pressegeschichte, um dem Prozess der zunehmenden Vermitteltheit der Welt kommunikationshistorisch einzuordnen und zu konturieren.

7.2 Mediatisierung als Metaprozess im Jahrhundert der Presse

Ökonomisierung oder Kommerzialisierung erscheint heute in der Forschungsliteratur häufig als einer der drei Metaprozesse neben „Mediatisierung" und „Globalisierung" (vgl. Lundby 2009). Die Medienökonomin Marie-Luise Kiefer (2010: 20 f.) verweist uns indes darauf, dass die Feststellung von „Ökonomisierung" keine neue sozialwissen-schaftliche Beobachtung ist, sondern in den Schriften von Karl Bücher, Max Weber oder Otto Groth (dazu auch Langenbucher 1998) längst diskutiert worden ist (vgl. auch Habermas 1996 [1962]: 275–280 im Rückgriff auf diese älteren Autoren). Der „Struk-turwandel der Öffentlichkeit" (1962) von Jürgen Habermas war geradezu auf den Metaprozess Ökonomisierung fixiert; für Kurt Imhofs Analyse des „Neuen Struktur-wandels der Öffentlichkeit" kann das ebenfalls gelten (vgl. Imhof 2011; dazu kritisch Averbeck-Lietz 2014b). Imhof seinerseits liest schon Max Webers Schriften, nämlich „Politik als Beruf" (1919), in der jener auch den zeitgenössischen Journalismus cha-rakterisiert, sowie dessen Entwurf zu einer Presse-Enquete von 1910 als Belege für eine „frühe Medialisierungsperspektive", die den Wandel der Parteien mit dem öko-nomisch induzierten Wandel des Zeitungswesens in Beziehung setze (vgl. Imhof 2011: 58 f.).

Mit Weber kann man argumentieren, dass die Presse um die Jahrhundertwende an *Autonomie* (gegenüber anderen gesellschaftlichen Funktionsbereichen) gewonnen hatte und zwar sowohl publizistisch als auch ökonomisch (vgl. aus heutiger presse-ökonomischer Perspektive Weber bestätigend Stöber 2005: 158 ff.; Birkner 2010). Weber nahm die Presse als eine gesellschaftliche Institution sui generis wahr. Gleiches gilt etwa auch für den Leipziger Nationalökonom und Gründer des Leipziger Instituts für Zeitungskunde, Karl Bücher:

> Buecher had already observed that editors set what nowadays we would call the public agenda, but with the qualification that this power was attenuated by their economic interest, which made them responsive to the interests of their readers. (Lang 1996: 12)

Diese Autonomie der Presse, die ihre Grenze letztlich bei den Lese- und Kaufinteressen ihrer LeserInnen findet (vgl. Kutsch 2008c), hatte aber nicht nur eine medienökono-mische Seite. Sie war bereits erkannt als die gesamte Lebensweise kulturell verän-dernd:

> Ihnen [Max Weber, Karl Bücher, Erich Everth] ist die Presse nicht bloß eine moderne Institution, sondern gleichzeitig Erlebnisraum, emotional, sachlich wie räumlich-zeitlich entgrenzend, ver-ändert also das alltägliche Sinnverstehen und den Rhythmus des modernen Lebens, sowie In-szenierungsapparat, nicht zuletzt dadurch, wie sie Ereignisse, Informationen, Nachrichten auf-macht, selektiert, in den Mittelpunkt rückt oder über sie schweigt. (Gentzel/Koenen 2012: 207)

Gehen wir im Folgenden etwas näher ein a) sowohl auf die Autonomie der Presse als Organisation und Institution und in diesem Zusammenhang b) auf ihre Informati-onsfunktion.

Weber schlug bereits 1910 vor, mit dem Journalismus auch dessen Zulieferer, das bis heute wenig erforschte *Korrespondenzwesen* zu untersuchen (vgl. Kutsch/Sterling/Fröhlich 2011: 168 f.). Das Korrespondenzwesen galt bis in die jüngste Zeit nur als „Hilfsgewerbe der Presse" (Wilke 2000a: 248). Und eben dieses Korrespondenzwesen gerät mit einem Forschungsprojekt des Leipziger Kommunikationshistorikers Arnulf Kutsch prominent in den Blick, anknüpfend an Weber und diagnostizierend, dass die Presse schon um 1900 ein viel ausdifferenzierteres Gewerbe war als bisher gedacht und erforscht. Das Korrespondenzwesen hat im letzten Drittel des 19. und hineinreichend bis in das 20. Jahrhundert typische Strukturen und Institutionen hervorgebracht, die man unter ,Verlagswesen' oder ,Journalismus als Beruf' allein nicht fassen kann. Zwischen 1885 und 1932 sind in Deutschland mindestens 2500 Korrespondenzen erschienen (vgl. Kutsch/Sterling/Fröhlich 2011: 165). Die Gattung Korrespondenz war innerhalb des Pressemarkts eine eigenständige Größe. Es handelt sich um eine Art ,Journalismus auf Bestellung', in Teilen zwar als interessengeleitete PR (wie die amtliche *Provinzial Correspondenz* Bismarcks, dazu Stöber 1998), in größeren Teilen aber als ein privatwirtschaftlich geleitetes Gewerbe, das sich *nicht* (wie die Tageszeitung und die Zeitschrift) am Werbemarkt refinanzierte, sondern wiederum über die Tageszeitungen als zahlende Abnehmerinnen der Korrespondenzen. Diese wurden in Korrespondenzbüros mit einer professionellen Mitarbeiterschaft gefertigt. Kutsch und KollegInnen sprechen von einem „eigenen Arbeitsfeld des hauptberuflichen Journalismus" (ebd.: 167). Die ,Unsichtbarkeit' der Korrespondenzen auf den damaligen Werbemärkten hat bis heute Folgen: Die kommunikationshistorische Forschung nutzt vielfach die Zeitungskataloge der Annoncenexpeditionen, etwa den von Rudolf Mosse als Quelle, nur – darin tauchen die Korrespondenzen nicht auf (vgl. ebd.: 162). Korrespondenzen erfüllen zwar zentrale Merkmale der Zeitung, als da sind *Aktualität, Universalität, Periodizität,* nicht aber den Faktor Sichtbarkeit, also breite *Publizität.* Zwar wurden sie publiziert, dann aber, ohne dass ihr Entstehungszusammenhang kenntlich war. Das Zeitungsgewerbe zwischen Kaiserreich und dem Ende der Weimarer Republik (Hugenberg kaufte zahlreiche der Korrespondenzen auf) scheint vom Korrespondenzwesen hochgradig abhängig gewesen zu sein – und zwar nicht graduell, sondern strukturell (vgl. Kutsch/Sterling/Fröhlich 2011). Zwar lassen sich die *Gattungen* „Korrespondenz" und „Zeitung" unterscheiden (siehe oben mittels des Faktors Publizität); auf der Akteursebene aber fluktuieren die Grenzen: Die Journalisten wechselten von dem einen ins andere Gewerbe und bedienten schreibend oft beide gleichzeitig (dabei produzierten sie durchaus auch mehrere Meinungen im Sinne je des Blattes, für das sie die Korrespondenzen verfassten). Das Korrespondenzwesen zog Berufsjournalisten an, arbeitete ressortspezifisch und/oder nach thematischen Schwerpunkten und belieferte die Zeitungen, die oft nur noch der bloße Abdruckort der von den Korrespondenzbüros aufgearbeiteten Stoffe waren. Kutsch, Sterling und Fröhlich sprechen diesbezüglich von „Artikeldiensten" und auch von der Korrespondenz *als einem „Medium" neben der Zeitung,* das eine Ko-Existenz zu ihr führte. Großunternehmen, wie der branchenbekannte Berliner Dammert-Verlag, der sich mit seinen Korrespondenzen auf mehrere Ressorts spezialisiert hatte, erstellten bis zu zehn thematisch unterschiedliche Artikeldienste mit Auflagen bis zu 500 Stück. Deren Abnehmer sind heute kaum zu rekonstruieren. Zu der hohen, bislang sowohl quantitativ als auch qualitativ unterschätzten Relevanz der Korrespondenzen schreiben Kutsch und MitarbeiterInnen:

> Seit den 1880er Jahren entwickelte sich die Korrespondenz zu einem enormen medialen Sektor, dessen Produkte sich i. d. R. nicht unmittelbar an die Öffentlichkeit, sondern hauptsächlich an die Redaktionen von Zeitungen, Zeitschriften und auch des Rundfunks richteten, nachdem dieses Medium Ende Oktober 1923 [in Deutschland] seinen regelmäßigen Programmbetrieb eröffnet hatte. Dieser Sektor bildete ein [...] Arbeitsfeld des hauptberuflichen Journalismus, dessen Produkte nicht unwesentlich zur Differenzierung und Konsolidierung der redaktionellen Berufsfelder in mittelgroßen und großen Zeitungen beitrugen, während sich durch sie bei den kleinen Zeitungen die Ressortbildung erübrigte. (Kutsch/Sterling/Fröhlich 2011: 155)

Das Forschungsprojekt zur Struktur und Funktion des Korrespondenzwesens innerhalb der Expansion des Pressewesens am Vorabend des 20. Jahrhunderts legt ebenso wie die frühen Beobachtungen von Tönnies und Weber nahe: Presseökonomie war bereits damals als eigenständiger wissenschaftlicher Fokus bedeutsam, der sich auf einen ausdifferenzierten Markt richtete, an dem Verlage, Journalisten, Parteien, das breite Publikum und professionelle PR-Leute beteiligt waren,[3] der *zugleich* kulturelle Bedeutung hatte und arbeitsteilig organisiert war. Medien *sind* damals sowohl ökonomische als auch kulturelle Güter. Kutsch und MitarbeiterInnen betonen, dass genau dies schon die frühe Zeitungswissenschaft, insbesondere diejenige nationalökonomischer Prägung, als Forschungsgegenstand erkannte. So habe der Leipziger Nestor der Zeitungskunde, Karl Bücher, einige Dissertationen vergeben, die „sowohl unterschiedliche Dimensionen der ‚medialen Arbeitsteilung' als auch verschiedene Funktionen der Korrespondenz untersuchten". Diese Dissertationen arbeiteten teilweise empirisch mittels Umfragen bei den Korrespondenzbüros und versuchten das Feld zu rekonstruieren (vgl. Kutsch/Sterling/Fröhlich 2011: 158).

Mit dem Pressemarkt differenzierte sich der journalistische Markt aus. Schon in den letzten drei Jahrzehnten des 18. Jahrhunderts habe sich die Zahl der Schriftsteller in Deutschland verdoppelt, so Ernst Manheim (1979 [1933]: 121; im gleichen Sinne Requate 1995: 120; Wilke 2000a: 80). Der „literarisch-publizistische Markt" des ausgehenden 18. Jahrhunderts formierte sich zum Ausgangspunkt für den „Journalismus als Beruf" im 19. Jahrhundert (vgl. Requate 1995: 124, in Anlehnung an Requate und diesen weiterführend Birkner 2012: 117 ff.). Kutsch weist die starke Ausdifferenzierung der journalistischen Profession dann im ersten Drittel des 20. Jahrhunderts nach, einhergehend die hohe intra- und intermediale Mobilität und den Trend zur Gründung von berufsständischen Vereinigungen, also zur *Autonomisierung* nicht mehr nur der Organisation Presse, sondern auch des journalistischen Berufs (vgl. Kutsch 2008b: 310; auch Deutschmann 2008; Birkner 2012). McQuail beschreibt die Organisation und Institutionalisierung der Presse als eines eigenständigen sozialen *und* ökonomischen Feldes ab 1900 – was auch mit der Beobachtung der Klassiker übereinstimmt:

---

3 Zur historischen Ausdifferenzierung der PR seit dem Kaiserreich vgl. Liebert 2003, Schönhagen 2008; Bieler 2010.

Since 1900, communication has entered a phase of mass production and distribution far outpacing earlier forms, bringing with it complex organisation, bureaucracy, and much employment and profit. (McQuail 2003: 36)

Widersprüchlich zu solchen Aussagen setzt Stig Hjarvard den Auftakt einer Mediatisierung erst in der zweiten Hälfte des 20. Jahrhunderts an, da publizistische Medien erst dieser Zeit von anderen institutionellen Überformungen, vor allem parteipolitischen unabhängig geworden seien (vgl. Hjarvard 2008: 115 ff.,120). Nimmt man diese Aussage ernst, müsste auch Mediatisierungs*forschung* weit später angesetzt werden. Die frühen Beobachtungen der Klassiker würden uns dann verloren gehen. Auch kann Hjarvards Skizze international vergleichend nicht verallgemeinert werden. Denn wir wissen aus der vergleichenden Mediensystemforschung, dass die Ko-Evolution von Parteien und Presse sich in den Ländern der Welt zeitlich und in der Ausprägung eines „politischen Parallelismus", also des Zusammenspiels von Presse und Politik, sehr unterschiedlich entwickelte (vgl. Hallin/Mancini 2004: 46 ff., 67; Requate 1999: 17 ff.). Auch passt Hjarvards eigene, konzise Definition einer „Institution" bestens zu den Typen von Institutionen, die die Klassiker bereits beobachteten:

Institutions stand for the stable, predictable elements in modern society; they constitute the framework for human communication and action in a given sphere of human life at a given time and place. (Hjarvard 2008: 116)

Hier schneidet sich meines Erachtens die Bedeutung von Institution, die im einfachsten Fall auch schon eine *Regel* meinen kann (so bei Berger/Luckmann 2004 [1966]), und von „Organisation" als eines stabilen sozialen Gebildes, welches Institutionalisierung aufweist und weiter vorantreibt, ganz im Sinne der Konzeption von Medien als „Organisationen und sozialen Institutionen" (vgl. Beck 2007: 82 ff. in Auseinandersetzung mit Saxers Medienbegriff).[4] Dabei meint die Organisiertheit ihre strukturelle Ausbildung über die Zeit (auch durch die Ausbildung von Mitgliedschaftsrollen sowie Kenntlichkeit) und ihre Institutionalisiertheit die Entwicklung eigener Regelleitungen und normativer Prämissen, die wiederum auf die Gesellschaft zurückwirken – nicht zuletzt indem sie *Erwartungen* schaffen: „Die Gemeinsamkeit von Phänomenen, die als Institutionen bezeichnet werden, ist, dass sie die Grundlage von Erwartungen bilden." (Kiefer 2010: 77) Solche Erwartungen können individuell, aber auch kollektiv an die Presse gerichtet werden und leiten sich einerseits aus der Gesellschaft, andererseits aus der Entwicklungsdynamik der Presse selbst ab. In diesem Sinne schreibt Jörg Requate, ausgehend von seinen vergleichenden Studien zur Journalismusentwicklung und Ausdifferenzierung von Öffentlichkeit in den USA, in

---

4 Beck kritisiert an Saxer, dass er in den 1980er-Jahren, als er die berühmte Definition von Medien „als komplexen, institutionalisierten Systemen um organisierte Kommunikationskanäle von spezifischem Leistungsvermögen" formulierte, noch einem „Transportmodell" verhaftet gewesen sei (vgl. Beck 2007: 85). Dies sehe ich nicht so, denn gerade Saxers bis dahin längst erschienene mediensemiotische Arbeiten verweisen auf die Sinn(re)konstruktionen des Publikums.

Frankreich und in Deutschland, dass die „je unterschiedlichen nationalen politischen Systeme, politischen Kulturen und gesellschaftlichen Rahmenbedingungen die Presse sowie deren Funktion und Selbstverständnis" erheblich prägten, zugleich aber „prägte umgekehrt die Presse die Struktur der öffentlichen Kommunikation und wirkte so auf ihre Teilbereiche zurück" (Requate 1999: 17). Vorweggenommen finden wir diesen Gedankengang im Vergleich Deutschland – Frankreich – Amerika auch schon im Geschäftsbericht 1910 bei Max Weber, der die unterschiedliche Bindung französischer, deutscher und amerikanischer Leser an ihre Blätter beschrieb. So sei es weniger eine Frage des Blattes selbst als der politischen Kultur, dass „der" Franzose „in erster Linie ein Tendenzblatt" wolle, „der" Amerikaner aber mitnichten – und dabei verstünden sich beide doch als „Demokraten". In beiden Ländern übernehme die Presse eine unterschiedliche gesellschaftliche Funktion (Weber 1988 [1911]: 435 ff.). Weber schlug wohl nicht zuletzt aufgrund solcher Überlegungen vor, das Verhältnis von „Leitartikel" und „Nachricht" im Aufbau moderner Zeitungen genau zu bestimmen, einhergehend das der „Anonymität", also des Nicht-Namentlich-Machens von Artikeln (Weber 1988 [1911]: 437 f., auch Weber 2001a [1910]: 317 ff.). Anonymität stützte seiner Ansicht nach die Autorität und Geschlossenheit der Zeitung (als Ganzes) in der Öffentlichkeit. Deren Wort erscheint als Kollektivprodukt (vgl. Weber 2001a [1910]: 322). Dass dies innerhalb der Organisation und Institution Zeitung bestimmte Zwänge mit sich bringe, nahm er an und wollte entsprechend Entscheidungsabläufe in Redaktionskonferenzen oder in Abstimmung mit Korrespondenten – dann auch über Anonymität – gleich mituntersuchen (vgl. Weber 2001a [1910]: 319).

Institutionen haben also etwas mit Regeln, Normen, Beziehungen und Verhaltensweisen zu tun, die diese Regeln und Normen umsetzen und mit Leben erfüllen, dann auch weiterentwickeln, im Zweifel verwerfen. Über längere Dauer bilden sich auf dieser Basis Organisationsformen, soziale Gebilde aus, die überindividuell sind, also korporativ (vgl. Kiefer 2010: 77 f.). Dies gilt für die klassischen Massenmedien ebenso wie für das „Hybridmedium" Internet (vgl. Burkart 2002; Beck 2010a). Dabei kann man Medien trotz aller innovativen Schübe gemeinhin systematisch fassen als „technisch basierte Zeichensysteme, die im sozialen Zusammenleben von Menschen zum Zwecke der Verständigung in institutionalisierter und organisierter Form verwendet werden." (Beck 2010a: 16)

Medienwandel, Kommunikationswandel und der strukturelle Wandel der Öffentlichkeit vollziehen sich gleichzeitig. Solche Prozesse werden von Strukturen und Akteuren mitbedingt, vorangetrieben und/oder ggf. verzögert. Requate (1999: 17 ff.) betont die Vorreiterrolle der früh als politisch und ökonomisch unabhängige Institution fungierenden amerikanischen Presse mit ihrem Kommerzialisierungsschub schon im frühen 19. Jahrhundert. Max Weber beobachtete diesbezüglich die globalen Folgen:

[...] und wenn heute die Presse durch die bloße Drohung, die Reden der Abgeordneten nicht abzudrucken, den Parlamentarismus auf die Knie zwingt, so hat sich offenbar ebenso der Sinn des Parlamentarismus wie die Stellung der Presse geändert. [...] wenn noch bis in die Gegenwart es amerikanische Börsen gab, welche ihre Fenster mit Milchglas versahen, damit die Kursbewegungen auch nicht durch Signale nach außen gemeldet werden könnten, und wenn wir auf der anderen Seite doch sehen, daß fast alle wesentlichen Eigentümlichkeiten in der Art der Zeitungszusammenstellung durch die Notwendigkeit auf die Börsenpublikationen Rücksicht zu nehmen, mitbeeinflusst werden [...]. (Weber 1911: 435)

Wenn wir heute von dem „Jahrhundert der Presse" sprechen, so ist das 19. und frühe 20. Jahrhundert gemeint, das auch die Klassiker, die in diesem Buch besprochen werden, betrachteten. Hinzuzufügen ist, dass die periodische Presse bereits seit dem 17. Jahrhundert beginnt, die repräsentativ-feudalen Öffentlichkeiten nachhaltig zu verändern. Darüber hat u. a. Holger Böning geforscht, so über die parallele Lektüre *mehrerer* Druckerzeugnisse (Flugschriften, Kalender, Buch, Zeitung, Zeitschrift) und ein dezidiertes Informationsbedürfnis mindestens in Teilen der Bevölkerung sowie den Einzug der Lektüre in die Volksaufklärung (vgl. Böning/Schmitt/Siegert 2007). Die auf diesen Entwicklungen aufbauende bürgerlich-räsonierende Öffentlichkeit des darauffolgenden 18. Jahrhunderts, die Habermas und Manheim beschrieben und analysierten (vgl. Kap. 4 und 5 dieses Buches), wäre ohne diese bereits ein Jahrhundert zuvor einsetzende Frühaufklärung so gar nicht möglich gewesen.

Für die „Entfesselung der Massenpresse" gegen Ende des 19. Jahrhunderts, wie Jürgen Wilke (2000: 78 ff., 155 ff.) sie genannt und seitdem zahlreiche WissenschaftlerInnen diesen Begriff von ihm aufgenommen haben (so Kutsch 2008b: 307; Wendelin 2011: 89 ff.), waren mehrere Faktoren wesentlich: die Lockerungen der Zensur durch das Reichspressegesetz von 1874, die zeitgleiche Abschaffung des Konzessions- und Kautionszwangs, also der Lizenzierungen bei Hinterlegen finanzieller Sicherheiten („Kautionen") als – mehr oder weniger ‚freiwillige' (oft ökonomisch bedrohliche) – Vorableistung und „Sicherheitsgebühr" (Stöber 2000: 342) gegenüber der jeweiligen Zensurbehörde. Auch die von der Druckauflage abhängige „Stempelsteuer" fiel (ebd.: 322). Überdies waren die nun einsatzfähigen modernen Drucktechnologien effizienter und billiger als die vorherigen. Hinzu kam die stark wachsende Nachfrage der lesenden urbanen Bevölkerung, die von den günstigeren Herstellungs- und Verkaufspreisen profitierte. Parallel dazu ergab sich die Expansion des Werbemarkts durch die Aufhebung des Intelligenzzwangs (des Erstabdrucks von Anzeigen in dafür eigens vorgesehenen, sogenannten Intelligenzblättern, vgl. Stöber 2000: 311). Von der starken Nachfrage sowohl am Werbe- wie am Lesemarkt profitierte auch die Professionalisierung des journalistischen Berufs, der nun arbeitsteiliger werden konnte (vgl. auch Kutsch 2008b: 307 f.). Der redaktionelle Journalismus wurde zum Hauptberuf (weiterführend vgl. Requate 1995). Die Konsolidierung am Werbemarkt war spätestens 1914 erreicht:

Zwischen 1900 und 1914 wird bei vielen Zeitungen jener 60- bis 70-Prozent-Anteil der Anzeigen am Gesamterlös erreicht, der dann in der Bundesrepublik ab den späten 1950er Jahren die finanzielle Absicherung des Zeitungsjournalismus bieten sollte. (Birkner 2010: 46)

In nur einem Vierteljahrhundert, zwischen 1891 und 1914 stieg die Zahl der Zeitungstitel um 40 Prozent (vgl. Kutsch 2008b: 307).

In Kenntnis der Relevanz, die die Presse zunächst als Moment, dann als Garant des öffentlichen Lebens entfaltete, ist es nicht überraschend, dass sie in den Fokus der Wissenschaften geriet, die sich mit diesem öffentlichen Leben und dessen Grundlagen befassten: der Nationalökonomie, bald auch der Soziologie. Das Entstehen der Zeitungswissenschaft ab 1916 (vgl. vom Bruch/Roegele 1986; Averbeck 1999) bringt die weitere fachsystematische Ausdifferenzierung einerseits weiter voran, erschwert sie aber auch: Die Zeitungswissenschaft musste sich spezialisieren und koppelte sich von bestimmten Theoriesträngen der Soziologie fast schon zwangsläufig ab (vgl. Bohrmann 1986), so der Handlungstheorie, die im Werk Max Webers die zentrale Rolle spielte, so der Symboltheorie, die Tönnies zu entwickeln begann. Erst ab 1927 begann ein junges Nachwuchswissenschaftlermilieu zeitgenössische soziologische Theorien auch in der Frage nach den „Wechselwirkungen" zwischen der Zeitung und ihren Publika zu befragen (vgl. Averbeck 1999). Die NS-Zeitungswissenschaft nach 1933 zerstörte dieses Milieu (vgl. Kutsch 1987, 2010b; Hachmeister 1987; Averbeck 1999: 102–144; Duchkowitsch/Hausjell/Semrad 2004).

Schlusswort

Try announcing that you are editing a book called „Canonic texts", and you will find yourself at war. (Katz/Durham Peters/Liebes et al. 2003: 1)

Soziale oder gesellschaftliche Kommunikation stellt sich in diesem Buch als „langfristiger Orientierungskomplex" im Sinne des Wissenschaftssoziologen Peter Weingart (1976: 50) dar. Ein dem untergeordnetes Denkmotiv wie „Öffentlichkeit" mag in relativ kurzen zeithistorischen Intervallen unterschiedlich gefüllt werden (aktuell etwa muss es in Bezug auf Social Media neu durchdacht werden), aber es bleibt doch ein gemeinsamer Nenner: die freie Zugänglichkeit der potenziell unbeschränkten Öffentlichkeit (vgl. etwa die verschiedenen Öffentlichkeitskonzepte bei Tönnies, Manheim und Habermas in diesem Buch, die diese Gemeinsamkeit alle aufweisen). Dieses Postulat der Zugänglichkeit ist keines, das mit den neuen Medien entstanden wäre, sondern hat eine lange Begriffsgeschichte, die in das Zeitalter der Aufklärung zurückreicht (vgl. Hölscher 1979). Die wissenschaftliche Herausforderung ist es, ein solches Konzept unter sich wandelnden Medienbedingungen, aber auch sich wandelnden politischen, sozialen und ökonomischen Bedingungen zu betrachten (zum Wandel unter politischen Bedingungen vgl. Kap. 4.3 zur „Öffentlichkeit in der späten DDR").

Weingart hat die „Differenzierung verschiedener kognitiver Orientierungskomplexe" nach ihrem „Geltungsbereich" und ihren „Wandlungsintervallen" als „heuristisches Modell" verstanden, Wissenschaftsgeschichte schreiben zu können (ebd.: 50). Diesen Kunstgriff habe ich genutzt, um kommunikationssoziologische Denkmotive sowohl systematisch (Was bedeuten sie?) als auch historisch (Was bedeuten sie mit Blick auf welche Medien- und welche sozialen Umgebung?) darzustellen. Dass dies auf der Basis einer Heuristik immer nur annäherungsweise vollzogen werden kann, nicht aber irgendwie ‚messbar' ist, versteht sich von selbst (die jeweiligen Denkmotive werden in jedem Kapitel für jeden der Klassiker benannt, siehe auch die entsprechenden Kästen).

Wissenschaft entwickelt sich überdies oft nicht chronologisch – Max Webers frühes pressesoziologisches Programm etwa wurde in seiner Zeit nie erfüllt (vgl. Weischenberg 2012a, b sowie Kap. 2 dieses Buches). Elisabeth Noelle-Neumann griff in den 1970er-Jahren Denkmotive von Ferdinand Tönnies zu Meinungen in „flüssigem Zustand" auf (vgl. Kap. 3 dieses Buches). Kleinteilige chronologische Abfolge-‚Bestimmungen' können wir also in der Wissenschaftsgeschichte nicht vornehmen, wohl aber den Wandel von Denkbewegungen zeigen: Noelle-Neumann etwa richtete ihren Blick nicht auf das primär rationalistische Element der Meinungsbildung, wie es Tönnies vertrat. Sie war vielmehr an der sozialpsychologischen Dimension öffentlicher Meinung interessiert (vgl. auch Noelle-Neumann 1992). Max Webers Pressesoziologie wurde von den Nachfahren auf der Basis der in den USA während des Zweiten Weltkriegs durch Harold D. Lasswell und andere voll entwickelten inhaltsanalytischen

Methoden erst ermöglicht (wenn auch ohne direkten Rückbezug auf Webers vergessenen Plan zu einer Presse-Enquete von 1910). Indes interessiert gerade qualitative ForscherInnen an Max Weber bis heute etwas völlig anderes: dessen Begriff sozialen Handelns (vgl. Kap. 3 dieses Buches).

Dem ‚blinden Fleck‘ des Beobachters, hier genauer einem handlungstheoretischen und sozialkonstruktivistischen der Beobachterin (vgl. auch Einleitung zu diesem Buch), kann nicht entkommen werden. Somit enthält dieses Buch sicherlich mitunter recht artifizielle, vereinfachende systematische Zuschnitte mit einer Zuspitzung auf „soziale" Kommunikation, die über das Verständnis von öffentlicher Kommunikation, verstanden als *Publizistik*, hinausgeht. Gleichwohl gibt es ein übergreifendes Ziel; dieses Buch soll vor allem zwei Dinge anregen:

1. das gesellschaftstheoretische Fundament kommunikationssoziologischer und kommunikationswissenschaftlicher Fragen auf der Basis der Klassikerliteratur ernst zu nehmen. Das geschieht hier aus handlungstheoretischer Perspektive (es würde nun ein Pendant dieses Buches aus systemtheoretischer Perspektive fehlen).

2. sollte Kommunikationswissenschaft ihr inter-/transdisziplinäres Selbstverständnis immer wieder überprüfen und gegenstandsangemessen neu justieren (vgl. Saxer 1993; Karmasin/Rath/Thomas 2014). Wohin uns das in der Zukunft führt, können wir noch nicht wissen (Big-Data-Analysen kommunikativer Phänomene etwa zeigen heute bereits zentrale Schnittstellen zur Informatik). Wozu es aber nicht führen sollte, ist meines Erachtens zu einer Zersplitterung der Kommunikationswissenschaft in teils immer anwendungsbezogenere Subfelder (wie sie etwa die zahlreichen Fachgruppen der Deutschen Gesellschaft für Publizistik- und Kommunikationswissenschaft, DGPuK, abbilden). Die ganz verschiedenen Themenfelder, einschließlich der sehr unterschiedlichen methodologischen Zugriffe, verlangen auch künftig einen Diskurs über das Fach und seine Grundlagen. Ohne ein historisches Verständnis unseres eigenen Forschungsfelds können wir diesen nicht angemessen führen (vgl. Kinnbebrock/Schwarzenegger/Birkner 2015; Simonson/Park 2015). Das soll nicht heißen, dass wir keine Spezialisierung brauchen, ebenso brauchen wir aber Debatten über Gemeinsamkeiten unserer Begriffsauffassungen, Konzepte und Theorien (vgl. Kap. 7 dieses Buches), die die Pluralität von Theorien, Methoden und Gegenständen von vornherein einrechnen (so im Selbstverständnispapier der DGPuK 2008, auch Katz/Durham Peters/Liebes et al. 2003). Dabei kann uns die Klassikerlektüre helfen, unsere theoretischen und methodologischen Standpunkte zu schärfen.

Das Mediatisierungskonzept von Friedrich Krotz dient in diesem Buch als ein Metakonzept, um die Vergangenheit zu beobachten. Krotz sieht Mediatisierung als einen allgemeinen historischen Metaprozess, der wiederum andere Prozesse begleitet und bündelt. Der Begriff beschreibt dann zugleich das Phänomen des Kommunikationswandels durch Mediengebrauch *und* unsere Perspektive auf diesen Wandel. Dies macht das Konzept allerdings auch bis heute so ‚unhandlich‘, denn es meint einerseits ein Phänomen, andererseits eine sozialwissenschaftliche Betrachtungsweise (vgl. Krotz 2012: 38 sowie weiterführend Kinnebrock/Schwarzenegger/Birkner 2015).

Das Phänomen Mediatisierung begleitet uns seit Menschen mittels Werkzeuggebrauch intentional kommunizieren. Die Voraussetzung für Mediatisierung sind „für Kommunikation nutzbare Technologien" (Krotz 2012: 34), die Raum und Zeit überwinden. ‚Technologien' der (schriftlichen) Vermittlung können dabei ganz einfache sein wie „Papyrus oder Steintafeln" (Krotz 2003: 13 f.). Situativ gebundenes *Sprechen* als solches ist folglich *nicht* mediatisiert – auch wenn das Einzige, so Krotz, das mediatisiert werden könne, weil es das sei, was sich durch Mediengebrauch verändere, die Kommunikation über symbolische Zeichen sei (vgl. Krotz 2012: 45 sowie Kap. 7). Man kann hier auch mit Harry Pross (1976) argumentieren: Primäre, leibgebundene Kommunikation ist nicht mediatisiert, sekundäre Kommunikation, die mindestens aufseiten des Senders eines Werkzeugs bedarf, sehr wohl. Und bekanntlich kommt die sekundäre Kommunikation (etwa die Nachricht in der Zeitung) nicht ohne die primäre aus (etwa den mündlichen Bericht eines Informanten und seine gestenreichen Erläuterungen gegenüber dem Reporter). Nicht-mediatisierte und mediatisierte Kommunikation spielen also zusammen.

Was fällt dann analytisch betrachtet aus dem Mediatisierungskonzept heraus? Was können wir darunter *nicht* fassen? Aus dem analytischen Raster der Mediatisierungsforschung heraus fällt meines Erachtens

a) zeit- und raumgebundene interpersonale Face-to-Face-Kommunikation *als solche*. Diese ist aber gleichwohl *in ihrem Wechselverhältnis zur mediatisierten Kommunikation* zu untersuchen (vgl. insbesondere das Kapitel zu Luckmann in diesem Buch).

b) die Analyse von Kommunikations- und Medientechnologien *als solchen*. Sie ist *nur* dann Thema der Mediatisierungsforschung, wenn dies im Zusammenhang mit der Betrachtung des sozialen und kommunikativen Handelns mit und mittels dieser Technologien geschieht. Das Mediatisierungskonzept ist eminent sozialwissenschaftlich an menschlicher Kommunikation und symbolischer Interaktion orientiert.

Auch wenn so immerhin eine Eingrenzung gegeben ist, was wir mit dem Mediatisierungskonzept *nicht* beobachten, bleibt in diesem Buch, das sich mit Theoriebildung befasst, eine zentrale Frage offen: Wie kann ein so komplexes Konzept wie das der Mediatisierung operationalisiert werden? Und ist es überhaupt als ein operationalisierbares Konzept zu verstehen?

Im Grunde genommen gilt hier das Gleiche wie für andere Metakonzepte wie „Individualisierung" oder „Globalisierung": Wir finden Möglichkeiten, innerhalb dieser paradigmatischen Großkonzepte konkrete sozialwissenschaftliche Fragen zu stellen, sie empirisch zu erforschen und vorläufig zu beantworten.[1] Dass Mediatisierung als Metaprozess im Ganzen *nicht* empirisch prüfbar ist (schon da es sich um einen historischen Prozess handelt), dürfte meines Erachtens klar sein. Zwecks Sondierung von Möglichkeiten der Erforschung *mediatisierter Phänomene* ist allerdings die Klassikerlektüre hilfreich: Sie zeigt, dass eine gesellschaftstheoretische Analyse der *Mediatisierung durch das Druckmedium periodische Presse* verwiesen ist auf das *Zusammenspiel* von Kommunikation auf der Mikro-, Meso-, und Makroebene. Es reicht eben nicht, die Presse zu betrachten, wenn man wissen will, wie sich öffentliche Meinung bildet – hier ist auch der Blick auf andere, dazu interdependente Phänomene gefragt, etwa Parlaments- oder Versammlungskommunikation (siehe u. a. Kap. 3 zu Tönnies).

Soweit sie sich gesellschaftstheoretisch versteht, muss auch die aktuelle Mediatisierungsforschung Akteure (Mikro), Institutionen und Organisationen (Meso) sowie Medien- und Gesellschaftsstrukturen (Makro) *in ihrer Interdependenz* betrachten (in diesem Sinne auch Krotz 2014b: 8). Aus kommunikationswissenschaftlicher Perspektive bedeutet das, dass interpersonale und Formen der öffentlichen, ggf. organisierten Medienkommunikation und ihre jeweiligen Institutionalisierungen in ihrem Wechselspiel einzukalkulieren sind. Jeder der hier betrachteten Klassiker hat sich nicht nur mit Pressekommunikation, sondern auch mit sozialer Kommunikation bzw. kommunikativem Handeln über Symbole (Sprache) befasst. Es ist sicherlich kein Zufall, dass Thomas Luckmanns Überlegungen zur sozialen und kommunikativen Konstruktion von Wirklichkeit sowohl an Max Weber (soziales Handeln) und George Herbert Mead (symbolischer Interaktionismus) anschließen als auch seinerseits der Kommunikative Konstruktivismus heute wiederum an Luckmann anknüpft (vgl. Knoblauch 2013 sowie Kap. 6 zu Luckmann). Eine Pressesoziologie entwickelte sich zu Beginn des 20. Jahrhunderts *nicht* unabhängig von sozialwissenschaftlichen Überlegungen zur Verfasstheit menschlicher Gesellschaften und ihrer kommunikativen bzw. sprachlichen Grundlagen (vgl. insbesondere Kap. 3 und 4 zu Tönnies und Manheim).

Verwiesen sei abschließend und ausblickend auf das Konzept der „Kommunikativen Figurationen" (vgl. Hepp/Hasebrink 2014; Hepp 2015)[2], das über das Metakonzept Mediatisierung insofern hinausgeht, als es die Operationalisierung von kommunikativem und sozialen Wandel über die Ebenen *Akteurskonstellation*, deren *Kommunikationsformen* (interpersonal oder/und über Medien der öffentlichen Kommunikation) und die diversen *Medienensembles*, über die diese Kommunikation verläuft, vorschlägt. Hinzu kommt die Annahme, dass „Kommunikative Figurationen" sich auf eine „thematische Rahmung" beziehen. Eine solche könnte beispielsweise „Öffentlichkeit herstellen" (durch Kommunikatoren) oder „an Öffentlichkeit teilhaben" (durch Rezipienten) sein – wir wissen indes nicht zuletzt schon von den Klas-

---

1 Siehe etwa die Studien, die im SPP Mediatsierte Welten der DFG entstanden sind (vgl. Krotz/Hepp 2012; Krotz/Despotović/Kruse 2014).

2 Der Begriff der „Kommunikativen Figuration" ist dabei der Figurationssoziologie von Norbert Elias, einem weiteren Klassiker der Soziologie, entlehnt.

sikern, dass „Öffentlichkeit" sich *nur* über die interdependente Akteurskonstellation von Kommunikatoren *und* Rezipienten herstellt. Die Kommunikative Figuration kann also nicht von einem Akteurstypus allein bestritten werden.

Auch wenn uns die Klassiker kaum Hinweise auf die *Operationalisierung* von Akteurskonstellationen oder transmedialen Kommunikationsverläufen in heutigen Online-/Offline-Umgebungen liefern können, so legen wir selbst doch stillschweigend ihr geistiges Erbe immer noch zugrunde und stehen in diesem Sinne auf den „Schultern von Riesen" („standing on the shoulders of giants", Merton 1965): Wenn wir heute von einer „Akteurskonstellation" sprechen, kommen wir an der Frage, wie Akteure „handelnd zusammenwirken" (Schimank 2000: 173), weiterhin nicht an Max Webers Begriff sozialen Handelns, das (intentional) an anderen orientiert ist, vorbei. Und in der Frage, wie diese Akteure miteinander kommunizieren, sind wir weiter auf die Annahme angewiesen, dass sich dies über symbolische Aushandlungen in der Alltags- und Lebenswelt mit-, für- und gegeneinander handelnder, einander bekannter und unbekannter Menschen vollzieht, wie es Schütz und Luckmann ihrerseits in Anlehnung an Weber beschrieben haben (vgl. Kap. 6 dieses Buches).

Bibliografie

Albrecht, Richard (1991): Ferdinand Tönnies und der Kongress „Das freie Wort" 1933. Eine urkundliche Mitteilung. In: Lars Clausen und Carsten Schlüter (Hg.): Ausdauer, Geduld und Ruhe. Aspekte und Quellen der Tönnies-Forschung. Hamburg: Fechner, S. 291–294.

Altmeppen, Klaus-Dieter (2006): Ökonomisierung. In: Günter Bentele, Hans-Bernd Brosius und Otfried Jarren (Hg.): Lexikon Kommunikations- und Medienwissenschaft. Wiesbaden: VS, S. 208.

Altmeppen, Klaus-Dieter; Karmasin, Matthias; Rimscha, Björn von (2012): Die Ökonomie grenzüberschreitender Medienkommunikation. Ein Beitrag zum Verhältnis von Marktstrukturen und Medienmanagement in transnationaler Perspektive. In: Hartmut Wessler und Stefanie Averbeck-Lietz (Hg.): Grenzüberschreitende Medienkommunikation. Baden-Baden: Nomos, S. 40–58.

Anschlag, Dieter (1991): Zur Rezeptionsgeschichte von Ferdinand Tönnies' „Kritik der öffentlichen Meinung". Das Beispiel Baschwitz. In: Lars Clausen und Carsten Schlüter (Hg.): Ausdauer, Geduld und Ruhe. Aspekte und Quellen der Tönnies-Forschung. Hamburg: Fechner, S. 59–70.

Aranguren, José Luis L. (1967): Soziologie der Kommunikation. München: Kindler.

Arnold, Anne-Katrin (2007): Tönnies' Concept of Public Opinion and its Utility for the Academic Field. In: Javnost. The Public 14 (2), S. 7–30.

Arnold, Klaus; Behmer, Markus; Semrad, Bernd (Hg.) (2008): Kommunikationsgeschichte. Positionen und Werkzeuge. Ein diskursives Hand- und Lehrbuch. Münster: LIT.

Arnold, Klaus; Classen, Christoph; Kinnebrock, Susanne; Lersch, Edgar; Wagner, Hans-Ulrich (Hg.) (2010): Von der Politisierung der Medien zur Medialisierung des Politischen. Zum Verhältnis von Medien, Öffentlichkeiten und Politik im 20. Jahrhundert. Leipzig: Leipziger Universitätsverlag.

Averbeck, Stefanie (1997): Der Wissenschaftler. Kommunikation und Autorität. Leitlinien der Soziologie Ernst Manheims in sechs Jahrzehnten. In: Elisabeth Welzig (Hg.): Die Bewältigung der Mitte. Ernst Manheim: Soziologe und Anthropologe. Wien: Böhlau, S. 218–256.

Averbeck, Stefanie (1998): Ernst Manheims publizistische Soziologie. Eine vergessene Kommunikationstheorie und ihre Aktualität. In: Medien & Zeit 13 (2), S. 4–14.

Averbeck, Stefanie (1998): Zerfall der Öffentlichkeit? Sozialwissenschaftliche Diagnosen in der Zeit der Weimarer Republik. In: Otfried Jarren, Kurt Imhof und Roger Blum (Hg.): Zerfall der Öffentlichkeit. Wiesbaden: Westdeutscher Verlag, S. 97–111.

Averbeck, Stefanie (1999): Kommunikation als Prozess. Soziologische Perspektiven in der Zeitungswissenschaft 1927–1934. Münster: LIT.

Averbeck, Stefanie (2000): Ernest Manheim zum 100. Geburtstag (27. Jan. 2000). In: Kölner Zeitschrift für Soziologie und Sozialpsychologie 52 (2), S. 389–392.

Averbeck, Stefanie (2001): The Post-1933 Emigration of Communication Researchers from Germany. The Lost Works of the Weimar Generation. In: European Journal of Communication 16 (4), S. 451–475.

Averbeck, Stefanie (2002): Der Zeitungswissenschaftler Erich Everth (1878–1934). Eine Theorie der Öffentlichkeit und der Interessen. In: Stefanie Averbeck und Arnulf Kutsch (Hg.): Großbothener Vorträge zur Kommunikationswissenschaft. Bremen: Edition Lumière (Bd. 3), S. 9–32.

Averbeck, Stefanie (2005): Ernst Manheims „Träger der öffentlichen Meinung". Eine Theorie der Öffentlichkeit 30 Jahre vor Jürgen Habermas. In: Frank Baron, Charles Reitz und David Smith (Hg.): Authority, Culture and Communication. The Sociology of Ernest Manheim. Heidelberg: Synchron, S. 43–69.

Averbeck, Stefanie (2008): Zur Methodologie fach- und theoriehistorischer Forschung. Triadischer Epistemologiebegriff. In: Klaus Arnold, Markus Behmer und Bernd Semrad (Hg.):

Kommunikationsgeschichte. Positionen und Werkzeuge. Ein diskursives Hand- und Lehrbuch. Münster: LIT, S. 259 – 289.

Averbeck, Stefanie; Kutsch, Arnulf (2002): Thesen zur Geschichte der Zeitungs- und Publizistikwissenschaft. In: Medien & Zeit 17 (2 – 3), S. 17 – 27.

Averbeck, Stefanie; Kutsch, Arnulf (2000) (Hg.): Karl Jäger. Mitteilung statt Medium. Probleme, Methoden und Gegenstände der publizistischen Wissenschaft. Mit einer Einführung und einem Fachstichwort der Herausgeber. München: Reinhard Fischer.

Averbeck, Stefanie; Kutsch, Arnulf (2005): Zeitung, Werbung, Öffentlichkeit. Biographisch-systematische Studien zur Frühgeschichte der Kommunikationsforschung. Köln: Herbert von Halem.

Averbeck-Lietz, Stefanie (2010): Kommunikationstheorien in Frankreich. Der epistemologische Diskurs der Sciences de l'information et de la communication (SIC) 1975 – 2005. Berlin: Avinus.

Averbeck-Lietz, Stefanie (2014a): Understanding Mediatization in „First Modernity". Sociological Classics and their Perspectives on Mediated and Mediatized Societies. In: Knut Lundby (Hg.): Mediatization of Communication. Berlin: Walter de Gruyter, S. 109 – 130.

Averbeck-Lietz, Stefanie (2014b): Kurt Imhofs Diagnose vom „Neuen Strukturwandel der Öffentlichkeit". Gelesen aus der Perspektive der Fachgeschichte der Kommunikationswissenschaft und der Mediatisierungsforschung. In: Zeitschrift für Theoretische Soziologie 2 (2), S. 284 – 296.

Averbeck-Lietz, Stefanie (2014c): Transparenz, Verantwortung und Diskursivität als Herausforderungen einer Ethik der Online-Kommunikation. In: Arnulf Kutsch, Stefanie Averbeck-Lietz und Heinz Eickmans (Hg.): Kommunikation über Grenzen. Studien deutschsprachiger Kommunikationswissenschaftler zu Ehren von Prof. Dr. Joan Hemels. Münster: LIT, S. 79 – 108.

Averbeck-Lietz, Stefanie (Hg.) (2015a): Kommunikationswissenschaft im internationalen Vergleich. Transnationale Perspektiven. Wiesbaden: Springer VS [in Bearbeitung].

Averbeck-Lietz, Stefanie (2015b): Schnittstellen zwischen Kommunikationsgeschichte und Mediatisierungsforschung. Ein Beitrag zur theoretischen Fundierung kommunikationsgeschichtlicher Forschung. In: Susanne Kinnebrock, Christian Schwarzenegger und Thomas Birkner (Hg.): Theorien des Medienwandels. Köln: Herbert von Halem, S. 147 – 173.

Averbeck-Lietz, Stefanie; Piskol, Gerhard (2010): Frankreich. In: Christian Schicha und Carsten Brosda (Hg.): Handbuch Medienethik. Wiesbaden: VS, S. 486 – 497.

Averbeck-Lietz, Stefanie; Tomin, Marijana; Künzler, Thomas (2010): Thomas Luckmann (geb. 1927). Ein Klassiker der Kommunikationssoziologie für die Kommunikationswissenschaft. In: Medien & Kommunikationswissenschaft 58 (4), S. 563 – 580.

Averbeck-Lietz, Stefanie; Hepp, Andreas; Venema, Rebecca: Communicative Figurations of Financial Blogging: Deliberative and Moralizing Modes of Crisis Communication during the Eurocrisis. In: Mikkel Fugl Eskjær, Stig Hjarvard und Mette Mortensen: The Dynamics of Mediatized Conflicts. New York: Peter Lang 2015 [im Druck] (zugleich Arbeitspapier Nr. 7 Creative Unit, Exzellenzinitative Bremen „Kommunikative Figurationen: http://www.kommunikative-figurationen.de/de/publikationen/arbeitspapier-reihe-communicative-figurations.html)

Averbeck-Lietz, Stefanie; Klein, Petra; Meyen, Michael (Hg.): (2009): Historische und systematische Kommunikationswissenschaft. Festschrift für Arnulf Kutsch. Bremen: Edition Lumière.

Averbeck-Lietz, Stefanie; Meyen, Michael (Hg.) (2015): Handbuch nicht standardisierte Methoden in der Kommunikationswissenschaft. Wiesbaden: Springer VS (Zugleich Springer Reference http://link.springer.com/referencework/10.1007/978 – 3-658 – 05723 – 7/page/f/1).

Averbeck-Lietz, Stefanie; Sanko, Christina (2015): Praktischer Diskurs oder Moralisierung? Konzeption eines Forschungsprojektes und Fallstudie. In: Marlis Prinzing, Matthias Rath,

Christian Schicha und Ingrid Stapf (Hg.): Neuvermessung der Medienethik. Weinheim: Beltz-Juventa [im Druck].

Ayaß, Ruth (1997): „Das Wort zum Sonntag". Fallstudie einer kirchlichen Sendereihe. Stuttgart: Kohlhammer.

Ayaß, Ruth (2002): Zwischen Innovation und Repetition. Der Fernsehwerbespott als mediale Gattung. In: Herbert Willems (Hg.): Die Gesellschaft der Werbung. Kontexte und Texte. Produktionen und Produkte. Opladen: Westdeutscher Verlag, S. 155–171.

Ayaß, Ruth (2013): Positive Moralisierungen. In: Jörg Bergmann und Thomas Luckmann (Hg.): Kommunikative Konstruktion von Moral. Bd. 2. Neuauflage. Mannheim: Verlag für Gesprächsforschung, S. 289–339.

Ayaß, Ruth; Meyer, Christian (Hg.) (2012): Sozialität in Slow Motion: Theoretische und empirische Perspektiven. Festschrift für Jörg Bergmann. Wiesbaden: VS.

Bächtiger, André; Wyss, Dominik (2013): Empirische Deliberationsforschung – eine systematische Übersicht. In: Zeitschrift für vergleichende Politikwissenschaft 7 (2), S. 155–181.

Badura, Bernhard; Gloy, Klaus (Hg.) (1972): Soziologie der Kommunikation. Stuttgart: Fromann-Holzboog.

Bahmeie, Hossein (1997): Sicherheit, Autorität und Gesellschaft. Ernsts Manheimers Londoner Dissertation. In: Elisabeth Welzig (Hg.): Die Bewältigung der Mitte. Ernst Manheim: Soziologe und Anthropologe. Wien: Böhlau, S. 257–272.

Barbero, Jesus-Martín (2002): Identities: Traditions and New Communities. In: Media, Culture and Society 24 (5), S. 621–641.

Baron, Frank; Reitz, Charles; Smith, David (Hg.) (2005): Authority, Culture and Communication. The Sociology of Ernest Manheim. Heidelberg: Synchron.

Bastin, Gilles (2001): La presse au miroir du capitalisme moderne. Un projet d'enquête de Max Weber sur les journaux et les journalistes. In: Réseaux 19 (109), S. 173–195.

Bauer, Wilhelm (1914): Die Öffentliche Meinung und ihre gesellschaftlichen Grundlagen. Tübingen: Mohr Siebeck.

Baum, Achim (1994): Journalistisches Handeln. Eine kommunikationstheoretisch begründete Kritik der Journalismusforschung. Wiesbaden: Westdeutscher Verlag.

Bäumler, Helmut; Mutius, Albert von (Hg.) (2003): Anonymität im Internet. Grundlagen, Methoden, Tools zur Realisierung eines Grundrechtes. Wiesbaden: Vieweg.

Baynes, Kenneth (1994): Communicative Ethics, The Public Sphere and Communication Media. In: Critical Studies in Media and Communication 11 (4), S. 315–326.

Beck, Klaus (2006): Computervermittelte Kommunikation. München: Oldenbourg.

Beck, Klaus (2007): Kommunikationswissenschaft. Konstanz: UVK (UTB-Basics).

Beck, Klaus (2010a): Soziologie der Online-Kommunikation. In: Wolfgang Schweiger und Klaus Beck (Hg.): Handbuch Online-Kommunikation. Wiesbaden: VS, S. 15–35.

Beck, Klaus (2010b): Online-Ethik. In: Wolfgang Schweiger und Klaus Beck (Hg.): Handbuch Online-Kommunikation. Wiesbaden: VS, S. 131–155.

Beck, Klaus; Reineck, Dennis; Schubert, Christiane (2010): Journalistische Qualität in der Wirtschaftskrise. Konstanz: UVK (UTB).

Beckers, Thilo (2007): Integrationspotenziale öffentlicher Meinung. Von Ferdinand Tönnies zur Debatte um Liberalismus und Kommunitarismus. Saarbrücken: VDM.

Beetz, Michael (2005a): Die regulative Funktion der öffentlichen Meinung. Tönnies im theoretischen Vergleich. In: Fechner, Rolf; Clausen, Lars; Bammé, Arno (Hg.): Öffentliche Meinung zwischen neuer Wissenschaft und Religion. Ferdinand Tönnies „Kritik der öffentlichen Meinung" in der internationalen Diskussion. München, Wien: Profil Verlag, S. 147–164.

Beetz, Michael (2005b): Die Rationalität der Öffentlichkeit. Konstanz: UVK.

Behmer, Markus; Krotz, Friedrich; Winter, Carsten (Hg.) (2003): Medienentwicklung und gesellschaftlicher Wandel. Beiträge zu einer theoretischen und empirischen Herausforderung. Wiesbaden: Westdeutscher Verlag.

Beierwaltes, Andreas (2002): Demokratie und Medien. Der Begriff der Öffentlichkeit und seine Bedeutung für die Demokratie in Europa. Baden-Baden: Nomos.

Bellebaum, Alfred (1966): Das soziologische System von Ferdinand Tönnies unter besonderer Berücksichtigung seiner soziographischen Untersuchungen. Meisenheim am Glan: Anton Hein.

Bellebaum, Alfred (1976): Ferdinand Tönnies. In: Dirk Käsler (Hg.): Klassiker des soziologischen Denkens. Von Compte bis Durkheim. München: C. H. Beck, S. 232–266.

Benhabib, Seyla (1995): Selbst im Kontext. Gender Studies. Frankfurt a. M.: Suhrkamp.

Bentele, Günter; Seidenglanz, René (2005): Vertrauen und Glaubwürdigkeit. In: Günter Bentele, Romy Föhlich und Peter Szyska (Hg.): Handbuch der Public Relations. Wiesbaden: VS, S. 346–361.

Bentele Günter (2006): Public Relations. In: Günter Bentele, Hans-Bernd Brosius und Otfried Jarren (Hg.): Lexikon Kommunikations- und Medienwissenschaft. Wiesbaden: VS, S. 230–231.

Berger, Peter L.; Luckmann, Thomas (1994): Die gesellschaftliche Konstruktion der Wirklichkeit. Eine Theorie der Wissenssoziologie. 5. Aufl. Frankfurt a. M.: Fischer.

Berger, Peter L.; Luckmann, Thomas (2004): Die gesellschaftliche Konstruktion der Realität. Eine Theorie der Wissenssoziologie. 20. Aufl. Frankfurt a. M.: Fischer.

Bergmann, Jörg: Introduction: Morality in Discourse. In: Research on Language and Social Interaction 31 (3–4), S. 279–294.

Bergmann, Jörg; Luckmann, Thomas (Hg.) (1999): Kommunikative Konstruktion von Moral, Bd. 1. Opladen: Westdeutscher Verlag.

Bergmann, Jörg; Luckmann, Thomas (1999): Moral und Kommunikation. In: Jörg Bergmann und Thomas Luckmann (Hg.): Kommunikative Konstruktion von Moral, Bd. 1. Opladen: Westdeutscher Verlag, S. 13–38.

Bergmann, Jörg; Luckmann, Thomas (Hg.) (2013): Kommunikative Konstruktion von Moral, Bd. 2. Neuauflage. Mannheim: Verlag für Gesprächsforschung.

Bermbach, Udo (1995): Plädoyer für eine ungeteilte Öffentlichkeit. Anmerkungen zum „normativen Begriff der Öffentlichkeit" von Jürgen Habermas. In: Gerhard Göhler (Hg.): Macht der Öffentlichkeit – Öffentlichkeit der Macht. Baden-Baden: Nomos, S. 25–38.

Bickel, Cornelius (2008): Tönnies und Durkheim. In: Tönnies-Forum, 1/2, S. 133–150.

Bickel, Cornelius (2001): Tönnies, Ferdinand. Gemeinschaft und Gesellschaft. In: Sven Packe und Georg W. Oesterdiekhoff (Hg.): Schlüsselwerke der Soziologie. Wiesbaden: Westdeutscher Verlag, S. 488–491.

Biebricher, Thomas (2005): Selbstkritik der Moderne. Foucault und Habermas im Vergleich. Frankfurt a. M.: Campus.

Bieler, Denise (2010): Public Relations und Massenkommunikation. Einrichtung von Pressestellen um die Wende des 20. Jahrhunderts. Baden-Baden: Nomos.

Birkner, Thomas (2010): Das Jahrhundert des Journalismus – ökonomische Grundlagen und Bedrohungen. In: Publizistik 55 (1), S. 41–54.

Birkner, Thomas (2012): Das Selbstgespräch der Zeit. Die Geschichte des Journalismus in Deutschland 1605–1914. Köln: Herbert von Halem.

Blomert, Rainer (1999): Intellektuelle im Aufbruch. Karl Mannheim, Alfred Weber, Norbert Elias und die Heidelberger Sozialwissenschaften in der Zwischenkriegszeit. München: Carl Hanser.

Blum, Roger; Bonfadelli, Heinz; Imhof, Kurt (Hg.) (2011): Krise der Leuchttürme öffentlicher Kommunikation. Vergangenheit und Zukunft der Qualitätsmedien. Wiesbaden: VS.

Bobrowski, Manfred; Langebucher, Wolfgang R. (Hg.) (1987): Wege zur Kommunikationsgeschichte. München: Ölschläger.

Bohrmann, Hans (1986): Grenzüberschreitung? Zur Beziehung von Soziologie und Zeitungswissenschaft 1900–1960. In: Sven Papcke (Hg.): Ordnung und Theorie. Beiträge zur Geschichte der Soziologie in Deutschland. Darmstadt: Wissenschaftliche Buchgesellschaft, S. 93–112.

Bohrmann, Hans; Kutsch, Arnulf (1979): Pressegeschichte und Pressetheorie. Erich Everth (1878–1934). In: Publizistik 24 (3), S. 386–403.

Bolten, Jürgen (2007): Einführung in die interkulturelle Wirtschaftskommunikation. Göttingen: Vandenhoeck & Ruprecht (UTB).

Bond, Niall (2013): Understanding Ferdinand Tönnies' „Community and Society". Social Theory and Political Philosophy between Enlightened Liberal Individualism and Transfigured Community. Münster: LIT.

Bonß, Wolfgang; Dimbath, Oliver; Maurer, Andrea; Nieder, Ludwig; Pelizäus-Hofmeister, Helga; Schmid, Michael: Handlungstheorie. Eine Einführung. Bielefeld: transcript.

Böning, Holger (2002): Welteroberung durch ein neues Publikum. Die deutsche Presse und der Weg zur Aufklärung. Hamburg und Altona als Beispiel. Bremen: Edition Lumière.

Böning, Holger (2008): Ohne Zeitung keine Aufklärung. In: Astrid Blome und Holger Böning (Hg.): Presse und Geschichte. Leistungen und Perspektiven der historischen Presseforschung. Bremen: Edition Lumière, S. 141–178.

Böning, Holger (2009): Aufklärung für wen? Gedanken zu Universalismus und Adressaten der deutschen Volksaufklärung. In: Stefanie Averbeck-Lietz, Petra Klein und Michael Meyen (Hg.): Historische und systematische Kommunikationswissenschaft. Festschrift für Arnulf Kutsch. Bremen: Edition Lumière, S. 389–413.

Böning, Holger; Schmitt, Hanno; Siegert, Reinhart (Hg.): Volksaufklärung. Eine praktische Reformbewegung des 18. Und 19. Jahrhunderts. Bremen: Edition Lumière 2007.

Böning, Holger; Bouba, Aissatou; Körber, Esther et al. (2013): Deutsche Presseforschung. Geschichte und Forschungsprojekte des ältesten historischen Instituts der Universität Bremen. Bremen: Edition Lumière.

Böning, Holger; Schmitt, Hanno; Siegert, Reinhard (Hg.) (2007): Volksaufklärung. Eine praktische Reformbewegung des 18. und 19. Jahrhunderts. Bremen: Edition Lumière.

Bösch, Frank: Mediengeschichte. Frankfurt a. M.: Campus.

Bösch, Frank; Frei, Norbert (2006): Die Ambivalenz der Medialisierung. Eine Einführung. In: Frank Bösch und Norbert Frei (Hg.): Medialisierung und Politik im 20. Jahrhundert. Göttingen: Wallstein, S. 7–23.

Branahl, Uwe (2006): Medienrecht. Eine Einführung. 5. vollst. überarb. Aufl. Wiesbaden: VS.

Brosda, Carsten (2008): Diskursiver Journalismus. Journalistisches Handeln zwischen kommunikativer Vernunft und mediensystemischem Zwang. Wiesbaden: VS.

Brosda, Carsten (2010): Diskursethik. In: Christian Schicha und Carsten Brosda (Hg.): Handbuch Medienethik. Wiesbaden: VS, S. 83–106.

Brunckhorst, Hauke; Kreide, Regina; Lafont, Christina (Hg.): Habermas Handbuch. Stuttgart: J. B. Metzler.

Bruns, Axel (2005): Gatewatching. Collaborative Online News Production. New York, Washington: Peter Lang.

Bücher, Karl (1915): Die deutsche Tagespresse und die Kritik. Tübingen: Mohr.

Bücher, Karl (2001): Die Grundlagen des Zeitungswesens. In: Horst Pöttker (Hg.): Öffentlichkeit als gesellschaftlicher Auftrag. Klassiker der Sozialwissenschaft über Journalismus und Medien. Konstanz: UVK, S. 164–216.

Burkart, Roland (2002): Kommunikationswissenschaft. Grundlagen und Problemfelder. Umrisse einer interdisziplinären Sozialwissenschaft. 4., überarb. und aktualisierte Aufl. Wien: Böhlau (UTB).

Burkart, Roland (2013): Normativität in der Kommunikationstheorie. In: Matthias Karmasin,
    Matthias Rath und Barbara Thomaß (Hg.): Normativität in der Kommunikationswissenschaft.
    Wiesbaden: Springer VS, S. 133–150.
Burke, Peter (2000): Kultureller Austausch. Frankfurt: Suhrkamp.
Bussemer, Thymian (2005): Propaganda. Konzepte und Theorien. Wiesbaden: Westdeutscher
    Verlag.
Calhoun, Craig (Hg.) (1992): Habermas and the Public Sphere. Cambridge: The MIT Press.
Calhoun, Craig (1992): Preface. In: Craig Calhoun (Hg.): Habermas and the Public Sphere.
    Cambridge: The MIT Press, S. vii–ix.
Carey, James W. (1992): Communication as Culture. Essays on Media and Society. New York,
    London: Routledge.
Carstens, Uwe (2005): Ferdinand Tönnies. Friese und Weltbürger. Eine Biografie. Norderstedt: Books
    on Demand.
Carstens, Uwe (2008): Der internationale Tönnies. In: Tönnies-Forum, 1/2, S. 125–133.
Castells, Manuel (2012): Networks of Outrage and Hope: Social Movements in the Internet Age.
    Cambridge: Polity Press.
Clausen, Lars; Borries, Volker et al. (Hg.) (1985): Tönnies heute. Zur Aktualität von Ferdinand
    Tönnies. Kiel: Walter G. Mühlau.
Clausen, Lars; Deichsel, Alexander; Bickel, Cornelius; Schlüter-Knauer, Carsten; Carstens, Uwe (Hg.)
    (1998 ff.): Ferdinand Tönnies Gesamtausgabe TG. Berlin, New York: Walter de Gruyter.
Clausen, Lars; Pappi, Franz Urban (Hg.) (1981): Ankunft bei Tönnies. Soziologische Beiträge zum
    125. Geburtstag von Ferdinand Tönnies. Hamburg: Walter G. Mühlau.
Clausen, Lars; Schlüter, Carsten (Hg.) (1991): Ausdauer, Geduld und Ruhe. Aspekte und Quellen der
    Tönnies-Forschung. Hamburg: Fechner.
Clausen, Lars; Schlüter, Carsten (Hg.) (1991): Hundert Jahre „Gemeinschaft und Gesellschaft".
    Ferdinand Tönnies in der internationalen Diskussion. Opladen: Leske + Budrich.
Dahlberg, Lincoln (2014): The Habermassian Public Sphere and Exclusion. An Engagement with
    Poststructuralist-Influenced Critics. In: Communication Theory 24 (1), S. 24–41.
Dahlgren, Peter (2002): In Search of the Talkative Public. Media, Deliberative Democracy and Civic
    Culture. In: Javnost. The Public 9, 2002 (3), S. 5–26.
Dahlgren, Peter (2009): Media and Political Engagement. Citizens, Communication and Democracy.
    Cambridge: Cambridge University Press.
Dahlgren, Peter (2013): The Political Web: Media, Participation and Alternative Democracy. New
    York: Palgrave McMillan.
Debatin, Bernhard (2005): Verantwortung im Medienhandeln. Medienethische und
    handlungstheoretische Überlegungen zum Verhältnis von Freiheit und Verantwortung in der
    Massenkommunikation. In: Wolfgang Wunden (Hg.): Freiheit und Medien. Münster: LIT,
    S. 113–130.
Debatin, Bernhard (2011): Ethical Implications of Blogging. In: Robert Fortner (Hg.): The Handbook
    of Global Communication and Media Ethics. London: Blackwell, S. 823–843.
Debatin, Bernhard; Funiok, Rüdiger (Hg.) (2003): Kommunikations- und Medienethik. Konstanz:
    UVK.
Deetjen, Gottfried (1987): Kulturelle Indikatoren und die symboltheoretischen Überlegungen von
    Ferdinand Tönnies als Element eines inhaltsanalytischen Instruments zu ihrer Messung. In:
    Manfred Bobrowski und Wolfgang R. Langebucher (Hg.): Wege zur Kommunikationsgeschichte.
    München: Ölschläger, S. 200–222.
Deetjen, Gottfried (1991): Tönnies' kommunikationssoziologischer Beitrag zum Konzept der
    Doppelfunktionalität der Massenmedien. In: Lars Clausen und Carsten Schlüter (Hg.):
    Ausdauer, Geduld und Ruhe. Aspekte und Quellen der Tönnies-Forschung. Hamburg: Fechner,
    S. 59–70.

Deichsel, Alexander (1985): Das Soziale bei Ferdinand Tönnies. Begriff und Gegenstand einer strengeren Soziologie. In: Lars Clausen und Volker von Borries et al. (Hg.): Tönnies heute. Zur Aktualität von Ferdinand Tönnies. Kiel: Walter G. Mühlau, S. 49 – 66.

Deichsel, Alexander (1988): Das Soziale in der Wechselwirkung. Ferdinand Tönnies und Georg Simmel als lebendige Klassiker. In: Otthein Rammstedt (Hg.): Simmel und die frühen Soziologen. Nähe und Distanz zu Durkheim, Tönnies und Max Weber. Frankfurt a. M.: Suhrkamp, S. 64 – 85.

Deichsel, Alexander (2002): Vorwort. In: Alexander Deichsel, Rolf Fechner und Rainer Waßner (Hg.): Ferdinand Tönnies Gesamtausgabe TG, Bd. 14. 1922 (Kritik der öffentlichen Meinung). Berlin, New York: de Gruyter, S. XI–XXII.

Deichsel, Alexander; Fechner, Rolf; Waßner, Rainer (2002): Editorischer Bericht. In: Alexander Deichsel, Rolf Fechner und Rainer Waßner (Hg.): Ferdinand Tönnies Gesamtausgabe, Bd. 14. 1922 (Kritik der öffentlichen Meinung). Berlin, New York: de Gruyter, S. 683 – 697.

Deitelhoff, Nicole (2005): Theoretical Paradise lost? Arguing with Habermas. In: Review of International Studies 31 (1), S. 167 – 179.

Delporte, Christian (1999): Les journalistes en France 1880–1950. Naissance et construction d'une profession. Paris: Le Seuil.

Deutschmann, Kathleen (2008): Journalistenverbände und Professionalisierung. Der Verband der Rheinisch-Westfälischen Presse im ersten Drittel des 20. Jahrhunderts. In: Stefanie Averbeck, Arnulf Kutsch und Susanne Voigt (Hg.): Großbothener Vorträge zur Kommunikationswissenschaft, Bd. VIII. Bremen: Edition Lumière, S. 95 – 127.

DGPuK (2008): Kommunikation und Medien in der Gesellschaft. Leistungen der Kommunikations- und Medienwissenschaft. Eckpunkte für das Selbstverständnis der Kommunikations- und Medienwissenschaft. http://www.dgpuk.de/uber-die-dgpuk/selbstverstandnis/ (3. 4. 2015)

Donges, Patrick (2006): Mediatisierung. In: Günter Bentele, Hans-Bernd Brosius und Otfried Jarren (Hg.): Lexikon Kommunikations- und Medienwissenschaft. Wiesbaden: VS, S. 164 – 165.

Donges, Patrick (2008): Medialisierung politischer Organisationen. Parteien in der Mediengesellschaft. Wiesbaden: VS.

Dovifat, Emil (1931): Zeitungswissenschaft, Bd. 1 (Allgemeine Zeitungslehre), Bd. 2 (Praktische Zeitungslehre). Berlin: Walter de Gruyter.

Dreher, Jochen (2007): Lebenswelt, Identität und Gesellschaft – Sozialtheoretische Reflexionen zwischen Phänomenologie, Wissenssoziologie und empirischer Forschung. In: Thomas Luckmann (Hg.): Lebenswelt, Identität und Gesellschaft. Konstanz: UVK, S. 7 – 23.

Dröge, Franz (1993): Über historische Modellkonstruktionen. In: Arnulf Kutsch, Christina Holtz-Bacha und Franz Stuke (Hg.): Rundfunk im Wandel. Festschrift für Winfried B. Lerg. Berlin: Vistas, S. 31 – 44.

Dubiel, Helmut (1988): Kritische Theorie der Gesellschaft. Weinheim, München: Juventa.

Duchkowitsch, Wolfgang (Hg.) (2004): Die Spirale des Schweigens. Zum Umgang mit der nationalsozialistischen Zeitungswissenschaft. Münster: LIT.

Dussel, Konrad (2011): Deutsche Tagespresse im 19. und 20. Jahrhundert. Münster: LIT.

Eliot, Lise (2001): Was geht da drinnen vor? Die Gehirnentwicklung in den ersten fünf Lebensjahren. 3. Auf. Berlin: Berlin Verlag.

Engesser, Sven (2011): Die Qualität des partizipativen Journalismus im Web. Bausteine für ein integratives theoretisches Konzept und eine explanative Analyse. Wiesbaden: Springer VS.

Esser, Hartmut (1984): Figurationssoziologie und methodologischer Individualismus. In: Kölner Zeitschrift für Soziologie und Sozialpsychologie 36 (4), S. 667 – 702.

Faßler, Manfred (1997): Was ist Kommunikation? 2. überarb. Neuaufl. München: Wilhelm Fink (UTB).

Fechner, Rolf (1985): Die Geburt des Sozialen aus dem Willen. In: Lars Clausen und Volker von Borries et al. (Hg.): Tönnies heute. Zur Aktualität von Ferdinand Tönnies. Kiel: Walter G. Mühlau, S. 30 – 48.

Fechner, Rolf; Clausen, Lars; Bammé, Arno (Hg.) (2005): Öffentliche Meinung zwischen neuer Wissenschaft und Religion. Ferdinand Tönnies „Kritik der öffentlichen Meinung" in der internationalen Diskussion. München, Wien: Profil Verlag.

Fellmann, Ferdinand (2006): Phänomenologie zur Einführung. Hamburg: Junius.

Fiedler, Anke (2014a): Gute Nachrichten für die SED. Medienlenkung in der DDR als politische Öffentlichkeitsarbeit. In: Medien & Zeit 29 (2), S. 46–85.

Fiedler, Anke (2014b): Medienlenkung in der DDR. Köln, Weimar, Wien.

Fraas, Claudia; Meier, Stefan; Pentzold, Christian (2012): Online-Kommunikation. Grundlagen, Praxisfelder und Methoden. München: Oldenbourg.

Fraas, Claudia; Meier, Stefan; Pentzold, Christian (Hg.) (2013): Online-Diskurse. Theorien und Methoden transmedialer Online-Diskursforschung. Köln: Herbert von Halem.

Fraser, Nancy (1992): Rethinking the Public Sphere: A Contribution to the Critique of Actually Existing Democracy. In: Craig Calhoun (Hg.): Habermas and the Public Sphere. Cambridge: The MIT Press, S. 109–142.

Fraser, Nancy (2007): Transnationalizing the Public Sphere. On the Legitimacy and Efficacy of Public Opinion in a Post-Westphalian World. In: Theory, Culture & Society 24 (4), 7–30.

Frerichs, Klaus (1991): Sitte, Gesetz und Bedeutung. Eine semiotisch-logische Denkfigur bei Ferdinand Tönnies und Ludwig Wittgenstein. In: Lars Clausen und Carsten Schlüter (Hg.): Hundert Jahre „Gemeinschaft und Gesellschaft". Ferdinand Tönnies in der internationalen Diskussion. Opladen: Leske + Budrich, S. 267–285.

Friemel, Thomas N. (2013): Sozialpsychologie der Mediennutzung. Motive, Charakteristiken und Wirkungen interpersonaler Kommunikation über massenmediale Inhalte. Konstanz: UVK.

Früh, Werner (2002): Unterhaltung durch das Fernsehen. Eine molare Theorie. Konstanz: UVK.

Funiok, Rüdiger (2007): Medienethik. Verantwortung in der Mediengesellschaft. Stuttgart: Kohlhammer.

Gebhardt, Julian (Hg.) (2008): Telekommunikatives Handeln im Alltag. Eine sozialphänomenologische Analyse interpersonaler Medienkommunikation. Wiesbaden: VS.

Geffrath, Mathias (1981): Der analytische Geist der Deutschen Wissenschaft nicht der spekulative hat mich beeindruckt: Ein Gespräch mit Ernest Manheim. In: Rainer M. Lepsius (Hg.): Soziologie in Deutschland und Österreich 1918–1945. Opladen: Westdeutscher Verlag (Kölner Zeitschrift für Soziologie und Sozialpsychologie, Sonderheft 23), S. 308–323.

Gentzel, Peter; Koenen, Erik: Moderne Kommunikationswelten: von den ‚papiernen Fluten' zur ‚Mediation of Everything'. Ein Beitrag zur disziplinär-kognitiven Identität des kommunikationswissenschaftlichen Forschungsfeldes ‚Mediatisierte Kommunikation'. In: Medien & Kommunikationswissenschaft 60 (2), S. 197–217.

Gerhards, Jürgen (1996): Reder, Schweiger, Anpasser und Missionare. Eine Typologie öffentlicher Kommunikationsbereitschaft und ein Beitrag zur Theorie der Schweigespirale. In: Publizistik 41 (1), S. 1–14.

Gerhards, Jürgen (1998): Konzeptionen von Öffentlichkeit unter heutigen Medienbedingungen. In: Otfried Jarren und Friedrich Krotz (Hg.): Öffentlichkeit unter Viel-Kanal-Bedingungen. Baden-Baden: Nomos, S. 25–48.

Gerhards, Jürgen; Neidhardt, Friedhelm (1990): Strukturen und Funktionen moderner Öffentlichkeit. Fragestellungen und Ansätze. Berlin: WZB.

Gerhards, Jürgen; Neidhardt, Friedhelm; Rucht, Dieter (1998): Zwischen Diskurs und Palaver. Strukturen öffentlicher Meinungsbildung am Beispiel des Abtreibungsdiskurses in der Bundesrepublik. Opladen: Westdeutscher Verlag.

Gerhards, Jürgen; Schäfer, Mike S. (2010): Is the Internet a Better Public Sphere? Comparing Old and New Media in the USA and Germany. In: New Media & Society 12 (1), S. 143–160.

Gertenbach, Lars; Kahlert, Heike (Hg.) (2009): Soziologische Theorien. München: Wilhelm Fink (UTB).

Geserick, Rolf (1989): 40 Jahre Presse, Rundfunk und Kommunikationspolitik in der DDR. München: Minerva.

Giddens, Anthony (1997): Die Konstitution der Gesellschaft. Grundzüge einer Theorie der Strukturierung. Frankfurt a. M., New York: Campus.

Gimmler, Antje (1998): Institution und Individuum. Zur Institutionentheorie von Max Weber und Jürgen Habermas. Frankfurt a. M.: Campus Verlag.

Göhler, Gerhard (Hg.) (1995): Macht der Öffentlichkeit – Öffentlichkeit der Macht. Baden-Baden: Nomos.

Goode, Luke (2005): Jürgen Habermas. Democracy and the Public Sphere. London: Pluto Press.

Göppner, Susen (2005): Die Zeitungswissenschaft an der Universität Zürich bis 1945. Institutionalisierung und theoretische Ansätze. In: Edzard Schade (Hg.): Publizistikwissenschaft und öffentliche Kommunikation. Konstanz: UVK, S. 47–68.

Göttlich, Udo (2006): Die Kreativität des Handelns in der Medienaneignung. Zur handlungstheoretischen Kritik der Wirkungs- und Rezeptionsforschung. Konstanz: UVK.

Greven, Michael Thomas (1991): Geschlechterpolarität und „Theorie der Weiblichkeit" im Werk von Ferdinand Tönnies. In: Lars Clausen und Carsten Schlüter (Hg.): Hundert Jahre „Gemeinschaft und Gesellschaft". Ferdinand Tönnies in der internationalen Diskussion. Opladen: Leske + Budrich, S. 357–374.

Groth, Otto (1915): Die politische Presse Württembergs. Stuttgart: Scheufele.

Groth, Otto (1928–1930): Die Zeitung. Ein System der Zeitungskunde. 4 Bände. Leipzig: Bensheimer.

Groth, Otto (1948): Die Geschichte der Deutschen Zeitungswissenschaft. München: Conrad Weinmayer.

Gudykunst, William B. (2005): Theorizing About Intercultural Communication. Thousand Oaks: SAGE.

Gunaratne, Shelton A. (2006): Public Sphere and Communicative Rationality. Interrogating Habermas' Eurocentrism. In: Journalism & Communication Monographs 8 (2), S. 93–156.

Günther, Klaus (1988): Der Sinn für Angemessenheit. Anwendungsdiskurse in Recht und Moral. Frankfurt a. M.: Suhrkamp.

Günthner, Susanne; Luckmann, Thomas (2001): Asymetrics of Knowledge in Intercultural Communication. The Relevance of Cultural Repertoires of Communicative Genres. In: Aldo Di Luzio, Susanne Günthner und Franca Orletti (Hg.): Communication in Culture. Analysis of Intercultural Situations. Amsterdam: John Benjamins Publishing Company, S. 55–87.

Habermas, Jürgen (1985): Der philosophische Diskurs der Moderne. Frankfurt a. M.: Suhrkamp.

Habermas, Jürgen (1988): Theorie des kommunikativen Handelns. 2 Bde. Frankfurt a. M.: Suhrkamp Verlag.

Habermas, Jürgen (1996 [1992]): Strukturwandel der Öffentlichkeit. 5. Aufl. Frankfurt a. M. (mit einem Vorwort von 1990). Frankfurt a. M.: Suhrkamp.

Habermas, Jürgen (1998): Faktizität und Geltung. Beiträge zu einer Diskurstheorie des Rechts und des demokratischen Rechtsstaates. Frankfurt a. M.: Suhrkamp.

Habermas, Jürgen (2001): Glauben und Wissen. Dankesrede zum Friedenspreis des Deutschen Buchhandels. Frankfurt a. M.: Börsenverein des Deutschen Buchhandels.

Habermas, Jürgen (2007): Kommunikative Rationalität und grenzüberschreitende Politik – Eine Replik. In: Peter Niesen und Benjamin Herborth (Hg.): Anarchie der kommunikativen Freiheit. Jürgen Habermas und die Theorie der internationalen Politik. Frankfurt a. M.: Suhrkamp, S. 406–459.

Habermas, Jürgen (2009): Diskursethik. Notizen zu einem Begründungsprogramm. In: Jürgen Habermas (Hg.): Diskursethik, Bd. 3. Frankfurt a. M.: Suhrkamp, S. 31–115.

Habermas, Jürgen (2009): Es beginnt mit dem Zeigefinger. In: Die Zeit, 22.12.2009. http://www.zeit.de/2009/51/Habermas-Tomasello (21.11.2014).

Habermas, Jürgen (2010): Keine Demokratie kann sich das leisten. Medien, Märkte, Konsumenten. Ein Essay. In: Süddeutsche Zeitung, 19. 05. 2010. http://www.sueddeutsche.de/kultur/juergen-habermas-keine-demokratie-kann-sich-das-leisten-1.892340 (16. 3. 2015)

Habermas, Jürgen (2013): Die Zukunft der menschlichen Natur. Auf dem Weg zu einer liberalen Eugenik? Frankfurt a. M.: Suhrkamp.

Hachmeister, Lutz (1987): Theoretische Publizistik. Studien zur Geschichte der Kommunikationswissenschaft in Deutschland. Berlin: Volker Spiess.

Hagemann, Walter (1948): Publizistik im Dritten Reich. Ein Beitrag zur Methodik der Massenführung. Hamburg: Hamburgischer Gildenverlag.

Hall, Edward T. (1983): The Dance of Life. The Other Dimension of Time. New York: Random House.

Hall, Stuart (1973): Encoding and Decoding in the Television Discourse. Paper for Council of Europe Colloque on Training in the Critical Reading of Televisual Language. CCCS. Birmingham (Stencilled Occasional Paper, 7, Media Series).

Haller, Michael (2004): Die Idee des neutralen Beobachters. Über das Paradigma des modernen Informationsjournalismus und die damit verbundenen Probleme. In: Michael Haller und Freimut Duve (Hg.): Leitbild Unabhängigkeit. Zur Sicherung publizistischer Verantwortung. Konstanz: UVK, S. 13–30.

Hallin, Daniel; Mancini, Paolo (2004): Comparing Media Systems. Three Models of Media and Politics. Cambridge: Cambridge University Press.

Hanitzsch, Thomas; Wahl-Jorgensen, Karin (2009): Comparative Journalism Studies. In: Thomas Hanitzsch und Karin Wahl-Jorgensen (Hg.): Handbook of Journalism Studies. New York: Routledge, S. 413–428.

Hardt, Hanno (2001): Social theories of the press. Constituents of communication research, 1840 s to 1920 s. 2nd ed. Lanham: Rowman & Littlefield.

Hardt, Hanno; Splichal, Slavko (Hg.) (2000): Ferdinand Tönnies on Public Opinion. Selection and Analysis. Lanham: Rowman & Littlefield.

Heberle, Klaus H. (1981): Ferdinand Tönnies: politischer Publizist. In: Lars Clausen und Franz Urban Pappi (Hg.): Ankunft bei Tönnies. Soziologische Beiträge zum 125. Geburtstag von Ferdinand Tönnies. Hamburg: Walter G. Mühlau, S. 241–249.

Heberle, Rudolf (1981): Geleitwort zur Neuausgabe. In: Ferdinand Tönnies (Hg.): Einführung in die Soziologie. 2. unveränderte Aufl. Stuttgart: Enke, S. XI–XIX.

Heeg, Andreas (2002): Ethische Verantwortung in der globalisierten Ökonomie. Rekonstruktion der Unternehmensethikansätze von Horst Steinmann, Peter Ulrich, Karl Homann und Josef Wieland. Frankfurt a. M.: Peter Lang.

Heesen, Jessica (2008): Medienethik und Netzkommunikation. Öffentlichkeit in der individualisierten Mediengesellschaft. Frankfurt a. M.: Humanities Online.

Heilbutt, Anthony (1991): Kultur ohne Heimat. Deutsche Emigranten in den USA nach 1930. Hamburg: Rowohlt.

Heinrich, Jürgen (2010): Mediensystem. Zeitung, Zeitschrift, Anzeigenblatt. 3. Aufl. Wiesbaden: VS.

Hennis, Wilhelm (1998): The Media as a Cultural Problem. Max Webers Sociology of the Press. In: History of the Human Sciences 11 (2), S. 107–110.

Hepp, Andreas (2003): „Kulturbedeutung" und „Kulturmacht": Spuren von Translokalität in der frühen deutschsprachigen Medienkulturforschung. In: Markus Behmer, Friedrich Krotz und Carsten Winter (Hg.): Medienentwicklung und gesellschaftlicher Wandel. Beiträge zu einer theoretischen und empirischen Herausforderung. Wiesbaden: Westdeutscher Verlag, S. 121–134.

Hepp, Andreas (2004): Cultural Studies und Medienanalyse. Eine Einführung. 2. Aufl. Wiesbaden: VS.

Hepp, Andreas (2011): Medienkultur. Die Kultur mediatisierter Welten. Wiesbaden: VS.

Hepp, Andreas (2015): Kommunikative Figurationen. Zur Beschreibung der Transformation mediatisierter Gesellschaften und Kulturen. In: Susanne Kinnebrock, Christian Schwarzenegger und Thomas Birkner (Hg.): Theorien des Medienwandels. Köln: Herbert von Halem, S. 161–188.

Hepp, Andreas; Brüggemann, Michael; Kleinen von Königslöw, Katharina; Lingenberg, Swantje und Möller, Johanna (2012): Politische Diskurskulturen in Europa: die Mehrfachsegmentierung europäischer Öffentlichkeit. Wiesbaden: VS.

Hepp, Andreas; Hasebrink, Uwe (2014): Kommunikative Figurationen. Ein Ansatz zur Analyse der Transformation mediatisierter Gesellschaften und Kulturen. In: Birgit Stark, Oliver Quiring und Nikolaus Jackob (Hg.): Von der Gutenberg-Galaxis zur Google-Galaxis. Alte und neue Grenzvermessungen nach 50 Jahren DGPuK. Konstanz: UVK, S. 343–360.

Heuser, Joachim (1994): Zeitungswissenschaft als Standespolitik. Martin Mohr und das „Deutsche Institut für Zeitungskunde" in Berlin. Münster: LIT.

Hjarvard, Stig (2008): The Mediatization of Society. A Theory of the Media as Agents of Social and Cultural Change. In: Nordicom Review 29 (2), S. 105–134.

Hölscher, Lucian (1979): Öffentlichkeit und Geheimnis. Eine begriffsgeschichtliche Untersuchung zur Entstehung der Öffentlichkeit in der frühen Neuzeit. Stuttgart: Klett-Cotta.

Holtz-Bacha, Christina; Kutsch, Arnulf (Hg.) (2002): Schlüsselwerke für die Kommunikationswissenschaft. Wiesbaden: Westdeutscher Verlag.

Holzweissig, Günther (1999): Massenmedien in der DDR. In: Jürgen Wilke (Hg.): Kommunikationsgeschichte der Bundesrepublik Deutschland. Bonn: Bundeszentrale für politische Bildung, S. 573–601.

Honneth, Axel (1994): Das Andere der Gerechtigkeit. Habermas und die ethische Herausforderung der Postmoderne. In: Deutsche Zeitschrift für Philosophie 42 (2), S. 195–220.

Honneth, Axel et al. (2008): Diskussion. In: Christoph Menke und Juliane Rebentisch (Hg.): Axel Honneth. Gerechtigkeit und Gesellschaft. Potsdamer Seminar. Berlin: Berliner Wissenschafts-Verlag, S. 55–57.

Horster, Detlef (1999): Jürgen Habermas. Zur Einführung. Hamburg: Junius.

Howard, Perry H. (1991): Tönnies and Habermas. The Telos of Community, Public Opinion and the Public Sphere. In: Lars Clausen und Carsten Schlüter (Hg.): Hundert Jahre „Gemeinschaft und Gesellschaft". Ferdinand Tönnies in der internationalen Diskussion. Opladen: Leske + Budrich, S. 419–438.

Imhof, Kurt (2003): Öffentlichkeitstheorien. In: Günter Bentele, Hans-Bernd Brosius und Otfried Jarren (Hg.): Öffentliche Kommunikation. Handbuch Kommunikations- und Medienwissenschaft. Wiesbaden: Westdeutscher Verlag, S. 193–209.

Imhof, Kurt (2006a): Mediengesellschaft und Medialisierung. In: Medien & Kommunikationswissenschaft 54 (2), S. 191–215.

Imhof, Kurt (2006b): Die Diskontinuität der Moderne. Zur Theorie des sozialen Wandels. Frankfurt a. M.: Campus Verlag.

Imhof, Kurt (2006c): Der normative Horizont der Freiheit. „Deliberation" und „Öffentlichkeit": zwei zentrale Begriffe der Kommunikationswissenschaft. Universität Zürich. Forschungsbereich Öffentlichkeit und Gesellschaft. Zürich (fög discussion papers). http://jahrbuch.foeg.uzh.ch/publikationen/discussion%20papers/Horizont_der_Freiheit.pdf (15. 2. 2012)

Imhof, Kurt (2011): Die Krise der Öffentlichkeit. Kommunikation und Medien als Faktoren des sozialen Wandels. Frankfurt a. M.: Campus.

Imhof, Kurt (2014): Der dünne Firnis der Zivilisation. Krisen in der Öffentlichkeit und die Krise der Öffentlichkeit. In: Zeitschrift für Theoretische Soziologie 3 (2), S. 304–338.

Jäckel, Michael (1999): Medienwirkungen. Ein Studienbuch zur Einführung. Opladen: Westdeutscher Verlag.

Jäckel, Michael; Grund, Thomas (2005): Eine Mediensoziologie – aus der Sicht der Klassiker. In: Michael Jäckel (Hg.): Mediensoziologie. Grundfragen und Problemfelder. Wiesbaden: VS, S. 15 – 32.

Jäger, Wieland; Baltes-Schmitt, Marion (Hg.) (2003): Jürgen Habermas. Einführung in die Theorie der Gesellschaft. Wiesbaden: Westdeutscher Verlag.

Jarren, Otfried; Bonfadelli, Heinz (Hg.) (2001): Einführung in die Publizistikwissenschaft. Bern: Haupt.

Jarren, Otfried; Vogel, Martina (2011): „Leuchttürme" als Qualitätsmedien. Theoretisches Konzept und Indikatoren. In: Roger Blum, Heinz Bonfadelli und Kurt Imhof (Hg.): Krise der Leuchttürme öffentlicher Kommunikation. Vergangenheit und Zukunft der Qualitätsmedien. Wiesbaden: VS, S. 17 – 29.

Joußen, Wolfgang (1990): Massen und Kommunikation. Zur soziologischen Kritik der Wirkungsforschung. Weinheim: VCH..

Kaesler, Dirk (1985): Soziologische Abenteuer. Earle Edward Eubank besucht europäische Soziologen im Sommer 1934. Opladen: Westdeutscher Verlag.

Kaesler, Dirk (1991): Erfolg eines Missverständnisses? Zur Wirkungsgeschichte von „Gemeinschaft und Gesellschaft" in der frühen deutschen Soziologie. In: Lars Clausen und Carsten Schlüter (Hg.): Hundert Jahre „Gemeinschaft und Gesellschaft". Ferdinand Tönnies in der internationalen Diskussion. Opladen: Leske + Budrich, S. 517 – 526.

Kaesler, Dirk (1995): Max Weber. Eine Einführung in Leben, Werk und Wirkung. Frankfurt a. M.: Campus.

Kaesler, Dirk (Hg.) (1999): Klassiker der Soziologie, Bd. 1: Von Auguste Comte bis Norbert Elias. München: C. H. Beck.

Kaesler, Dirk (1999): Max Weber (1864 – 1920). In: Dirk Kaesler (Hg.): Klassiker der Soziologie. Von Auguste Comte bis Norbert Elias, Bd. 1. München: C. H. Beck, S. 190 – 212.

Kaesler, Dirk (Hg.) (2005): Aktuelle Theorien der Soziologie. C. H. Beck: München.

Kaesler, Dirk (2015): Der Traum von der Herrschaft der Literaten. Max Weber über China. In: Siegfried Weischenberg und Dirk Kaesler (Hg.): Max Weber, China und die Medien. Zwei Studien zum 150. Geburtstag des Soziologen. Wiesbaden: Springer VS, S. 13 – 27.

Kapp, Wilhelm (1934): Rezension von Ernst Manheim: Die Träger der öffentlichen Meinung. In: Zeitungswissenschaft 9 (4), S. 189 – 192.

Karmasin, Matthias; Rath, Matthias; Thomaß, Barbara (Hg.) (2013): Normativität in der Kommunikationswissenschaft. Wiesbaden: Springer VS.

Karmasin, Matthias; Rath, Matthias; Thomaß, Barbara (Hg.) (2014): Kommunikationswissenschaft als Integrationsdisziplin. Wiesbaden: Springer VS.

Katz, Elihu; Lazarsfeld, Paul (1955): Personal Influence. The Part played by People in the Flow of Mass Communication. Glencoe: The Free Press.

Katz, Elihu; Blumer Jay G. (1974): The Uses of Mass Communications. Current Perspectives on Gratifications Research. London: SAGE.

Katz, Elihu; Durham Peters, John; Liebes, Tamar; Orloff, Avril (Hg.) (2003): Canonic Texts in Media Research. Are there any? Should there be? How about these? London: Polity.

Katz, Elihu; Durham Peters, John; Liebes, Tamar; Orloff, Avril (2003): Introduction. Shoulders to stand on. In: Elihu Katz, John Durham Peters, Tamar Liebes und Avril Orloff (Hg.): Canonic Texts in Media Research. Are there any? Should there be? How about these? London: Polity, S. 1 – 8.

Keller, Reiner; Knoblauch, Hubert; Reichertz, Jo (Hg.) (2013): Kommunikativer Konstruktivismus. Theoretische und empirische Arbeiten zu einem neuen wissenssoziologischen Ansatz. Wiesbaden: Springer VS.

Keller, Reiner; Truschkat, Inga (Hg.) (2012): Methodologie und Praxis der wissenssoziologischen Diskursanalyse. Wiesbaden: VS.

Keppler, Angela (1994): Wirklicher als die Wirklichkeit? Das neue Realitätsprinzip der Fernsehunterhaltung. Frankfurt a. M.: Suhrkamp.

Keppler, Angela (2001): Mediales Produkt und sozialer Gebrauch. Stichworte zu einer inklusiven Medienforschung. In: Tilmann Sutter und Michael Charlton (Hg.): Massenkommunikation, Interaktion und soziales Handeln: VS, S. 125–145.

Keppler, Angela (2006): Mediale Gegenwart. Eine Theorie des Fernsehens am Beispiel der Darstellung von Gewalt. Frankfurt a. M.: Suhrkamp.

Keppler, Angela (1985): Präsentation und Information. Zur politischen Berichterstattung im Fernsehen. Tübingen: Gunter Narr.

Kiefer, Marie-Luise (2010): Medienökonomik. Einführung in eine ökonomische Theorie der Medien. 2. überarb. Aufl.: Oldenbourg.

Kim, Eun-Young (1995): Norbert Elias im Diskurs von Moderne und Postmoderne. Ein Rekonstruktionsversuch der Elias'schen Theorie im Licht der Diskussion von Foucault und Habermas. Marburg: Tectum.

Kinnebrock, Susanne; Schwarzenegger, Christian; Birkner, Thomas (Hg.) (2015): Theorien des Medienwandels. Köln: Herbert von Halem.

Klaus, Elisabeth (2008): What do we really know about Herta Herzog? Eine Spurensuche. In: Medien & Kommunikationswissenschaft 56 (2), S. 227–253.

Klose, Hans-Georg (1986): Zeitungswissenschaft in Köln. Ein Beitrag zur Professionalisierung der deutschen Zeitungswissenschaft in der ersten Hälfte des 20. Jahrhunderts. Köln: K. G. Saur.

Knoblauch, Hubert (1995): Kommunikationskultur. Die kommunikative Konstruktion kultureller Kontexte. Berlin, New York: de Gruyter.

Knoblauch, Hubert (2001): Communication, Contexts and Culture. A Communicative Constructivist Approach to Intercultural Communication. In: Aldo Di Luzio, Susanne Günthner und Franca Orletti (Hg.): Communication in Culture. Analysis of Intercultural Situations. Amsterdam: John Benjamins Publishing Company, S. 3–34.

Knoblauch, Hubert (2005a): Thomas Luckmann. In: Dirk Kaesler (Hg.): Aktuelle Theorien der Soziologie. München: C. H. Beck, S. 127–146.

Knoblauch, Hubert (2005b): Wissenssoziologie. Konstanz: UVK (UTB).

Knoblauch, Hubert (2005c): Die kommunikative Konstruktion kultureller Kontexte. In: Ilja Srubar, Joachim Renn und Ulrich Wenzel (Hg.): Kulturen vergleichen: Sozial und kulturwissenschaftliche Grundlagen und Kontroversen. Wiesbaden: VS, S. 172–194.

Knoblauch, Hubert (2013a): Communicative Constructivism and Mediatization. In: Communication Theory 23 (3), S. 297–315.

Knoblauch, Hubert (2013b): Grundbegriffe und Aufgaben des Kommunikativen Konstruktivismus. In: Reiner Keller, Hubert Knoblauch und Jo Reichertz (Hg.): Kommunikativer Konstruktivismus. Theoretische und empirische Arbeiten zu einem neuen wissenssoziologischen Ansatz. Wiesbaden: Springer VS, S. 25–48.

Knoblauch, Hubert (2014): PowerPoint, Communication and the Knowledge Society. New York: Cambridge University Press.

Knoblauch, Hubert; Luckmann, Thomas (2009): Gattungsanalyse. In: Uwe Flick, Ernst von Kardoff und Ines Steinke (Hg.): Qualitative Forschung. Ein Handbuch. 7. Aufl. Reinbek bei Hamburg: Rowohlt, S. 538–546.

Knoblauch, Hubert; Raab, Jürgen; Schnettler, Bernt (2002): Einleitung. In: Thomas Luckmann (Hg.): Wissen und Gesellschaft. Ausgewählte Aufsätze 1981–2002. Unter Mitarbeit von und teilw. übersetzt und eingeleitet von Hubert Knoblauch, Jürgen Raab und Bernt Schnettler. Konstanz: UVK, S. 9–39.

Knoblauch, Hubert; Schnettler, Bernt (2010): Sozialwissenschaftliche Gattungsforschung. In: Rüdiger Zymner (Hg.): Handbuch Gattungstheorie. Stuttgart: J. B. Metzler, S. 291–294.

Knorr-Cetina, Karin (1994): Die Fabrikation der Erkenntnis. Zur Anthropologie der Naturwissenschaft. Frankfurt a. M.: Suhrkamp.

Koenen, Erik (2005): Ein „einsamer" Wissenschaftler? Erich Everth und das Leipziger Institut für Zeitungskunde zwischen 1926 und 1933. In: Medien & Zeit 20 (1), S. 38 – 50.

Koenen, Erik (2015): Mediennutzung im Medienwandel: von der Entfesselung der Massenpresse bis zum ersten Plurimedialisierungsschub der Medienkommunikation in den 1920er Jahren. In: Susanne Kinnebrock, Christian Schwarzenegger und Thomas Birkner (Hg.): Theorien des Medienwandels. Köln: Herbert von Halem, S. 189 – 210.

Körber, Esther-Beate (2008): Vormoderne Öffentlichkeiten. Versuch einer Begriffs- und Strukturgeschichte. In: Jahrbuch für Kommunikationsgeschichte 10, S. 4 – 23.

Koszyk, Kurt (1977): Probleme einer Sozialgeschichte der öffentlichen Kommunikation. In: Elger Blühm (Hg.): Presse und Geschichte. Beiträge zur historischen Kommunikationsforschung. Münster: Verlag Dokumentation, S. 25 – 35.

Kowalczuk, Sascha-Ilko (2009): Endspiel. Die Revolution von 1989 in der DDR. 2. Aufl. München: C. H. Beck.

Krallmann, Dieter; Ziemann, Andreas (2001): Grundkurs Kommunikationswissenschaft. München: Wilhelm Fink (UTB).

Kramp, Leif; Weichert, Stephan (2012): Innovationsreport Journalismus. Ökonomische, medienpolitische und handwerkliche Faktoren im Wandel. Bonn: Friedrich-Ebert-Stiftung.

Krotz, Friedrich (2001): Der symbolische Interaktionismus und die Kommunikationsforschung. Zum hoffnungsvollen Stand einer schwierigen Beziehung. In: Patrick Rössler, Uwe Hasebrink und Michael Jäckel (Hg.): Theoretische Perspektiven der Rezeptionsforschung. München: Reinhard Fischer, S. 73 – 95.

Krotz, Friedrich (2005a): Neue Theorien entwickeln. Eine Einführung in die Grounded Theory, die heuristische Sozialforschung und die Ethnographie anhand von Beispielen aus der Kommunikationsforschung. Köln: Herbert von Halem.

Krotz, Friedrich (2005b): Von der Modernisierungs-, über Dependenz zu Globalisierungstheorien. In: Friedrich Krotz, Andreas Hepp und Carsten Winter (Hg.): Globalisierung der Medienkommunikation. Eine Einführung. Wiesbaden: VS, S. 22 – 43.

Krotz, Friedrich (2006): Sind Medien Kanäle? Ist Kommunikation Informationstransport? Das mathematisch/technische Kommunikationsmodell und die sozialwissenschaftliche Kommunikationsforschung. In: Karl-Siegbert Rehberg (Hg.): Die Natur der Gesellschaft. Verhandlungen des 33. Kongresses der Deutschen Gesellschaft für Soziologie in Kassel 2006. Frankfurt a. M.: Campus, S. 1044 – 1060.

Krotz, Friedrich (2007): Mediatisierung. Fallstudien zum Wandel von Kommunikation. Wiesbaden: VS.

Krotz, Friedrich (2008): Handlungstheorien und symbolischer Interaktionismus als Grundlage kommunikationswissenschaftlicher Forschung. In: Carsten Winter, Andreas Hepp und Friedrich Krotz (Hg.): Theorien der Kommunikations- und Medienwissenschaft. Grundlegende Diskussionen, Forschungsfelder und Theorieentwicklungen. Wiesbaden: VS, S. 29 – 48.

Krotz, Friedrich (2009): Mediatization: A Concept with Which to Grasp Media and Social Change. In: Knut Lundby (Hg.): Mediatization. Concept, Changes, Consequences. New York: Peter Lang, S. 21 – 40.

Krotz, Friedrich (2012): Von der Entstehung der Zentralperspektive zur Augmented Reality: Wie Mediatisierung funktioniert. In: Friedrich Krotz und Andreas Hepp (Hg.): Mediatisierte Welten. Forschungsfelder und Beschreibungsansätze. Wiesbaden: Springer VS, S. 27 – 55

Krotz, Friedrich (2014a): Die Mediatisierung von Situationen und weitere Herausforderungen für die kommunikationswissenschaftliche Forschung. In: MedienJournal 38 (4), S. 5 – 20.

Krotz, Friedrich (2014b): Einleitung: Projektübergreifende Konzepte und theoretische Bezüge in der Untersuchung mediatisierter Welten. In: Friedrich Krotz, Cathrin Despotović und Merle-Marie

Kruse (Hg.): Die Mediatisierung sozialer Welten. Synergien empirischer Forschung. Wiesbaden: Springer VS, S. 7–32.

Krotz, Friedrich (2015): Medienwandel in der Perspektive der Mediatisierungsforschung. Annäherung an ein Konzept. In: Susanne Kinnebrock, Christian Schwarzenegger und Thomas Birkner (Hg.): Theorien des Medienwandels. Köln: Herbert von Halem, S. 129–140.

Krotz, Friedrich; Hepp, Andreas (Hg.) (2012): Mediatisierte Welten. Forschungsfelder und Beschreibungsansätze. Wiesbaden: Springer VS.

Krotz, Friedrich; Despotović, Cathrin; Kruse, Merle-Marie (Hg.) (2014): Die Mediatisierung sozialer Welten. Synergien empirischer Forschung. Wiesbaden: Springer VS.

Kruse, Volker (2001): Mannheim, Karl. Ideologie und Utopie. In: Sven Papcke und Georg W. Oesterdiekhoff (Hg.): Schlüsselwerke der Soziologie. Wiesbaden: Westdeutscher Verlag, S. 303–305.

Kruse, Volker (2008): Geschichte der Soziologie. Konstanz: UVK (UTB).

Kuhlmann, Christoph (1999): Die öffentliche Begründung politischen Handels. Zur Argumentationsrationalität in der politischen Massenkommunikation. Wiesbaden: Westdeutscher Verlag.

Kuhlmann, Christoph (2002): Jürgen Habermas: Theorie des kommunikativen Handelns. In: Christina Holtz-Bacha und Arnulf Kutsch (Hg.): Schlüsselwerke für die Kommunikationswissenschaft. Wiesbaden: Westdeutscher Verlag, S. 182–184.

Kunczik, Michael (1987): Politische Kommunikation als Marketing. Historische Aspekte der Imagepflege von Staaten. München: Reinhard Fischer.

Kunczik, Michael; Zipfel, Astrid (2001): Publizistik. Köln: Böhlau.

Kusche, Matthias (2005): Zum Kommunikationsverständnis in Viktor Matajas „Die Reklame". In: Averbeck, Stefanie; Kutsch, Arnulf: Zeitung, Werbung, Öffentlichkeit. Biographisch-Systematische Studien zur Frühgeschichte der Kommunikationsforschung. Köln: Herbert von Halem, S. 145–174.

Kutsch, Arnulf (1985): Rundfunkwissenschaft im Dritten Reich. Geschichte des Instituts für Rundfunkwissenschaft an der Universität Freiburg. München: K. G. Saur.

Kutsch, Arnulf (Hg.) (1987): Zeitungswissenschaftler im Dritten Reich. Sieben biographische Studien. Köln: Ertay Hayit.

Kutsch, Arnulf (1988): Max Webers Anregung zur empirischen Journalismusforschung. Die „Zeitungs-Enquête" und eine Redakteurs-Umfrage. In: Publizistik 33 (1), S. 3–16.

Kutsch, Arnulf (2008a): Bücher, Karl. In: Lutz Hachmeister (Hg.): Grundlagen der Medienpolitik. Ein Handbuch. Bonn: Bundeszentrale für Politische Bildung, S. 57–61.

Kutsch, Arnulf (2008b): Journalismus als Profession. Überlegungen zum Beginn des journalistischen Professionalisierungsprozesses in Deutschland am Anfang des 20. Jahrhunderts. In: Astrid Blome und Holger Böning (Hg.): Presse und Geschichte. Leistungen und Perspektiven der historischen Presseforschung. Bremen: Edition Lumière, S. 289–326.

Kutsch, Arnulf (2008c): Leseinteresse und Lektüre. Die Anfänge der empirischen Lese(r)forschung in Deutschland und den USA am Beginn des 20. Jahrhunderts. Studien zur Frühgeschichte der Bibliothekswissenschaft und der Zeitungskunde. Bremen: Edition Lumière.

Kutsch, Arnulf (2009): Kommunikations- und Medienwissenschaft. In: Ulrich Von Hehl, Uwe John und Manfred Rudersdorf (Hg.): Geschichte der Universität Leipzig 1409–2009, Bd. 4. Leipzig: Leipziger Universitätsverlag, S. 741–759.

Kutsch, Arnulf (2010a): Professionalisierung durch akademische Ausbildung. Zu Karl Büchers Konzeption für eine akademische Journalistenausbildung. In: Tobias Eberwein und Daniel Müller (Hg.): Journalismus und Öffentlichkeit. Eine Profession und ihr gesellschaftlicher Auftrag. Festschrift für Horst Pöttker. Wiesbaden: VS, S. 427–455.

Kutsch, Arnulf (2010b): Die Entstehung des Deutschen Zeitungswissenschaftlichen Verbandes. In: Jahrbuch für Kommunikationsgeschichte 12 , S. 120–144.

Kutsch, Arnulf; Weber, Johannes (Hg.) (2010): 350 Jahre Tageszeitung. Forschungen und Dokumente. 2. Aufl. Bremen: Edition Lumière.

Kutsch, Arnulf; Sterling, Friederike; Fröhlich Robert (2011): Korrespondenzen im Deutschen Kaiserreich und in der Weimarer Republik. Rekonstruktion und sekundärstatistische Analyse eines medialen Sektors. In: Jahrbuch für Kommunikationsgeschichte 13, S. 154–176.

Lacasa, Ivan (2008): Zeitungswissenschaft als publizistische Aktion. Karl d'Ester, Emil Dovifat, Erich Everth. In: Medien & Zeit 23 (4), S. 4–8.

Lang, Kurt (1996): The European Roots. In: Everette E. Wartella und Ellen Dennis (Hg.): American Communication Research. The Remembered History. Mahwah, New Jersey: Lawrence Earlbaum, S. 12–20.

Langenbucher, Wolfgang R. (1998) (Hg.): Otto Groth. Vermittelte Mitteilung: ein journalistisches Modell der Massenkommunikation. München: Reinhard Fischer.

Langenbucher, Wolfgang R. (Hg.) (2008): Paul Felix Lazarsfeld – Leben und Werk. Anstatt einer Biografie. München, Wien: Ölschläger.

Lauk, Epp; Kreegipuu, Tiiu (2010): Was it all Pure Propaganda? Journalistic Practices of 'Silent Resistance' in Soviet Estonian Journalism. In: Acta Historica Tallinnensia 15, S. 167–190.

Lerg, Winfried B. (1970): Das Gespräch. Theorie und Praxis der unvermittelten Kommunikation. Düsseldorf: Bertelsmann.

Lerg, Winfried B. (1977): Pressegeschichte oder Kommunikationsgeschichte. In: Elger Blühm (Hg.): Presse und Geschichte. Beiträge zur historischen Kommunikationsforschung. Münster: Verlag Dokumentation, S. 9–24.

Lerg, Winfried B.; Dröge, Franz W. (1965): Kritik der Kommunikationswissenschaft. In: Publizistik 10 (3), S. 67–100.

Liebert, Tobias (Hg.) (1998): Public Relations in der DDR. Befunde und Positionen zu Öffentlichkeitsarbeit und Propaganda. 3 Bände. Leipzig: Leipziger Skripten für Public Relations und Kommunikationsmanagement.

Liebert, Tobias (2003): Der Take-off von Öffentlichkeitsarbeit. Beiträge zur theoriegestützten Real- und Reflexionsgeschichte öffentlicher Kommunikation und ihrer Differenzierung. Leipzig: Institut für Kommunikationswissenschaft.

Liesegang, Thorsten (2004): Öffentlichkeit und öffentliche Meinung. Theorien von Kant bis Marx. Würzburg: Königshausen & Neumann.

Lietz, Thomas; Hausstein, Brigitte (2008): Pragmatisch und selbstbewußt: Die Rundfunknutzung in der DDR und ihre zeitgenössische Erhebung. In: Hagenah, Meulemann (Hg.): Alte und Neue Medien: zum Wandel der Medienpublika in Deutschland seit den 1950er Jahren. Münster: LIT, S. 327–348.

Lingenberg, Swantje (2010): Europäische Publikumsöffentlichkeiten. Ein pragmatischer Ansatz. Wiesbaden: VS.

Livingstone, Sonia (2009): On the Mediation of Everything. ICA Presidential Address 2008. In: Journal of Communication 59 (1), S. 1–18.

Löblich, Maria (2007): German Publizistikwissenschaft and its Shift from a Humanistic to an Empirical Social Science Discipline. Elisabeth Noelle-Neumann, Emil Dovifat and the Publizistik-Debate. In: European Journal of communication 22 (1), S. 69–88.

Löblich, Maria (2010): Die empirisch-sozialwissenschaftliche Wende in der Publizistik- und Zeitungswissenschaft. Köln: Herbert von Halem.

Löblich, Maria; Scheu, Andreas (2011): Writing the History of Communication Studies: A Sociology of Science Approach. In: Communication Theory 21 (1), S. 1–22.

Löffelholz, Martin (2004): Theorien des Journalismus. Eine historische, metatheoretische und synoptische Einführung. In: Martin Löffelholz (Hg.): Theorien des Journalismus. Ein diskursives Handbuch. 2. vollst. überarb. und erweit. Aufl. Wiesbaden: VS, S. 17–63.

Luckmann, Thomas (1971): Einleitung. In: Alfred Schütz (Hg.): Das Problem der Relevanz. Frankfurt a. M.: Suhrkamp, S. 7–23.

Luckmann, Thomas (1972): Die Konstitution der Sprache in der Welt des Alltags. In: Bernhard Badura und Klaus Gloy (Hg.): Soziologie der Kommunikation. Stuttgart: Fromann-Holzboog, S. 218–237.

Luckmann, Thomas (1978): Kommunikation und die Reflexivität der Sozialwissenschaften. In: Jörg Zimmermann (Hg.): Sprache und Welterfahrung. München: Wilhelm Fink, S. 177–191.

Luckmann, Thomas (1980): Aspekte einer Theorie der Sozialkommunikation. In: Hans-Peter Althaus, Helmut Henne und Herbert Ernst Wiegand (Hg.): Lexikon der germanistischen Linguistik. vollst. neu bearb. und erw. Aufl. Tübingen: Niemeyer, S. 28–41.

Luckmann, Thomas (1983): Gesellschaft und Sprache. Soziologie und Dialektologie. In: Werner Besch, Ulrich Knoop und Wolfgang Putschke (Hg.): Dialektologie. Ein Handbuch zur deutschen und allgemeinen Dialektforschung. 2. Halbband. Berlin: de Gruyter, S. 1568–1579.

Luckmann, Thomas (1984a): Von der unmittelbaren zur mittelbaren Kommunikation. Strukturelle Bedingungen. In: Tasso Borbé (Hg.): Mikroelektronik. Die Folgen für die zwischenmenschliche Kommunikation. Berlin: Colloqium Verlag, S. 75–83.

Luckmann, Thomas (1984b): Das Gespräch. In: Karlheinz Stierle (Hg.): Das Gespräch. Poetik und Hermeneutik 9. München: Wilhelm Fink, S. 49–63.

Luckmann, Thomas (1988): Kommunikative Gattungen im kommunikativen Haushalt einer Gesellschaft. In: Giesela Smolka-Koerdt, Peter M. Spangenberg und Dagmar Tilmann-Bartylla (Hg.): Der Ursprung von Literatur. Medien, Rollen, Kommunikationssituationen zwischen 1450 und 1650. München: Wilhelm Fink, S. 279–288.

Luckmann, Thomas (1992): Theorie des sozialen Handelns. Berlin, New York: de Gruyter.

Luckmann, Thomas (1995): On the Intersubjective Constitution of Morals. In: Crowell, Galt Steven (Hg.): The Prism of the Self. Philosophical Essays in Honor of Maurice Natanson. Dordrecht: Kluwer Academic Publishers, S. 73–91.

Luckmann, Thomas (1996): Der kommunikative Aufbau der Sozialen Welt und die Sozialwissenschaften. In: Elke Koch-Weser Ammassari (Hg.): Kommunikation und Massenmedien. Theorie und Forschung. Trento: Assoc. Italo-Tedesca di Sociologia, S. 45–71.

Luckmann, Thomas (1999): Wirklichkeiten: individuelle Konstruktion, gesellschaftliche Konstruktion. In: Ronald Hitzler (Hg.): Hermeneutische Wissenssoziologie. Konstanz: UVK, S. 17–28.

Luckmann, Thomas (2002): Moral Communication in Modern Societies. In: Human Studies 25, S. 19–32.

Luckmann, Thomas (2006): Die kommunikative Konstruktion der Wirklichkeit. In: Dirk Tänzler, Hubert Knoblauch und Hans-Georg Soeffner (Hg.): Neue Perspektiven der Wissenssoziologie. Konstanz: UVK, S. 15–27.

Luckmann, Thomas (2007): Moralische Kommunikation in modernen Gesellschaften. In: Thomas Luckmann (Hg.): Lebenswelt, Identität und Gesellschaft. Hg. von Jochen Dreyer. Konstanz: UVK, S. 255–271.

Luckmann, Thomas (2012): Alles Soziale besteht aus verschiedenen Niveaus der Objektivierung. Ein Gespräch mit Thomas Luckmann. In: Ruth Ayaß und Christian Meyer (Hg.): Sozialität in Slow Motion. Theoretische und empirische Perspektiven. Festschrift für Jörg Bergmann. Wiesbaden: Springer VS, S. 21–49.

Luhmann, Niklas (1970): Soziologische Aufklärung. Aufsätze zur Theorie sozialer Systeme. Köln: Westdeutscher Verlag.

Luhmann, Niklas (1995): Wie ist Bewußtsein an Kommunikation beteiligt? In: Ulrich Gumbrecht und K. Ludwig Pfeiffer (Hg.): Materialität der Kommunikation. Frankfurt a. M.: Suhrkamp, S. 884–905.

Luhmann, Niklas (1996): Die Realität der Massenmedien. 2. Aufl. Opladen: Westdeutscher Verlag.

Lundby, Knut (Hg.) (2009): Mediatization. Concept, Changes, Consequences. New York: Peter Lang.

Lundby, Knut (Hg.) (2014): Mediatization of Communication (Communication Handbook 21). Berlin, Boston: de Gruyter Mouton.

Maletzke, Gerhard (1963): Psychologie der Massenkommunikation. Theorie und Systematik. Hamburg: Hans-Bredow-Institut.

Maletzke, Gerhard (1996): Interkulturelle Kommunikation. Zur Interaktion zwischen Menschen verschiedener Kulturen. Opladen: Westdeutscher Verlag.

Mandianou, Mirca (2014): Polymedia Communication and Mediatized Migration. An Ethnographic Approach. In: Knut Lundby (Hg.): Mediatization of Communication. Berlin, Boston: de Gruyter Mouton, S. 323–346.

Manheim, Ernst (1930): Die Logik des konkreten Begriffs. München: Beck'sche Verlagsbuchhandlung.

Manheim, Ernst (1933): Die Träger der öffentlichen Meinung. Studien zur Soziologie der Öffentlichkeit. Prag, Brno, Leipzig: Rudolf M. Rohrer.

Manheim, Ernest (1937): Security, Authority and Society. An Ethnological Introduction into Sociology. Typoskript (Diss. London).

Manheim, Ernest (1956): Introduction. In: Ernest Manheim und Kecskemeti Paul (Hg.): Karl Mannheim. Essays on the Sociology of Culture. London: Routlege & Kegan Paul, S. 1–13.

Manheim, Ernest (1964): The Communicator and his Audience: Liberals and Traditionalists in Eighteenth-Century Germany. In: Werner J. Cahnmann und Alvin Boskoff (Hg.): Sociology and History. Theory and Research. Glencoe: Free Press, S. 503–515.

Manheim, Ernest (1972): The Sociology of Knowledge Reconsidered. In: Kansas Journal of Sociology 8 (2), S. 177–180.

Manheim, Ernst (1979 [1933]): Aufklärung und öffentliche Meinung. Studien zur Soziologie der Öffentlichkeit im 18. Jahrhundert, hg. und eingeleitet von Norbert Schindler. Stuttgart-Bad Cannstatt: Frommann-Holzboog.

Manheim, Ernst (1987 [1936]): Beiträge zu einer Geschichte der autoritären Familie. In: Max Horkheimer, Erich Fromm und Herbert Marcuse (Hg.): Studien über Autorität und Familie. Forschungsberichte aus dem Institut für Sozialforschung. Lüneburg: zu Klampen, S. 523–574.

Manheim, Ernest (2005 [1936]): Beiträge zu einer Geschichte der autoritären Familie. In: Frank Baron, Charles Reitz und David Smith (Hg.): Authority, Culture and Communication. The Sociology of Ernest Manheim. Heidelberg: Synchron, S. 151–174.

Manheim, Ernest (2005 [1940]): Minority Staus as related to Old and New Types of Nationalism. In: Frank Baron, Charles Reitz und David Smith (Hg.): Authority, Culture and Communication. The Sociology of Ernest Manheim. Heidelberg: Synchron, S. 181–186.

Manheim, Ernest (2005 [1953]): Recent Types of Charismatic Leadership. In: Frank Baron, Charles Reitz und David Smith (Hg.): Authority, Culture and Communication. The Sociology of Ernest Manheim. Heidelberg: Synchron, S. 217–228.

Manheim, Ernest (2005 [1964]): The Communicator and its Audience. Liberals and Traditionalists in Eighteenth-Century Germany. In: Frank Baron, Charles Reitz und David Smith (Hg.): Authority, Culture and Communication. The Sociology of Ernest Manheim. Heidelberg: Synchron, S. 233–244.

Manheim, Ernest (2005 [1939]): The role of Small Groups in the Formation of Public Opinion. In: Frank Baron, Charles Reitz und David Smith (Hg.): Authority, Culture and Communication. The Sociology of Ernest Manheim. Heidelberg: Synchron, S. 175–180.

Manheim, Ernest; Kecskemeti Paul (Hg.) (1956): Karl Mannheim. Essays on the Sociology of Culture. London: Routlege & Kegan Paul.

Manheim, Ernest (1999): [im Interview mit Stefanie Averbeck] Gespräche mit Ernest Manheim (geb. 1900), jüdischer Emigrant aus Deutschland und amerikanischer Soziologe. Aufgezeichnet im August 1995 in Martha's Vineyard/Massachusetts. In: Jahrbuch für Soziologiegeschichte 1995, S. 53–86.

Mannheim, Karl (1925): Das Problem einer Soziologie des Wissens. In: Archiv für Sozialwissenschaft und Sozialpolitik 53 (3), S. 577–652.

Mannheim, Karl (1929): Ideologie und Utopie. Bonn: Friedrich Cohen.

Mannheim, Karl (1931): Wissenssoziologie. In: Alfred Vierkandt (Hg.): Handwörterbuch der Soziologie. Stuttgart: Ferdinand Enke, S. 659–680

Marcuse, Herbert (1934): Rezension von Ernst Manheim: Die Träger der öffentlichen Meinung. In: Zeitschrift für Sozialforschung 3 (1), S. 96–99.

Mark, Desmond (1996): Paul Lazarsfelds Wiener RAVAG-Studie 1932. Der Beginn der modernen Rundfunkforschung. Wien: Guthmann-Peterson.

Marx, Gary T. (2000): Foreword. In: Hanno Hardt und Slavko Splichal (Hg.): Ferdinand Tönnies on Public Opinion. Selection and Analysis. Lanham: Rowman & Littlefield, S. 1–7.

McQuail, Denis (2003): Media Accountability and Freedom of Publication. New York: Oxford University Press.

McQuail, Denis (2005): Mc Quail's Mass Communication Theory. 5. Aufl. London: SAGE.

Mead, George H. (1975 [1934]): Geist, Identität und Gesellschaft. Frankfurt a. M.: Suhrkamp.

Meffert, Sylvia (2001): Werbung und Kunst. Über die phasenweise Konvergenz der Sphären Werbung und Kunst in Deutschland von 1895 bis zur Gegenwart. Wiesbaden: Westdeutscher Verlag.

Mehling, Gabriele (2001): Fernsehen ist kein Problem. Zu den handlungstheoretischen Vorstellungen des Uses-and-Gratifications Approach. In: Patrick Rössler, Uwe Hasebrink und Michael Jäckel (Hg.): Theoretische Perspektiven der Rezeptionsforschung. München: Reinhard Fischer, S. 97–119.

Melischek, Gabriele; Seethaler, Josef; Wilke, Jürgen (Hg.) (2008): Medien und Kommunikationsforschung im Vergleich. Grundlagen, Gegenstandsbereiche, Verfahrensweisen. Wiesbaden: VS.

Mentel, Ulrike (2010): Die Öffentlichkeitskonzeption von Ferdinand Tönnies in der „Kritik der öffentlichen Meinung" 1922. Bachelorarbeit Universität Leipzig [Erstgutachten Prof. Dr. Arnulf Kutsch].

Merten, Klaus (2000): Struktur und Funktion von Propaganda. In: Publizistik 45, S. 134–162.

Merten, Klaus (2008): Zur Definition von Public Relations. In: Medien & Kommunikationswissenschaft 56 (1), S. 42–59.

Merton, Robert K. (1965): Standing on the Shoulders of Giants. A Shandean Postscript. New York: The Free Press.

Merz-Benz, Peter-Ulrich (1995): Tiefsinn und Scharfsinn. Ferdinand Tönnies' begriffliche Konstitution der Sozialwelt. Frankfurt a. M.: Suhrkamp.

Merz-Benz, Peter-Ulrich (2006): Die Überwindung des Individualismus und das Theorem von Gemeinschaft und Gesellschaft. In: Schweizerische Zeitschrift für Soziologie 32 (1), S. 27–52.

Meurer, Bärbel (1991): Die Frau in „Gemeinschaft und Gesellschaft". In: Lars Clausen und Carsten Schlüter (Hg.): Hundert Jahre „Gemeinschaft und Gesellschaft". Ferdinand Tönnies in der internationalen Diskussion. Opladen: Leske + Budrich, S. 375–391.

Meyen, Michael (2002): Kollektive Ausreise? Zur Reichweite ost- und westdeutscher Fernsehprogramme in der DDR. In: Publizistik 47 (2), S. 200–220.

Meyen, Michael (2004a): Mediennutzung. Mediaforschung Medienfunktionen Nutzungsmuster. 2., überarb. Aufl. Konstanz: UVK (UTB).

Meyen, Michael (2004b): Mediennutzer in der späten DDR. Eine Typologie auf der Basis biografischer Interviews. In: Medien & Kommunikationswissenschaft 52 (1), S. 95–112.

Meyen, Michael (2007): Medienwissen und Medienmenüs als kulturelles Kapital und als Distinktionsmerkmale. Eine Typologie der Mediennutzer in Deutschland. In: Medien & Kommunikationswissenschaft 55 (3), S. 333–354.

Meyen, Michael (2009): Medialisierung. In: Medien & Kommunikationswissenschaft 57 (1), S. 23–38.

Meyen, Michael (2011): Öffentlichkeit in der DDR. Ein theoretischer und empirischer Beitrag zu den Kommunikationsstrukturen in Gesellschaften ohne Medienfreiheit. In: Studies in Communication/Media 0 (1), S. 3–69.

Meyen, Michael (2014a): Medialisierung des deutschen Spitzenfussballs. Eine Fallstudie zur Anpassung von sozialen Funktionssystemen an die Handlungslogik der Massenmedien. In: Medien & Kommunikationswissenschaft 62 (3), S. 377–394.

Meyen, Michael (2014b): Theorie der Medialisierung. Eine Erwiderung auf Anna M. Theis-Berglmair. In: Medien & Kommunikationswissenschaft 62, 2014, 654–655.

Meyen, Michael (2014c): IAMCR on the East-West Battlefield. A Study on the GDR's Attempts to Use the Association for Diplomatic Purposes. In: International Journal of Communication 8, S. 2071–2089.

Meyen, Michael; Löblich, Maria (2006): Klassiker der Kommunikationswissenschaft. Fach- und Theoriegeschichte in Deutschland. Konstanz: UVK.

Meyen, Michael; Pfaff-Rüdiger, Senta (2009): Internet, Kapital und Identität. Eine theoretische und methodische Einführung. In: Michael Meyen und Senta Pfaff-Rüdiger (Hg.): Internet im Alltag. Qualitative Studien zum praktischen Sinn von Onlineangeboten. Münster: LIT, S. 11–40.

Meyen, Michael; Riesmeyer, Claudia (2009): Diktatur des Publikums. Journalisten in Deutschland. Konstanz: UVK.

Meyen, Michael; Strenger, Steffi; Thieroff, Markus (2015): Medialisierung als langfristige Medienwirkung zweiter Ordnung. In: Susanne Kinnebrock, Christian Schwarzenegger und Thomas Birkner (Hg.): Theorien des Medienwandels. Köln: Herbert von Halem, S. 141–160.

Mommsen, Wolfgang J. (2004): Max Weber und die deutsche Politik. 3. verbess. Aufl. Tübingen: J. C. B. Mohr.

Mucchielli, Alex ; Corbalan, Jean-Antoine; Ferrandez, Valérie (2004): Etude des communications. Approche par des processus. Paris: Armand Colin.

Müller, Hans-Peter (2007): Max Weber. Eine Einführung in sein Werk. Köln, Wien: Böhlau.

Münster, Hans Amandus (1930): Ferdinand Tönnies und die Zeitungswissenschaft. Zum 75. Geburtstag des Gelehrten am 26. Juli 1930. In: Zeitungswissenschaft 5 (4), S. 224–228.

Mutius, Albert von (2003): Anonymität als Element des allgemeinen Persönlichkeitsrechts – terminologische, rechtssystematische und normstrukturelle Grundfragen. In: Helmut Bäumler und Albert von Mutius (Hg.): Anonymität im Internet. Grundlagen, Methoden, Tools zur Realisierung eines Grundrechtes. Wiesbaden: Vieweg, S. 12–26.

Neckel, Sieghard: Der Gefühlskapialismus der Banken. Vom Ende der Gier als ‚ruhiger Leidenschaft'. In: Leviathan 39, S. 39–53.

Negt, Oskar; Kluge, Alexander (1972): Öffentlichkeit und Erfahrung. Zur Organisationsanalyse von bürgerlicher und proletarischer Öffentlichkeit. Frankfurt a. M.: Suhrkamp Verlag.

Neuberger, Christoph (2009): Internet, Journalismus und Öffentlichkeit. Analyse des Medienumbruchs. In: Christoph Neuberger, Christian Nuernbergk und Melanie Rischke (Hg.): Journalismus im Internet. Profession – Partizipation – Technisierung. Wiesbaden: VS, S. 19–105.

Neuberger, Christoph (2014): Konflikt, Konkurrenz und Kooperation. Interaktionsmodi in einer Theorie der dynamischen Netzwerköffentlichkeit. In: Medien & Kommunikationswissenschaft 62, 2014 (4), S. 567–587.

Neuberger, Christoph, Nuernbergk, Christian, Rischke, Melanie (Hg.) (2009): Journalismus im Internet. Profession – Partizipation – Technisierung. Wiesbaden: VS.

Neverla, Irene (1992): Fernseh-Zeit. Zuschauer zwischen Zeitkalkül u. Zeitvertreib. Eine Untersuchung zur Fernsehnutzung. München: Ölschläger.

Niesen, Peter; Herborth, Benjamin (Hg.) (2007): Anarchie der kommunikativen Freiheit. Jürgen Habermas und die Theorie der internationalen Politik. Frankfurt a. M.: Suhrkamp.

Noelle-Neumann, Elisabeth (1991): Öffentliche Meinung. Die Entdeckung der Schweigespirale. 3. erw. Aufl. München: Ullstein.

Noelle-Neumann, Elisabeth (1992): Manifeste und latente Funktion öffentlicher Meinung. In: Publizistik 37 (3), S. 283–297.

Nullmeier, Frank (1995): Diskursive Öffentlichkeit. Möglichkeiten der Radikalisierung und Kritik. In: Gerhard Göhler (Hg.): Macht der Öffentlichkeit – Öffentlichkeit der Macht. Baden-Baden: Nomos, S. 85–112.

Obst, Bernhard (2006): Das Ende der Presse-Enquete Max Webers. Der Heidelberger Professorenprozess von 1912 und seine Auswirkungen auf die deutsche Zeitungswissenschaft. In: Rüdiger vom Bruch und Roegele Otto B. (Hg.): Von der Zeitungskunde zur Publizistik. Biographisch-Institutionelle Stationen der deutschen Zeitungswissenschaft in der ersten Hälfte des 20. Jahrhunderts. Frankfurt a. M.: Haag + Herchen, S. 45–62.

Obst, Bernhard (1987): Ein Heidelberger Professorenstreit. Die Auseinandersetzung zwischen Adolf Koch und Max Weber 1910–1914. Köln: Ertay Hayit.

O'Mahony, Patrick (2013): The Contemporary Theory of the Public Sphere. Oxford: Peter Lang.

Osterkamp, Frank (2005): Gemeinschaft und Gesellschaft: Über die Schwierigkeiten einen Unterschied zu machen. Zur Rekonstruktion des primären Theorieentwurfs bei Ferdinand Tönnies. Berlin: Duncker & Humblot.

Peiser, Wolfram (2008): Riepls „Gesetz" von der Komplementarität alter und neuer Medien. In: Klaus Arnold, Markus Behmer und Bernd Semrad (Hg.): Kommunikationsgeschichte. Positionen und Werkzeuge. Ein diskursives Hand- und Lehrbuch. Münster: LIT, S. 155–184.

Peters, Bernhard (2007): Der Sinn von Öffentlichkeit. Mit einem Vorwort von Jürgen Habermas, hg. von Hartmut Wessler. Frankfurt a. M.: Suhrkamp Verlag.

Peters, John Durham (2003): The Subtlety of Horkheimer and Adorno. Reading the "Culture Industry". In: Elihu Katz, John Durham Peters, Tamar Liebes und Avril Orloff (Hg.): Canonic Texts in Media Research. Are there any? Should there be? How about these? London: Polity, S. 74–89.

Pietilä, Veikko; Malmberg; Tarmo; Nordenstreng, Karle (1990): Theoretical Convergences and Contrasts. A View from Finland. In: European Journal of Communication 5 (2/3), S. 165–185.

Poske, Martin (1999): Die Öffentliche Meinung in der Demokratiekonzeption von Ferdinand Tönnies. In: Tönnies-Forum 8 (3), S. 3–79.

Pöttker, Horst (1992): Kommunikationsgeschichte als Geschichte der Kommunikationswissenschaft. Über eine folgenreiche Erinnerungslücke. Ein Beitrag zur Rundfrage „Neue Positionen zur Kommunikationsgeschichte". In: Medien & Zeit 7 (3), 14–17.

Pöttker, Horst (1997): Entfremdung und Illusion. Soziales Handeln in der Moderne: Mohr Siebeck.

Pöttker, Horst (2001a): Ferdinand Tönnies. Aggregatzustände der öffentlichen Meinung. In: Horst Pöttker (Hg.): Öffentlichkeit als gesellschaftlicher Auftrag. Klassiker der Sozialwissenschaft über Journalismus und Medien. Konstanz: UVK, S. 351–353.

Pöttker, Horst (2001b): Max Weber: Die Presse als Forschungsfeld. In: Horst Pöttker (Hg.): Öffentlichkeit als gesellschaftlicher Auftrag. Klassiker der Sozialwissenschaft über Journalismus und Medien. Konstanz: UVK, S. 313–316.

Pöttker, Horst (2001c): Öffentlichkeit als gesellschaftlicher Auftrag. Einleitung. In: Horst Pöttker (Hg.): Klassiker der Sozialwissenschaft über Journalismus und Medien. Konstanz: UVK, S. 9–34.

Pöttker, Horst (2002): Öffentlichkeit, Aufklärung, Integration. Drei Schlüsselbegriffe gesellschaftlicher Kommunikation in historischer Perspektive. In: Claus Eurich (Hg.):

Gesellschaftstheorie und Mediensystem. Interdisziplinäre Zugänge zur Beziehung von Medien, Journalismus und Gesellschaft. Münster: LIT, S. 12–30.

Prechtl, Peter (2012): Edmund Husserl. Zur Einführung. 5. Aufl. Hamburg: Junius.

Pross, Harry (1976): Einführung in die Kommunikationswissenschaft. Stuttgart: Kohlhammer.

Pürer, Heinz (2003): Publizistik- und Kommunikationswissenschaft. Ein Handbuch. Konstanz: UVK (UTB).

Pürer, Heinz; Raabe, Johannes (2007): Presse in Deutschland. 3. völlig überarb. Aufl. Konstanz: UVK (UTB).

Quandt, Thorsten; Scheufele, Bertram (2011): Ebenen der Kommunikation. Mikro-Meso-Makro-Links in der Kommunikationswissenschaft. Wiesbaden: VS.

Raabe, Johannes (2009): Jenseits der Festtagsreden. Zum Stand der Ethik in der Kommunikationswissenschaft. In: Stefanie Averbeck-Lietz, Petra Klein und Michael Meyen (Hg.): Historische und systematische Kommunikationswissenschaft. Festschrift für Arnulf Kutsch. Bremen: Edition Lumière, S. 287–308.

Rammstedt, Otthein (Hg.) (1988): Simmel und die frühen Soziologen. Nähe und Distanz zu Durkheim, Tönnies und Max Weber. Frankfurt a.M.: Suhrkamp.

Rantanen, Terhi (2005): The Media and Globalization. London: Thousand Oaks.

Rau, Harald (2013): Einladung zur Kommunikationswissenschaft. Baden-Baden: Nomos.

Regnery, Claudia (2003): Die deutsche Werbeforschung 1900–1945. Münster: Monsenstein und Vannerdat.

Reichertz, Jo (2010): Kommunikationsmacht. Was ist Kommunikation und was vermag sie? Und weshalb vermag sie das? Wiesbaden: VS.

Reimann, Horst (1989): Die Anfänge der Kommunikationsforschung. Entstehungsbedingungen und gemeinsame europäisch-amerikanische Entwicklungslinien im Spannungsfeld von Soziologie und Zeitungswissenschaft. In: Max Kaase und Winfried Schulz (Hg.): Massenkommunikation. Theorien, Methoden, Befunde. Opladen: Westdeutscher Verlag (Kölner Zeitschrift für Soziologie und Sozialpsychologie, Sonderheft 30), S. 112–130.

Reinhold, Gerd (1993): Soziologie-Lexikon. Unter Mitarbeit von Siegfried Lamnek und Helga Becker. München, Wien: Oldenbourg.

Reitz, Charles (2005): The Call to Concrete Thinking. Ernst Manheim's „Zur Logik des konkreten Begriffs". In: Frank Baron, Charles Reitz und David Smith (Hg.): Authority, Culture and Communication. The Sociology of Ernest Manheim. Heidelberg: Synchron, S. 27–42.

Renckstorf, Carsten (1989): Mediennutzung als soziales Handeln. Zur Entwicklung einer handlungstheoretischen Perspektive der empirischen (Massen-)Kommunikationsforschung. In: Friedhelm Neidhardt, Rainer M. Lepsius und Hartmut Esser (Hg.): Massenkommunikation. Theorien, Methoden, Befunde. Opladen: Westdeutscher Verlag (Kölner Zeitschrift für Soziologie und Sozialpsychologie, Sonderheft 30), S. 314–336.

Renckstorf, Carsten; Wester, Fred (2001): Mediennutzung als soziales Handeln. Eine handlungstheoretische Perspektive empirischer (Massen-)Kommunikationsforschung. In: Tilmann Sutter und Michael Charlton (Hg.): Massenkommunikation, Interaktion und soziales Handeln: VS, S. 146–184.

Rentsch, Mathias; Mothes Cornelia (2013): Journalismus in der Selbstfindung. In: Nicole Podschuweit und Thomas Roessing (Hg.): Politische Kommunikation in Zeiten des Medienwandels. Berlin, Boston: Walter de Gruyter, S. 71–103.

Requate, Jörg (1995): Journalismus als Beruf. Entstehung und Entwicklung des Journalistenberufs im 19. Jahrhundert. Deutschland im internationalen Vergleich. Göttingen: Vandenhoeck & Ruprecht.

Requate, Jörg (1999): Öffentlichkeit und Medien als Gegenstände historischer Analyse. In: Geschichte und Gesellschaft 25 (1), S. 5–32.

Richter, Mathias (2008): Wo bleibt die Solidarität? Zum Status eines Leitbegriffs kritischer Gesellschaftstheorie und dessen Ort in der Anerkennungstheorie von Axel Honneth. In: Christoph Menke und Juliane Rebentisch (Hg.): Axel Honneth. Gerechtigkeit und Gesellschaft. Potsdamer Seminar. Berlin: Berliner Wissenschafts-Verlag, S. 47–55.

Riepl, Wolfgang (1913): Das Nachrichtenwesen des Altertums. Mit besonderer Rücksicht auf die Römer. Leipzig u. a.: Teubner.

Rode, Horst (1991): Ferdinand Tönnies und die zeitgenössische Auseinandersetzung mit dem Nationalsozialismus. In: Lars Clausen und Carsten Schlüter (Hg.): Hundert Jahre „Gemeinschaft und Gesellschaft". Ferdinand Tönnies in der internationalen Diskussion. Opladen: Leske + Budrich, S. 505–516.

Rode, Horst; Klug, Ekkehard (1981): Ferdinand Tönnies Verhältnis zu Nationalsozialismus und Faschismus. In: Lars Clausen und Franz Urban Pappi (Hg.): Ankunft bei Tönnies. Soziologische Beiträge zum 125. Geburtstag von Ferdinand Tönnies. Hamburg: Mühlau, S. 250–274.

Röser, Jutta; Peil, Corinna (2012): Das Zuhause als mediatisierte Welt im Wandel. Fallstudien und Befunde zur Domestizierung des Internets als Mediatisierungsprozess. In: Friedrich Krotz und Andreas Hepp (Hg.): Mediatisierte Welten. Forschungsfelder und Beschreibungsansätze. Wiesbaden: Springer VS, S. 137–163.

Rowland, Alison L.; Simonson, Peter (2014): The Founding Mothers of Communication Research. Towards a History of a Gendered Assemblage. In: Critical Studies in Media and Communication 31 (1), S. 3–26.

Rühl, Manfred (1999): Publizieren. Eine Sinngeschichte der öffentlichen Kommunikation. Wiesbaden: Westdeutscher Verlag.

Rühl, Manfred (2011): Journalistik und Journalismen im Wandel. Eine kommunikationswissenschaftliche Perspektive. Wiesbaden: Springer VS.

Rühl, Manfred; Saxer, Ulrich (1981): 25 Jahre deutscher Presserat. Ein Anlaß für Überlegungen zu einer kommunikationswissenschaftlich fundierten Ethik des Journalismus und der Massenkommunikation. In: Publizistik 26 (4), S. 471–507.

Rühle, Ray (2003): Entstehung von politischer Öffentlichkeit in der DDR in den 1980er Jahren am Beispiel Leipzig. Münster: LIT.

Sarcinelli, Ulrich (1998): Mediatisierung. In: Otfried Jarren, Ulrich Sarcinelli und Ulrich Saxer (Hg.): Politische Kommunikation in der demokratischen Gesellschaft. Ein Handbuch. Opladen: Westdeutscher Verlag, S. 678–679.

Saxer, Ulrich (1987): Kommunikationsinstitutionen als Gegenstand von Kommunikationsgeschichte. In: Manfred Bobrowski und Wolfgang R. Langenbucher (Hg.): Wege zur Kommunikationsgeschichte. München: Ölschläger, S. 71–78.

Saxer, Ulrich (1993): Basistheorien und Theorienbasis in der Kommunikationswissenschaft. Theorienchaos und Chaostheorie. In: Günter Bentele und Manfred Rühl (Hg.): Theorien öffentlicher Kommunikation. München: Ölschläger, S. 175–187.

Saxer, Ulrich (2012): Mediengesellschaft. Eine kommunikationssoziologische Perspektive. Wiesbaden: Springer VS.

Scannell, Paddy (2011): Medien und Kommunikation. Hg. und eingeleitet von Matthias Berg und Maren Hartmann. Wiesbaden: VS.

Schachinger, Mildred (1991): Tönnies in the Literature. The Reductionist Approach of Talcott Parsons. In: Lars Clausen und Carsten Schlüter (Hg.): Hundert Jahre „Gemeinschaft und Gesellschaft". Ferdinand Tönnies in der internationalen Diskussion. Opladen: Leske + Budrich, S. 527–536.

Schelske, Andreas (2007): Soziologie vernetzter Medien. Grundlagen computervermittelter Kommunikation. München: Oldenbourg.

Schenk, Michael (1994): Soziale Netzwerke und Kommunikation. Tübingen: J. C. B. Mohr.

Schenk, Michael (2007): Medienwirkungsforschung. Tübingen: Mohr Siebeck.

Scheu, Andreas (2012): Adornos Erben in der Kommunikationswissenschaft. Eine
  Verdrängungsgeschichte? Köln: Herbert von Halem.
Scheu, Andreas; Wendelin, Manuel (2010): Medialisierung — Die Perspektive der Kritischen Theorie.
  In: Klaus Arnold, Christoph Classen, Susanne Kinnebrock, Edgar Lersch und Hans-Ulrich
  Wagner (Hg.): Von der Politisierung der Medien zur Medialisierung des Politischen. Zum
  Verhältnis von Medien, Öffentlichkeiten und Politik im 20. Jahrhundert. Leipzig: Leipziger
  Universitätsverlag, S. 441–463.
Schicha, Christian; Brosda, Carsten (Hg.) (2010): Handbuch Medienethik. Wiesbaden: VS.
Schimank, Uwe (2000): Handeln und Strukturen. Einführung in die akteurtheoretische Soziologie.
  2. Aufl. Weinheim, München: Beltz/Juventa.
Schindler, Norbert (1979): Einführung des Herausgebers. In: Norbert Schindler (Hg.): Ernst
  Manheim. Aufklärung und öffentliche Meinung. Studien zur Soziologie der Öffentlichkeit.
  Stuttgart-Bad Cannstatt: Frommann-Holzboog, S. 9–17.
Schindler, Norbert (Hg.) (1979): Ernst Manheim. Aufklärung und öffentliche Meinung. Studien zur
  Soziologie der Öffentlichkeit. Stuttgart-Bad Cannstatt: frommann-holzboog.
Schluchter, Wolfgang (1994): Max und Alfred Weber — zwei ungleiche Brüder. In: Ruperto Carola 3,
  S. 1–3.
Schluchter, Wolfgang (2005): Handlung, Ordnung und Kultur. Tübingen: Mohr Siebeck.
Schluchter, Wolfgang (2015): Grundlegung der Soziologie. 2. Aufl. Tübingen: Mohr Siebeck (UTB).
Schlüter-Knauer, Carsten (2008): Carl Schmitt und Hans Kelsen mit und gegen Ferdinand Tönnies.
  In: Tönnies-Forum 17, (1–2), S. 41–86.
Schmidt, Jan (2006): Webblogs. Eine kommunikationssoziologische Studie. Konstanz: UVK.
Schmidt, Jan-Hinrik (2013): Onlinebasierte Öffentlichkeiten. Praktiken, Arenen und Strukturen. In:
  Claudia Fraas, Stefan Meier und Christian Pentzold (Hg.): Online-Diskurse. Theorien und
  Methoden transmedialer Online-Diskursforschung. Köln: Herbert von Halem, S. 35–56.
Schmidt, Siegfried J. (2003): Kognitive Autonomie und soziale Orientierung. Konstruktivistische
  Bemerkungen zum Zusammenhang von Kognition, Kommunikation, Medien und Kultur.
  Münster: LIT.
Schmitz, Walter H. (1985): Tönnies' Zeichentheorie zwischen Signifik und Wiener Kreis. In: Lars
  Clausen und Volker von Borries et al. (Hg.): Tönnies heute. Zur Aktualität von Ferdinand
  Tönnies. Kiel: Walter G. Mühlau, S. 73–93.
Schneider, Wolfgang Ludwig (2005): Grundlagen der soziologischen Theorie, Bd. 2: Garfinkel — RC
  — Habermas — Luhmann. 2. Aufl. Wiesbaden: VS.
Schneider, Wolfgang Ludwig (2008): Grundlagen der soziologischen Theorie, Bd. 1: Weber —
  Parsons – Mead – Schütz, 3. Aufl. Wiesbaden: VS.
Schnettler, Bernt (2006a): Thomas Luckmann. Konstanz: UVK.
Schnettler, Bernt (2006b): Thomas Luckmann. Kultur zwischen Konstitution, Konstruktion und
  Kommunikation. In: Stephan Moebius und Dirk Quadflieg (Hg.): Kultur. Theorien der
  Gegenwart. Wiesbaden: VS, S. 170–184.
Schnettler, Bernt; Knoblauch, Hubert (Hg.) (2007): Powerpoint-Prösentationen. Neue Formen der
  gesellschaftlichen Kommunikation von Wissen. Konstanz: UVK.
Schnettler, Bernt; Knoblauch, Hubert (2010): Sozialwissenschaftliche Gattungsforschung. In:
  Rüdiger Zymner (Hg.): Handbuch Gattungstheorie. Stuttgart: J. B. Metzler, S. 291–294.
Schönhagen, Philomen (2008): Ko-Evolution von Public Relations und Journalismus. Ein erster
  Beitrag zu ihrer systematischen Aufarbeitung. In: Publizistik 53 (1), S. 9–24.
Schönhagen, Philomen (1998): Unparteilichkeit im Journalismus. Tradition einer Qualitätsnorm.
  Tübingen: Niemeyer.
Schönhagen, Philomen; Kopp, Mirjam (2007): ,Bürgerjournalisten' – eine publizistische Revolution.
  In: Zeitschrift für Politik 54 (3), S. 296–323.

Schreib, Gabriele (1991): Die Illusion von „Öffentlichkeit" und „öffentlicher Meinung". In: Lars Clausen und Carsten Schlüter (Hg.): Ausdauer, Geduld und Ruhe. Aspekte und Quellen der Tönnies-Forschung. Hamburg: Fechner, S. 71–101.

Schulz, Manuela (2005): Zeitungslektüre und Landarbeiterschaft. Eine kommunikationsgeschichtliche Studie. Bremen: Edition Lumière.

Schütz, Alfred (1971): Das Problem der Relevanz. Suhrkamp: Frankfurt a. M.

Schütz, Alfred (1974): Der sinnhafte Aufbau der sozialen Welt. Eine Einleitung in die verstehende Soziologie. Frankfurt a. M.: Suhrkamp.

Schütz, Alfred; Luckmann, Thomas (2003 [1974]): Strukturen der Lebenswelt. Konstanz: UVK (UTB).

Schützeichel, Rainer (2004): Soziologische Kommunikationstheorien. Konstanz: UVK (UTB).

Siebel, Wiegand (1985): Wesenwille und Liebe – ein verstecktes Problem bei Ferdinand Tönnies. In: Lars Clausen und Volker von Borries et al. (Hg.): Tönnies heute. Zur Aktualität von Ferdinand Tönnies. Kiel: Walter G. Mühlau, S. 67–72.

Simonson, Peter; Park David (Hg.) (2015): New Histories of Communication Studies. Collected Volume of Essays. London: Routledge [im Druck].

Smith, David N. (2005): Facing Change and Danger. The Sociology of Ernest Manheim. In: Frank Baron, Charles Reitz und David Smith (Hg.): Authority, Culture and Communication. The Sociology of Ernest Manheim. Heidelberg: Synchron, S. 3–26.

Sommer, Denise (2009): Zurück zu Katz und Lazarsfeld? Persönliche Gespräche und Medienwirkungsforschung. In: Stefanie Averbeck-Lietz, Petra Klein und Michael Meyen (Hg.): Historische und systematische Kommunikationswissenschaft. Festschrift für Arnulf Kutsch. Bremen: Edition Lumière, S. 269–287.

Sösemann, Bernd (2011): Medien und Öffentlichkeit in der NS-Diktatur, Bd. 1. München: Franz Steiner Verlag.

Splichal, Slavko (1998): Public Opinion as a form of Social Will. In: Communications – The European Journal of Communication Research 23 (1), S. 99–126.

Splichal, Slavko (1999): Public Opinion. Developments and Controversies in the Twentieth Century. Lanham: Rowman & Littlefield Publishers.

Splichal, Slavko; Hardt, Hanno (2000): Tönnies, Public Opinion, and the Public Sphere. In: Hanno Hardt und Slavko Splichal (Hg.): Ferdinand Tönnies on Public Opinion. Selection and Analysis. Lanham: Rowman & Littlefield Publishers, S. 49–112.

Steenbergen, Marco; Bächtiger, André; Spörndli, Markus; Steiner, Jürg (2003): Measuring Political Deliberation. A Discoursive Quality Index. In: Comparative European Politics 1 (1), S. 41–48.

Stegbauer, Christian (2001): Grenzen virtueller Gemeinschaft. Wiesbaden: Westdeutscher Verlag.

Stegbauer, Christian; Häußling, Roger (Hg.) (2013): Handbuch Netzwerkforschung. Wiesbaden: VS.

Steininger, Christian (2007): Markt und Öffentlichkeit. München: Wilhelm Fink.

Steinmetz, Rüdiger; Viehoff, Reinhold (Hg.) (2008): Deutsches Fernsehen Ost. Eine Programmgeschichte des DDR-Fernsehens. Unter Mitarbeit von Im Auftrag der DFG-Forschergruppe. Berlin: Verlag für Berlin-Brandenburg.

Stöber, Gunda (2000): Pressepolitik als Notwendigkeit. Zum Verhältnis von Staat und Öffentlichkeit im Wilhelminischen Deutschland 1890–1914. Stuttgart: Franz Steiner Verlag.

Stöber, Rudolf (1998): Die erfolgsverwöhnte Nation. Stuttgart: Franz Steiner Verlag.

Stöber, Rudolf (2000): Deutsche Pressegeschichte. Einführung, Systematik, Glossar. Konstanz: UVK.

Stöber, Rudolf (2002): Walter Hagemann: Publizistik im Dritten Reich. In: Christina Holtz-Bacha und Arnulf Kutsch (Hg.): Schlüsselwerke für die Kommunikationswissenschaft. Wiesbaden: Westdeutscher Verlag, S. 189–191.

Stöber, Rudolf (2003): Mediengeschichte. Die Evolution „neuer" Medien von Gutenberg bis Gates. Eine Einführung. Wiesbaden: Westdeutscher Verlag.

Stöber, Rudolf (2005): Deutsche Pressegeschichte. 2. Aufl. Konstanz: UVK.

Stöber, Rudolf (2008): Kommunikations- und Medienwissenschaften. Eine Einführung. München: C. H. Beck.

Stöber, Rudolf (2009): Öffentlichkeit/öffentliche Meinung als Phasenraum. Ein kommunikationswissenschaftlich-systematischer Vergleich. In: Stefanie Averbeck-Lietz, Petra Klein und Michael Meyen (Hg.): Historische und systematische Kommunikationswissenschaft. Festschrift für Arnulf Kutsch. Bremen: Edition Lumière, S. 53–79.

Stöber, Rudolf (2010): Medialisierung vor 1945. Wie tragfähig ist der Begriff als kommunikationshistorisches Konzept für Frühe Neuzeit und Moderne? In: Klaus Arnold, Christoph Classen, Susanne et al Kinnebrock, Edgar Lersch und Hans-Ulrich Wagner (Hg.): Von der Politisierung der Medien zur Medialisierung des Politischen. Zum Verhältnis von Medien, Öffentlichkeiten und Politik im 20. Jahrhundert. Leipzig: Leipziger Universitätsverlag, S. 77–96.

Stöber, Rudolf (2013): Von Gutenberg bis APPLE und Google. Neue Medien. Geschichte. Medieninnovation und Evolution. Bremen: Edition Lumière.

Süss, Daniel (2004): Mediensozialisation von Heranwachsenden. Dimensionen – Konstanten – Wandel. Wiesbaden: VS.

Sutter, Tilmann; Charlton, Michael (Hg.) (2001): Massenkommunikation, Interaktion und soziales Handeln. Wiesbaden: VS.

Tänzler, Dirk; Knoblauch, Hubert; Soeffner, Hans-Georg (2006): Neue Perspektiven der Wissenssoziologie. Eine Einleitung. In: Dirk Tänzler, Hubert Knoblauch und Hans-Georg Soeffner (Hg.): Neue Perspektiven der Wissenssoziologie. Konstanz: UVK, S. 8–14.

Tänzler, Dirk; Knoblauch, Hubert; Soeffner, Hans-Georg (Hg.) (2006): Neue Perspektiven der Wissenssoziologie. Konstanz: UVK.

Theis-Berglmair, Anna M. (2014): Medialisierung, Systeme und Organisationen. Ein Re-Arrangement von Theorie und eine Replik auf Michael Meyens „Medialisierung des deutschen Spitzenfussballs". In: Medien & Kommunikationswissenschaft 62 (4), S. 635–644.

Thomas, Tanja; Krotz, Friedrich (2008): Medienkultur und soziales Handeln: Begriffsarbeiten zur Theorieentwicklung. In: Tanja Thomas (Hg.): Medienkultur und soziales Handeln. Unter Mitarbeit von Marco Höhn. Wiesbaden: VS, S. 17–42.

Thomaß, Barbara (1998): Journalistische Ethik. Ein Vergleich der Diskurse in Frankreich, Großbritannien und Deutschland. Opladen: Westdeutscher Verlag.

Thomaß, Barbara (2003): Fünf ethische Prinzipien journalistischer Praxis. In: Bernhard Debatin und Rüdiger Funiok (Hg.): Kommunikations- und Medienethik. Konstanz: UVK, S. 159–168.

Thomaß, Barbara (Hg.) (2007): Mediensysteme im internationalen Vergleich. Stuttgart: UVK (UTB).

Ting-Toomey, Stella (1999): Communicating across cultures. New York: Guilford Press.

Tomasello, Michael (2002): Die kulturelle Entwicklung des menschlichen Denkens. Frankfurt a. M.: Suhrkamp.

Tomasello, Michael (2009): Die Ursprünge der menschlichen Kommunikation. Frankfurt a. M.: Suhrkamp.

Tomin, Marijana (2010): „Der Gegenstand der Geistes- und Sozialwissenschaften spricht". Zur Kommunikation und ihrer Erforschung im Werk von Thomas Luckmann. In: Arnulf Kutsch, Johannes Raabe und Denise Sommer (Hg.): Großbothener Vorträge zur Kommunikationswissenschaft, Bd. X. Bremen: Edition Lumière, S. 67–94.

Tönnies, Ferdinand (1911): Diskussionsbeitrag. In: Deutsche Gesellschaft für Soziologie (Hg.): Verhandlungen des Ersten Deutschen Soziologentages 1910 in Frankfurt am Main. Reden und Vorträge. Tübingen: J. C. B. Mohr (Schriften der DGS, 1. Folge), S. 72–74.

Tönnies, Ferdinand (1916): Zur Theorie der Öffentlichen Meinung. In: Schmollers Jahrbuch 40, S. 303–422.

Tönnies, Ferdinand (1922): Kritik der Öffentlichen Meinung. Berlin: Julius Springer.

Tönnies, Ferdinand (1926): Soziologische Studien und Kritiken. Zweite Sammlung. Jena: Gustav Fischer.

Tönnies, Ferdinand (1929): Soziologische Studien und Kritiken. Dritte Sammlung. Jena: Gustav Fischer.

Tönnies, Ferdinand (1930): [Diskussionsbeitrag]. In: Verhandlungen des Siebenten Deutschen Soziologentages, 28.9.–1.10.1930 in Berlin. Vorträge und Diskussionen. Tübingen: Mohr (Siebeck) (Schriften der DGS, Bd. VII), S. 72–74.

Tönnies, Ferdinand (1931): Offene Antwort [an Hans Amandus Münster]. In: Zeitungswissenschaft 6 (1), S. 1–2.

Tönnies, Ferdinand (1935): Der Geist der Neuzeit. Leipzig: Buske.

Tönnies, Ferdinand (1955 [1933]): Über die Lehr- und Redefreiheit. In: Kölner Zeitschrift für Soziologie und Sozialpsychologie 7, S. 468–477.

Tönnies, Ferdinand (1979 [1878]): Gemeinschaft und Gesellschaft. Grundbegriffe der reinen Soziologie. Darmstadt: Wissenschaftliche Buchgesellschaft.

Tönnies, Ferdinand (1981 [1931]): Einführung in die Soziologie. 2. unveränd. Aufl. Stuttgart: Ferdinand Enke.

Tönnies, Ferdinand (2000 [1923]): Macht und Wert der Öffentlichen Meinung. In: Lars Clausen, Alexander Deichsel, Cornelius Bickel, Rolf Fechner und Carsten Schlüter-Knauer (Hg.): Ferdinand Tönnies Gesamtausgabe TG, Bd. 15 (Innere Kolonisation in Preußen; Soziogische Schriften und Kritiken 1923–1924, hg. von Dieter Haselbach). Berlin, New York: Walter de Gruyter, S. 592–619.

Tönnies, Ferdinand (2005 [1919]): Die öffentliche Meinung und die Wahrheit. Zusammenkunft der pädagogischen Abteilung der Liga für den Völkerbund. In: Lars Clausen, Alexander Deichsel, Cornelius Bickel, Rolf Fechner und Carsten Schlüter-Knauer (Hg.): Ferdinand Tönnies Gesamtausgabe TG, Bd. 23 (Nachgelassene Schriften 1919–1936, hg. von Brigitte Zander-Lüllwitz und Jürgen Zander). Berlin: de Gruyter, S. 165–177.

Traub, Hans (1933): Grundbegriffe des Zeitungswesens. Kritische Einführung in die Methode der Zeitungswissenschaft. Stuttgart: Poeschel.

Üner, Elfriede (2005): Entwicklungstheorien der Kulturtheorie der Leipziger Schule (1890–1933). In: Frank Baron, Charles Reitz und David Smith (Hg.): Authority, Culture and Communication. The Sociology of Ernest Manheim. Heidelberg: Synchron, S. 117–144.

Van Delinder, Jean (2005): Ernest Manheim, Social Science, and the Brown Case. In: Frank Baron, Charles Reitz und David Smith (Hg.): Authority, Culture and Communication. The Sociology of Ernest Manheim. Heidelberg: Synchron, S. 71–82.

Vom Bruch, Rüdiger; Roegele Otto B. (Hg.) (1986): Von der Zeitungskunde zur Publizistik. Biographisch-institutionelle Stationen der deutschen Zeitungswissenschaft in der ersten Hälfte des 20. Jahrhunderts. Frankfurt a. M.: Haag und Herchen.

Vowe, Gerhard (2002): Jürgen Habermas: Strukturwandel der Öffentlichkeit. In: Christina Holtz-Bacha und Arnulf Kutsch (Hg.): Schlüsselwerke für die Kommunikationswissenschaft. Wiesbaden: Westdeutscher Verlag, S. 177–182.

Wagner, Hans (1989): Kommunikationswissenschaft (Zeitungswissenschaft). Das Fach, das Studium, die Methoden. 2. völlig neubearb. Aufl. München: Publicom.

Wagner, Hans (Hg.) (2009): Qualitative Methoden in der Kommunikationswissenschaft. Ein Lehr- und Studienbuch. Unter Mitarbeit von Philomen Schönhagen, Ute Nawratil, Heinz Starkulla. Baden-Baden: Nomos.

Waßner, Rainer (2001): Tönnies, Ferdinand. Kritik der Öffentlichen Meinung. In: Sven Papcke und Georg W. Oesterdieckhoff (Hg.): Schlüsselwerke der Soziologie. Wiesbaden: Westdeutscher Verlag, S. 491–493.

Watzlawick, Paul; Beavin, Janet; Jackson, Paul (1974): Menschliche Kommunikation. Formen, Störungen, Paradoxien. Bern: Huber.

Weaver, David (Hg.) (1998): The Global Journalist. News People Around the World. Cresskill, NJ: Hampton Press.

Weber, Johannes (2004): Forschungsbereich „Frühgeschichte der deutschen Presse". In: Deutsche Presseforschung (Hg.): Deutsche Presseforschung. Geschichte, Projekte und Perspektiven eines Forschungsinstituts der Universität Bremen. Unter Mitarbeit von Holger Böning, Michael Nagel und Johannes Weber. Bremen: Edition Lumière, S. 107–137.

Weber, Johannes (2004): Kontrollmechanismen im deutschen Zeitungswesen des 17. Jahrhunderts. Ein kleiner Beitrag zur Geschichte der Zensur. In: Jahrbuch für Kommunikationsgeschichte 6, S. 56–73.

Weber, Johannes (2008): Nachrichtenpresse im 17. Jahrhundert. Forschungsergebnisse und Desiderate. In: Astrid Blome und Holger Böning (Hg.): Presse und Geschichte. Leistungen und Perspektiven der historischen Presseforschung. Bremen: Edition Lumière, S. 41–48.

Weber, Johannes (2010): Zum 350. Geburtstag der Tageszeitung am 1. Juli 2000. In: Arnulf Kutsch und Johannes Weber (Hg.): 350 Jahre Tageszeitung. Forschungen und Dokumente. 2. Aufl. Bremen: Edition Lumière, S. 9–20.

Weber, Marianne (1984 [1926]): Max Weber. Ein Lebensbild. 3. Aufl. unveränderter Nachdruck. Tübingen: J. C. B. Mohr.

Weber, Marianne (Hg.) (1988): Max Weber. Gesammelte Aufsätze zur Soziologie und Sozialpolitik. 2. Aufl. Tübingen: J. C. B. Mohr.

Weber, Max (1911): Geschäftsbericht. In: Verhandlungen des Ersten Deutschen Soziologentages vom 19–22. Oktober in Frankfurt am Main. Reden und Vorträge. Tübingen: Mohr (Siebeck) (Schriften der DGS, 1. Folge), S. 39–62.

Weber, Max (1964 [1922]): Wirtschaft und Gesellschaft. Grundriß der verstehenden Soziologie. 2. Halbband. Köln, Berlin: Kiepenheuer & Witsch.

Weber, Max (1988 [1911]): Geschäftsbericht auf dem Ersten Deutschen Soziologentag 1910. In: Marianne Weber (Hg.): Max Weber. Gesammelte Aufsätze zur Soziologie und Sozialpolitik. 2. Aufl. Tübingen: J. C. B. Mohr, S. 431–449.

Weber, Max (1991): Schriften zur Wissenschaftslehre. Hg. und eingeleitet von Michael Sukale [Auszüge aus: R. Stammlers „Überwindung der materialistischen Geschichtsauffassung", 1907; „Wissenschaft als Beruf", 1919]. Stuttgart: Philipp Reclam Jun.

Weber, Max (2001a [1910]): Vorbericht über eine vorgeschlagene Erhebung über die Soziologie des Zeitungswesens. In: Horst Pöttker (Hg.): Öffentlichkeit als gesellschaftlicher Auftrag. Klassiker der Sozialwissenschaft über Journalismus und Medien. Konstanz: UVK, S. 316–325.

Weber, Max (2001b [1919]): Politik als Beruf. In: Horst Pöttker (Hg.): Öffentlichkeit als gesellschaftlicher Auftrag. Klassiker der Sozialwissenschaft über Journalismus und Medien. Konstanz: UVK, S. 329–347.

Wehler, Hans-Ulrich (2008): Deutsche Gesellschaftsgeschichte 1700–1815. München: C. H. Beck.

Wehmeier, Stefan (2013): Habermas, Jürgen, on Public Relation. In: Robert Heath (Hg.): Encyclopedia of Public Relations. New York: SAGE, S. 409–411.

Weinbach, Christine (2009): Niklas Luhmann. Die Weiterentwicklung der Systemtheorie. In: Lars Gertenbach und Heike Kahlert (Hg.): Soziologische Theorien. München: Wilhelm Fink (UTB), S. 135–174.

Weingart, Peter (Hg.) (1976): Wissensproduktion und soziale Struktur. Frankfurt a. M.: Suhrkamp.

Weingart, Peter (2003): Wissenschaftssoziologie. Berlin: transcript.

Weischenberg, Siegfried (2012a): Max Weber: „Wirklichkeitswissenschaftler" und streitbarer Geist. In: Medien & Kommunikationswissenschaft 60 (2), S. 262–285.

Weischenberg, Siegfried (2012b): Max Weber und die Entzauberung der Medienwelt. Theorien und Querelen – eine anderen Fachgeschichte. Wiesbaden: Springer VS.

Weischenberg, Siegfried (2014): Max Weber und die Vermessung der Medienwelt. Empirie und Ethik des Journalismus – eine Spurensuche. Wiesbaden: Springer VS.

Weischenberg, Siegfried; Käsler, Dirk (Hg.) (2015): Max Weber, China und die Medien. Zwei Studien zum 150. Geburtstag des Soziologen. Wiesbaden: Springer VS.

Welzig, Elisabeth: Die Bewältigung der Mitte. Ernst Manheim: Soziologe und Anthropologe. In: Elisabeth Welzig (Hg.) 1997: Die Bewältigung der Mitte. Ernst Manheim: Soziologe und Anthropologe. Wien: Böhlau, S. 7–217.

Wendelin, Manuel (2011): Medialisierung der Öffentlichkeit. Kontinuität und Wandel einer normativen Kategorie der Öffentlichkeit der Moderne. Köln: Herbert von Halem.

Wessler, Hartmut; Averbeck-Lietz, Stefanie (Hg.) (2012): Grenzüberschreitende Medienkommunikation (Medien & Kommunikationswissenschaft, Sonderheft 2). Baden-Baden: Nomos.

Wessler, Hartmut; Peters, Bernhard; Brüggemann Michael; Kleinen von Königslöw, Katharina; Sifft, Stefanie (2008): Transnationalization of Public Spheres. Basingstoke: Palgrave Mcmillan.

Westerbarkey, Joachim (2014): Geheimnisse. Motive, Strategien und Funktionen exklusiver Kommunikation. In: Medien & Zeit 29 (2), S. 4–12.

Wilke, Jürgen (1989): Im Dienst von Freiheit und Rundfunkordnung. Zur Erinnerung an Kurt Häntzschel aus Anlass seines 100. Geburtstages. In: Publizistik 34 (1), S. 7–28.

Wilke, Jürgen (Hg.) (1999): Kommunikationsgeschichte der Bundesrepublik Deutschland. Bonn: Bundeszentrale für politische Bildung.

Wilke, Jürgen (1999): Überblick und Phasengliederung. In: Jürgen Wilke (Hg.): Kommunikationsgeschichte der Bundesrepublik Deutschland. Bonn: Bundeszentrale für politische Bildung, S. 15–27.

Wilke, Jürgen (2000a): Grundzüge der Medien- und Kommunikationsgeschichte. Von den Anfängen bis ins 20. Jahrhundert. Köln: Böhlau.

Wilke, Jürgen (2000b): Auf dem langen Weg zur Öffentlichkeit. Von der Parlamentsdebatte zur Mediendebatte. In: Otfried Jarren, Kurt Imhof und Roger Blum (Hg.): Zerfall der Öffentlichkeit? Wiesbaden: Westdeutscher Verlag S. 23–38.

Wilke, Jürgen (2004): Vom stationären zum mobilen Rezipienten. Entfesselung der Kommunikation von Raum und Zeit — Symptom fortschreitender Medialisierung. In: Jahrbuch für Kommunikationsgeschichte 6, 2004, S. 1–55.

Wilke, Jürgen (2007): Presseanweisungen im zwanzigsten Jahrhundert. Erster Weltkrieg — Drittes Reich — DDR. Köln, Weimar, Wien: Böhlau.

Wimmer, Jeffrey (2007): (Gegen-)Öffentlichkeit in der Mediengesellschaft. Analyse eines medialen Spannungsverhältnisses. Wiesbaden: VS.

Wolf, Franca (2002): Glasnost erst kurz vor Sendeschluss. Die letzten Jahre des DDR-Fernsehens (1985–1989/90). Köln: Böhlau.

Wunden, Wolfgang (Hg.) (1998): Freiheit und Medien. Beiträge zur Medienethik. Frankfurt a. M.: Gemeinschaftswerk der Evangelischen Publizistik.

Wunden, Wolfgang (2006): Kommunikationsethik. In: Günter Bentele, Hans-Bernd Brosius und Otfried Jarren (Hg.): Lexikon Kommunikations- und Medienwissenschaft. Wiesbaden: VS, S. 128–129.

Wünsch, Carsten (2002): Unterhaltungstheorien. Ein systematischer Überblick. In: Werner Früh: Unterhaltung durch das Fernsehen. Eine molare Theorie. Konstanz: UVK, S. 15–48.

Zeh, Jürgen (1989): Soziale Kontrolle durch öffentliche Meinung. Soziologische Betrachtung einer kommunikationswissenschaftlichen Problemstellung. In: Publizistik 34 (1), S. 29–45.

Ziemann, Andreas (2006): Soziologie der Medien. Bielefeld: transcript.

Sachregister

www.ingramcontent.com/pod-product-compliance
Lightning Source LLC
Chambersburg PA
CBHW081430270326
41932CB00019B/3152